KB190024

평강의 주님께서
때마다 일마다
평강을 주시길 기도하며

특별히 _____ 님께

이 소중한 책을 드립니다.

오직
여호와(하나님)를
앙망하는 자는
새 힘을 얻으리니
독수리의 날개치며
올라감 같을 것이요
달음박질하여도
곤비치 아니하겠고
걸어가도
피곤치 아니하리로다
— 이사야 40:31

김장환 목사와 함께
경건생활 365일

여호와께로 돌아가자!

Return to the LORD!

나침반

우리가 살 길은 …

"오라 우리가 여호와께로 돌아가자
여호와께서 우리를 찢으셨으나 도로 낫게 하실 것이요
우리를 치셨으나 싸매어 주실 것임이라
여호와께서 이틀 후에 우리를 살리시며
셋째 날에 우리를 일으키시리니
우리가 그의 앞에서 살리라"(호세아 6:1-2)

하나님께서는 호세아 선지자를 통해 영적으로 암울한 시대에
고통받는 백성들이 하나님께로 돌이키면
회복시켜 주신다고 선포하셨습니다.
하나님의 계심을 지식으로는 알고 있지만,
생활에서 그 은혜와 사랑을 체험하지 못하고,
세상의 풍조를 좇아가며 이 시대를 살아가는
우리들에게도 동일하게 주시는 말씀이 아닐까 싶습니다.

우리가 살 길은 죄의 길을 돌이켜
오직 하나님을 사랑하고,
하나님의 말씀을 청종하며 섬기는 길밖에 없습니다.
앞으로 1년 365일 동안
이 책을 통하여 하나님의 말씀을 매일 묵상하고,
기도하며 나아갈 때 우리의 신앙을 지키고
나아가 하나님과의 관계가 회복되어 요한삼서 2절의 큰 복이
우리 모두의 삶 가운데 임하길 기도합니다.
"사랑하는 자여 네 영혼이 잘 됨같이
네가 범사에 잘되고 강건하기를 내가 간구하노라"

김장환

김장환 (목사 / 극동방송 이사장)

"나의 평생에 선하심과 인자하심이
정녕 나를 따르리니
내가 여호와(하나님)의
집에 영원히 거하리로다"
─ 시편 23:6

1월

인생길을 인도하시는 하나님

읽을 말씀 : 시편 86:1-7

● 시 86:7 나의 환난 날에 내가 주께 부르짖으리
니 주께서 내게 응답하시리이다

『**나**라가 가장 힘들고 어려운 시절에 다섯 남매의 막내로
태어난 저를 아버지는 석 달이 지나서야 호적에 올리셨
습니다. 제 위로 다섯 명이나 돌 되기 전에 세상을 떠났기 때
문입니다. 제가 열네 살 때 아버지가 돌아가시고 제 삶에는 지독
한 가난과 암담한 미래만이 펼쳐졌습니다. 일곱 식구가 작은방
에서 자다 보니 어머니는 제가 형들에게 깔려 큰일이 나지 않
을까 걱정하실 정도였습니다.

초등학교 6학년이 되자 중학교도 갈 수 없는 지독한 가난이
너무도 미웠습니다. 천신만고 끝에 중학교에 입학했지만 홀어머
니 밑에서 월사금(학비) 걱정을 해야 하는 비참한 형편 때문에 남
몰래 울기도 많이 울었습니다. 아무리 노력하고 공부해도 내 인
생에 빛이 비치지는 않을 것 같았습니다. 그랬던 제 인생에 하나
님의 손길이 닿으며 길이 열리기 시작했습니다.

참담한 시대에 태어나 끼니를 걱정하며 살던 저를 하나님은
하우스보이에서, 미국의 유학생으로, 주님의 종으로 한 해 한 해
인도하셔서 지금은 세계 선교를 위해 사용하고 계십니다. 지금
의 현실을 보고 실망해서는 안됩니다. 하나님을 믿으면 기적이
일어납니다.』 - 김장환 목사의 인생 메모에서

'뜻이 있는 곳에 길이 있다'는 격언이 있지만 믿음의 사람들에
게는 하나님의 약속이라는 더욱 강력한 증거가 있습니다. 금년
에도 기도하고 기대하는 마음으로 하나님께 맡기십시오. 아멘!

♡ 주님! 어려움 가운데서도 좌절하지 않고 주님만 바라보게 하소서.
▨ 어려운 이웃의 이름을 적고 기도하며 필요한 것을 도와줍시다.

승리를 기억하라

읽을 말씀 : 로마서 8:31-39

● 롬 8:37 그러나 이 모든 일에 우리를 사랑하시는 이로 말미암아 우리가 넉넉히 이기느니라

미국 프로야구 메이저리그에 촉망받는 투수가 있었습니다. 이 선수에게는 최고가 될 수 있는 재능이 있었지만 정신력이 너무 약했습니다. 볼을 잘 던지다가도 한 번의 실수로 와르르 무너져내려 경기에 패배하는 일이 비일비재했습니다. 반복되는 실수로 큰 슬럼프에 빠진 투수는 스포츠 심리학의 대가와의 상담을 통해 다음과 같은 처방을 받았습니다.

"완벽한 순간의 투구 장면을 짧게 만들어 최대한 자주 볼 것."

선수는 처방대로 실수를 할 때마다 자신의 완벽했던 투구를 떠올렸고, 그때마다 거짓말처럼 슬럼프에서 벗어났습니다.

메이저리그 최고의 새가슴으로 불렸던 투수는 이내 담대함의 상징이 됐고 나중에는 큰 담력이 필요한 마무리 투수로 전향해 명예의 전당에도 입성했습니다. 메이저리그에서 두 번째로 200승 150세이브라는 대기록을 거둔 존 스몰츠의 이야기입니다.

한 번도 실수하지 않는 사람은 없습니다. 그럼에도 주님은 우리를 사랑하십니다. 지난날 실수로 인해 낙담하고 넘어지기보다는 전날 승리하게 해주신 주님을 생각하며, 금년에는 이미 승리하신 주님, 그리고 승리케 하실 주님을 바라보며 주님과 동행하십시오. 그리고 그분이 약속한 말씀을 붙들고 마음을 강하게 하고 담대히 하며 두려워하거나 놀라지 말고 주님의 능력으로, 지난 어느 해보다 가장 좋은 한 해가 되십시오. 아멘!

♡ 주님! 이미 승리하신 주님만을 믿고 살아가게 하소서.
🎴 나를 위로하시고 다시 세워주시는 주님만을 의지합시다.

다이아몬드의 가치

읽을 말씀 : 고린도전서 7:17-24

●고전 7:23 너희는 값으로 사신 것이니 사람들
의 종이 되지 말라

한 사업가가 휴가차 남아프리카공화국에 들렀습니다.
어떤 마을의 여관에서 머무르던 사업가는 카운터의 선반
에서 반짝이는 다이아몬드를 발견했습니다.

다이아몬드가 뭔지 모르던 주인은 아들이 놀다가 주워온 돌
이라며 장식용으로 얹어놓았다고 말했습니다. 숙박비를 두 배로
주겠다는 사업가의 말에 여관 주인은 다이아몬드를 팔았습니다.

다음날 서둘러 케이프타운에서 가장 큰 보석상을 찾은 사업
가는 우리 돈 약 1억 원에 다이아몬드를 팔고는 여관 주인 덕분
에 큰 횡재를 했다고 생각했지만 더 큰 손해를 본 것은 사업가였
습니다.

보석상은 A급 원석을 세공해 경매에 붙여 수십억을 벌었기
때문입니다. 하지만 보석상도 다이아몬드의 가치를 제대로 알았
던 것은 아니었습니다. 한 사업가가 그 다이아몬드가 발견된 위
치를 찾아 광산을 개발했는데 막대한 양이 채굴되면서 매년 수
백 억을 벌었고 이로 인해 남아프리카공화국에서 다이아몬드 산
업이 시작됐기 때문입니다.

가치를 아는 사람에 따라 가격이 달라지는 다이아몬드처럼
예수님을 통해 구원받은 고귀한 하나님의 자녀가 나라는 사람을
알 때에 인생이 달라집니다. 증기처럼 사라질 헛된 지식으로 판
단 받는 삶에서 벗어나 금년에는 더욱 하나님이 부여하신 존귀
한 자녀의 가치를 누리는 삶을 새롭게 시작하십시오. 아멘!

♡ 주님! 하나님의 귀한 자녀로 영광을 누리는 삶을 살게 하소서.
▦ 예수님의 보혈로 산 귀한 자녀가 나라는 사실을 의심하지 맙시다.

완벽의 모순

읽을 말씀 : 요한일서 4:7-17

● 요일 4:17 이로써 사랑이 우리에게 온전히 이룬 것은 우리로 심판날에 담대함을 가지게 하려 함이니 주의 어떠하심과 같이 우리도 세상에서 그러하니라

성공학의 아버지라고 일컫는 데일 카네기의 저서에 나오는 신앙에 대한 예화입니다.

미국의 한 유명한 신학교에서 강의 중인 교수에게 한 학생이 질문을 했습니다.

"하나님이 그토록 선하고 인자하시다면 세상에는 어째서 악인이 많습니까? 선한 사람이 겪는 수많은 고난과 어려움은 어떻게 설명할 수 있나요? 세상에는 왜 질병이 존재하죠? 행복하고 즐거운 일들만 세상에 존재하면 될 텐데 말입니다."

교수는 이렇게 대답했습니다.

"하나님은 능히 그렇게 창조할 수 있으셨습니다. 하지만 우리는 아무런 감정을 느끼지 못하는 꼭두각시가 됐겠죠. 고난이 없다면 성취의 즐거움을 느낄 수 없습니다. 선악과가 있기에 하나님의 말씀에 순종할 수 있었고, 또 죄를 지을 수도 있었습니다. 그 기쁨을 위해 하나님은 우리에게 자유의지를 주셨고 선택할 기회를 주셨습니다. 게다가 잘못된 선택으로 죽을 수밖에 없는 우리의 죄마저도 십자가의 은혜로 책임져주셨죠. 이보다 완벽한 사랑이 존재할 수 있습니까?"

선택할 수 있기에 순종할 수 있고, 죄가 있기에 은혜가 있습니다.

인생의 좋지 않은 순간들도 믿음의 시야로, 하나님이 허락하신 은혜로 바라보십시오. 아멘!

🤍 주님! 주님의 마음을 조금이라도 더 알아가게 하소서.

🎴 주님을 신뢰함으로 이해할 수 없는 문제들도 받아들입시다.

1월 5일

변화에 필요한 용기

읽을 말씀 : 신명기 16:18-22

● 신 16:20 너는 마땅히 공의만 좇으라 그리하면 네가 살겠고 네 하나님 여호와께서 네게 주시는 땅을 얻으리라

농구가 처음 탄생했을 때는 모든 선수들이 가만히 서서 양손을 사용해 슛을 던졌습니다.

이런 자세를 '세트(Set) 슛'이라고 했는데 당시 농구 코치들은 이 자세가 가장 효율적인 슛 방법이라고 생각했습니다.

프로농구선수 안젤로 루이세티는 오히려 한 손으로 점프하며 슛을 하면 수비도 피하면서 슛 성공률을 더 높일 수 있다고 생각했습니다.

하지만 연구가 충분히 되지 않아 처음에는 오히려 기존의 자세보다 성공률이 낮았고, 안젤로의 자세를 본 다른 코치들은 '쓰레기 폼'이라고 폄하 했습니다.

모든 코치들이 안젤로의 슛 자세를 비판할 때 안젤로의 전담 코치는 "가능성이 보이니 계속해서 연습하라"고 독려했습니다. 그 결과 안젤로는 당시의 어떤 선수들보다 뛰어난 슈터가 되었습니다. 지금은 안젤로가 만든 자세가 슛의 기본자세가 됐고, 이 자세로 인해 농구가 훨씬 발전할 수 있었습니다.

모든 변화에는 용기가 필요합니다.

목숨을 아끼지 않고 나를 구원하고, 세상을 변화시키기 위해 주 예수님이 이 세상에 오셨듯이 그 주님으로 인해 변화된 나를 세상에 드러내는 일을 두려워 마십시오. 주님이 함께하심을 믿으십시오. 아멘!

♡ 주님! 날마다 주님의 은혜로 더 향상된 삶을 살게 인도하소서.

▨ 변화에 필요한 용기를 두려워하지 맙시다.

전하지 못한 사랑

1월 6일

읽을 말씀 : 베드로전서 3:7-11

● 벧전 3:7 남편 된 자들아 이와 같이 지식을 따라 너희 아내와 동거하고 저는 더 연약한 그릇이요 또 생명의 은혜를 유업으로 함께 받을 자로 알아 귀히 여기라 …

영국의 사상가이자 작가인 토마스 칼라일은 모든 사람에게 존경을 받았습니다. 그러나 하는 일이 너무 많았기에 집에서는 과민한 모습을 보였는데 이로 인해 아내는 큰 상처를 받았습니다.

칼라일의 아내는 모든 사람에게 친절한 남편이 자신에게만 불친절하게 대하는 것은 사랑하지 않기 때문이라고 생각했습니다.

점차 신경과민이 심해진 칼라일의 아내는 시름시름 앓다가 결국 세상을 떠났습니다. 아내가 세상을 떠난 뒤 식음을 전폐하며 슬퍼하던 칼라일은 다음과 같은 글을 남겼습니다.

"단 5분, 아니 2분 만이라도 좋다. 아내가 잠깐만이라도 살아난다면 꼭 해주고 싶은 이야기가 있다. 내가 아내를 너무도 사랑했다는 사실이다. 너무 많은 일에 휩싸였던 나는 이 말 한마디를 아내에게 해주지 못했고, 그녀는 이 사실을 모르고 영영 눈을 감고 말았다. 이제 누가 내 마음을 알아주겠는가. 그러나 나는 정말로 아내를 사랑했다."

세상에서의 삶은 영원하지 않기에 서둘러 사랑을 전해야 합니다.

주님이 주신 사랑을 전하며, 주님이 주신 계명대로 서로 사랑하며 살기에도 짧은 인생을 더 이상 낭비하지 마십시오. 아멘!

♡ 주님! 짧은 인생을 후회없이 가치 있게 살아가게 하소서.
🖼 아끼는 사람들에게 복음을 전하는 일을 망설이지 맙시다.

돈과 지혜

읽을 말씀 : 야고보서 1:1-5

● 약 1:5 너희 중에 누구든지 지혜가 부족하거든
모든 사람에게 후히 주시고 꾸짖지 아니하시는
하나님께 구하라 그리하면 주시리라

한 유명한 랍비에게 제자들이 물었습니다.

"부자와 현자 중에 더 나은 삶을 사는 사람은 누구입니까?"

"그거야 당연히 현자이지."

한 제자가 다시 물었습니다.

"부자에게 잘 보이려고 그 집을 드나드는 현자들은요?"

"그건 어쩔 수 없다. 먹고 살려면 돈도 필요한 법이거든."

이 말을 들은 다른 제자가 물었습니다.

"그런데 왜 현자를 찾아가는 부자들은 없습니까?"

"현자는 세상을 살아갈 때 돈도 필요하다는 사실을 알지만 부자들은 지혜가 필요하다는 사실을 모르기 때문이지. 그래서 현자의 삶이 부자보다 나은 것이란다."

내가 생각하는 인생의 중요한 가치는 무엇입니까?

성경의 가르침대로 바른 우선순위를 지키고 있습니까?

세상을 살아가며 필요한 많은 것들이 있지만 구원의 복음을 믿고 아는 것보다 더 중요한 것은 없습니다.

가장 중요한 이 복음을 지키며 필요한 모든 것을 주님께 구하십시오. 아멘!

💟 주님! 주님을 향한 믿음이 흔들리지 않게 지켜주소서.

🧎 주님을 아는 마음을 가장 귀하게 여기며 끝까지 지킵시다.

종교 이상의 종교

읽을 말씀 : 신명기 10:12-16

● 신 10:13 내가 오늘날 네 행복을 위하여 네게
명하는 여호와의 명령과 규례를 지킬 것이 아니
냐

국내에 가장 먼저 '정신분석'과 '자존감'에 대해서 알린 전남
대의 이무석 교수는 「사람이 행복하기 위해서는 신앙이 있
어야 한다」고 주장했습니다. 그 주장에는 다음과 같은 이유가 있
습니다.

1. 신앙이 있는 사람은 병에 걸릴 확률이 낮다.
의사들의 96%가 이를 인정한다.
2. 든든한 버팀목이 있다는 생각에 마음의 안정감이 높아
진다.
3. 낮은 자존감 회복에 도움이 된다.
4. 좋은 신앙은 성숙한 인격을 갖도록 도움을 준다.
5. 허무함과 우울감을 극복하게 해준다.

독실한 크리스천인 이무석 교수는 "그러나 인간의 필요에 의
해 만들어진 종교에는 오히려 득보다 실이 많기에 삶의 이유와
성숙한 인격의 완성을 돕는 좋은 신앙을 찾아야 한다"고 말합
니다.

좋은 신앙은 사람들에게 도움이 됩니다. 그러나 그보다 중요
한 것은 진리를 찾는 것입니다.

말씀을 바로 알고 정말로 하나님을 믿는 사람이라면 신앙을
통해 축복 이상의 것을 받기를 간구해야 합니다.

이생에서의 삶뿐 아니라 영생을 보장하며 육과 영을 구원하
는 주님의 복음을 붙잡고 전하십시오. 아멘!

♡ 주님! 진정한 진리로 인도하신 은혜를 찬양하게 하소서.
▨ 주님의 말씀을 세상의 유일한 진리로 믿고 받읍시다.

감사할 이유

읽을 말씀 : 골로새서 3:8-17

● 골 3:17 또 무엇을 하든지 말에나 일에나 다 주 예수의 이름으로 하고 그를 힘입어 하나님 아버지께 감사하라

 웨덴의 시인이자 작곡가, 목사인 알프레드 헐트만의 시입니다.

'나의 구원자이신 하나님께 감사하라
모든 것을 주시는 이에게 감사하라

내 영혼 안에 있는 평안으로 인해 감사하라
기도에 응답하신 하나님께 감사하고,
기도에 응답하지 않으신 하나님께 감사하라

고통에도 감사하고 즐거움에도 감사하라
절망 중에 위로하심을 주시니 감사하라
하늘의 평화를 내려주심에 감사하라'

죄로 죽었던 나를 구원해주시고, 영생을 약속하신 주님 앞에 감사하지 못할 이유가 없습니다. 하나님께 받은 은혜에 먼저 감사할 줄 알 때 바른 중심으로 신앙생활을 하게 됩니다.

기쁨에도 감사, 고난에도 감사, 오직 감사와 찬양만을 주님께 드리십시오. 아멘!

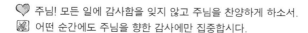

♡ 주님! 모든 일에 감사함을 잊지 않고 주님을 찬양하게 하소서.
🖼 어떤 순간에도 주님을 향한 감사에만 집중합시다.

고민을 끊어내라

읽을 말씀 : 잠언 12:10-25

●잠 12:25 근심이 사람의 마음에 있으면 그것으로 번뇌케 하나 선한 말은 그것을 즐겁게 하느니라

미국의 유명한 의사인 에드워드 포돌스키 박사는 수많은 환자를 진료하다가 다음과 같은 사실을 깨달았습니다.
- 고민이 많은 사람은 심장이 안 좋다.
- 고민이 많은 사람은 대체로 혈압이 높다.
- 고민이 많은 사람은 류머티즘이 생길 수 있다.
- 고민이 많은 사람은 위장병이 생길 확률이 높다.
- 고민이 많은 사람은 때때로 감기에 걸리게 된다.
- 고민이 많은 사람은 갑상선 질환이 악화된다.
- 고민이 많은 사람은 당뇨병에 걸릴 수 있다.

포돌스키 박사는 이후 고민이 가져오는 수많은 병리학적 원인을 연구한 뒤에 '고민이 없으면 병이 사라진다'라는 책을 저술했고, 수많은 사람들이 박사의 지침을 따라 고민을 줄인 뒤 건강을 되찾았습니다.

고민은 마음을 어디에 둘지 정하지 못할 때 생깁니다.

나를 구원 하시고, 영생을 약속하신 주님이 우리의 마음이 영원히 거할 참된 안식처입니다.

참된 빛을 보고도 하늘과 세상 사이에서 고민하는 미련한 사람이 되지 말고 창조주이신 하나님 아버지를 향해 마음을 정하십시오. 아멘!

♡ 주님! 모든 고민을 해결해주실 주님만 바라보며 이기게 하소서.
🖼 마음에 고민을 쌓아놓지 말고 기도로 주님께 맡깁시다.

1월 11일

양동이의 기도

읽을 말씀 : 야고보서 1:19-27

● 약 1:25 자유하게 하는 온전한 율법을 들여다 보고 있는 자는 듣고 잊어버리는 자가 아니요 실행하는 자니 이 사람이 그 행하는 일에 복을 받으리라

성도의 70%가 청년인 젊은 교회 '내셔널커뮤니티 처치'의 마크 배터슨 담임목사님이 하루는 제레미라는 교회 청년을 위해 기도하고 있었습니다.

미국의 대학생들을 위한 문서 선교사역을 하던 제레미는 사무실에 컴퓨터가 필요하다고 목사님께 기도를 부탁했습니다.

그런데 기도를 하면 할수록 목사님의 마음이 불편해졌습니다.

마치 "왜 나한테 구하고 있느냐?"고 하나님이 말씀하시는 것 같았습니다.

기도를 멈추고 생각해보니 집에 남는 컴퓨터가 있었습니다.

마크 목사님은 바로 제레미에게 전화를 걸어 기도가 이미 응답되었다고 전했습니다.

부흥사 무디가 복음을 전하러 대서양을 건너던 중 배에서 불이 난 적이 있었습니다. 한 성도가 무디를 안전한 곳으로 모시며 기도를 부탁하자 무디가 말했습니다.

"지금은 양동이를 들어야 할 때입니다. 기도는 불을 끄면서 합시다."

기도의 응답은 때때로 행동을 통해 받습니다. 기도하면 믿어야 하고, 믿는다면 행동해야 합니다.

구하는 것을 주신다는 하나님의 분명한 약속의 말씀을 확신 있는 행동으로 응답받으십시오. 아멘!

🤍 주님! 기도에서 그치지 않고 행동하는 믿음을 주소서.

📋 모든 필요를 채워주실 주님을 믿고 이미 받은 것처럼 행동합시다.

너무 늦기 전에 돌아오라

1월 12일

읽을 말씀 : 고린도후서 5:11-21

● 고후 5:17 그런즉 누구든지 그리스도 안에 있으면 새로운 피조물이라 이전 것은 지나갔으니 보라 새것이 되었도다

미국 문학사에서 천재로 불린 토마스 울프의 '그대 다시는 고향에 가지 못하리'라는 소설의 내용입니다.

가난한 시골에서 태어나 성공을 꿈꾸던 소년이 있었습니다.

큰 꿈을 품고 도시로 떠난 소년은 인고의 세월 끝에 모든 것을 얻었습니다. 백만장자가 되어 많은 사람의 존경을 받고, 학식도 쌓았으며 아름다운 아내와 행복한 가정을 이뤘습니다. 아이러니하게도 자신이 바라던 모든 것을 성취하자 이제 그가 바라는 마지막 소원은 어린 시절 떠나왔던 그리운 고향으로 돌아가는 것이었습니다.

부푼 꿈을 안고 고향을 떠났던 앳된 소년은 머리가 희끗한 신사가 되어 돌아왔습니다. 그러나 두 눈에 담긴 고향은 더 이상 예전의 모습이 아니었습니다. 거리는 자기가 떠나온 도시와 다를 것이 없었고, 사람들의 인심도 예전과 같지 않았습니다. 변해 버린 고향에 실망한 남자는 이런 말을 남기고 다시 기차에 몸을 실었습니다.

"나는 이제 다시 집으로 돌아갈 수 없습니다.

영원히 돌아갈 길은 없습니다."

세상에서의 꿈과 바람을 위해 신앙을 타협하지 마십시오.

주님이 주신 삶을 주님을 위해 사용하는 것보다 값진 삶은 없습니다. 세상에서의 삶보다 주님 안에서의 삶을 더욱 귀하게 여기십시오. 아멘!

♡ 주님! 보혈의 공로와 복음만큼 값진 것이 없음을 알게 하소서.

▨ 세상에서 유일한 생명의 길을 결코 벗어나지 맙시다.

1월 13일 승리의 공식

읽을 말씀 : 고린도전서 9:16-27

● 고전 9:25 이기기를 다투는 자마다 모든 일에 절제하나니 저희는 썩을 면류관을 얻고자 하되 우리는 썩지 아니할 것을 얻고자 하노라

미식축구 감독 루 홀츠는 어떤 팀을 맡아도 바로 우승팀으로 만들었던 전설적인 명장입니다.

다음은 루 홀츠가 말한 '승리의 공식 10가지'입니다.

01. 이기주의를 넘어서 옳은 일을 하라.

02. 100%가 아닌 120%를 위해 최선을 다하라.

03. 대접받고 싶다면 먼저 대접하라.

04. 이루고 싶은 목표를 확고히 하라.

05. 모두가 주인공이 될 수 없으니 자신의 역할을 받아들여라.

06. 기본이 없는 팀은 무너지니 기본기를 강화하라.

07. 자신을 믿지 못하는 선수는 쓸 수 없으니 자신감을 가지라.

08. 승리의 기본은 팀워크이니 남을 배려하라.

09. 누구나 예기치 못한 어려움을 만나지만 역경을 극복하라.

10. 성공할 것이라고 확신하고 절대로 기죽지 마라.

홀츠 감독은 10개가 넘는 팀을 맡았음에도 이 공식을 적용해 매번 결승전에 진출했습니다.

승리하는 방식에 공식이 있듯이 승리하는 신앙에도 공식이 있습니다. 하나님의 말씀을 기록한 성경에서 주님이 가르쳐주신 승리의 말씀을 붙들고 내 삶에 적용하십시오. 아멘!

🩵 주님! 돌보고 지켜주시는 주님의 손길을 의지하게 하소서.

🎴 믿음대로 주시는 주님께 필요한 모든 것을 구합시다.

기회를 잡을 노력

1월 14일

읽을 말씀 : 로마서 12:4-13

● 롬 12:11 부지런하여 게으르지 말고 열심을 품고 주를 섬기라

열심히 공부해 스탠퍼드대학교에 입학했지만 가정 형편이 어려워 학비가 부족한 학생이 있었습니다.

공부와 아르바이트를 병행해야 하는 상황에서 때마침 좋은 조건의 공고가 붙은 회사를 찾아간 학생은 어떤 일이든 열심히 하겠다며 포부를 밝혔습니다. 담당자는 "좋습니다. 그런데 혹시 타자기는 다룰 줄 아십니까?"라고 물었습니다. 당시에는 타자기가 고가였기에 다룰 줄 아는 사람이 많지 않았습니다. 담당자의 말을 들은 학생은 3일만 시간을 달라고 부탁했습니다.

3일 뒤 찾아온 학생은 타자기를 아주 능숙하게 다뤘습니다.

이 모습을 본 담당자가 질문했습니다.

"타자기를 이렇게 잘 다루는데 왜 바로 일을 시작하지 않았죠?"

"그때는 타자기를 다룰 줄 몰랐습니다. 기회를 놓치고 싶지 않아서 하루 동안 수소문해 타자기를 빌렸고 이틀 동안 밤새도록 연습했습니다."

어려운 환경에서도 항상 기회를 위해 노력했던 학생은 훗날 미국의 31대 대통령이 된 하버트 후버였습니다.

기회가 찾아올 때 준비하는 사람이 아니라, 찾아온 기회를 잡을 수 있게 준비하는 사람이 되어야 합니다. 하나님이 주시는 기회를 놓치지 않고 최선을 다해 붙잡으십시오. 아멘!

♡ 주님! 주님을 의지함으로 담대히 도전하게 하소서.
🎨 오늘 주님이 주시는 기회가 있다면 놓치지 맙시다.

불가능도 가능하다

읽을 말씀 : 마가복음 9:21-29

● 막 9:23 예수께서 이르시되 할 수 있거든이 무슨 말이냐 믿는 자에게는 능치 못할 일이 없느니라 하시니

벼룩은 자기 키의 100배가 넘는 높이를 뛸 수 있는 엄청난 점프력을 갖고 있습니다.

2-4mm밖에 안 되는 작은 체구의 벼룩은 무려 30cm를 뛸 수 있습니다. 이 벼룩을 10cm 높이의 유리잔에 넣고 빛을 비추면 계속 점프를 합니다. 몇 시간 동안 점프를 반복하면 컵을 치워도 벼룩은 10cm밖에 뛰지 못하게 됩니다. 만약 5cm의 유리컵으로 같은 실험을 하면 벼룩은 5cm를 뛰는 벼룩이 됩니다.

만약 아예 점프를 할 수 없는 환경이라면 어떻게 될까요?

정답은 "그 벼룩은 평생 점프를 하지 못한다"입니다.

충분히 100배를 뛸 수 있는 능력을 가졌음에도 유리컵이라는 한계를 통해 "뛰어봤자 소용없다"는 생각이 뇌리에 박혔기 때문입니다.

심리학자 마틴 셀레그만은 이 실험을 통해 나타난 현상을 '학습된 무기력'이라고 불렀습니다.

주님을 믿기 전 우리의 한계는 세상의 규칙과 방법으로 제한되어 있습니다. 그러나 주님을 믿고 구원받은 그리스도인으로 다시 태어난 우리에게는 더 이상 한계가 없습니다.

세상이 말하는 불가능으로 우리의 한계를 규정하지 말고 주님이 주시는 능력으로 도전하며 승리해나가십시오. 아멘!

♡ 주님! 내 생각이 아닌 주님의 말씀을 따라 살게 하소서.

▒ 할 수 있다고 말씀하신 주님만 믿으며 전진합시다.

사명자의 믿음

읽을 말씀 : 사도행전 20:17-24

● 행 20:24 나의 달려갈 길과 주 예수께 받은 사명 곧 하나님의 은혜의 복음 증거하는 일을 마치려 함에는 나의 생명을 조금도 귀한 것으로 여기지 아니하노라

세계 최초로 아프리카를 횡단한 사람은 탐험가도, 군인도 아닌 선교사 데이비드 리빙스턴입니다.

1841년 남아프리카공화국 케이프타운에 도착한 리빙스턴은 더 많은 아프리카인들이 있다는 말을 듣고는 무려 1000km 이상을 걸어서 아프리카 내륙으로 들어갔습니다. 이질에 걸릴 때도 있었고, 원주민들에게 습격을 받을 때도 있었고, 사자에게 팔을 물린 적도 있었지만 그는 계속해서 아프리카를 걸어 나갔습니다. 아프리카 내륙을 리빙스턴처럼 깊숙이 들어간 외부인은 그때까지 단 한 명도 없었습니다.

도대체 리빙스턴은 무엇 때문에 이런 고난을 감수하며 아프리카 내륙으로 들어갔을까요?

그 이유는 "복음을 전하기 위해서" 단 한 가지였습니다.

리빙스턴은 위기가 있을 때마다 "하나님이 나를 이곳에 보내셨다면 그 사명이 다할 때까지 나는 결코 죽지 않는다"라고 말하며 아프리카 곳곳에 복음을 전하다 마지막까지 기도하는 자세로 세상을 떠났습니다.

진정으로 복된 삶은 사명을 발견하고 완수하는 삶입니다.

하나님이 나에게 주신 사명은 무엇입니까? 나는 말이 아닌 삶으로 그 사명에 순종하고 있습니까? 사명의 길을 따라 부어주시는 축복과 은혜를 간구하는 삶을 구하십시오. 아멘!

♡ 주님! 세상에서 사명자의 삶을 살아가게 하소서.
🖼 주님께서 나에게 주신 사명을 잊지 말고 붙듭시다.

한 번에 한 가지씩

읽을 말씀 : 베드로전서 5:1-11

● 벧전 5:7 너희 염려를 다 주께 맡겨 버리라 이 는 저가 너희를 권고하심이니라

2차 대전에 참전했으나 부상을 당해 야전병원으로 이송된 테드라는 병사가 있었습니다.

목숨에는 지장이 없는 가벼운 부상이었지만 테드의 머릿속에 는 '어쩌면 죽을지도 모른다'는 생각이 가득해 '경련성 횡행결장' 이라는 희귀한 정신병을 앓게 됐습니다. 테드는 일어나지도 않 을 일들을 미리 걱정하며 안절부절 하느라 어떤 일도 해내지 못 했습니다.

이런 테드에게 한 군의관이 찾아와 조언했습니다.

"우리의 인생은 모래시계라네. 시계에 많은 모래가 있지만 결 국 통로를 지나갈 수 있는 것은 아주 작은 모래 알갱이 하나뿐이 야. 우리 인생이 모래시계라고 생각해보게. 걱정할 수 많은 일이 있지만 결국 자네가 처리할 수 있는 것은 모래 알갱이 하나뿐이 라네."

군의관의 말을 들은 테드는 큰 깨달음을 얻었고 이후 수첩에 '한 번에 모래 한 알, 한 번에 한 가지 일'이라고 적은 뒤 수시로 확인했습니다. 이후 테드의 병은 거짓말처럼 사라졌고 자신의 책무를 무사히 완수한 그는 가족의 품으로 돌아가 사랑하는 아 내와 갓 태어난 아들을 마주했습니다.

우리가 하나님의 일을 할 때 세상의 일은 하나님이 챙겨주십 니다. 내가 할 수 없는 일들은 모두 하나님께 맡기고 내가 할 수 있는 일을 한 가지씩 하나님을 위해 헌신하십시오. 아멘!

♡ 주님! 나의 작은 손도 주님의 일을 위해 사용하여 주소서.
📖 내가 할 수 있는 일을 하며 모든 것을 주님께 맡깁시다.

걸음마를 통해 배우라

읽을 말씀 : 시편 29:1-11

● 시 29:11 여호와께서 자기 백성에게 힘을 주심이여 여호와께서 자기 백성에게 평강의 복을 주시리로다

아기들은 첫 걸음마를 성공할 때까지 대략 3천 번을 실패한다고 합니다. 성인들의 경우 무언가를 이루기 위해서 3천 번을 실패해야 한다면 도전할 사람이 아무도 없겠지만 아기들에게는 공통적으로 나타나는 두 가지 특징이 있기에 계속 도전한다고 합니다.

● 첫째, 아기들은 실패라고 생각하지 않습니다.

아기들에게 넘어지는 것은 걷기를 위한 노력입니다.

아기들에겐 실패라는 생각도 개념도 존재하지 않기 때문에 간절히 원하는 걸음마를 위해 계속해서 노력할 뿐입니다. 당연히 '또 실패하면 어쩌지?'와 같은 생각도 하지 않습니다.

● 둘째, 아기들은 고통을 두려워하지 않습니다.

걸음마를 성공하기 위해 3천 번 실패한다는 말은 3천 번 넘어진다는 말입니다.

때로는 무릎이 까지고 머리도 부딪히지만 그 고통이 두려워 걸음마를 포기하는 아기는 없습니다. 실패가 뭔지 모르기 때문에 포기할 이유도 없기 때문입니다.

지금의 내가 있는 것은 수천, 수만 번의 실패에도 두려워 않고 다시 도전했기 때문입니다. 다시 내 앞에 있을 수많은 고난에도 내가 도전할 수 있는 것은 이미 주님이 모든 것을 이루고 승리하셨기 때문입니다. 푯대가 되신 주님을 바라보며 고난과 역경을 극복해나가십시오. 아멘!

♡ 주님! 주님을 믿는 우리에게 더 이상 실패가 없음을 알게 하소서.
🎲 주님과 함께한다면 결국은 승리한다는 사실을 믿습니다.

불행을 끊으십시오

읽을 말씀 : 예레미야 29:10-19

● 렘 29:11 나 여호와가 말하노라 너희를 향한 나의 생각은 내가 아나니 재앙이 아니라 곧 평안이요 너희 장래에 소망을 주려는 생각이라

호주의 행복 전문가인 티모시 샤프 박사는 사람들이 행복하지 못한 이유는 삶의 방식을 바꾸지 않고 그대로 유지하기 때문이라고 합니다.

다음은 세계에서 가장 오랜 기간 행복에 대해서 연구한 기관 중 하나인 행복연구소에서 제시한 '불행을 끊어낼 7가지 조언'입니다.

1. 감사 제목을 적은 노트를 들고 다니며 힘들 때마다 꺼내보라.
2. 가까운 미래에 이룰 수 있는 가장 멋진 나의 모습을 떠올려라.
3. 부정적인 생각에서 빠져나올 수 있는 전략(성경읽기, 찬양, 음악, 독서, 기도 등)을 세우라.
4. 남을 도울수록 행복감이 높아지는 건 증명된 사실이니 최대한 친절을 베풀어라.
5. 즐겁게 즐길 수 있는 취미를 가져라.
6. 나에게 잘못한 사람들에게 용서의 메시지를 보내는 노트를 만들어라.
7. 운동과 수면, 질 좋은 식사로 육체의 건강을 유지하라.

행복을 바라면서 불행을 부르는 삶을 살고 있지 않습니까?

하나님의 자녀로 살아가겠다고 서원하면서 세상의 복락을 따르는 삶을 살고 있지 않습니까? 진정한 행복은 하나님이 주신 말씀과 원리를 따라 살 때 얻게 됨을 기억하십시오. 아멘!

🖤 주님! 모든 행복과 기쁨이 담긴 말씀을 따라 생활하게 하소서.

🎴 7가지 조언을 바탕으로 온종일 감사를 생활화합시다.

얼마나 노력하는가

1월 20일

읽을 말씀 : 디모데전서 4:6-16

● 딤전 4:7 망령되고 허탄한 신화를 버리고 오직 경건에 이르기를 연습하라

고급 호텔이 즐비한 거리에서 차에서 내리는 백만장자들을 유심히 살펴보는 한 남자가 있었습니다.

하루 종일 부자들을 관찰한 남자는 다음날에는 그들을 흉내 내며 차에서 내리는 연습을 했는데 어떤 이유에서인지 이 일을 무려 1년 간이나 계속했습니다.

'시티 라이트'라는 영화에서 시각장애인 역할을 맡은 찰리 채플린은 차에서 내리는 소리만 듣고 백만장자라는 걸 알아차릴 수 있게 하려고 무려 1년간 관찰한 모습입니다. 영화가 개봉했을 때 사람들은 찰리 채플린을 '연기의 천재', '연기의 귀재'라고 불렀지만 그 바탕에는 1년 동안의 노력이 숨어있었습니다.

16년 동안 세계 바둑 1위였던 이창호 9단은 바둑 역사상 가장 뛰어난 천재 기사로 인정받았습니다. 하지만 이창호 기사는 단 한 번도 천재라는 단어를 사용한 적이 없고, 항상 노력의 중요성을 강조하며 "노력을 이기는 재능은 없고 노력을 외면하는 결과도 없다"라는 명언을 남겼습니다.

세상에 저절로 이루어지는 일은 아무것도 없습니다.

무언가를 이루기 위해 필요한 것은 결국 얼마나 노력하는가에 달려 있습니다. 하나님의 나라와 의를 이루는 일에 최선을 다해 노력하십시오. 아멘!

♡ 주님! 천성을 향해 가는 날까지 주님 발자취를 따르게 하소서.

🖼 더 나은 신앙을 위한 노력을 쉬지 말고 계속합시다.

1월 21일

상황에 맞추는 지혜

읽을 말씀 : 고린도후서 2:12-17

● 고후 2:15 이 모든 일에 전심전력하여 너의 진보를 모든 사람에게 나타나게 하라

학자들의 연구에 따르면 사람들은 오감 중에서 시각과 청각을 가장 중요하게 여기고 만족시키기 위해 노력한다고 합니다.

하지만 오감 중 가장 민감한 것은 후각입니다.

청각은 가청주파수라는 한계가 있고 시각은 수백 가지 색을 구분하는 것이 전부입니다. 그나마 이름을 지어서 활용하는 색은 수백 개도 되지 않습니다. 하지만 지구상에 존재하는 향수는 7천 개가 넘으며 대부분의 일반인들도 손쉽게 차이를 구분합니다. 향에 따른 심리상태도 변한다는 것이 입증돼 '아로마테라피'라는 요법도 생겼습니다.

이 수만 가지 향 중에서 사람이 가장 좋아하는 향기는 장미향이고 싫어하는 향은 오물 냄새입니다. 하지만 이 두 가지 냄새의 주요 성분은 똑같이 '인돌'과 '스카톨'입니다.

두 성분이 적당히 존재하면 꽃에서 나는 향기가 되고, 두 성분이 지나치게 많으면 오물에서 나는 악취가 됩니다.

장미향 성분이 좋다고 많이 넣으면 오물향이 되는 것처럼 모든 일에는 '적절함'을 아는 지혜가 필요합니다.

합당한 조언과 충고도 지나치거나 때에 맞지 않으면 아무런 의미가 없습니다. 하나님께 받은 은혜와 소중한 복음이 세상에 향기롭게 퍼져나가도록 조화롭게 티를 내는 그리스도인이 되십시오. 아멘!

💚 주님! 합당한 때에 합당한 말을 하는 지혜를 주소서.
🖼 때와 장소에 맞게 그리스도인의 향기를 아름답게 풍깁시다.

걱정을 만드는 사람

읽을 말씀 : 이사야 1:11-20

● 사 1:18 여호와께서 말씀하시되 오라 우리가
서로 변론하자 너희 죄가 주홍 같을찌라도 눈과
같이 희어질 것이요 진홍 같이 붉을찌라도 양털
같이 되리라

미국의 시사주간지 '타임'에 실린 한 의사의 일화입니다. 이
의사가 과달카날 지역에서 군의관으로 복무하던 시절 한
병사가 폭탄 파편에 맞아 들것에 실려왔습니다. 목 주위를 다쳐
큰 수술을 여러 번 했지만 다행히 생명에는 지장이 없었고 무사
히 회복한다면 다시 건강한 생활로 돌아갈 수 있었습니다. 수술
뒤 의식에서 깨어난 병사는 산소호흡기 때문에 말을 할 수 없었
는데 대신 종이에 "내가 살 가망이 있습니까?"라고 적어 의사에
게 건넸습니다.

의사는 수술이 성공적이고 생명에 아무런 지장이 없다고 말
했습니다. 그러자 병사는 "내가 다시 말을 할 수 있습니까?"라는
쪽지를 의사에게 건넸습니다. 의사는 목소리도 문제없이 돌아올
것이라고 병사를 안심시켰습니다. 병사는 다시 쪽지에 무언가를
적어 의사에게 건넸습니다.

그 쪽지에는 다음과 같이 적혀 있었습니다.

"그렇다면 제가 걱정해야 할 일이 없다는 말입니까?"

병사는 자신이 당한 부상이 심각했을 것이라고 생각했기에
아무런 문제가 없다는 의사의 말을 믿을 수 없었습니다. 마찬가
지로 지은 죄가 너무 컸기에 염려하지 말라는 주님의 말씀을 우
리는 온전히 믿지 못하고 있는 것이 아닐까요?

십자가에서 이미 구원을 이루신 주님을 믿고 모든 염려와 걱
정은 주님께 맡기십시오. 아멘!

♡ 주님! 십자가 구원으로 모든 것을 이루신 주님을 따르게 하소서.
📷 내 모든 근심과 걱정을 주님께 맡기고 평안합시다.

경건의 모습

읽을 말씀 : 베드로전서 5:1-6

● 벧전 5:3 맡기운 자들에게 주장하는 자세를 하지 말고 오직 양 무리의 본이 되라

10대 소녀 루스는 부모님의 명령에 따라 교회에는 나갔지만 하나님을 믿지는 않았습니다.

루스가 아침에 일어나 식사를 하러 부엌으로 가면 중간에 있는 거실에서 아버지는 항상 성경을 읽고 계셨습니다.

의사인 아버지는 쉴 틈이 없을 정도로 바쁘셨기에 아침마다 밥 먹는 시간을 쪼개어 성경을 읽는 것이 참으로 이상했습니다.

학교를 마치고 돌아오면 이번엔 어머니가 거실에서 성경을 읽고 계셨습니다. 혼자서 집안일이며 육아를 도맡아 하지만 어떻게든 짬을 내어 자녀들이 돌아올 때까지는 항상 성경을 읽는 모습도 루스가 보기에는 참으로 이상했습니다.

어려서부터 성인이 될 때까지 매일 성경을 읽는 부모님의 모습을 보며 루스는 한 가지 결심을 했습니다.

'사랑하는 부모님이 저렇게 빠져있는 일이라면 나도 믿어볼 가치가 있지 않겠어?'

부모님의 경건한 모습을 통해 말씀을 읽고 하나님을 만난 루스는 훗날 '20세기 최고의 전도자'로 불리는 빌리 그래함 목사님의 아내로 세계 복음화에 함께 헌신하며 하나님께 쓰임 받는 삶을 사셨습니다.

때로는 경건 생활의 모습을 세상에 보여주는 것만으로도 전도가 될 수 있습니다. 직장과 가정 때로는 친구들과의 만남 가운데서 다양한 방법으로 경건의 모습을 보여주십시오. 아멘!

💙 주님! 교회 밖에서도 경건의 자세를 잃지 않게 하소서.

🖼 믿지 않는 사람들 앞에서도 그리스도인의 본을 보입시다.

진정한 고향

읽을 말씀 : 디모데후서 4:9-18

● 딤후 4:18 주께서 나를 모든 악한 일에서 건져
내시고 또 그의 천국에 들어가도록 구원하시리
니 그에게 영광이 세세 무궁토록 있을찌어다 아
멘

유럽 문학의 거장 슈테판 츠바이크는 브라질에서 머무는 중
아내와 동반 자살을 했습니다.

당시 츠바이크의 자살은 전 세계에 큰 충격을 줬습니다.

츠바이크는 밝고 긍정적이며 삶에 대한 에너지가 넘치는 사
람이었고, 비록 나치를 피해 남미로 망명하긴 했지만 발간하는
책마다 대성공을 거두며 세계적인 작가로 부와 명예를 얻던 시
기였기 때문입니다.

의문투성이었던 슈테판 츠바이크의 자살은 그가 생전에 남긴
쪽지 한 장이 발견되면서 이유가 밝혀졌습니다.

"내 조국뿐 아니라 모든 아름다운 유럽의 나라들은 나치에 점
령당했고 폭압을 받고 있다. 내가 머물던 곳이 사라지고, 더 이
상 모국어를 쓸 수 있는 곳이 사라지고,,, 나는 몸과 정신의 고
향을 모두 잃었다. 그런데 내가 더 이상 어디서 머물 수 있겠는
가? 조금이라도 정신이 맑을 때 내 삶을 정리하려 한다. 새로운
곳에서 새로운 시작을 할 동기도 에너지도 나에게는 없다."

본향을 잃은 삶만큼 쓸쓸하고 외로운 인생은 없습니다.

예수님을 통해 구원받은 우리 모두의 본향은 천국이며, 그 안
에 행복이 있다는 사실을 기억하며, 본향으로 떠나는 날까지 최
선을 다해 주님이 주신 본분을 감당하십시오. 아멘!

♡ 주님! 주님 곁으로 가는 그날까지 맡은 소임을 다하게 하소서.
📖 우리의 본향은 천국이라는 사실을 늘 기억하며 삽시다.

1월 25일

문제를 해결하는 분

읽을 말씀 : 마태복음 6:25-34

● 마 6:28 또 너희가 어찌 의복을 위하여 염려하느냐 들의 백합화가 어떻게 자라는가 생각하여 보라 수고도 아니하고 길쌈도 아니하느니라

베스트셀러 작가이기도 한 로버트 모건 목사님이 인생의 큰 어려움을 겪고 있었을 때의 일입니다.

밤에 잠이 오지 않을 정도로 걱정이 컸던 목사님은 몇 날 며칠 밤을 새우며 고심했지만 적당한 방법이 떠오르지 않았습니다.

결국 어떤 해답도 찾지 못한 채 주일날 설교 준비를 위해 성경을 폈는데 별안간 "맡기라"는 단어가 눈에 크게 들어왔습니다.

수백, 수천 번도 더 읽은 문장들이었지만 새롭게 목사님의 마음에 다가왔습니다. 성경은 모든 염려를 주님께 맡기고(빌 4:6), 심지어 복수도 주님께 맡기며(롬 12:19), 아무 걱정하지 말라고 분명히 말씀하고 있었습니다. 우리가 생각할 수 없는 방법으로 더 넘치게 행하시는 분이 주님이시기 때문입니다(엡 3:20).

이 말씀을 깨닫자 목사님의 마음에 평안이 찾아왔습니다.

하나님의 방법으로 해결해주시는 은혜를 깨달은 목사님은 자신의 간증을 책으로 쓰기 시작했고 목사님이 쓴 책들은 4천만 부 이상이 팔리며 많은 사람들에게 은혜를 전했습니다.

나에게 능력이 없고, 권한이 없을지라도 두려워 말고, 걱정하지 말고 모든 것을 주님께 맡기십시오. 주님께 불가능이란 없습니다. 하나님을 의지하며, 하나님의 역사하심을 잠잠히 기다리십시오. 아멘!

♡ 주님! 모든 문제를 해결해주실 주님의 능력을 의지하게 하소서.
▩ 마음이 힘들 땐 말씀을 묵상하며 주님의 손길을 구합시다.

마음으로 그려라

읽을 말씀 : 시편 146:1-5

● 시 146:5 야곱의 하나님으로 자기 도움을 삼으며 여호와 자기 하나님에게 그 소망을 두는 자는 복이 있도다

미국 시카고에 있는 일리노이대학에서 농구선수들을 세 그룹으로 나눠서 다음과 같은 실험을 했습니다.

● 첫 번째 그룹은 날마다 슈팅 연습을 시켰습니다.
● 두 번째 그룹은 훈련 없이 휴식만 시켰습니다.
● 세 번째 그룹은 상상으로만 연습하는 이미지트레이닝을 시켰습니다.

한 달이 지나고 세 그룹별 슈팅 실력을 확인했는데 첫 번째 그룹은 25% 정도의 실력향상이 있었고, 두 번째 그룹은 아무런 변화가 없거나 실력이 더 떨어졌습니다.

주목할만한 결과는 세 번째 그룹에서 나타났는데 편차가 조금 있었지만 대부분 적게는 10%에서 많게는 25%까지 첫 번째 그룹과 비슷한 실력향상의 결과가 나타났습니다.

마음으로 생생하고 자세하게 그리면서 연습을 하면 뇌가 실제와 비슷하게 착각을 해서 신경계와 근육들이 반응하기 때문입니다.

마음으로 이룰 수 있는 일은 실제로도 이룰 수 있습니다.

하나님이 주시는 좋은 생각들을 우리는 매일 떠올리며 비전으로 그려 나가야 합니다.

하나님이 주신 큰 생각과 사명을 이루는 나의 모습을 매일 기도와 묵상을 통해 최대한 자세히 그려나가십시오. 아멘!

♡ 주님! 꿈을 주신 분이 꿈을 이루게 하심을 믿게 하소서.
🧎 묵상을 통해 주님이 주신 소명을 그려갑시다.

1월 27일 **겨자씨 같은 믿음**

읽을 말씀 : 읽을 말씀 : 누가복음 13:18-30

●눅 13:19 마치 사람이 자기 채전에 갖다 심은 겨자씨 한 알 같으니 자라 나무가 되어 공중의 새들이 그 가지에 깃들였느니라

영국의 한 교회에서 5살 소년이 1페니와 함께 이런 소원을 적어 헌금함에 넣었습니다.

'성경책을 꼭 인도로 보내주세요.'

1페니는 지금의 5천 원 정도로 성경을 사기엔 턱없이 부족한 돈이었습니다. 하지만 아이의 마음을 기특하게 여긴 목사님은 돈을 보태어 성경을 구입한 뒤 인도에서 사역하시는 선교사님께 보냈습니다,

20년 뒤 이 일을 까맣게 잊은 목사님이 우연히 인도로 선교를 떠나 한 마을을 방문했습니다.

그 마을 사람들은 20년 전 어떤 선교사님이 전해준 성경책으로 인해 복음을 믿게 됐다며 조심스럽게 성경책을 들고 왔습니다. 그 성경을 살펴본 목사님은 너무 놀라 자리에 서 있을 수가 없을 정도였습니다.

마을 사람들이 들고 온 성경은 20년 전 소년의 헌금으로 보낸 바로 그 성경이었기 때문입니다.

성경의 맨 앞장에는 20년 전 귀한 마음으로 헌금을 올린 소년의 이름이 적혀 있었습니다.

아주 작은 믿음이라도 진실한 믿음을 하나님은 놀랍게 사용하십니다. 작은 감동, 작은 손길, 작은 선행을 무시하지 말고 성령님이 주시는 마음을 따라 담대히 선한 일을 행하십시오. 아멘!

🤍 주님! 작은 것을 크게 사용하실 주님을 믿으며 실천하게 하소서.
🎯 작은 믿음, 작은 사랑이라도 오늘부터 실천합시다.

웃음의 가치

읽을 말씀 : 시편 4:1-8

● 시 4:7 주께서 내 마음에 두신 기쁨은 저희의 곡식과 새 포도주의 풍성할 때보다 더하니이다

미국상공회의소가 '세계에서 가장 위대한 10대 인물'에 앤서니 라빈스를 뽑았을 때 많은 사람들이 놀랐습니다.

앤서니 라빈스는 성공한 사업가나 백만장자가 아닌 사람들의 긍정에너지를 불러일으키는 동기부여 강사였기 때문입니다. 그러나 그의 말이 너무나 설득력이 있고 많은 사람들을 변화시켰기에 나중에는 할리우드 영화에도 출연하며 미국 사회에 큰 영향을 끼쳤습니다.

앤서니 라빈스가 변화를 위해 사람들에게 가장 중요하게 강조하는 것은 바로 '웃음'입니다.

사랑의 시작을 알리는 것은 바로 웃음이며, 관계가 깨질 때도 가장 먼저 웃음이 사라집니다. 웃음이 사라질 때 모든 관계가 깨지고 부정적인 감정이 스며듭니다.

중국 송나라 때 유명한 관상가인 마의는 어떤 사람의 관상을 보든 같은 말을 했습니다.

"얼굴에 근심이 가득한 상이 가장 나쁜 관상이고, 항상 즐거워하고 웃는 상이 가장 좋은 관상이다."

사망에서 나를 살리신 주님의 은혜가 있기에 어떤 일에도 즐거워할 수 있습니다.

주님의 놀라운 은혜가 기쁨으로, 내 얼굴의 미소로 드러나는 삶을 세상 가운데 살아가십시오. 아멘!

💗 주님! 사라지지 않는 기쁨의 은혜를 마음에 부어주소서.
🖼 주님이 주신 축복을 생각하며 되도록 많이 웃으며 삽시다.

목표의 중요성

읽을 말씀 : 빌립보서 3:10-16

● 빌 3:14 푯대를 향하여 그리스도 예수 안에서 하나님이 위에서 부르신 부름의 상을 위하여 좇아가노라

아 테네올림픽 사격경기에서 일어난 일입니다.

'사격 천재'로 불리던 미국의 매튜 에먼스는 50m에서 금메달을 획득했고 30m에서도 결선 1위를 달리고 있었습니다. 마지막 한 발을 남겨둔 상황에서 3점 차로 앞서고 있었기 때문에 별다른 이변이 없다면 2관왕이 확실시 되던 상황이었습니다.

모든 카메라와 관중들의 이목이 에먼스에게 집중되었고 잠시 후 마지막 한 발을 알리는 총성이 울려 퍼졌습니다. 그런데 어찌된 일인지 전광판에는 아무런 숫자가 표시되지 않았습니다. 기계가 고장 난 줄 알고 심판관이 과녁을 확인했지만, 표적에 맞은 흔적조차 없었습니다.

잠시 후 카메라를 확인한 심판은 에먼스의 점수를 '0'점으로 선언하며 에먼스가 쏜 총알은 옆에 있던 선수의 과녁판에 맞았다고 발표했습니다.

최고의 자세로 흐트러짐 없이 총을 쐈지만 에먼스가 보고 있던 것은 잘못된 과녁이었고 마지막 한 발로 인해 그는 꼴찌로 대회를 마감하고 말았습니다.

세상 사람들 모두가 바라는 성공을 한다고 해도, 내가 원하는 모든 꿈을 이룬다 해도, 세상의 어떤 복락과 즐거움도, 하나님을 위해서가 아니라면 헛된 성취일뿐입니다.

무작정 높이 올라가기보다 하나님이 명하신 바른 봉우리를 올라가는 인생을 사십시오. 아멘!

💚 주님! 성령님의 인도하심을 따라 민감하게 반응하게 하소서.
🖼 삶에서의 목표, 주님 안에서의 목표를 바르게 설정합시다.

성공을 만든 마음

읽을 말씀 : 미가 6:6-16

● 미 6:8 사람아 주께서 선한 것이 무엇임을 네게 보이셨나니 여호와께서 네게 구하시는 것이 오직 공의를 행하며 인자를 사랑하며 겸손히 네 하나님과 함께 행하는 것이 아니냐

대학을 졸업하고 돈을 벌기 위해 갖가지 사업에 뛰어들었던 블레이크라는 남자가 있었습니다. 그는 세탁소부터 시작해, 케이블 방송, 자동차 운전학원, 옥외광고판까지 닥치는 대로 도전했지만 하나같이 망하고 말았습니다. 수년간 앞만 보고 달려왔던 블레이크는 머리를 식히러 남미로 여행을 떠났습니다.

그렇게 떠난 아르헨티나에서 현지 주민들이 신고 다니는 '알파르가타'라는 신발이 눈에 들어왔습니다. 디자인도 예쁘고 실용성도 뛰어나 좋은 사업 아이템이 될 것 같았습니다. 그러나 그동안 실패한 수많은 사업들이 떠올라 마음을 접으려는 찰나 또 다른 거리의 풍경이 눈에 들어왔습니다. 바로 신발 없이 맨발로 다니는 가난한 아이들이었습니다.

'아직도 신발이 없어 맨발로 다니는 아이들이 있구나'라는 생각이 든 블레이크는 이 아이들을 위한 사업을 해야겠다고 마음먹었고 귀국 후 한 켤레가 팔릴 때마다 한 켤레를 기부하는 원칙으로 '탐스 슈즈'라는 회사를 창립했습니다. 실용적이고 독특한 디자인과 좋은 취지의 탐스 슈즈는 세계적인 신발회사로 크게 성장했고, 이 회사의 성장으로 개도국의 많은 아이들이 신발을 선물로 받게 됐습니다.

그리스도인들은 항상 모든 일에 사랑을 더해야 합니다. 세상에 사랑을 전하고 사랑을 실천하는 것이 그리스도인의 책무이며 하나님이 바라시는 일이라는 사실을 잊지 마십시오. 아멘!

♡ 주님! 이웃에게 주님의 사랑을 전하는 삶을 살아가게 하소서.
▨ 평범한 일상에서도 사랑을 전할 수 있는 일을 찾아봅시다.

사고가 준 깨달음

읽을 말씀 : 잠언 16:1-9

●잠 16:9 사람이 마음으로 자기의 길을 계획할지라도 그 걸음을 인도하는 자는 여호와시니라

꿈 많은 청년 벤 포스터는 24세 때 교통사고로 반신불수가 되는 끔찍한 사고를 당했습니다.

벤은 사고 후에 이제 인생은 끝이라 생각해 하루 종일 집 안에 틀어박혀 세상과 운명을 증오하는 삶을 살았습니다. 완전히 부정적인 생각에 빠져버린 벤이었지만 가족들과 친구들, 교회의 지인들은 벤이 용기를 낼 수 있게 위로와 기도를 쉬지 않았습니다. 결국 이들의 노력에 마음을 고쳐먹기로 한 벤은 세상을 긍정적으로 보며 자신이 할 수 있는 일을 찾기 시작했습니다.

몸이 불편해 다른 취미를 찾을 수 없던 벤은 주로 책을 읽었습니다.

10년 동안 무려 천 권이 넘는 책을 읽자 세상을 바라보는 시야와 생각이 그 누구보다 깊어졌습니다. 변화된 시각을 어떻게 활용해야 세상이 더 아름다워질 수 있는지 깨달은 벤은 거리로 나가 거리의 사람들에게 무작정 자신의 정책을 설명하다 큰 지지를 얻어 정치인이 됐습니다.

사고로 모든 것을 잃었다고 생각한 벤은 오히려 그토록 끔찍한 경험을 통해 진짜 소중한 것을 얻게 됐고, 15년이 지난 뒤 미국 조지아주의 국무 담당관에 당선됐습니다.

하나님은 결코 실수하지 않으십니다. 내 삶에 일어나는 모든 일들에 하나님의 크신 뜻이 있음을 믿고 오로지 감사, 오로지 순종하십시오. 아멘!

♡ 주님! 삶의 모든 주권이 주님께 있음을 기억하게 하소서.
▨ 이해할 수 없는 고난이라 해도 주님을 믿고 감사합시다.

"너는 마음을 다하여
여호와(하나님)를 의뢰하고
네 명철을 의지하지 말라
너는 범사에 그를 인정하라
그리하면 네 길을 지도하시리라"
- 잠언 3:5,6

2월

2월 1일

반드시 인도하신다

읽을 말씀 : 잠언 3:1-10

● 잠 3:5,6 너는 마음을 다하여 여호와를 의뢰하고 네 명철을 의지하지 말라 너는 범사에 그를 인정하라 그리하면 네 길을 지도하시리라

『극동방송 송신소는 소래포구 염전 인근에 있었습니다. 바닷물이 들어오는 외딴 뻘밭에 40년 전부터 송신소를 세우고 자리를 잡았음에도 인근에 신도시가 생기며 민원이 빗발쳤습니다. 주민들이 살기 전부터 운영되던 송신소였는데 고압선이 위험할 것 같다는 이유에서였습니다.

어쩔 수 없이 송신소를 이전해야 했습니다. 저를 비롯한 극동방송 직원들이 처음에는 당황했지만 송신소를 이전하는 것이 모두 하나님의 섭리임을 알게 되었습니다.

하나님은 가장 까다로울 것으로 예상했던 부지를 교회 장로님을 통해 최적의 위치로 붙여주셨고, 시세보다 훨씬 저렴하게 구입하게 하셨습니다. 기존 송신소 부지의 땅값이 크게 올라 금전적으로도 아무런 어려움이 없었습니다.

한국은 물론 중국과 북한에 더 강력한 전파를 보낼 수 있는 부지였고, 까다로운 허가도 비교적 수월하게 받았습니다. 위기로 생각했던 순간이 선교를 더 강력하게 할 수 있는 하나님의 섭리였음을 깨달았습니다.』 - 김장환 목사의 인생 메모에서

하나님께서 인도하시는 길이 어딘지 모를 때에도 우리는 순종해야 합니다. 하나님은 "손을 잡아 인도하겠다"라고 분명하게 약속하셨습니다.

가장 좋은 것으로 우리의 삶을 채워주시는 주님의 뜻에 한 치 앞이 보이지 않는 상황에서도 순종하십시오. 아멘!

♡ 주님! 두려운 마음보다 더 큰 믿음으로 순종하게 하소서.
▨ 성령님이 주시는 감동에 순종했을 때 받은 은혜를 나눠봅시다.

믿음의 리더십

읽을 말씀 : 히브리서 12:14-21

● 히 12:14 모든 사람으로 더불어 화평함과 거룩함을 좇으라 이것이 없이는 아무도 주를 보지 못하리라

나 폴레옹의 심복이었던 샤를 모리스는 "한 마리의 양이 이끄는 사자 백 마리보다 한 마리의 사자가 이끄는 백 마리 양이 더 무섭다"라는 말을 했습니다.

이것은 리더가 얼마나 중요한지를 일깨워주는 말입니다.

그렇다면 이 시대를 살아가는 그리스도인들은 어떤 리더가 되기 위해서 노력해야 할까요?

존 맥스웰 목사님이 말한 '그리스도인 리더가 알아야 할 7가지 키워드'입니다.

1. 다른 사람을 섬기기 위한 리더가 되라.
2. 좋은 부하가 되는 법을 먼저 배우라.
3. 리더십의 영향력을 통해 긍정적인 관계를 세우라.
4. 평범한 사람은 누구도 존경하지 않으니 탁월성을 갖고 일하라.
5. 감정이 아니라 규율에 의지하라.
6. 가치를 부여하는 리더가 되라.
7. 힘을 모으기보다 나누는 리더가 되라.

그리스도인의 축복과 영향력은 고이는 호수가 아니라 흘러가는 강물이 되어야 합니다.

하나님이 주신 능력과 큰복을 세상으로 흘려보내는 뛰어난 리더가 되십시오. 아멘!

♡ 주님! 바른 길로 사람들을 인도하는 리더가 되게 하소서.
🖼 올바른 수칙을 따라 섬기는 리더로 성장합시다.

두루미의 외침

읽을 말씀 : 요한복음 1:19-28

● 요 1:23 가로되 나는 선지자 이사야의 말과 같
이 주의 길을 곧게 하라고 광야에서 외치는 자
의 소리로라 하니라

시리아 북쪽과 터키 남부 사이에는 800km에 달하는 험준
한 토로스 산맥이 있습니다.

매년 겨울이 되면 철을 따라 두루미들이 산맥을 넘어가는데
선두에 선 두루미는 시종일관 시끄럽게 울어댑니다. 토로스 산
맥에 서식하는 독수리들은 시끄러운 울음소리를 듣고 날아와 선
두에 선 두루미를 사냥하지만 잠시 뒤 다시 두루미의 울음소리
는 이어집니다. 선두에 선 두루미가 사냥당하면 다른 두루미가
앞서 나와 똑같이 울기 때문입니다.

이 울음소리는 많은 두루미가 이동할 때 위치를 잃지 않기 위
한 신호이자 지치지 말라는 격려의 울음입니다. 이 사실을 모르
는 토로스 사람들은 지혜 없는 두루미가 시끄럽게 굴다가 독수
리에게 사냥을 당하는 것으로 알고 있었지만 사실 시끄러운 두
루미는 그 어떤 두루미보다 지혜롭고 용기 있는 두루미입니다.

초대교회 성도들 사이에서는 위 예화에 나오는 이유로 '토로
스를 조심하라'는 말이 퍼져있었는데 사도 바울이 전도를 위해
이 산맥을 넘어 다니며 죽을 고비를 많이 넘겼기 때문이라고 합
니다.

생명을 위해 독수리를 두려워 않고 선두에 서는 두루미처럼,
복음을 위해 목숨을 아끼지 않고 토로스 산맥을 넘었던 사도 바
울처럼, 세상을 두려워 말고 담대히 하나님을 전하십시오. 아멘!

🖤 주님! 지치지 않고 마지막까지 진리를 세상에 외치게 하소서.
🖼 삶 속에서 복음을 전하는 일을 두려워하지 맙시다.

금이 간 접시

읽을 말씀 : 잠언 11:1-10

2월 4일

● 잠 11:1 속이는 저울은 여호와께서 미워하셔도 공평한 추는 그가 기뻐하시느니라

한 남자가 잔치를 하는데 접시가 모자라 부유한 친구에게 빌려왔습니다. 잔치가 끝나고 접시를 돌려주려는데 가장 비싸보이는 접시에 금이 가 있었습니다. 주머니 형편이 넉넉하지 않았던 남자는 '잘 사는 친구니까 접시 한 장 정도 괜찮겠지'라는 생각으로 금이 간 접시를 모른 체 돌려줬습니다.

부자 친구는 금이 간 접시를 보고 친구의 인성에 크게 실망해 이후로 어떤 부탁도 들어주지 않았습니다.

며칠 뒤 또 다른 친구가 부자를 찾아와 접시를 빌려갔습니다.

잔치가 끝나자 이 친구는 금이 간 접시를 들고 와 말했습니다.

"빌려간 접시를 소중히 여기지 않아 금이 갔다네. 파는 곳을 알려주면 새 접시를 마련해오겠네."

부자가 실수로 준 금이 간 접시를 자신의 실수로 여겼던 것입니다.

부자 친구는 크게 미안해하며 사정을 설명했고, 이후에 이 친구의 어떤 부탁이든 흔쾌히 들어줬습니다.

작은 접시 하나가 신뢰를 잃고, 얻는 단초가 된 것처럼 작은 일부터 양심에 거리낌없이 하나님 앞에 정직하게 처리해야 합니다. 사람에게도, 하나님에게도 작은 약속과 서원을 어기지 말고 반드시 지키십시오. 아멘!

♡ 주님! 아무도 없는 곳에도 주님은 계심을 기억하게 하소서.
🧩 모든 일을 하나님이 주신 양심에 비추어 판단합시다.

2월 5일 | 간디의 7악덕

읽을 말씀 : 요한복음 12:44-50

● 요 12:46 나는 빛으로 세상에 왔나니 무릇 나를 믿는 자로 어두움에 거하지 않게 하려 함이로라

인도 독립의 아버지 마하트마 간디가 말한 '7가지 악덕'입니다.

1. 노동 없는 부
불로소득을 꿈꾸는 사회는 투기로 인한 혼란이 일어나기 때문
2. 양심 없는 쾌락
나의 즐거움을 위해 타인의 고통을 아무렇지 않게 여기기 때문
3. 인격 없는 지식
안전장치 없는 총을 아기에게 맡기는 것처럼 위험하기 때문
4. 윤리 없는 비즈니스
도덕성이 결여된 비즈니스는 많은 사람들을 착취하기 때문
5. 인성 없는 과학
인간을 이롭게 하는 것을 넘어서 위협하는 과학기술이 태동할 수 있기 때문
6. 신념 없는 정치
신념이 없는 정치는 근시안적으로 미래를 보지 못하기 때문
7. 희생 없는 종교
타인을 위하지 않는 종교는 힘을 잃기 때문

인공지능이 두뇌를 능가하고, 하나님의 존재를 의심하는 지금 더욱 곱씹어 볼 만한 내용들입니다. 세상의 관념과 기준을 넘어 하나님의 살아계심을 사람들에게 보이십시오. 아멘!

💙 주님! 사소하고 작은 것들부터 제대로 지키게 하소서.
 주님 앞에서뿐 아니라 세상에서도 인정받는 성도가 됩시다.

편리함 이상의 가치

읽을 말씀 : 히브리서 10:19-25

2월 6일

● 히 10:25 모이기를 폐하는 어떤 사람들의 습관
과 같이 하지 말고 오직 권하여 그날이 가까움
을 볼수록 더욱 그리하자

1970 년대에 일회용 면도기 붐이 일었던 시절이 있었
습니다.

싼값에 편리함까지 더해진 일회용 면도기라는 아이디어를 처
음 낸 회사 '빅'은 기존의 면도기 회사들을 밀어내며 단기간에 업
계 1위를 위협할 정도로 성장했습니다.

당시 업계 1위였던 질레트 내부에서도 빅처럼 일회용 면도기
를 만들어야 한다는 목소리가 나왔지만 자체 연구 결과 일회용
면도기에는 명확한 한계가 있었습니다. 시간이 걸리더라도 소비
자가 알아줄 수 있는 더 좋은 품질의 면도기를 개발하기로 결정
한 질레트는 연구 비용에 무려 10억 달러를 투자했습니다.

오랜 연구 끝에 나온 질레트의 '마하 시리즈'는 뛰어난 품질로
면도기의 대명사가 됐고 일회용 면도기를 찾는 사람들은 크게
줄었습니다.

아무 때나 설교를 들을 수 있고 찬양을 드릴 수 있는 '편리한'
이 시대에도 함께 모여 예배해야 할 분명한 이유가 있습니다.

시대가 어려워 모이지 못한다 하더라도 진정한 성도라면 모
여서 예배하길 원하는 뜨거운 열정을 가슴에 품어야 합니다.

하나님을 위해 들이는 나의 수고와 노력을 아까워하지 말고
세상의 즐거움과 휴식의 달콤함을 뛰어넘는 예배를 통한 은혜를
간구하십시오. 아멘!

🤍 주님! 모이고 교제하며 봉사하는 일을 즐거이 따르게 하소서.
📖 되도록 모든 교회 모임에 기쁜 마음으로 참석합시다.

2월 7일

호랑이와 치와와

읽을 말씀 : 마가복음 1:21-28

● 막 1:22 뭇사람이 그의 교훈에 놀라니 이는 그 가르치시는 것이 권세 있는 자와 같고 서기관들과 같지 아니함일러라

강아지 중에서 가장 작은 견종 중 하나인 치와와는 성질이 가장 포악한 개라고 합니다. 체급으로 따지면 가장 작고 힘도 약해서 어떤 개도 이길 수 없지만 성질이 워낙 나빠서 핏불이나 도사견 같은 강한 견종을 만나도 마구 짖으며 덤벼듭니다.

그러나 치와와가 덤벼든다고 무서워하는 사람이나 개는 아무도 없습니다. 소리는 시끄럽지만 덩치가 워낙 작고 물려도 긁히는 정도의 상처만 나기 때문입니다.

반면에 서식하는 모든 나라에서 '동물의 왕'이라고 불리는 호랑이는 위급한 상황이 아니면 발톱도 세우지 않고, 300kg이 넘는 거구임에도 모습을 드러내지 않으며 민첩하게 이동합니다. 여간해서는 울지 않지만 원숭이 같은 작은 동물들은 호랑이 울음만 듣고도 놀라 죽고 때로는 눈만 마주쳐도 전의를 상실해 기절합니다.

치와와처럼 요란하게 드러내지 않아도 '동물의 왕'으로 불릴만한 카리스마와 위엄이 행동과 모습에서 드러나기 때문입니다.

우리는 세상에서 치와와 같은 그리스도인인가요?

아니면 호랑이 같은 그리스도인인가요?

말과 행동으로 요란은 떨지만 아무런 영향력을 미치지 못하는 그리스도인이 아니라 말씀을 삶을 통해 드러내며 자연스럽게 세상을 변화시키는 참된 그리스도인을 바라십시오. 아멘!

💟 주님! 말씀으로 권위를 세우고 존경받는 성도가 되게 하소서.
🎨 많은 말보다 옳은 행동에 집중합시다.

신뢰를 회복하는 법

읽을 말씀 : 마태복음 20:20-28

● 마 20:28 인자가 온것은 섬김을 받으려 함이
아니라 도리어 섬기려 하고 자기 목숨을 많은
사람의 대속물로 주려 함이니라

세계 최고의 컴퓨터 전문기업이었지만 방만한 경영으로 파산 직전의 위기에 몰린 회사가 있었습니다.

경영전문가 루이스 거스너가 이 회사를 살리려고 부임했을 때 전문 투자자들은 "회사가 살아날 확률은 20%도 안 된다"고 얘기할 만큼 상황은 좋지 않았습니다. 거스너는 회사의 직접적인 문제를 해결하기 위해 고객들의 불만을 들었는데 회사에서 판매한 컴퓨터에 공통적인 결함이 있다는 걸 알게 됐습니다.

사업에서는 신뢰가 가장 중요하다고 생각한 거스너는 문제가 있는 모든 컴퓨터를 전량 회수해 수리한 뒤 적절한 보상까지 해주는 정책을 시행했습니다. 엄청난 돈이 드는 정책이었기에 경영진은 반대했지만 거스너는 무작정 밀어붙였습니다.

결과적으로 이 정책은 미국 전역에 큰 이슈가 되었고 그동안 불신의 아이콘이었던 이 회사의 이미지를 단번에 신뢰의 아이콘으로 바꿔놓았습니다. 거스너는 부임한 지 5년 만에 회사의 이미지를 회복시켰을뿐 아니라 800억 달러의 흑자를 내는 우량기업으로 탈바꿈시켰습니다. 1993년에 파산 위기에 몰렸다가 다시 세계적인 기업이 된 IBM의 이야기입니다.

신뢰를 회복하는 가장 빠른 방법은 소통을 통해 문제를 파악하는 것이며 세상의 모든 문제를 해결할 수 있는 것은 주님의 온전한 복음뿐입니다. 사람들의 마음을 여는 소통으로 진리의 복음을 흘려보내십시오. 아멘!

🤍 주님! 배려와 이해의 마음으로 세상에 복음이 흘러가게 하소서.
🧎 옳은 비판은 수긍하고 소통할 줄 아는 마음의 여유를 가집시다.

진짜 사랑인 이유

읽을 말씀 : 로마서 5:1-11

● 롬 5:8 우리가 아직 죄인 되었을 때에 그리스도
께서 우리를 위하여 죽으심으로 하나님께서 우
리에게 대한 자기의 사랑을 확증하셨느니라

'**원** 위크(One Week)'라는 영화에 나오는 내용입니다.
벤이라는 청년이 캐나다를 여행하다가 한 남자를 만나
대화를 나눴습니다. 남자는 자신의 아내를 언급하며 "결혼한 지
25년이 지났지만 아직도 아내를 사랑한다"고 말했습니다.

이 말을 들은 벤이 물었습니다.

"아내를 향한 당신의 마음이 진짜 사랑이라는 걸 어떻게 아
나요?"

"단 한 번도 의심해본 적이 없네. 궁금하다는 건 진짜가 아니
야. 답은 항상 자신이 잘 아는 법이니까."

미국 FBI 최고의 위조지폐전문가 프랭크 윌리엄도 이와 비슷
한 말을 했습니다.

"위조지폐를 감별하는 최고의 방법은 진짜 지폐를 뚫어져라
쳐다보는 것입니다. 진짜가 눈에 익으면 가짜는 보자마자 알게
됩니다."

태초부터 지금까지 하나님은 우리를 향한 사랑을 단 한 번도
의심하지 않으셨습니다. 독생자 예수님은 생명을 주시기까지 조
금도 망설이지 않으셨습니다.

그 귀한 사랑을 정말로 안다면, 그 은혜를 더 크게 누리길 원
한다면 모든 의심을 버려야 합니다.

비할 바 없는 하나님의 사랑에 의심 없이 순종하며 주님의 발
자취를 따르십시오. 아멘!

♡ 주님! 주님의 사랑을 절대적으로 의지하고 품고 살게 하소서.
▨ 태초부터 변함없는 주님의 사랑을 느끼며 하루를 삽시다.

공감을 위한 노력

읽을 말씀 : 로마서 12:14-21

● 롬 12:15 즐거워하는 자들로 함께 즐거워하고 우는 자들로 함께 울라

작은 배를 빌려 틈이 날 때마다 선창에 스스로를 가두는 이상한 남자가 있었습니다. 불도 켜지 않은 창고 같은 밀실로 들어가 하루 종일 꼼짝도 않고 있는 기행을 일삼았습니다. 하루도 빠지지 않고 잠깐이라도 밀실에 갇혀 있다 다시 집으로 돌아가곤 했습니다.

이 남자가 몇 년 뒤 '뿌리'라는 책을 세상에 내놓았을 때 사람들은 2가지 사실에 크게 놀랐습니다.

첫 번째는 아프리카 흑인들이 노예로 미국에 팔려오며 정착하기까지의 과정을 너무도 상세하게 기록했기 때문이었고, 두 번째로 이런 책을 쓴 작가가 백인이라는 사실이었습니다.

알렉스 헤일리는 흑인들의 슬픈 역사를 책으로 내기 위해 무려 10년 동안이나 흑인들의 입장에서 세상을 바라보고 역사적인 슬픔이 담겨있는 장소들을 찾아다녔습니다. 배에 갇혀 있던 흑인들의 공포를 떠올리기 위해 글을 쓰기 전에는 잠깐이라도 작은 배에 스스로를 가두었습니다. 이런 산을 깎는 노력 끝에 나온 뿌리는 단숨에 백만부가 팔리며 큰 인기를 끌었고 퓰리처상을 수상하며 긍정적인 사회의 변화까지도 이끌었습니다.

상대방을 설득하는 가장 좋은 방법은 상대방의 입장이 되어보는 것입니다. 상대방을 위한 마음으로 먼저 다가가고 공감하며 마음의 벽을 허무는 지혜로운 전도자가 되십시오. 아멘!

♡ 주님! 주님처럼 상대방을 이해하고 공감하게 하소서.
🖼 때론 전도대상자의 심정으로 신앙을 바라보며 전도를 준비합시다.

사랑의 동행

읽을 말씀 : 신명기 31:1-8

● 신 31:8 여호와 그가 네 앞서 행하시며 너와 함께하사 너를 떠나지 아니하시며 버리지 아니하시리니 너는 두려워 말라 놀라지 말라

'베체트병'이라는 희귀질환에 걸려 갑자기 시력을 잃은 젊은 여자가 있었습니다. 실의에 빠져 지내는 중에 우연히 운동 삼아 달리기를 하다 마라톤에 빠지게 됐고 42.195km를 완주하겠다는 꿈을 품었습니다. 달릴 때는 슬픔을 잊을 수 있었고 오히려 행복감이 느껴졌습니다.

새로운 꿈을 품고 체육관에서 러닝머신을 뛰며 몸을 만들어 갔지만 시각장애가 또 한 번 발목을 잡았습니다.

길을 안내하며 같이 뛰어줄 '가이드 러너'를 구하기가 불가능에 가까웠기 때문입니다. 전문 마라토너도 쉽지 않은 풀코스 완주를 단지 남을 돕기 위해 뛰어주겠다는 사람은 세상에 존재하지 않았습니다.

겨우 찾은 희망이 사라질 때쯤 그의 손을 잡아준 사람이 나타났습니다. 바로 남편이었습니다. 남편은 아내가 달리기를 통해 희망을 찾는 모습을 보고 함께 훈련하며 마라토너가 됐습니다.

그렇게 시작된 부부의 마라톤은 20년 가까이 이어졌고 두 사람은 무려 300차례가 넘게 풀코스 마라톤을 완주하며 진정한 인생의 동반자로서의 사랑을 이어가고 있습니다.

가장 힘들 때도, 가장 즐거울 때도 함께 하는 것이 참된 사랑입니다. 고난 중에도 기쁨 중에도 주님이 나와 동행하신다는 사실을 통해 희망과 위로를 얻으십시오. 아멘!

♡ 주님! 영원한 주님의 사랑을 의심하지 않고 마음에 품게 하소서.
🖼 어떤 순간에도 주님은 날 떠나지 않으신다는 사실을 믿읍시다.

직관의 세대

읽을 말씀 : 역대상 28:1-7

● 대상 28:7 저가 만일 나의 계명과 규례를 힘써 준행하기를 오늘날과 같이 하면 내가 그 나라를 영원히 견고케 하리라 하셨느니라

사회학자들에 따르면 요즘 학생들을 '쿼터리즘(Quarterism)'에 빠져있다고 합니다.

요즘 학생들의 최대 집중력이 1시간의 4분의 1인 '15분'인 점을 꼬집는 말입니다. 아무리 좋은 영상도 10분이 넘어가면 클릭조차 하지 않고 상영 시간이 2시간인 영화는 너무 길다며 지루해하는 10대들이 점점 늘어나고 있다고 합니다.

이런 현상은 문장을 구사할 때도 비슷하게 일어납니다.

"오늘 교회 9시까지 와"와 같은 짧은 문장도 "오늘", "교회", "9시", "까지 와" 같이 4줄로 끊어서 보내는 경우가 많습니다. 그래서 상대적으로 긴 문장으로 느껴지는 책도 읽지 않고, 한 페이지에 2~3줄만 적혀 있는 쉬운 문장의 책들이 오히려 더 많이 팔린다고 합니다.

그런데 이런 10대들도 홍대 같은 번화가를 지날 때는 휴대폰을 손에서 놓습니다. 버스킹과 벽화 등 볼거리 문화가 있기 때문입니다. 집중력이 10분을 넘지 못하고 말보다 메신저를 더 많이 이용하는 '직관의 세대'지만 여전히 마음을 채우는 것은 작은 액정화면이 아닌 눈앞의 현실과 사람사이의 관계입니다.

다음 세대인 10대들의 습성을 이해하지 못하면 효과적으로 복음을 전달할 수 없습니다. 10대들을 위한 교회 안의 문화와 효과적인 복음전파 방식을 향해 기도해 주십시오. 아멘!

♡ 주님! 지금 시대의 십대들에게도 부흥의 불길이 일어나게 하소서.
▨ 주님 품으로 돌아오는 십대들이 많아지도록 기도를 쉬지 맙시다.

2월 13일

대안이 없는 진리

읽을 말씀 : 요한복음 14:1-7

● 요 14:6 예수께서 가라사대 내가 곧 길이요 진리요 생명이니 나로 말미암지 않고는 아버지께로 올 자가 없느니라

기업경영에서 더 이상 물러설 곳이 없다는 표현을 동양에서는 '배수의 진', 서양에서는 '온리 원(Only One)'이라고 합니다.

차선책을 세워두지 않는 이런 전략들은 한 번만 실패해도 끝이기 때문에 경영학자들은 그동안 최소 3차, 필요하면 그 이상의 차선책을 세워서 실패를 대비하라고 가르쳤습니다. 그런데 최근 하버드에서 발행하는 경제잡지 '하버드비즈니스리뷰(HBR)'에서는 전혀 다른 시각의 연구결과가 실렸습니다.

첫 번째 전략이 실패할 것을 대비해서 세우는 대안이 많을수록 실패할 확률이 커진다는 내용입니다. '안 되도 다른 방법이 있어 괜찮아'라는 생각 때문에 동기부여가 덜 되며 열정적인 모습도 사라지기 때문입니다.

실패에 대비하는 일은 너무 중요하지만 때때로 반드시 성공해야 할 목표가 있다면 대안을 많이 준비하는 것보다는 최소한의 대비만 세워두고 목표에 모든 것을 쏟아붓는 방법이 성공확률을 높이는 가장 과학적인 방법입니다.

대안이 없는 상황에서는 올인이 정답입니다. 피할 수 없는 죽음이란 문제에 예수 그리스도 외에 다른 대안은 없기 때문에 우리는 반드시 이 복음을 알아야 하고, 전해야 하고, 또 모든 것을 바쳐서라도 희생해야 합니다.

영혼을 살리는 신령한 복음에 모든 것을 바치십시오. 아멘!

♡ 주님! 진리에 만약은 없음을 알고 주님께 올인하게 하소서.
▧ 유일한 구원의 방법인 예수님의 십자가 복음을 널리 전합시다.

지위의 가치

읽을 말씀 : 요한복음 1:9-18

● 요 1:12 영접하는 자 곧 그 이름을 믿는 자들에게는 하나님의 자녀가 되는 권세를 주셨으니

영국에서 동남쪽으로 멀리 떨어진 외딴 바다에는 세상에서 가장 작은 나라 '시랜드 공국'이 있습니다.

세계대전 때 보급을 위해 세운 요새가 처치 곤란이 되자 영국군이 매물로 내놓은 것을 어떤 사람이 사서 자신을 왕으로 임명하고 가족들과 이주해 나라를 세웠습니다. 워낙 노후된 요새라 30명 이상은 머물지도 못하고, 변변찮은 시설이나 관광지도 없지만 이 나라는 직위를 판매해서 큰 수입을 벌고 있습니다.

인터넷으로 적게는 7만 원 많게는 50만 원 정도를 내면 시랜드 공국에서 인정해주는 '백작, 남작, 공작'과 같은 귀족인증서가 우편으로 날아옵니다. 시랜드 공국을 공식적인 나라로 인정해주는 국가는 단 한 곳도 없지만 귀족이 된 기분을 느껴보기 위해 많은 사람들이 시랜드 공국의 직위를 사고 있으며 우리나라에도 수십 명이 있다고 합니다. 심지어 미국에서는 기르는 반려동물을 위해 시랜드 공국의 직위를 구입하는 유행이 있었습니다. 아무런 가치도 없는 몇만 원짜리 직위지만 특별함을 느낄 수 있기 때문입니다.

예수님의 귀한 보혈로 하나님의 자녀가 된 우리는 이 세상 무엇과도 비교 할 수 없는 특별한 은혜에 감사하고 있습니까?

세상에서 가장 특별한 지위를 내려주신 주님께 감사하며 자녀의 본분을 다하십시오. 아멘!

🤍 주님! 죄인을 구원하시고 자녀 삼아주신 은혜에 감사하게 하소서.
📋 하나님의 자녀라는 특별한 지위를 소중히 여깁시다.

실수의 미학

읽을 말씀 : 야고보서 3:1-12

● 약 3:2 우리가 다 실수가 많으니 만일 말에 실수가 없는 자면 곧 온전한 사람이라 능히 온 몸도 굴레 씌우리라

유명한 영화배우 알파치노가 '여인의 향기'로 아카데미 남우주연상을 수상했을 때의 일입니다.

오랜 공백기와 슬럼프를 지나 다시 정상에 선 알파치노는 수상대에 서자마자 눈물이 그렁그렁 맺혔습니다. 잠시 뒤 주머니에서 꺼낸 꼬깃꼬깃한 쪽지를 떨리는 목소리로 읽기 시작하자 관중들은 기립박수로 화답하며 환호를 보냈습니다. 관객 중에는 눈물을 훔치는 사람도 있었습니다. 뛰어난 연기력으로 인정받는 대배우가 시상식에서 말 한마디 못할 정도로 떠는 모습이 실망감보다는 애잔함과 인간적인 매력으로 다가왔기 때문입니다.

이런 현상을 심리학에서는 '실수 효과(Pratfall Effect)'라고 합니다. 작은 실수 하나 없는 완벽함보다는 약간의 허점이 오히려 매력을 증가시킵니다.

마찬가지로 세계에서 가장 아름다운 양탄자를 짜는 이란의 명인들은 언제나 의도적으로 '페르시아의 흠'이라고 불리는 작은 실수의 흔적을 남겨놓는데 오히려 이것 때문에 양탄자의 가치가 더 높아졌다고 합니다.

완벽함보다 중요한 것은 실수마저 품을 수 있는 여유입니다.

완벽한 사람은 오직 주님 외에는 존재할 수 없습니다. 나를 내세우기보다 겸손함으로 다른 사람의 실수도 품을 수 있는 너그러운 여유를 가진 그리스도인이 되십시오. 아멘!

♡ 주님! 겸손함으로 다른 사람을 보듬는 그리스도인이 되게 하소서.

🙏 나의 실수에는 철저하고 다른 사람의 실수는 최대한 이해합시다.

노력을 위한 노력

읽을 말씀 : 잠언 16:25-33

● 잠 16:32 노하기를 더디하는 자는 용사보다 낫고 자기의 마음을 다스리는 자는 성을 빼앗는 자보다 나으니라

뛰어난 작문 실력을 가졌지만 워낙 놀기를 좋아해 책을 쓰지 못하는 한 작가가 있었습니다.

평소처럼 놀러 나갈 준비를 하던 작가는 갑자기 무슨 생각이 들었는지 하인들을 부른 후 입고 있던 옷을 전부 벗어 나눠주며 밤이 될 때까지 무슨 일이 있어도 옷을 가져오지 말라고 엄명을 내렸습니다. 나가고 싶은 욕구를 이겨내지 못하자 강제적으로 나갈 수 없는 환경을 만든 것입니다.

열심히 글을 쓰던 남자는 몇 년 후 '레 미제라블'이라는 불후의 명작을 완성했습니다. 나가고 싶은 욕구에 계속 굴복했다면 우리가 아는 빅토르 위고는 오늘날 존재하지 않았을 것입니다.

'작가 수업'의 도러시아 브랜디 역시 좋은 글을 쓰기 위해서 오후가 될 때까지는 절대로 집 밖으로 나가지 않았고 심지어 집 안에서 다음과 같은 규칙을 세웠습니다.

1. 글을 써도 되고, 쓰지 않아도 된다.
2. 그러나 글쓰기 외에 다른 일은 하지 않는다.

이 방법으로 도러시아는 훌륭한 책들을 많이 썼고 동시대의 많은 미국 작가들이 이 방법으로 훌륭한 책을 써냈습니다.

의지도 중요하지만 환경도 중요합니다.

성도에게 하나님의 말씀을 묵상하고 기도로 대화하는 것은 아주 중요한 일입니다. 성령의 충만함을 위한 환경으로 내 삶을 조정하십시오. 아멘!

♡ 주님! 주님만을 바라보는 시간을 더 많이 열망하게 하소서.
🎨 주님과 약속한 시간은 철저히 주님을 위해서만 사용합시다.

2월 17일

주님만으로 살아봅시다

읽을 말씀 : 시편 97:6-12

● 시 97:12 의인이여 너희는 여호와로 인하여 기뻐하며 그 거룩한 기념에 감사할찌어다

독일에서는 전통적으로 사순절을 하루 한 끼 이상 '금식'을 하며 지키는 전통이 있었습니다.

하지만 종교개혁을 통해 율법보다 믿음을 더 중시하는 풍조가 생기면서 사순절에 금식을 비롯한 '금욕주의적 삶'을 추구하는 전통이 사라져갔습니다. '그래도 사순절은 주님을 더욱 의지하며 살아야 한다'고 생각한 함부르크의 신학자들은 사순절 기간 동안 자발적으로 '금식'할 성도들을 모집했습니다.

단 금식은 단순히 밥을 굶는 것이 아니라 '부정적인 생각 버리기', '스마트폰과 컴퓨터 멀리하기', '하나님의 자녀라는 자존감 갖고 살기'와 같이 거룩한 삶에 도움이 되는 행동양식까지 포함한 것들이었습니다.

처음 70명이 참여했던 이 캠페인은 '사순절의 기적'이라 불릴 정도로 놀라운 성령충만을 경험한 사람들의 간증으로 인해 급속도로 불어났고 지금은 매년 300만 명이 넘는 사람들이 자발적으로 신청하는 독일의 가장 큰 신앙 캠페인이 됐습니다.

금식이 중요한 것이 아니라, 금식을 결심하며 하나님만을 바라보고자 하는 결단이 더 중요합니다.

날 위해 고난을 당하신 주님을 생각하며 사순절 기간만큼은 조금 더 주님만을 의지하며 거룩한 결심을 내립시다. 아멘!

💙 주님! 주님을 의지하는 기쁨을 충만히 누리게 하소서.
📖 주님 뜻 안에서 사순절 의미에 맞게 비우는 결심을 합시다.

세렌디피티의 행운

읽을 말씀 : 잠언 16:1-9

● 잠 16:3 너의 행사를 여호와께 맡기라 그리하면 너의 경영하는 것이 이루리라

한 남자가 더 이상 읽지 않는 책을 버리기가 아쉬워 차고에서 팔아보기로 했습니다.

생각보다 책은 잘 팔렸고, 그 과정도 너무 재밌었습니다.

남자는 더 쉽고 효율적으로 책을 팔 수 있는 방법을 생각하다가 당시로는 생소한 '온라인'에서 물건을 사고파는 회사를 차리기로 했습니다. 워낙 혁신적인 방법이라 10년간 적자를 보며 망할 위기였지만 인터넷이 보급되며 새로운 시대가 열렸고, '아마존'이라는 세계에서 가장 큰 온라인 중개 사이트로 성장했습니다.

레이더 장비를 테스트하는 한 연구원이 실험 중 배가 고파 주머니에 들어있던 초코바를 꺼냈는데 완전히 녹아있었습니다.

서늘한 날씨에 녹아있는 초코바를 보고 혹시 레이더가 녹인 건 아닌지 의심했던 연구원은 좀 더 집중적으로 파고들기 시작했고, 이때의 연구로 전자레인지가 탄생했습니다.

뜻하지 않은 일들을 통해 얻게 되는 행운을 '세렌디피티'라고 합니다.

그러나 그리스도인에게는 모든 순간이 하나님의 계획안에 들어있기에 우연이란 없습니다. 다만 내 뜻대로 살기를 바라는 이기적인 내가 있을 뿐입니다. 내 생각과 뜻을 넘어 주님이 주시는 길을 따라 오직 순종하십시오. 아멘!

♡ 주님! 인도하시는 길을 믿으며 오직 순종하게 하소서.
🖼 인생의 모든 순간을 하나님께 맡기며 다만 최선을 다합시다.

역경의 유익

읽을 말씀 : 잠언 2:16-22

● 잠 2:20 지혜가 너로 선한 자의 길로 행하게 하며 또 의인의 길을 지키게 하리니

독일 베를린에 있는 막스플랑크 교육연구소는 15년 동안 1,000명을 대상으로 '지혜'에 대한 연구를 진행했습니다.

책임자인 우르술라 슈타우딩어 박사는 지혜에 대해 다음과 같은 결론을 내렸습니다.

1. 나이가 많다고 더 지혜로운 것은 아니다.
2. 어린 시절 창조적인 사람만이 나이가 들면서 지혜로워진다.
3. 역경이나 고난을 극복한 사람이 더 지혜롭다.
4. 가난한 환경에서 자란 경우 더 지혜롭다.
5. 지혜로운 사람은 인생의 어두운 단면을 일찍, 더 많이 체험했다.

우르술라 박사는 이 결론을 종합해 "14세부터 23세 사이에 인생의 문제를 더 깊이 생각하는 사람들이 더 지혜롭다"라고 요약했습니다.

모두가 피하고 싶어 하는 고난과 역경이 오히려 모두가 가지고 싶어 하는 지혜의 원천이었습니다.

믿음의 위인들처럼 주님께 쓰임 받으려면 마땅히 위인들처럼 역경에 굴하지 않고 진리를 따라야 합니다.

사자굴의 고난이 나를 찾아온다 하더라도 하나님의 살아계심을 체험한다면 그보다 큰 축복은 없을 것입니다. 고난에도, 역경에도 오직 주님을 구하며 더욱 주님만 바라보십시오. 아멘!

♡ 주님! 모세처럼, 다니엘처럼, 주님을 체험하게 하소서.

🐾 세상의 지식보다 주님이 주신 말씀을 통해 지혜로워집시다.

실패가 만든 혁신

2월 20일

읽을 말씀 : 잠언 24:14-23

● 잠 24:16 대저 의인은 일곱번 넘어질찌라도 다시 일어나려니와 악인은 재앙으로 인하여 엎드러지느니라

방탄효과가 있는 튼튼하고 가벼운 유리를 개발하려는 회사가 있었습니다. 부단히 노력했지만 원하는 수준이 나오지 않아 프로젝트는 실패로 끝났는데 회사는 연구자료를 폐기하지 않고 '실패공유센터'에 보관했습니다. 50년 뒤 우연히 자료를 본 다른 개발팀은 당시 연구를 토대로 '고릴라 글래스'라는 신제품을 완성했습니다. 현재 존재하는 모든 프리미엄 스마트폰의 액정은 고릴라 글래스를 사용합니다.

고릴라 글래스를 통해 실패를 성공의 밑거름으로 사용하는 회사로 알려진 '코닝'은 에디슨이 개발한 전구의 핵심부품인 '필라멘트'를 개발하면서 '모든 혁신은 시행착오로부터 나온다'는 사실을 깨달았기에 실패를 질책하지 않고 소중한 경험으로 여깁니다.

1년에 한 번씩 모든 직원들이 모이는 '실패한 프로젝트를 위한 기념식' 덕분에 50년 전의 기술이 사장되지 않고 회사를 지탱할 신기술로 태어나는 혁신이 일어날 수 있었습니다.

실패는 완성을 위한 과정이지 결코 결과가 아닙니다.

하나님이 주신 사명과 비전을 한 번에 이루지 못할지라도 포기하지 않고 다시 일어서고 도전하다 보면 모든 과정에 서려 있는 하나님의 섭리를 깨달으며 더 크게 쓰임 받을 것입니다.

실패에도 주눅 들지 말고 주님의 손을 잡고 다시 일어서십시오. 아멘!

♡ 주님! 힘과 능력이신 주님을 의지하며 다시 일어서게 하소서.

🎨 실패에도 담겨있는 주님의 크신 뜻을 알고자 노력합시다.

2월 21일

역지사지의 중요성

읽을 말씀 : 마태복음 19:23-30

● 마 19:30 그러나 먼저 된 자로서 나중 되고 나중 된 자로서 먼저 될 자가 많으니라

일본에 목공기계를 만드는 '메이난'이라는 회사가 있습니다. 이 회사의 하세가와 가쓰지 회장은 사원들끼리 모여서 공부하는 독특한 시스템을 운영하고 있습니다. 목공, 기계와 상관이 없더라도 사원들이 관심만 있다면 뭐든지 배울 수 있고 전폭적으로 지원합니다.

하세가와 가쓰지 회장은 '좋은 아이디어는 융합에서 나오며 회사 업무와 관련이 없더라도 직원들이 바라는 학업을 지원해줄 때 주인의식을 갖게 된다'고 생각하기 때문입니다.

또 다른 특징은 그룹에서 그 분야를 가장 못 하는 사람이 강사가 된다는 점입니다. 영어를 공부하는 그룹이라면 영어를 가장 못 하는 사람이 강의를 준비하게 되면 자연스레 공부를 더 열심히 하게 되고 그로 인해 도태되는 사람 없이 전반적으로 실력이 향상됩니다.

회사가 손해 보는 것 같은 독특한 운영방침이지만 이런 시스템을 통해 메이난은 1,000개가 넘는 특허를 보유하고 있고 연매출은 1,000억 원이 넘는 강소기업으로 성장했습니다.

믿음이 부족하고 신앙이 연약하다고 생각되면 더 열심히 전하고 배우는 수밖에 없습니다.

필요한 능력을 능히 부어주시는 주님을 믿고 자신감을 갖고 하나님께 쓰임 받을 수 있는 믿음의 자리를 구하십시오. 아멘!

♡ 주님! 나중 된 자가 먼저 된다는 말씀을 믿고 전진하게 하소서.

🏃 내가 부족하다고 생각되는 신앙의 영역에서 더욱 노력합시다.

찢어진 종이로 얻게 된 구원

2월 22일

읽을 말씀 : 마태복음 24:3-14

● 마 24:14 이 천국 복음이 모든 민족에게 증거
되기 위하여 온 세상에 전파되리니 그제야 끝이
오리라

한 목사님이 성도에게서 급한 연락을 받았습니다.
"큰 병을 앓고 있는 친척의 상태가 위중하니 빨리 와서 복
음을 전해달라"는 부탁이었습니다. 목사님이 급히 도착해 복음
을 전하니 병상에 누워있던 친척은 "이미 예수님을 영접했습니
다"라고 고백했습니다. 이는 함께 지내는 가족도 모르던 사실이
었습니다.

"어디서 어떻게 예수님을 영접했냐?"는 목사님의 질문에 친척
은 서랍에서 꼬깃꼬깃 접힌 종이를 꺼냈습니다.

"몇 년 전 유럽여행을 하다가 우연히 잡지에 실린 어떤 목사
님의 설교를 읽었습니다. 그때 가슴 속에서 뜨거운 무언가가 흘
러넘쳤습니다. 설교가 나온 부분을 찢어 틈이 날 때마다 읽던 저
는 주님을 영접하지 않고는 버틸 수가 없었습니다."

이는 영국에서 일어난 실화입니다.

미국에서 발간된 잡지가 기적처럼 유럽을 거쳐 그녀의 손에
들어갔고, 그 결과 한 영혼이 구원을 받는 놀라운 역사가 일어난
것입니다.

찢어진 종이일지라도 하나님의 말씀이 적혀있다면 영혼을 살
릴 놀라운 도구가 됩니다.

나의 작은 손길을 통해서도 역사하실 하나님을 믿고 다양한
수단으로 전도하십오. 아멘!

♡ 주님! 부지런히 추수하는 충성된 일꾼이 되게 하소서.
🖼 전도대상자들에게 교회 주보나 전도지를 지속적으로 전해줍시다.

판매보다 중요한 것

읽을 말씀 : 마태복음 18:10-20

● 마 18:11 삼가 이 소자 중에 하나도 업신여기지 말라 너희에게 말하노니 저희 천사들이 하늘에서 하늘에 계신 내 아버지의 얼굴을 항상 뵈옵느니라

세계적인 컨설턴트 리처드 와이즈는 미국의 한 컴퓨터 판매업체로부터 '가격을 낮추자 판매율이 더 떨어지는 이유를 찾아달라'는 의뢰를 받았습니다.

와이즈는 오랜 조사 끝에 다음과 같은 원인을 발견했습니다.

컴퓨터를 사는 가격이 200만 원이면 유지하고 보수하는 비용이 무려 800만 원이었습니다. 그런 이유로 컴퓨터를 10만 원, 혹은 20만 원까지 싸게 판다 해도 800만 원을 써야 하는 소비자에게는 이득이 아니었습니다.

와이즈는 이 문제에 대한 해결책으로 철저한 애프터서비스 시스템을 제안했습니다. 구입 후 초기불량과 같은 문제에 제조사가 적극적으로 대처하자 추가비용 발생에 대한 부담이 줄었고 그 결과 판매율이 상승했습니다.

독일의 공구제조업체 힐티가 세계적인 기업이 된 것도 바로 철저한 서비스 덕분입니다. 여간해서는 고장이 나지 않는 품질과 좋은 서비스를 갖추자 사람들은 가격이 비싸도 오히려 더 많이 제품을 구매했습니다.

교회에 등록시키는 것만큼 지속적인 관심과 교제도 중요합니다.

복음을 전하는 것만큼 하나님이 기뻐하시는 일은 없습니다.

한 영혼을 살리는 일에 드는 노력을 아끼지 마십시오. 아멘!

♡ 주님! 주님이 맡겨주신 소중한 영혼을 실족시키지 않게 하소서.

▨ 새신자들의 신앙이 자리를 잡을 때까지 관심을 갖고 독려합시다.

포기하지 말아라

읽을 말씀 : 갈라디아서 6:1-10

● 갈 6:9 우리가 선을 행하되 낙심하지 말찌니 피곤하지 아니하면 때가 이르매 거두리라

네덜란드와 영국이 남아프리카공화국에서 벌인 보어전쟁 때 일어난 일입니다. 포로로 잡힌 영국 장교가 삼엄한 경비를 뚫고 겨우 탈옥에 성공했으나 나와 보니 주변에 풀 한 포기 없는 사막이었습니다.

현지인에게 물으니 도움을 요청할 수 있는 중립지대까지는 500km를 가야 했고 황량한 사막을 몇 개나 지나야 했습니다. 다시 감옥으로 돌아가는 것이 오히려 나은 상황이었지만 결국 장교는 모잠비크에 도착해 구조됐습니다.

감옥을 빠져 나와 혈혈단신으로 사막을 건넌 영웅담을 들은 사람들은 모두 같은 질문을 했습니다.

"어떻게 포기하지 않을 수 있었습니까?"

"어린 시절 말을 심하게 더듬었는데 계속 연습하니 결국 고쳐지더군요. 머리가 나빠서 육사도 두 번 떨어졌지만 세 번째에 붙었습니다. 그 이후로 뭐든지 포기만 안 하면 언젠가 이룰 수 있다는 걸 알게 됐습니다."

옥스퍼드 대학의 축사에서 "절대로, 절대로 포기하지 마십시오"라는 명언을 남긴 윈스턴 처칠의 군 복무 시절 이야기입니다.

모든 일의 성패는 하나님께 달려있습니다. 우리의 본분은 다만 주님의 명령을 따라 말씀대로 실천하며 낙심하지 않는 것입니다. 성도의 본분대로 세상에서 살아가는 일을 절대로 포기하지 마십시오. 아멘!

♡ 주님! 함께하며 힘주시고 계시는 주님을 믿고 의지하게 하소서.
✺ 지금 하는 일이 잘 풀리지 않더라도 절대로 포기하지 맙시다.

2월 25일

습관을 지배하라

읽을 말씀 : 마태복음 25:20-30

●마 25:21 그 주인이 이르되 잘 하였도다 착하고 충성된 종아 네가 작은 일에 충성하였으매 내가 많은 것으로 네게 맡기리니 네 주인의 즐거움에 참예할찌어다 하고

미 국의 심리학자이자 카운슬러인 제임스 클리어는 수많은 연구와 사례를 통해 습관을 바꾸려면 1%를 바꿔야 한다고 말합니다.

1%는 작지만 분명한 시작입니다.

자기 전에 10분을 기도하는 일은 매일 하기 어렵습니다. 하지만 1분은 누구나 할 수 있습니다. 시간은 비록 하루 1분이지만 매일 반복하면 습관이 완성되는데 일단 기도하는 습관이 생기면 1분을 5분으로, 5분을 10분으로 늘이는 일은 쉽습니다. 독서를 원하는 사람은 1페이지를 읽고, 운동을 시작하려는 사람도 1분만 뛰면 누구나 습관을 만들 수 있습니다.

다음은 제임스 클리어가 말하는 습관을 만드는 데 도움을 주는 4가지 방법입니다.

1. 처음 시작은 2분 이하로 하라.
2. 장소와 시간, 원하는 목표를 분명하게 설정하라.
3. 좋아하는 일을 보상으로 사용하라.
4. 원하는 목표를 이루었을 때의 만족감을 상상하라.

하루에 한 걸음 더 주님께 다가갈 수 있다면, 매일 조금이라도 주님을 닮아간다면 세상의 그 어떤 성공보다 복되고 행복한 인생을 살아갈 수 있습니다. 믿음을 연단하고 하나님과 교제할 수 있는 경건을 위한 습관을 만드십시오. 아멘!

♡ 주님! 더 나은 믿음을 위해 노력하고 결단하는 열정을 주소서.

🖼 더 나은 신앙생활을 위한 1%의 변화를 오늘 시작합시다.

주님의 길을 따르라

2월 26일

읽을 말씀 : 디모데전서 6:11-19

● 딤전 6:17 네가 이 세대에 부한 자들을 명하여 마음을 높이지 말고 정함이 없는 재물에 소망을 두지 말고 오직 우리에게 모든 것을 후히 주사 누리게 하시는 하나님께 두며

존 블런트라는 사람이 영국 국왕과 손을 잡고 '사우스 시(South Sea)'라는 주식회사를 만들었습니다.

당시 큰 빚이 있었던 영국 정부의 부채를 무역으로 해결해주 겠다며 국왕을 설득해 특혜를 받은 존은 시장에 헛소문을 흘려 주식값을 폭등시켰습니다.

만유인력을 발견한 뉴턴도 혹해서 사우스 시 주식을 구매했 지만 아무리 생각해도 가격이 오를 근거가 없자 재빨리 처분했 습니다.

그런데 처분한 다음 날도, 그다음 날도 사우스 시 주식이 폭 등하고 있다는 소식이 들렸습니다. 초가집에 살던 마을 농부가 몇 주 뒤 저택을 구입했고, 저택에서 일하던 하녀가 귀부인이 되 는 일도 비일비재했습니다. 이성을 잃은 뉴턴은 마음을 돌려 전 재산을 털어 사우스시 주식을 구입했지만 이 모든 것이 결국 사 기라는 것이 밝혀지며 빈털터리가 되었다고 합니다. 역사에 길 이 남을 천재인 뉴턴도 이로인해 탐욕을 이겨내지 못했고 이후 은행이나, 주식과 관련된 이야기만 들어도 앓아누울 정도로 마 음에 큰 타격을 입었다고 합니다.

주님이 아닌 세상을 바라볼 때 욕심이 생기고, 주님이 아닌 사람을 바라볼 때 믿음이 흔들립니다. 오직 하나님이 주신 말씀 을 바라보며 세상의 정욕에 흔들리지 마십시오. 아멘!

♡ 주님! 세상일보다 주님의 일에 집중하게 하소서.
🏃 하나님이 주신 사명을 무엇보다 귀하게 여기며 살아갑시다.

숨겨진 보석

2월 27일

읽을 말씀 : 이사야 45:17-25

●사 45:18 여호와는 하늘을 창조하신 하나님이시며 땅도 조성하시고 견고케 하시되 헛되이 창조치 아니하시고 사람으로 거하게 지으신 자시니라 그 말씀에 나는 여호와라 나 외에 다른 이가 없느니라

칠레의 아타카마 사막은 100년 동안 비가 오지 않은 '세계에서 가장 건조한 사막'으로 지구상에서 가장 척박한 땅입니다. 칠레와 페루, 볼리비아 세 나라가 인접해있음에도 아무도 신경을 쓰지 않는 버려진 땅이었습니다.

그런데 화약의 원료인 초석이 사막에 묻혀 있다는 사실이 알려지면서 이곳을 차지하기 위한 전쟁이 벌어졌습니다. 초석은 전 세계적으로 생산할 수 있는 나라가 5곳도 안 되는데 그중 한 곳이 아타카마 사막이었기 때문입니다.

남미의 친차 군도는 새똥으로 뒤덮인 3개의 섬으로 사람이 한 명도 살지 않았고, 어부들도 냄새 때문에 피해 가는 버려진 섬이었습니다. 수천 년 동안 아무도 영유권을 주장하지 않았던 이 섬을 두고 남미의 세 나라는 다시 한번 전쟁을 벌였는데 섬에 쌓인 새똥이 구아노라는 최고급 천연비료라는 사실이 밝혀졌기 때문입니다.

하나님은 모든 사람을 귀하고 의미 있게 창조하셨습니다.

예수님을 만남으로 그 뜻을 깨달을 때 하나님이 심어주신 귀한 보석을 발견하게 되고 하나님의 선하심과 능력을 드러내는 삶으로 쓰임 받게 됩니다. 내가, 그리고 우리가 하나님이 창조하신 고귀한 피조물이라는 사실을 잊지 마십시오. 아멘!

🖤 주님! 주님만 따라가는 제자의 삶을 살아가게 하소서.

 예수님을 믿는 순간부터 새로운 삶이 시작되었음을 잊지 맙시다.

주님 앞에 잠잠히

읽을 말씀 : 시편 62:1-12

2월 28일

● 시 62:5 나의 영혼아 잠잠히 하나님만 바라라
대저 나의 소망이 저로 좇아 나는도다

중세시대에는 말씀을 따라 공동체 생활을 하는 목회자들이 많았습니다.

목회자들은 과식, 게으름, 질투 등 7가지 죄를 피하기 위해 여러 수칙을 만들었는데, 목회자들을 가장 괴롭힌 것은 7가지 죄가 아닌 '아케디아(Akedia)'라는 '영적 무기력' 증상이었습니다.

'골방에 들어가 기도하려고 하면 갑자기 몸이 아픈 것 같은 현상', '기도한 지 5분도 안 됐는데 1시간은 지난 것 같은 지루함', '읽던 말씀을 멈추고 산책을 해야 할 것 같은 먹먹함'.

이 모든 현상들이 당시 목회자들이 공통으로 느끼는 현상이었습니다. 이 현상에 굴복해 자리를 떠나면 잠시 마음은 편하지만 다시 기도와 묵상을 시작할 수는 없었습니다. 그러나 잠잠히 머물러 주님의 임재를 구하면 거짓말처럼 무기력 현상이 사라지고 다시 기쁨이 샘솟았습니다.

그런 이유로 당시 목회자들은 '아케디아'를 극복하는 가장 좋은 방법은 '주님을 구하는 장소에서 머물러 버티는 것'이라고 가르쳤습니다.

하나님과 가까워지는 것은 마귀가 가장 싫어하며 극심하게 방해하는 일입니다. 우리가 마귀를 대적하면 마귀는 물러갑니다. 이미 승리하신 주님을 믿고 나약한 나의 마음과 믿음까지도 잠잠히 주님 앞에 내어놓으며 승리하십시오. 아멘!

♡ 주님! 능력의 손길로 저의 영적 무기력 증상을 막아주소서.
🧎 모든 괴롭고 힘든 마음도 주님 앞에 내려놓고 기도합시다.

"여호와(하나님)께서
사람의 걸음을 정하시고
그 길을 기뻐하시나니
저는 넘어지나
아주 엎드러지지 아니함은
여호와께서 손으로 붙드심이로다"
- 시편 37:23

3월

3월 1일

섬김의 헌신

읽을 말씀 : 빌립보서 4:11-20

● 빌 4:19 나의 하나님이 그리스도 예수 안에서 영광 가운데 그 풍성한대로 너희 모든 쓸 것을 채우시리라

『**1980**년도 6월의 어느 날, 저는 비가 새는 극동방송 사무실에서 서류를 보고 있었지만 직원들 월급 걱정에 일이 손에 잡히지 않았습니다. 미국에서의 지원금은 정해져 있었고 따로 돈 들어올 곳은 없는 막막한 상황이었습니다.

결국 손에서 일을 놓고 하나님께 무릎을 꿇었습니다.

혼자 힘든 일이면 어떻게든 버티겠는데 함께 이 일에 헌신하는 수 많은 직원들을 생각하니 눈물이 났습니다.

간절히 기도를 하는데 해병대 예비역 소장인 임경섭 장로가 사무실로 찾아왔습니다. 벌게진 제 눈을 보고는 "무슨 일이냐?"며 묻던 임 장로는 자초지종을 듣고는 친구인 이명복 장로에게 5백만 원을 구해왔습니다. 정확히 필요한 액수였습니다.

다음 달부터 극동방송의 열악한 재정 상태를 전해 들은 '임경섭 장로, 이명복 장로, 이진우 장로, 이항수 장로'가 매달 부족한 5백만 원을 마련해줬는데 이들로부터 운영위원회가 시작됐습니다. 이들의 헌신으로 지금도 극동방송의 이사와 운영위원들은 오히려 헌금을 내고 있습니다. 하나님을 위해 '누리기'보다 '드리기'를 원하던 이들의 정신이 지금의 극동방송을 있게 한 소중한 자산 중 하나라고 생각합니다.』 – 김장환 목사의 인생 메모에서

하나님의 일에는 돈보다 더 중요한 것이 있습니다.

하나님의 일이 확실하다면 하나님이 모든 것을 채워주실 것 또한 믿으십시오. 아멘!

💚 주님! 재정 때문에 주님의 일을 포기하지 않도록 채워주소서.
🎴 채워주신 주님의 은혜를 기억하고 다른 이와 나누어봅시다.

완벽하지 않더라도

읽을 말씀 : 잠언 3:1-10

● 잠 3:6 너는 범사에 그를 인정하라 그리하면 네 길을 지도하시리라

세계지도가 없던 중세시대에 독일의 지리학자 마르틴 베하임은 "아메리카 대륙을 건너 서쪽으로 가다 보면 인도가 나온다"라고 주장했습니다.

포르투갈의 한 탐험가는 이 말을 믿고 세계 일주를 떠났는데 아메리카 대륙 서쪽에는 인도양이 아닌 망망대해가 펼쳐져 있었습니다.

탐험가는 이 바다를 '태평양'이라고 이름 짓고 동남아의 수많은 나라를 들러 정보를 수집했습니다.

그때 동남아에서 선교 활동을 하던 연로한 탐험가는 죽었지만 선원들은 다시 본국으로 돌아왔고 이 여정은 첫 세계 일주로 역사에 기록됐습니다. 처음으로 세계를 탐험한 마젤란의 위대한 여정은 잘못된 정보로부터 시작됐습니다.

콜럼버스가 탐험을 떠난 이유는 토스카넬리가 만든 지도에 인도양이 없었기 때문입니다. 그 지도는 잘못된 것이었지만 끝까지 믿음을 잃지 않았기에 콜럼버스는 난관을 극복하고 신대륙을 발견하는 더 뛰어난 성과를 올렸습니다.

부활하신 예수님을 믿고 구원받았다 하더라도 믿음의 여정 가운데 수많은 실수와 오류가 있을 수 있습니다. 그러나 믿음의 뿌리만 흔들리지 않는다면 성령님은 결국 우리를 옳은 길로 인도하십니다. 완벽하지 않더라도, 때로는 실수하더라도 믿음을 따라 결단하십시오. 아멘!

🤍 주님! 주님의 완벽한 섭리를 신뢰하게 하소서.

🧎 부족함을 채워주실 주님을 믿으며 마땅히 할 일을 합시다.

3월 3일

친절의 효과

읽을 말씀 : 에베소서 4:25-32

● 엡 4:32 서로 인자하게 하며 불쌍히 여기며 서로 용서하기를 하나님이 그리스도 안에서 너희를 용서하심과 같이 하라

독일의 한 종합병원에서 일어난 일입니다.

훌륭한 장비와 뛰어난 실력의 의사들이 있었음에도 병원의 매출은 계속해서 줄었습니다. 곧 병원이 파산하겠다는 생각에 경영진은 난관을 극복할 수 있는 묘안을 짜내고자 매일 회의를 진행했습니다. 회의 때마다 나온 지침을 하나씩 추가하다 보니 직원들이 숙지해야 할 매뉴얼이 200쪽이나 됐지만 그럼에도 매출은 조금도 회복되지 않았습니다.

매출이 떨어지는 가장 큰 원인은 '불친절'이었기 때문입니다.

친절은 매뉴얼로 만들 수 있는 지침이 아니라는 생각에 병원은 다음과 같은 간단한 규칙을 새로 만들었습니다.

1. 3m 앞에 고객이 있다면 미소 지을 것.
2. 고객이 1m 앞으로 다가오면 인사할 것.
3. 직원과 환자에게 똑같이 적용하고, 하루에 몇 번이든 반복할 것.

이 규칙을 시행한 지 6개월 만에 놀랍게도 매출이 40%나 증가했습니다. 200쪽의 매뉴얼도 올리지 못한 매출을 간단한 미소와 인사가 해냈습니다.

몸이 아프고 마음이 어려운 사람들에게 미소와 환한 인사만큼 확실한 처방은 없습니다. 주님의 사랑을 전한다는 마음으로 만나는 모든 사람들에게 미소와 인사로 축복을 전하십시오. 아멘!

♡ 주님! 작은 미소 하나로도 주님을 나타내는 성도가 되게 하소서.
※ 지위 고하를 막론하고 만나는 모든 사람에게 최대한 친절합시다.

주님과 함께라면

읽을 말씀 : 신명기 31:1-8

● 신 31:6 너는 마음을 강하게 하고 담대히 하라 그들을 두려워 말라 그들 앞에서 떨지 말라 이는 네 하나님 여호와 그가 너와 함께 행하실 것임이라 반드시 너를 떠나지 아니하시며 …

루터의 종교개혁에 지대한 영향을 끼친 독일의 신학자 요하네스 타울러가 구원에 대해 깊은 사색을 하며 산책을 하던 중 한 노인을 만났습니다.

대화 중 노인은 타울러에게 자신의 신앙을 고백했습니다.

"하나님을 만난 뒤로 하루도 나쁜 날이 없습니다.

모든 날이 기쁨과 즐거움뿐입니다. 나는 항상 평안합니다."

신학에 대해 고민하던 차에 노인이 이런 고백을 하니 기분이 언짢았던 타울러는 노인에게 일부러 곤란한 질문을 했습니다.

"그러십니까? 그러나 하나님이 당신을 지옥으로 보낸다 해도 기쁠 수 있을까요?"

노인은 타일러의 예의 없는 질문에도 미소로 대답했습니다.

"내가 아는 유일한 사실은 주님이 언제나 나와 함께 하신다는 것입니다. 가진 것도, 아는 것도 없지만 주님은 나와 함께 하십니다. 지옥에서라도 주님이 함께라면 즐겁지 않겠습니까?"

타울러는 이 고백을 듣고 하나님의 은혜를 깨달았고, 자신의 교만함을 회개했습니다.

죄를 용서하시고 구원해주신 은혜보다 더 귀한 선물은 없습니다. 풍요에 처할지라도 비천에 처할지라도 하나님과 함께하길 구하며, 함께 하시는 하나님으로 인해 만족하십시오. 아멘!

🖤 주님! 오직 주님만으로 만족하며 살아가게 하소서.

📷 주님이 나와 함께 하신다는 사실만으로 즐겁게 살아갑시다.

3월 5일

윤리와 신앙

읽을 말씀 : 빌립보서 1:3-11

● 빌 1:10 너희로 지극히 선한 것을 분별하며 또 진실하여 허물 없이 그리스도의 날까지 이르고

사 람들은 큰 이득을 보기 위해서는 '비윤리적인 선택'을 하거나 편법을 써야 한다고 생각하기도 합니다.

심리학자 피터 골위처 박사에 따르면 단기적인 관점에서 이 생각은 사실일 수 있지만 장기적인 관점에서 본다면 '비윤리적인 선택'은 한 기업을 넘어 세계 경제 불황까지 부를 수 있는 어리석은 선택이라고 합니다.

다음은 피터 박사가 연구한 '잘못된 유혹을 이겨낼 수 있게 도와주는 3가지 방법'입니다.

1. 안전장치를 만들라.

사람의 선한 면을 끌어내는 신앙생활, 기도 등은 자기통제력을 높여줍니다.

2. 신뢰할 수 있는 멘토를 두라.

실력과 승진뿐 아니라 도덕적으로 도움을 줄 수 있는 멘토도 이제는 필요합니다.

3. 상황을 가정해보라.

만약 상사가 불법적인 일을 시킨다면 어떻게 행동할 것인지 미리 그려보는 'If, Then(만약, 한다면) 전략'은 지혜롭게 문제를 해결할 수 있는 효과적인 방법입니다.

그리스도인들은 세상에 길을 알려주는 사람입니다. 세상의 법을 넘어 사랑의 법을 지키는 아름다운 모습으로 세상의 등불이 되십시오. 아멘!

♡ 주님! 모든 일을 말씀을 기준으로 판단하고 결단하게 하소서.

🏃 눈앞의 이익을 두고 세상과 타협하는 실수를 저지르지 맙시다.

번성의 축복

읽을 말씀 : 창세기 1:24-31

● 창 1:28 하나님이 그들에게 복을 주시며 그들
에게 이르시되 생육하고 번성하여 땅에 충만하
라…

하나님이 태초에 인간에게 주신 큰 복중 하나는 번성의 복
이었습니다. 하나님은 인류의 조상인 아담에게도 번성하
라고 하셨고 믿음의 조상 아브라함에게도 자손이 하늘의 별처럼
많아지리라 하셨습니다.

S여성병원의 장전호 원장은 20여 년 넘게 많은 산모들에게
임신 소식을 전한 전문의입니다. 장 원장은 "임신 소식을 들은
산모들의 유형은 세 가지로 나뉜다"라며 다음과 같이 말합니다.

"첫 번째는 당황하는 산모들이고, 두 번째는 무덤덤한 산모들이
며, 세 번째는 눈물까지 흘리며 감격하는 산모들입니다.

상황이나 환경에 따라 임신이 달갑지 않은 경우에는 당황하
고, 때가 됐으니 낳아야지 하는 경우에는 무덤덤합니다. 반면에
임신을 기뻐하며 감격하는 사람들은 대부분 그리스도인입니다.
사회가 변하며 결혼과 육아가 선택이 된 시대이지만 여전히 그
리스도인은 임신을 하나님의 큰 복으로 여기고 사래처럼, 리브
가처럼, 한나처럼 기도로 준비하며 받은 소식이기 때문입니다."
장 원장은 임신을 준비하는 부부들에게 "다른 무엇보다 기도로
준비하는 것이 가장 중요하다"라고 조언합니다.

오랜 시간과 많은 사람들의 기도가 쌓여 이루어진 임신은 단
순한 출산이 아니라 하나님께서 주신 번성의 큰 복입니다. 하나
님이 주신 결혼과 가정이란 귀한 제도가 얼마나 큰 복인지 세상
에 보여주는 축복의 가정으로 일구십시오. 아멘!

♡ 주님! 질서와 원리를 회복하는 가정들이 많아지도록 깨워주소서.
🔲 임신한 가정들에게 축복의 말을 전하며 기도로 중보합시다.

3월 7일

끈기가 비결이다

읽을 말씀 : 고린도후서 4:11-18

● 고후 4:16 그러므로 우리가 낙심하지 아니하노
니 겉사람은 후패하나 우리의 속은 날로 새롭도
다

미국 스탠퍼드대학 심리학과의 캐서린 콕스 교수는 역사상
위대한 업적을 남긴 301명을 뽑아 보통 사람과의 차이점
을 찾으려 깊이 연구했습니다.

과학자, 시인, 운동선수를 비롯해 다양한 분야의 인재들을 조
사한 결과 다음과 같은 두 가지 공통점이 나왔습니다.

1. 지능, 성격, 낙천성 등은 천차만별이라 기준이 될 수 없다.

2. 유일한 공통점은 열정과 끈기다.

매우 평범해 보였던 콕스의 연구 결과는 대중들의 지지를 받
지 못했고 기억 속에서 사라졌습니다.

그로부터 90년이 지나고 이번엔 펜실베이니아대학교 심리학
자 안젤라 리 교수가 수천 명의 천재들을 대상으로 같은 연구를
했는데 그 결과 이들의 유일한 공통점은 '이룰 때까지 포기하지
않는 열정과 끈기'였습니다. 낮은 지능도, 부정적인 생활도, 어
려운 환경도, 신체적인 장애도, 이 열정과 끈기를 가진 사람을
도저히 막지는 못했습니다.

인류를 끝까지 포기하지 않았던 하나님의 사랑을 깨달을 때
참된 제자의 길을 포기하지 않고 걸어갈 수 있습니다.

때론 힘들더라도, 때론 넘어지더라도 하나님의 한량없는 사
랑을 누리며 순례의 길을 포기하지 마십시오. 아멘!

♡ 주님! 작은 발걸음이라도 멈추지 않고 주님을 따라 걷게 하소서.

🎓 끝까지 포기하지 말고 믿음의 경주를 완주합시다.

만물의 창조주

3월 8일

읽을 말씀 : 창세기 1:1-10

● 창 1:1 태초에 하나님이 천지를 창조하시니라

한 무신론자가 뉴턴의 집에 초대받았습니다.
무신론자는 뉴턴이 정교한 계산으로 완성한 태양계의 천체 모형을 보고 감탄하며 말했습니다.

"역시 선생님은 최고의 과학자입니다. 그동안 아무도 해내지 못했던 행성들의 공전과 자전을 완벽하게 계산하시다니요!"

"아, 그 모형 말이군요. 그런데 사실 그 모형은 어제까지만 해도 없었습니다. 자고 일어났더니 저절로 생겨있더군요. 그것도 하필 제가 계산한 식에 맞춰서 말입니다."

이 말을 들은 무신론자는 크게 언짢았습니다.

"지금 저를 놀리시는 겁니까?"

"지금 저 모형 하나가 저절로 생겼다는 사실도 믿지 못하면서 온 우주가 저절로 생겼다는 사실은 믿으시는 겁니까?"

아무 대답을 하지 못하던 무신론자는 결국 하나님을 인정할 수밖에 없었습니다.

세상이 정말로 저절로 창조되고 이루어졌다면 우리의 삶도 어떤 목적이나 목표는 존재할 수가 없습니다.

만물을 창조하시고 나를 계획하시고 우리를 구원하신 하나님을 믿음으로 진정한 삶의 목적과 의미를 찾으십시오. 아멘!

♡ 주님! 만물을 창조하신 하나님의 능력과 주권을 인정하게 하소서.
▩ 나를 창조하신 주님을 통해 삶의 목표와 방향을 설정합시다.

하나님이 아신다

읽을 말씀 : 골로새서 3:18-25

● 골 3:22 종들아 모든 일에 육신의 상전들에게 순종하되 사람을 기쁘게 하는 자와 같이 눈가림만 하지 말고 오직 주를 두려워하여 성실한 마음으로 하라

스티브 잡스가 기존의 IBM이 만든 컴퓨터와는 전혀 다른 방식의 컴퓨터 '매킨토시'를 개발할 때입니다.

완성 직전의 제품을 살펴보던 잡스는 갑자기 본체 뚜껑을 열고 내부에 사용하는 기판 모양이 예쁘지 않다며 개발팀에게 교체를 요구했습니다. 개발팀은 "내부를 멋지게 디자인한다고 알아줄 사람이 없다"고 항의했고 스티브 잡스는 "내가 안다"고 대답했습니다.

잡스의 고집을 꺾지 못한 개발팀은 추가로 연구비를 들여 내부를 다시 디자인했습니다. 이밖에도 스티브 잡스는 아무도 보지 않는 노트북의 바닥, 이음새 등을 공들여 디자인했는데 그 이유에 대해서 다음과 같이 설명했습니다.

"사람들이 비싼 시계를 차고 다니는 이유는 정확해서가 아니라 예뻐서입니다. 그리고 위대한 목수는 아무도 보지 않는다고 해서 가구 뒤편에 형편없는 목재를 사용하지 않습니다."

아무도 없는 은밀한 곳의 나의 행동, 나의 생각까지도 하나님은 모두 알고 계십니다. 하나님을 기쁘게 하지 못 하는 일은 아무리 작은 일이라도 멀리해야 합니다.

은연중에 찾아오는 작은 죄의 유혹조차 단호하게 물리치며 하나님께 더욱 집중하십시오. 아멘!

♡ 주님! 사람 앞에서가 아니라 주님 앞에서 사는 삶이 되게 하소서.
▨ 주님이 보시기에 합당하지 않은 일들을 멀리합시다.

주님만 드러내라

읽을 말씀 : 역대상 29:10-16

●대상 29:11 여호와여 광대하심과 권능과 영광과 이김과 위엄이 다 주께 속하였사오니 천지에 있는 것이 다 주의 것이로소이다 여호와여 주권도 주께 속하였사오니 주는 높으사 만유의 머리심이니이다

아곡 박수량은 조선 시대의 대표적인 청백리였습니다. 어떤 관직을 맡아도 공명정대하게 처리해 모든 사람의 신임을 얻었고, 훗날 전라도 관찰사까지 됐지만 흉년이 오면 끼니를 걱정할 정도로 재물 욕심이 없었습니다.

가진 것을 백성에게 나눠주고 학문에만 매진했기 때문입니다. 집도 세를 들어 살았고 가족 역시 청렴했기에 박수량이 세상을 떠났을 때 상여를 지고 고향에 내려가는 일도 어려웠습니다.

사정을 딱하게 여긴 다른 신하들이 상소를 올리자 왕인 명종은 몹시 놀라며 당장 재물을 보내 장사를 치르게 도왔습니다. 그리고 "그의 청렴함을 세상에 알리기 위한 묘비를 세우라" 일렀는데 글은 고사하고 이름조차 적히지 않은 '백비'상태로 묘비를 세웠습니다.

박수량의 유언 때문입니다.

"재야에 묻힐 내가 운이 좋아 성은을 입어 이만큼 자리에 올랐으니 이미 분수에 넘는 영광을 누렸다. 자랑할 것 하나 없는 이름이니 내가 죽거든 결코 묘비를 세우거나, 시호를 정하지 말아다오."

내가 비어있어야 주님의 영광이 드러나고, 주님의 영광이 드러날 때 내 삶이 가장 귀하게 드려지는 예배가 됩니다.

나의 모든 것이 주님의 뜻을 위해 사용될 수 있도록 몸과 마음을 드리십시오. 아멘!

♡ 주님! 누리는 삶보다 바르게 쓰고자 하는 삶이 되게 하소서.
🖼 작은 것일지라도 나누며 주님의 사랑을 전합시다.

그리스도인의 정체성

읽을 말씀 : 로마서 8:11-17

● 롬 8:17 자녀이면 또한 후사 곧 하나님의 후사
요 그리스도와 함께한 후사니 우리가 그와 함께
영광을 받기 위하여 고난도 함께 받아야 될 것
이니라

예수님을 나의 구주로 믿고 영접하면 누구나 구원을 받습
니다.
하지만 구원받은 후에 그리스도인으로서는 어떻게 살아가야 할
까요?

존 스토트 목사님은 예수님을 삶의 주인으로 모시는 참된 신
앙인에게는 다음의 8가지 조건이 필요하다고 말했습니다.

1. Like, 그리스도처럼
2. Through, 그리스도를 통해
3. On, 그리스도 위에
4. In, 그리스도 안에
5. Under, 그리스도 아래
6. With, 그리스도와 함께
7. Unto, 그리스도를 향해
8. For, 그리스도를 위해

껍데기 신앙이 되지 않기 위해선 나의 삶의 모든 초점이 예수
님께 향해 있어야 합니다.

하루를 살아가는 나의 한 걸음, 한 손길, 한 마디가 오로지 복
음을 향해 있기를 우리는 끊임없이 간구해야 합니다.

무엇을 하든지 주님을 위해 하는 참된 그리스도인으로 바로
서십시오. 아멘!

💟 주님! 그리스도인에 합당한 삶으로 조금씩 변화되게 하소서.
📖 말씀을 실천하는 삶으로 오늘도 주님께 한 걸음 더 다가갑시다.

30년이 된 3개월

읽을 말씀 : 잠언 10:22-32

● 잠 10:27 여호와를 경외하면 장수하느니라 그러나 악인의 년세는 짧아지느니라

원 양어선의 선원으로 일하는 집사님이 계셨습니다. 뭍에 있는 동안은 교회도 나가고 봉사도 열심히 했지만 배를 타는 동안은 외로움을 달래기 위해 육체의 정욕을 따랐습니다.

죄를 지어서는 안 된다는 것을 알고 있는 집사님이었지만 아무리 노력해도 거룩한 삶을 살기가 힘들었습니다.

죄책감에 괴로워하며 다시 국내로 돌아온 집사님은 몸이 이상한 것 같아 병원에 갔습니다. 검진 결과 3개월 시한부라는 청천벽력 같은 결과가 나왔습니다. 집사님은 그제야 그동안의 삶을 회개했습니다.

"주님, 그동안 말로만 주님을 믿는다고 고백했습니다. 남은 3개월은 주님만을 위해 살겠습니다."

그날로 술과 담배를 끊고 지인들을 찾아다니며 그리스도를 전했습니다. 그가 방탕한 삶을 살았다는 것을 아는 사람들은 집사님의 진실된 모습에 감화되어 예수님을 영접했습니다.

시한부 3개월을 선고받았던 집사님은 아무런 문제 없이 30년 동안 복음을 전하다 하나님의 부름을 받고 평안히 하늘나라로 떠났습니다.

우리가 생각한 것보다 인생은 짧고, 하나님을 위해 헌신할 시간은 더욱 짧습니다.

하나님을 위한 인생을 살아가며 하나님이 주시는 진정한 기쁨을 누리십시오. 아멘!

🤍 주님! 하나님을 섬기는 기쁨을 누리는 삶이 되게 하소서.
🖼 하나님이 맡겨주신 사명을 위한 시간을 조금씩 늘려갑시다.

목숨보다 소중한 것

읽을 말씀 : 로마서 14:14-21

● 롬 14:18 이로써 그리스도를 섬기는 자는 하나님께 기뻐하심을 받으며 사람에게도 칭찬을 받느니라

Ⅱ 로이센의 국왕 프레드릭 1세는 훗날 '대제'로 불릴 만큼 유능한 왕이었습니다. 프레드릭 1세는 기독교를 병적으로 싫어했는데 신하들과 백성들 앞에서도 공개적으로 하나님을 욕하는 발언을 서슴지 않았습니다.

프레드릭 1세 밑에는 기독교인이 많았지만 왕의 심기를 거스를까 봐 대부분 아무 말도 못 하고 비위를 맞추었습니다.

어느 날 출정을 떠났던 장군들을 위로하는 연회에서 프레드릭 1세가 다시 한번 예수님을 대상으로 농담을 던졌습니다.

모든 신하들이 왕의 말에 웃고 있던 찰나 프로이센의 총사령관인 폰 질란트 장군이 나와 무릎을 꿇고 말했습니다.

"그동안 폐하의 명을 받들어 수많은 전장에서 세운 공적을 보시면 아시겠지만 저는 죽음을 두려워하지 않는 사람입니다. 저는 폐하를 위해 38번이나 전쟁에 나가 승리하고 돌아왔습니다. 그러나 제가 견딜 수 없는 단 한 가지는 제 영혼의 구세주 그리스도가 모욕을 당하는 것입니다. 제 말이 심기에 거슬리신다면 목을 치셔도 좋습니다. 다만 왕의 장군이 아닌 그리스도의 제자로 마지막 인사를 드리고 저는 떠나도록 하겠습니다."

질란트 장군의 진심을 느낀 프레드릭 1세는 눈물로 사과를 했고, 이후로는 하나님과 기독교인들을 모욕하지 않았습니다.

모든 수치를 감당하신 하나님의 사랑을 외면하지 말고 세상 가운데 그리스도인으로 나아감으로 화답하십시오. 아멘!

♡ 주님! 주님과 사람들에게 부끄럽지 않은 삶으로 인도하소서.
▩ 나를 부끄러워하지 않으신 주님을 나도 당당하게 섬깁시다.

부인할 수 없는 이유

3월 14일

읽을 말씀 : 요한일서 2:18-29

● 요일 2:23 아들을 부인하는 자에게는 또한 아버지가 없으되 아들을 시인하는 자에게는 아버지도 있느니라

소련에 혁명이 일어나 공산당이 장악하던 시절의 일입니다. 기독교가 법으로 금지되었던 때였지만 자부르스키라는 악명높은 군인은 오히려 이때 예수님을 만나 변화됐습니다. 발각되면 처형될 위기에서도 자부르스키는 사람들에게 몰래 복음을 전했습니다. 그러던 어느 날 상관이 그를 사무실로 끌고 와 다음과 같이 말했습니다.

"자네가 그리스도인이라는 사실이 이미 알려졌네. 이대로라면 수용소에서 평생을 보내던가 총살형이야. 하지만 이 서류에 사인을 하고 신앙을 포기한다면 오히려 승진을 시켜주겠네."

자부르스키가 거부하자 상관은 주머니에서 십자가 목걸이를 꺼내 보여줬습니다.

"다른 그리스도인에게 같은 제안을 했더니 십자가 목걸이를 벗어 던지고 서류에 사인을 했네. 자네는 뭐가 아쉬워서 포기를 않는건가?"

"목걸이를 벗을 수는 있지만 제 마음을 버릴 수는 없습니다. 예수님이 제 마음에 계시는데 어떻게 부인할 수 있겠습니까?"

자부르스키는 결국 감옥에 갔지만 그곳에서도 삶의 마지막까지 복음을 전하다 순교했습니다.

복음을 믿고 영접한 순간부터 예수님은 항상 내 마음에 계시며 떠나지 않으십니다. 태초부터 한 번도 나를 포기하지 않으셨던 주님을 작은 고난 때문에 부인하지 마십시오. 아멘!

♡ 주님! 세상에 가득한 주님의 사랑을 제 마음에도 가득 채우소서.
🎴 예수님을 내 마음의 주인으로 항상 모십시다.

하나님께 맞추라

읽을 말씀 : 이사야 26:1-7

●사 26:4 너희는 여호와를 영원히 의뢰하라 주
여호와는 영원한 반석이심이로다

예부터 제주도는 1년 내내 바람이 강하게 불어 집을 지을 때 튼튼한 담을 쌓는 일이 가장 중요했습니다.

그런데 정작 제주도의 돌담집들을 보면 그냥 길가의 돌을 쌓아 놓은 것처럼 엉성합니다. 보기에는 너무도 엉성한 담이라 바람을 막아낼 수 있을까 싶지만 태풍 같은 강풍에도 쓰러지지 않고 버팁니다. 돌을 쌓을 때 심혈을 기울여 아구를 맞추기 때문입니다. 제대로 맞물린 돌담은 그저 쌓기만 해도 태풍도 버텨낼 정도로 강한 담이 됩니다.

비슷한 원리로 '그렝이질'이라는 건축양식이 있습니다.

고궁이나 가옥을 지을 때는 반드시 주춧돌을 놓는데 예전에는 돌을 연마하는 기술이 없어 자연상태 그대로의 울퉁불퉁한 돌을 가져다 세웠습니다.

연마되지 않은 주춧돌에 기둥을 세우는 방식은 단 하나, 기둥의 표면을 주춧돌 표면에 맞게 깎는 것뿐입니다.

주춧돌에 꼭 맞게 그렝이질이 된 기둥은 그 어떤 매듭이나 접착제 없이도 흔들리지 않고 건물 전체를 지탱해줍니다.

하나님은 내 인생을 위해 존재하는 분이 아니라 내 인생이 하나님을 위해 존재합니다. 나의 바람을 위해 하나님을 이용하지 말고 하나님의 방법에 내 삶을 맞추십시오. 아멘!

♡ 주님! 주님만 바라보고 순종하게 하소서.
▨ 완전한 주님의 방식에 나의 삶을 맞춥시다.

인간의 본성

읽을 말씀 : 사무엘하 22:1-7

● 삼하 22:7 내가 환난 중에서 여호와께 아뢰며 나의 하나님께 아뢰었더니 저가 그 전에서 내 소리를 들으심이여 나의 부르짖음이 그 귀에 들렸도다

사형 직전에 목숨을 건졌지만 수용소 생활을 하게 된 소련의 작가가 있었습니다. 수용소의 생활은 생지옥이었습니다. 작가는 수용소의 삶을 지켜보며 깨달음을 얻었습니다.

'장소만 달라졌을 뿐 인간의 본성은 똑같구나.'

석방 뒤 '수용소 군도'를 집필한 솔제니친의 이야기입니다.

솔제니친은 소련의 참상을 책으로 냈다는 이유로 국외추방을 당했고 이후 평생 소련이 끔찍한 공산주의 국가가 된 원인을 분석했는데 최종결론을 다음과 같이 내렸습니다.

"6천만 명의 희생자를 낸 소련의 대혁명이 왜 일어났느냐고 묻는다면 나는 하나님을 잊어버렸기 때문이라고밖에 답할 수 없다."

스탈린이 정권을 장악하고 가장 먼저 한 일은 교회를 폭파시키고 종교인들을 권력 아래 굴복시키는 것이었습니다. 세계에서 가장 큰 기독교 단체 중 하나인 러시아 정교회가 무너지자 그리스도인들도 힘을 잃었고 그 결과 소련에 역사상 가장 처절한 암흑기가 찾아왔습니다.

인간의 본성은 철저히 죄성으로 점철되어 있습니다.

빛으로 오신 예수님을 만나지 못한다면, 그 빛을 만난 우리가 세상에 비추는 사명을 잊는다면 세상은 다시 죄라는 어둠으로 덮일 것입니다. 빛 되신 주님을 세상에 전파하는 그리스도인이 되십시오. 아멘!

♡ 주님! 어두운 세상을 비추는 빛으로 사명을 잊지 않게 하소서.
🧩 나의 연약함을 고백함으로 주님의 인도하심을 구합시다.

말씀만이 가능하다

읽을 말씀 : 갈라디아서 5:16-26

● 갈 5:16 내가 이르노니 너희는 성령을 좇아 행하라 그리하면 육체의 욕심을 이루지 아니하리라

어느 교회의 성경공부 시간이었습니다.

성경공부를 하며 서로 변화된 삶을 나누는 시간에 한 남자가 자기 손가락을 들어 보이며 삶을 고백했습니다.

"제 오른손을 봐주시겠습니까?"

남자의 오른손에는 약지가 없었습니다.

"결혼 후 재미로 도박에 빠졌습니다. 가산을 탕진하고도 정신을 차리지 못해 큰 빚까지 냈습니다. 하루는 새벽에 집에 들어오니 엉망진창이 된 집안에서 아내가 울고 있었습니다. 이제는 정신을 차려야 한다고 생각해 주방으로 달려가 손가락을 잘랐습니다. 다시는 도박을 하지 않겠다는 결단이었습니다. 그러나 한 달도 안 돼서 다시 도박에 손을 댔습니다. 나 같은 구제불능 인간은 죽어야 한다고 생각할 때 아내의 권유로 교회에 나갔습니다. 하나님의 사랑을 깨닫자 도박을 하고 싶은 마음이 거짓말처럼 사라졌습니다. 여러분, 하나님은 정말로 살아계시며 우리의 연약함을 치유해주십니다."

'술, 담배, 여자, 마약 등' 세상의 잘못된 쾌락에 빠져 인생을 망치다가 주님을 통해 변화된 성도가 얼마나 많습니까?

사람의 비어있는 마음을 채울 수 있는 것은 오직 주님의 사랑뿐입니다. 세상 모든 사람이 포기한다 하더라도 주님은 결코 나를 포기하지 않음을 기억하십시오. 아멘!

♡ 주님! 주님만은 저를 포기하지 않음을 잊지 않게 하소서.

🎗 극복해야 할 약점과 죄들을 주님께 맡김으로 이겨냅시다.

오직 은혜만이

읽을 말씀 : 고린도후서 9:1-8

● 고후 9:8 하나님이 능히 모든 은혜를 너희에게 넘치게 하시나니 이는 너희로 모든 일에 항상 모든 것이 넉넉하여 모든 착한 일을 넘치게 하게 하려 하심이라

모태신앙으로 자랐지만 약물중독자가 된 청년이 있었습니다.

중독을 이겨내려고 다양한 프로그램에 참여했음에도 벗어날 수 없었던 청년은 모든 것을 포기하고 노숙자가 됐습니다. 의지했던 하나님이 자신을 버렸다고 생각한 청년은 그 분노를 교회와 성도들에게 돌렸습니다.

분을 참을 수 없었던 청년은 눈앞에 보이는 교회에 들어가 닥치는 대로 부수고 불을 질렀습니다. 청년이 불을 지른 '아칸소중앙침례교회'는 1억 원이 넘는 피해를 입었지만 청년의 사정을 들은 성도들은 어떤 보상도 요구하지 않고 용서하기로 했습니다.

하나님께 버림받았다고 생각하는 청년에게 하나님의 은혜를 보여주지 않는다면 그동안 배우고 누린 신앙생활이 아무런 의미가 없다고 생각했기 때문입니다.

성도들의 은혜에 감화된 청년은 다시 한번 용기를 내어 재활 프로그램에 등록했고 1년 뒤 중독에서 벗어나 예수님을 구세주와 주님으로 영접하고 그리스도인이 되어 자신이 불을 지른 교회에서 침례(세례)를 받았습니다.

성도들이 은혜의 결단을 내리지 않았다면 이 청년은 구원받지 못하고 교도소에서 생을 마감했을지도 모릅니다. 우리 모두는 죄인 출신이며 은혜가 필요합니다. 나에게 베풀어주신 한량이 없는 주님 은혜를 할 수 있는 한 베풀며 사십시오. 아멘!

🤍 주님! 주님의 사랑과 은혜만이 문제를 해결함을 알게 하소서.

🖼 용서할 수 없는 상황에서도 은혜를 힘입어 용서하려 노력합시다.

3월 19일

창조의 방식

읽을 말씀 : 시편 4:3-8

●시 4:7 주께서 내 마음에 두신 기쁨은 저희의 곡식과 새 포도주의 풍성할 때보다 더하니이다

미국에서는 우울증과 같은 정신질환으로 고생하는 10대들의 비율이 점점 높아지고 있어 큰 사회적 문제가 되고 있습니다.

심리학자이자 가정문제전문가인 에리카 코미사 박사는 이 문제의 원인을 '신앙심의 감소'로 꼽으며 부모가 무신론자라도 자녀들은 교회에 보내야 한다고 말합니다.

박사의 연구에 따르면 1주일에 한 번이라도 교회에 나가는 자녀들에게는 다음과 같은 유익이 있었습니다.

- 사명감이 높아지면서 정신건강에 유익
- 마약 복용 및 성적으로 타락할 확률이 낮아짐
- 자원봉사를 비롯한 이타심 상승
- 이혼이나 폭력과 같은 나쁜 환경을 이겨내도록 도와줌
- 기독교적 세계관으로 세상을 긍정적으로 바라봄

신앙은 더 행복해지기 위해 믿어야 하는 것은 아닙니다.

그러나 우리가 하나님 없이 살아갈 수 없게 창조되었기 때문에 하나님을 찾고 말씀대로 살아갈 때 삶이 좋은 것들로 풍성해지고 참된 평안이 찾아옵니다.

오직 하나님 안에서만 참 기쁨과 참 평안을 누릴 수 있음을 인정하십시오. 아멘!

💚 주님! 모든 사람이 주님의 사랑이 필요함을 알게 하소서.

🗺 교회를 나오기 싫어하는 10대들에게도 복음을 전합시다.

설명할 수 없는 삶

읽을 말씀 : 로마서 1:8-17

●롬 1:17 복음에는 하나님의 의가 나타나서 믿음으로 믿음에 이르게 하나니 기록된바 오직 의인은 믿음으로 말미암아 살리라 함과 같으니라

미국 최고의 명문대학교를 졸업하고 엄청난 유산을 상속받은 청년이 있었습니다. 그를 아는 사람들은 '정말 축복받은 인생'이라며 부러워했지만 청년은 세계여행을 다니던 중 예수님을 구세주와 주님으로 영접했고 그 후 자신이 꿈꾸던 삶과 정반대의 모습으로 살아가기로 결심했습니다.

대저택에서 아담한 집으로 이사해 차도 없이 살면서 대부분의 재산을 헌금했고, 그것도 모자라 복음의 황무지인 중동에 직접 복음을 전하고자 선교사가 됐습니다.

모든 것을 버리고 마침내 이집트에 도착한 청년은 사역을 시작한 지 4개월 만에 풍토병에 걸려 목숨을 잃었습니다. 세상 사람들은 그의 삶을 도저히 이해할 수 없었습니다.

명석한 두뇌에 백만장자였던 청년이 예수님을 만난 뒤 몇 년만에 모든 것을 잃고 25살에 세상을 떠났기 때문입니다. 그러나 회심한 뒤의 청년을 만났던 사람들은 그 삶의 가치를 잘 알고 있었습니다.

보덴이라는 청년의 비문에는 "예수님에 대한 믿음을 떠나서는 그의 삶을 설명할 방법이 없다"라는 글이 적혀 있습니다.

세상과 같은 방법, 세상과 같은 성공을 추구하는 것은 그리스도인이 아닙니다. 하나님이 원하시는 방법대로 하나님이 기뻐하시는 일에 매진하는 참된 그리스도인이 되십시오. 아멘!

💙 주님! 내 생각이 아닌 주님의 생각과 인도하심을 따르게 하소서.
🖼 오직 주님이 인도하시는 곳으로 내 인생을 살아갑시다.

3월 21일

격려의 힘

읽을 말씀 : 데살로니가전서 5:12-22

● 살전 5:14 또 형제들아 너희를 권면하노니 규
모 없는 자들을 권계하며 마음이 약한 자들을
안위하고 힘이 없는 자들을 붙들어 주며 모든
사람을 대하여 오래 참으라

밥 비먼이라는 멀리뛰기 선수가 올림픽 결선을 앞두고 있었
습니다.

밥은 미국 대표였지만 메달을 딸 수 있는 실력은 아니었습니다.
유력 금메달 후보였던 러시아의 이고르가 세운 기록은 밥이 그
동안 한 번도 세워보지 못한 기록이었습니다.

긴장된 표정으로 1차 점프를 준비하던 밥에게 동료인 랄프가
찾아와 말했습니다.

"넌 지금까지 최선을 다해왔어. 이제 망설이지 말고 힘껏 뛰
어오르기만 하면 돼. 지금 너의 몸은 깃털처럼 가볍고 점프를 하
는 순간 날아오를 거야. 마지막이라고 생각하고 힘껏 뛰어오르
라고!"

랄프의 조언을 듣자 마음이 뜨거워지며 몸에서 힘이 솟아나
는 게 느껴졌습니다. 랄프의 조언대로 최선을 다해 달린 밥은
8.9m의 세계신기록을 세우며 금메달을 목에 걸었는데 이 기록
은 무려 23년 동안 깨지지 않았습니다.

진심을 담은 격려의 힘은 위대합니다.

포기하지 않는 관심과 격려가 볼품없는 제자들을 만방에 복
음을 전하는 사도로 변화시켰습니다.

날마다 격려해주시는 주님의 음성을 들으며 사람들을 격려로
세워가십시오. 아멘!

♡ 주님! 주님이 함께하실 때 모든 것이 가능함을 믿게 하소서.
🎴 만나는 모든 사람들에게 최대한 축복의 말을 전해줍시다.

이루어진 응답

읽을 말씀 : 시편 143:1-6

● 시 143:1 여호와여 내 기도를 들으시며 내 간구에 귀를 기울이시고 주의 진실과 의로 내게 응답하소서

'옥수수 박사'로 알려진 김순권 박사가 북한의 식량문제를 해결하기 위해 방북했을 때의 일입니다.

박사님이 기도하시는 모습을 보고 북한의 한 관계자가 몰래 이런 부탁을 했습니다.

"지금 비가 많이 내리고 있어 홍수가 날 것 같습니다. 농사를 망치지 않게 박사님이 기도를 좀 해주시면 안 될까요?"

박사님은 "이왕 하는 기도 다 같이 드리면 더 좋지 않겠냐"고 권한 뒤 북한의 관계자들과 함께 간절히 기도했습니다.

기도를 한 후 기상상태가 거짓말처럼 좋아졌고 박사님은 북한 관계자들로부터 공식적으로 "하나님과 박사님에게 감사드린다"라는 인사를 받았습니다.

몇 년 후 비슷한 일로 북한을 방문했을 때는 가뭄이 일었고, 이번에는 관계자들이 비를 위해 기도해달라고 부탁했습니다.

박사님은 지난번과 똑같이 관계자들과 하나님께 기도를 드렸고 그 결과 거짓말처럼 이틀 동안 단비가 내렸습니다.

함께 기도할 때 하나님은 응답하십니다.

함께 기도할 때 하나님의 능력을 알게 됩니다. 그리고 기도의 능력을 통해 복음이 전파됩니다. 하나님과 대화할 수 있고, 하나님의 권능을 체험할 수 있고, 하나님의 복음을 전할 수 있는 기도를 쉬지 마십시오. 아멘!

♡ 주님! 응답해주시는 주님을 믿고 기도로 주님께 나아가게 하소서.
🏃 문제가 생길 때는 무조건 기도합시다.

3월 23일

성도의 실력

읽을 말씀 : 히브리서 5:11-14

● 히 5:12 때가 오래므로 너희가 마땅히 선생이 될터인데 너희가 다시 하나님의 말씀의 초보가 무엇인지 누구에게 가르침을 받아야 할 것이니 젖이나 먹고 단단한 식물을 못 먹을 자가 되었도다

영국의 필하모니 오케스트라는 창단 초기부터 세계 최고의 오케스트라로 인정받았습니다.

단원들이 최고의 연주자들이기도 했지만 역사상 가장 위대한 지휘자로 꼽히는 카라얀이 지휘를 맡았기 때문입니다. 그러나 카라얀은 자기 입맛대로 오케스트라를 운영했기 때문에 많은 부작용이 있었고 한 곳에 오래 머무르지 못해 필하모니의 명성도 곧 떨어졌습니다.

오스트리아의 빈 오케스트라는 이런 단점을 보완하려고 1년마다 지휘자를 바꾸는 시스템을 도입했습니다. 단원들의 실력이 워낙 출중했기 때문에 1년에 한 번씩 지휘자가 바뀌어도 빈 오케스트라는 세계 최고 수준을 유지하고 있습니다.

최근 뉴욕에 생긴 챔버오케스트라는 아예 지휘자가 없습니다. 연주자들이 토론하며 원하는 방향을 정해 연주를 만들어나가는 방식인데 지휘자가 없음에도 일사불란하고 개성 있는 연주로 세계적인 오케스트라로 발돋움해나가고 있습니다.

훌륭한 목회자, 좋은 교회와 시스템은 물론 중요합니다.

하지만 그보다 중요한 것은 예수님을 사랑하고, 말씀을 깊이 알기 원하는 열정이 있는 참된 성도들입니다. 이런 성도들이 있을 때 복음이 바로 서고 어떤 위기도 극복할 수 있는 능력이 생깁니다. 어떤 상황과 환경에도 믿음을 잃지 않는 진짜 실력 있는 성도가 되십시오. 아멘!

♡ 주님! 스스로 설 수 있는 그리스도인이 되도록 보살펴주소서.

▨ 말씀을 즐거워하고 실천하려고 노력하는 제자가 됩시다.

기준을 세우라

읽을 말씀 : 여호수아 1:1-9

●수 1:8 이 율법책을 네 입에서 떠나지 말게 하며 주야로 그것을 묵상하여 그 가운데 기록한대로 다 지켜 행하라 그리하면 네 길이 평탄하게 될 것이라 네가 형통하리라

미국과 캐나다의 국경지대에서는 유독 교통사고가 많이 일어납니다.

사고율이 양국 평균을 뛰어넘었기 때문에 원인이 무엇인지를 합동으로 조사했는데 문제는 '단위'였습니다.

캐나다는 표지판에 제한속도를 킬로미터(km)로 사용하고 미국은 마일(ml)을 사용합니다.

국경을 넘어서는 순간 속도 단위가 바뀌어 제한속도를 착각하는 것이 교통사고의 원인이었습니다.

1999년도 미항공우주국이 발사한 우주선이 발사 직후 추락하는 사건이 있었습니다.

설계도를 제작한 NASA는 국제표준인 '미터법'을 사용했는데 제작을 맡았던 록히드마틴사는 미국표준인 '야드법'을 사용해서 심각한 결함이 발생한 것이었습니다.

수년에 걸쳐 천문학적인 금액이 들어간 프로젝트가 사소한 실수 때문에 날아갔습니다.

작가 제임스 일레인은 "시계가 하나인 사람은 시간을 정확히 알 수 있지만 시계가 두 개인 사람은 시간을 정확히 알 수 없다"라는 말을 했습니다. 하나님을 위해 살아간다면 하나님의 기준에 맞춰야 합니다.

하나님을 위한다며 내 기준대로 살아가고 있는 것은 아닌지 삶을 점검해보십시오. 아멘!

♡ 주님! 세상과 타협하지 않는 경건한 신앙인이 되게 하소서.
▨ 말씀만을 온전히 내 삶의 기준으로 삼고 지킵시다.

3월 25일

위험을 감수하라

읽을 말씀 : 시편 23:1-6

● 시 23:4 내가 사망의 음침한 골짜기로 다닐찌라도 해를 두려워하지 않을 것은 주께서 나와 함께 하심이라 주의 지팡이와 막대기가 나를 안위하시나이다

두 가지 섬이 있다고 생각해보십시오.

한 섬은 화산폭발로 생긴 분화구가 남아있고 지금도 화산이 언제 터질지 모르는 상태입니다. 다른 섬은 화산이 터질 위험이 전혀 없으며 울창한 열대우림이 조성되어 있습니다.

만약 두 섬 중 거주지를 고를 수 있다면 대부분 화산폭발의 위협이 없는 섬을 선택하겠지만 현실은 정반대입니다.

지금도 화산폭발의 위협이 남아있는 자바섬에는 1억 명이 넘는 사람들이 위험을 감수하며 살아가고 있습니다. 반면에 폭발의 위험이 없고 4배나 넓은 보르네오섬에는 5분의 1에 불과한 2천만 명만 살고 있습니다.

빽빽한 숲이 있는 보르네오섬은 토양이 메말라 과일나무같이 중요한 나무는 자라지 않지만 자바섬은 화산폭발로 쌓인 화산재가 토양을 비옥하게 만들어 농사도 가능하고 다양한 동식물이 살아갑니다. 화산폭발이라는 재해가 오히려 사람이 살기 좋은 환경으로 가꿔줬기 때문에 비록 위험하다 해도 더 많은 사람들이 자바섬에서 살아가고 있습니다.

믿음을 따라서 사는 사람들은 세상 사람들과 다른 선택을 해야 하고 때때로 '위험'과 '불안함'이 동반됩니다. 성경에 나오는 믿음의 인물들 역시 그러했습니다. 하지만 하나님을 믿고 내린 결단은 실패함이 없었습니다. 성령님이 주신 확신이 있다면 과감히 결단하십시오. 아멘!

♡ 주님! 세상 가운데 살면서도 주님만 의지하며 집중하게 하소서.
🎋 중요한 결단은 말씀과 기도를 통해 주님의 인도를 구합시다.

믿어야 할 분

읽을 말씀 : 요한일서 5:1-12

● 요일 5:10 하나님의 아들을 믿는 자는 자기 안에 증거가 있고 하나님을 믿지 아니하는 자는 하나님을 거짓말 하는 자로 만드나니 이는 하나님께서 그 아들에 관하여 증거하신 증거를 믿지 아니하였음이라

전도할 때 가장 많이 듣는 대답 중 하나는 "나는 나를 믿습니다"라는 말입니다. 인생의 주체는 '나'이며 내가 경험하는 모든 것은 '확실하다'고 믿기 때문에 당연한 대답이라고 생각할 수도 있지만 살다 보면 인간이 얼마나 나약한 존재인지 누구나 깨닫게 됩니다.

통계청의 자료에 따르면 우리나라에서 매년 2만 명 정도가 원인 모를 질병으로 사망한다고 합니다. 병력도 없고 건강한 사람들이 갑자기 물을 마시다, 길을 걷다가, 잠을 자다가 죽는다는 말입니다.

미국의 경우 안전장비를 철저하게 갖추는 '미식축구'를 하다가 1년에만 30만 명이 부상을 당합니다. 높은 연봉으로 최고의 엘리트 선수들이 모여있는 미식축구 선수들도 1년에 절반 정도는 크고 작은 부상을 당하며 10여 명 정도는 죽기까지 합니다.

어떤 분야를 따져봐도 비율은 크게 다르지 않습니다. '아무리 돈이 많아도', '아무리 몸이 튼튼해도', '아무리 머리가 좋아도'…. 인간은 결국 인간이기에 스스로를 구원할 수 없는 나약한 존재입니다.

하나님이 예수님을 통해 이루신 완전한 구원의 길을 무시하고 자신만을 의지하는 인생처럼 허망한 삶은 없습니다.

언젠가 마주쳐야 할 '생명과 사망의 기로'에서 나를 구원할 수 있는 것은 오직 예수님의 십자가뿐임을 잊지 마십시오. 아멘!

♡ 주님! 하나님의 나라를 위해 살아가게 하소서.
☒ 예수님을 믿음으로 영원한 생명의 길을 걸어갑시다.

3월 27일

죽을 뻔 살 뻔

읽을 말씀 : 요한복음 6:47-59

● 요 6:53 예수께서 이르시되 내가 진실로 진실로 너희에게 이르노니 인자의 살을 먹지 아니하고 인자의 피를 마시지 아니하면 너희 속에 생명이 없느니라

'죽을 뻔 살 뻔'이라는 관용어는 수시로 생사를 넘나드는 고비를 나타내는 단어입니다. 한 번의 실수로 '죽을 뻔'한 사람이 될 수도 있고, 한 번의 성공으로 '살 뻔'한 사람이 될 수도 있는 경우가 성경에는 참으로 많이 나옵니다.

먼저 노아의 방주를 구경하던 사람들입니다.

노아의 말을 귀담아듣지 않고 방주를 보며 희롱하던 사람들은 눈앞의 구원의 길을 두고도 죽었던 '살 뻔'한 사람들입니다.

바울이 전한 복음으로 그리스도인이 될뻔한 '아그립바 왕', 예수님의 무죄를 알면서도 십자가형을 내렸던 '빌라도' 이 밖에도 수많은 사람들이 '살 뻔'했지만 결국 죽었습니다.

반면 죽을뻔한 사람도 많습니다.

하나님의 명령을 피해 도망하던 요나, 예수님을 세 번 부인한 베드로, 예수님과 함께 십자가형을 받았던 강도, 성경이 이해가 되지 않았지만 끝까지 포기하지 않고 읽고 있었던 이디오피아 집사 등.

이들을 생과 사의 갈림길에 서게 만든 것은 단 한 가지, '예수님을 진심으로 믿었는가?'의 여부뿐이었습니다. 지금 교회를 다니고 있지 않다면, 10년, 20년 다니고 있지만 확신이 있는지 모르겠다면 나 역시 '살뻔한 기회'를 놓치고 있는 어리석은 사람일지 모릅니다. 예수님이 믿음으로 약속하신 영생을 누리는 지혜로운 사람이 되십시오. 아멘!

♡ 주님! 교만하지 않고, 자만하지 않고 오직 주만 의지하게 하소서.

🎴 정말 예수님을 믿음으로 진정한 구원의 은혜를 누립시다.

한 가지 유산

읽을 말씀 : 요한일서 4:7-13

● 요일 4:9 하나님의 사랑이 우리에게 이렇게 나타난바 되었으니 하나님이 자기의 독생자를 세상에 보내심은 저로 말미암아 우리를 살리려 하심이니라

탈무드에 나오는 이야기입니다.

중동의 한 부자가 갑자기 중병에 걸려 생명이 위독한 상태였습니다. 타국에 있던 아들이 오기 전에 세상을 떠날 것 같았던 부자는 "내 모든 재산은 하인에게 준다. 아들에게는 내 재산 중 원하는 한 가지만 주겠다"라는 유언을 남겼습니다.

부자는 예감대로 얼마 뒤 세상을 떠났습니다. 유언을 확인한 하인은 크게 기뻐하며 당장에 아들을 찾아가 이 사실을 알렸습니다. 타국에서 고생하던 아들은 아버지가 돌아가셨다는 사실에도 놀랐지만 유언을 보고는 더 크게 놀랐습니다. 평생 아껴주던 아버지가 모든 재산을 하인에게 남겼다는 사실을 받아들이기 힘들었던 아들은 랍비를 찾아가 억울함을 호소했습니다. 이야기를 들은 랍비는 오히려 아버지를 칭찬했습니다.

"아버지가 그런 유언을 남기지 않았다면 하인이 재산을 이미 다 가로챘을지도 모르네. 자네 아버지의 재산은 다 하인에게 있으나 자네도 한 가지는 선택할 수 있지. 그 한 가지로 하인을 고른다면 이제 그 재산은 다시 누구의 것이겠나?"

하나님은 우리에게 가장 귀한 독생자를 주셨습니다.

세상의 무엇과도 비할 수 없는 그 선물을 받은 우리에게 이제 더 필요한 것이 무엇이겠습니까? 세상의 모든 것보다 더 귀한 것을 주신 하나님의 은혜를 찬양하십시오. 아멘!

♡ 주님! 주님의 십자가보다 더 큰 축복은 없음을 알게 하소서.
▧ 가장 필요한 구원을 주신 주님께 찬양과 영광을 돌립시다.

가장 중요한 재산

3월 29일

읽을 말씀 : 디모데전서 4:6-16

● 딤전 4:8 육체의 연습은 약간의 유익이 있으나 경건은 범사에 유익하니 금생과 내생에 약속이 있느니라

유난히 튀어나온 치아 때문에 왕따를 당하는 소녀가 있었습니다.
친구들의 놀림에도 씩씩했던 소녀는 결국 괴롭히던 학생들과도 친구가 됐습니다.

이때의 경험으로 소녀는 아무리 힘든 일이 생겨도 노력만 한다면 극복할 수 있다고 생각했습니다. 하지만 이런 생각을 비웃기라도 하듯이 8살 때 어머니가 갑자기 돌아가셨고, 몇 달 뒤 사랑하는 남동생과 아버지까지 연달아 세상을 떠났습니다.

9살의 어린 소녀가 감당할 수 없는 역경이었음에도 소녀는 공부를 포기하지 않으며 남겨진 동생들도 돌봤습니다.

불의의 사고로 남편이 하반신 마비가 됐을 때도 마찬가지였습니다. 불행을 탓하기보다는 남편을 더 잘 위로하고 보필하고자 부던히 노력한 그녀의 노력으로 미국의 유일한 4선 대통령 프랭클린 루스벨트가 탄생할 수 있었습니다.

수려한 외모와 유망한 장래로 좋은 집안의 미인들에게 인기가 많았던 젊은 시절의 루스벨트는 아내로 안나를 선택한 이유가 '역경을 극복해온 강인한 성품'이라고 말했습니다.

사람의 진정한 가치는 외면과 조건이 아니라 내면과 성품에서 나옵니다. 용모와 재주를 보고 사람을 선택하지 않으시는 하나님처럼 내면을 바라보고, 내면을 가꾸는 그리스도인이 되십시오. 아멘!

💟 주님! 외면보다 내면을 가꾸기 위해 노력하게 하소서.
🖼 사람을 절대로 외모만으로 평가하지 맙시다.

더 실패하라

읽을 말씀 : 고린도전서 9:19-27

● 고전 9:24 운동장에서 달음질하는 자들이 다 달아날찌라도 오직 상 얻는 자는 하나인 줄을 너희가 알지 못하느냐 너희도 얻도록 이와 같이 달음질하라

구입한지 얼마 안 된 진공청소기가 말썽을 부려 답답해하던 남자가 있었습니다. 도저히 원인을 찾을 수 없어 분해를 해보니 막혀있는 먼지봉투가 원인이었습니다.

먼지봉투는 미세한 먼지로 막혀있어 아무리 청소를 해도 금세 흡입력이 약해졌습니다. 이 문제를 많은 청소기 회사들에 문의했지만 하나같이 돌아오는 대답은 "특성상 어쩔 수 없다"는 대답뿐이었습니다.

답답함을 참을 수 없었던 남자는 직접 먼지봉투 없는 청소기를 만들기로 결심했습니다. 생계를 걱정해야 했지만 가족들에게 양해를 구하고 도전을 멈추지 않았습니다.

5년 뒤 5126번의 실패 끝에 마침내 영국의 애플이라 불리는 '다이슨 청소기'가 탄생했습니다. 도전하면 이룰 수 있다는 생각으로 연구를 계속한 남자는 이후 날개 없는 선풍기같이 누구도 상상할 수 없던 제품들을 만들며 가전제품에 혁명을 일으킨 기업 다이슨을 만들었습니다.

창업자 제임스 다이슨은 '99%의 실패가 다이슨의 성공 비결'이라고 말했습니다. 다시 말하면 포기만 하지 않으면 언젠가 성공한다는 뜻이기도 합니다.

이 열정과 끈기를 복음 전파에, 사명을 향한 헌신에 적용해야 합니다. 실패를 두려워 말고 하나님의 나라와 복음의 전파를 위해 더욱더 도전하십시오. 아멘!

♡ 주님! 어떤 시련에도 꺾이지 않는 강인한 마음을 주소서.
▨ 주님 나라와 복음을 위해 포기를 두려워말고 전도합시다.

3월 31일

강점에 집중하라

읽을 말씀 : 고린도전서 12:20-31

● 고전 12:31 너희는 더욱 큰 은사를 사모하라 내가 또한 제일 좋은 길을 너희에게 보이리라

농구 격언 중에 "감독들은 덩크슛보다 레이업을 더 좋아한다" 는 말이 있습니다. 림에 호쾌하게 꽂아 넣는 덩크슛보다 안전한 레이업이 더 성공률이 높기 때문입니다.

마찬가지로 "뛰어난 감독은 3점 슛을 잊는다"는 말도 있습니다. 성공률이 50%에 가까운 2점 슛 확률에 비해서 3점 슛은 최정상급의 선수들도 30%밖에 성공시킬 수 없기 때문입니다.

이런 게임의 규칙을 바꾼 선수가 등장했습니다.

미국프로농구선수 스테판 커리는 어려서부터 "3점 슛을 2점 슛처럼 잘 쏘면 되지 않을까?"라고 생각했고 어떤 상황에서도 3점 슛을 쏠 수 있게 연습했습니다. 프로 경기에서 커리의 3점 슛 성공률은 44%로 다른 선수들의 2점 슛 성공률 평균인 45%와 비슷합니다.

커리의 능력을 본 다른 선수들은 3점 슛도 노력하면 2점 슛만큼 잘 쏠 수 있다는 걸 깨닫고 감독들도 3점 슛의 중요성을 어필하기 시작했습니다. 커리가 등장하고 몇 년 뒤 미국프로농구에서는 3점 슛을 시도하는 횟수가 2배 이상 증가했습니다.

세상의 통념을 바꾸는 사람들은 자신의 강점이 무엇인지 알고 집중하는 사람들입니다.

세상 사람들이 뭐라하든 중요한 것은 나의 사명과 하나님의 부르심입니다. 나를 부르시고 세우신 하나님의 섭리를 믿으십시오. 아멘!

🤍 주님! 세상의 통념보다 주님 말씀을 따라 살게 하소서.
🎴 그리스도인의 행복과 평안을 세상 사람들에게 보여줍시다.

"좋은 것으로
네 소원을 만족케 하사
네 청춘으로 독수리 같이
새롭게 하시는도다"
- 시편 103:5

4월

4월 1일

다시 돌아온 은혜

읽을 말씀 : 마태복음 10:5-13

●마 10:8 병든 자를 고치며 죽은 자를 살리며 문둥이를 깨끗하게 하며 귀신을 쫓아내되 너희가 거저 받았으니 거저 주어라

『용인에 있는 포곡제일교회라는 곳에서 집회를 인도할 때의 일입니다.

맥추감사절에 맞춰 감사에 대한 설교를 마치고 당시 담임인 김종원 목사님은 교회의 역사에 대해서 성도들에게 들려주었습니다.

"1960년도에 개척된 우리교회는 성도가 없어 담임목사님을 모시지 못했다고 합니다. 어렵사리 수원의 한 청소년 사역자에게 부탁을 드렸는데 그분은 왕복 2시간 길인 비포장도로를 오토바이를 타고 오셔서 1년이나 예배를 인도해 주셨다고 합니다.

사례비도 드리지 못해 죄송했는데 오히려 벽돌을 찍어가며 교회를 세우던 청년들을 격려하겠다며 송아지 한 마리를 헌물해 주기까지 했습니다. 송아지를 잘 키워 판 돈으로 교회는 자리를 잡을 수 있었다고 합니다. 여러분! 그때 그 목사님이 바로 오늘 설교하신 목사님입니다"라고 말씀하셨습니다.

당황했지만 까맣게 잊고 있었던 60년 전의 일이 그제야 떠오르며 오히려 저에게 큰 감동과 은혜가 되었습니다. 주님을 위해 하는 그 어떤 일도 결코 헛되지 않고 열매 맺음을 알리고 싶어 부득이 제 이야기를 합니다.』 - 김장환 목사의 인생 메모에서

물이 흐르지 않으면 썩듯이 사랑도 흐르지 않고 고여있으면 죽은 물이 됩니다. 거저 받았으니 거저 주라는 예수님의 말씀처럼 받은 사랑을 도처에 흘려보내는 성도가 됩시다. 아멘!

♡ 주님! 주님께 받은 사랑을 다시 주변에 베풀며 살게 하소서.
▨ 나에게 도움을 주신 분들의 이름을 적고 감사의 표현을 합시다.

잠재력을 활용하라

4월 2일

읽을 말씀 : 시편 105:1-10

● 시 105:4 여호와와 그 능력을 구할찌어다 그
얼굴을 항상 구할찌어다

하나님은 모든 사람에게 달란트를 주셨습니다.
주신 달란트를 잘 활용하기 위해선 부단한 노력이 필요합
니다.

인간의 잠재력을 주로 연구하는 '에설런 연구소(Esalen Institu
te)'의 대표이자 베스트셀러 '달인'의 저자인 조지 레너드 박사는
누구나 생활습관을 바꾸면 잠재력을 10% 이상 끌어낼 수 있다
고 합니다.

다음은 잠재력 개발에 도움을 주는 7가지 방법입니다.
1. 몸을 건강하게 만들고 유지하려고 노력한다.
2. 분노가 주는 에너지를 활용하고자 노력한다.
3. 부정적인 충동을 제어하고 긍정적인 면을 강조한다.
4. 무례하지 않은 선에서 진실만을 이야기한다.
5. 확고한 우선순위를 정한다.
6. 목표와 날짜가 정확한 약속을 스스로 정한다.
7. 절대 중도에 포기하지 말고 계속 움직인다.
아무리 좋은 엔진도 연료가 없으면 움직일 수 없습니다.

하나님을 향한 사랑이 나의 목적이 되고, 예수님이 주신 사명
이 나의 연료가 되어야 합니다.

주님께서 아낌없이 주시는 지금보다 더 나은 에너지와 열정
으로 더 많은 일들을 감당하십시오. 아멘!

♡ 주님! 주님이 주신 몸과 마음을 제대로 관리하게 하소서.
🏵 사명 감당을 위한 좋은 건강과 정신 유지를 위해 노력합시다.

성령의 인도하심을 따라

읽을 말씀 : 로마서 8:18-30

● 롬 8:27 마음을 감찰하시는 이가 성령의 생각을 아시나니 이는 성령이 하나님의 뜻대로 성도를 위하여 간구하심이니라

'천로역정'을 쓴 존 번연이 성경을 읽지 말라는 국왕의 명을 어기고 감옥에 갇혀 있을 때였습니다.

잘못도 없이 옥에 갇혀 있는 존 번연이 안타까웠던 간수가 밤중에 찾아와 말했습니다.

"선생님은 결코 도망치실 분이 아니라는 걸 압니다.

아침까지 시간을 드릴테니 가족을 만나고 오십시오."

국왕이 죽지 않는 이상 풀려날 가능성이 없었기에 다시 오지 않을 소중한 기회였지만 감옥을 벗어난 존 번연은 금세 돌아와 이렇게 말했습니다.

"발걸음이 떨어지지 않고 마음이 무거운 걸 보니 성령님의 인도하심이 아닌 것 같습니다."

간수는 금방 돌아온 존 번연을 이상하게 여겼지만 그날 새벽 고위관료가 존 번연을 감시하러 시찰을 온 것을 보고 깜짝 놀라 말했습니다.

"성령님의 인도하심 덕분에 목사님도 살고, 저도 살았습니다.

감옥의 열쇠를 드릴 테니 언제라도 원하실 때 나갔다 들어오셔도 됩니다."

우리가 알지 못하는 길, 우리가 알지 못하는 지혜를 성령님은 모두 아시고 합당한 길로 인도하십니다. 나의 생각, 마음을 비우고 오직 성령의 충만함을 구하고 따르십시오. 아멘!

♡ 주님! 성령을 통해 닫힌 눈을 여시고 머리를 깨우쳐 주소서.

🙇 꾸준한 경건 생활로 오직 성령의 충만함을 구합시다.

부활의 확실한 증거

읽을 말씀 : 마태복음 27:45-56

● 마 27:53 예수의 부활 후에 저희가 무덤에서 나와서 거룩한 성에 들어가 많은 사람에게 보이니라

영국의 기자 프랭크 모리슨은 철저한 무신론자로 기독교가 모두 허구라는 것을 밝혀내고자 했습니다.

예수님의 공생애 기간인 3년을 조사하던 모리슨은 기독교가 허구라는 사실을 확신했습니다. 하지만 기독교에서 가장 중요한 사실인 예수님의 죽음과 부활이 기록된 마지막 7일을 조사하던 중에 예수님을 믿게 돼 그리스도인이 됐습니다.

다음은 모리슨이 찾아낸 '예수님의 부활이 확실한 7가지 증거'입니다.

1. 안식일을 지키던 유대인들이 부활의 날인 주일을 지킨 것
2. 이 사실을 믿는 많은 사람들이 생기며 교회를 이룬 것
3. 제자와 증인들이 살아있었기에 사실 확인이 가능한 기록이 많은 것
4. 10대를 이어져 내려오던 로마의 핍박에도 기독교가 살아남은 것
5. 예수님의 무덤은 어디에서도 찾을 수 없다는 것
6. 부활의 예수님을 수백 명 이상이 동시에 목격했다는 것
7. 부활이 거짓이라면 수많은 제자들의 순교를 설명할 수 없다는 것

예수님의 죽음과 부활은 그 누구도 부인할 수 없는 분명한 사실입니다. 나를 위해 세상에 오시고 죽음에서 부활하심으로 구원을 완성하신 예수님만을 구원주로 믿고 따르십시오. 아멘!

♡ 주님! 부활의 놀라운 사실을 견고히 믿는 믿음을 허락하소서.
※ 부활의 말씀을 깊이 묵상하면서 영생을 주신 주님을 찬양합시다.

4월 5일

성경의 가치

읽을 말씀 : 갈라디아서 3:15-22

● 갈 3:22 그러나 성경이 모든 것을 죄 아래 가두
었으니 이는 예수 그리스도를 믿음으로 말미암
은 약속을 믿는 자들에게 주려 함이니라

교육의 아버지 페스탈로치를 만든 것은 성경입니다.
페스탈로치는 하나님이 주신 사명으로 교육자의 길을 걷
기 시작했고 마른 빵으로 끼니를 때울 때도 아내와 함께 성경을
묵상하며 감사기도를 드렸습니다.

스웨덴이 낳은 세계적인 성악가 제니 린드는 한창 전성기를
달리던 시절 돌연 은퇴를 선언했습니다. 성경을 읽을 시간이 부
족하다는 것이 이유였습니다. 제니는 은퇴 뒤 한적한 시골에서
성경을 읽으며 대부분의 시간을 보냈습니다.

인생의 대부분을 실패하며 보냈던 링컨은 하루도 빼놓지 않
고 성경을 읽었습니다. 마침내 미국의 대통령에 당선됐을 때 "성
경은 하나님이 내게 주신 최고의 선물"이라고 고백했습니다.

5만 번의 기도 응답을 받은 조지 뮬러는 성경을 읽고 말씀대
로 사는 것이 비결이라 말했고 30살에 억만장자가 된 워너메이
커는 11살 때 5천 원을 주고 산 성경이 인생 최고의 재산이라고
말했습니다. 오늘날의 자신을 만든 것이 바로 성경이었기 때문
입니다.

성경을 읽는 사람은 부자가 되기도 하고, 가난하게 되기도 합
니다. 그러나 분명한 것은 성경을 통해 더 불행한 삶을 살아가게
된 사람은 단 한 명도 없습니다. 진리를 깨우치게 하고, 삶을 새
롭게 변화시키는 하나님의 말씀인 성경을 읽으십시오. 아멘!

♡ 주님! 성경을 소중한 보물로 여기고 성경적 생활을 하게 하소서.
📖 성경을 가장 귀한 축복으로 여기며 매일 묵상합시다.

신앙의 기초를 다지라

4월 6일

읽을 말씀 : 신명기 11:1-7

● 신 11:1 그런즉 네 하나님 여호와를 사랑하여 그 직임과 법도와 규례와 명령을 항상 지키라

수 많은 메달리스트를 양성한 미국 체조계의 명코치 크리스 토퍼 소머는 유망주들에게 항상 두 가지 수칙을 강조합니다.

- ● 첫째, 아주 쉬운 동작부터 시작하라.
- ● 둘째, 휴식을 충분히 취하면서 하라.

고난도 동작을 위해서는 몸이 성장할 시간을 줘야 합니다.

어린 선수들은 의욕이 앞서 기본을 무시하고 몸에 과부하가 걸릴 정도로 열심히 연습하다가 오히려 부상을 당합니다.

의욕이 앞서 능력만큼 성장하지 못하는 경우가 많기 때문에 소머 코치는 학생들에게 어려운 것보다 쉬운 것을, 열심히 하는 것만큼 충분히 쉴 것을 강조합니다.

미국 대학농구 감독 중 최고의 승률을 기록 중인 존 우든은 연습하기 전에 선수들 신발끈부터 점검합니다.

가장 기본인 신발끈을 묶지 않는 선수는 기초를 가볍게 여기는 선수일 수 있고 기초를 가볍게 여기면 경기에서 승리할 수 없기 때문입니다.

한 번에 너무 큰 변화를 이루다 보면 오히려 실족할 수 있습니다. 매일 조금씩 변해가는 기쁨을 누리며 신앙의 기초인 기도와 말씀 묵상을 차근차근 쌓아나가십시오. 아멘!

♡ 주님! 조금씩 주님을 알아가며 교제하는 기쁨을 느끼게 하소서.

🎯 신앙의 기본을 제대로 지키고 있는지 수시로 점검합시다.

4월 7일

세상과 소통하라

읽을 말씀 : 마태복음 10:16-23

● 마 10:16 보라 내가 너희를 보냄이 양을 이리 가운데 보냄과 같도다 그러므로 너희는 뱀 같이 지혜롭고 비둘기 같이 순결하라

레 이건 때부터 40년 동안이나 미국의 대통령들은 취재한 언론인 케네스 월시는 백악관을 '감옥', 대통령을 '죄수'라고 부릅니다.

그의 조사에 따르면 백악관은 교도소 다음으로 외부와 단절된 기관이라고 합니다. 바쁜 대통령은 대부분 혼자서 식사를 하며 세상 돌아가는 소식은 뉴스나 직원들을 통해서 듣습니다.

경험하지 못한 일들을 토대로 직접적인 정책들을 세우고 결정하다 보니 현실과 동떨어진 행정을 하게 되고 이는 곧 리더십의 위협으로 이어지는 경우가 많다고 합니다.

한국에서도 해외 생활을 오래 한 유명인사가 지하철 표를 구입하며 당황하는 모습이 공개되어 웃음거리가 된 적이 있었고 유력한 정치인이 버스비를 몰라서 지지율이 많이 떨어진 적이 있었습니다. 세상 물정을 모르면서 국민을 위한 정치를 한다고 말하는 것이 이치에 맞지 않기 때문입니다.

장을 안 보는 사람은 시장의 물가를 모르고, 자가용만 타는 사람은 대중교통 요금을 모를 수 있기 때문에 예수님은 성도들에게 교회 안에서가 아닌 세상의 빛과 소금이 되라고 말씀하셨습니다.

이미 승리하신 주님으로 인해 세상을 두려워 말고 세상과 소통하며 세상을 변화시키는 빛으로, 소금으로 쓰임 받으십시오. 아멘!

♡ 주님! 세상을 먼저 알아가며 변화시키는 사람이 되게 하소서.
🎴 복음을 위한 목적으로 세상의 다양한 이슈를 공부합시다.

알려줘야 할 의무

읽을 말씀 : 마가복음 13:3-13

● 막 13:10 또 복음이 먼저 만국에 전파되어야 할것이니라

일본에 있는 도쿄 디즈니랜드에서 일어났던 일입니다.
나이가 지긋한 노부부가 결혼기념일을 축하하려고 디즈니 랜드를 방문했습니다. 행복한 시간을 보내던 저녁 무렵 디즈니 랜드 직원에게 막차 시간을 물었습니다. 노부부의 행선지를 확인한 직원은 2시간은 더 있어도 충분하다고 대답했습니다. 대답을 듣고 안심한 부부는 늦게까지 시간을 보내다 귀가했습니다.

다음날 노부부가 다시 디즈니랜드를 찾아왔습니다.

관리자에게 어제 있었던 일을 설명하던 노부부는 크게 화를 냈습니다.

"어제 여기 직원이 막차 시간을 잘못 알려주는 바람에 택시비가 10만 엔이나 나왔습니다."

1주일 전 바뀐 막차 시간을 직원이 몰랐던 것입니다.

직원의 일방적인 잘못은 아니었지만 담당자는 디즈니랜드에서는 고객이 즐거운 시간을 보내기 위한 모든 정보를 제공할 의무가 있다는 생각에 택시비를 비롯한 왕복 차비까지 보상했습니다.

고객의 행복을 위해 놀이동산의 직원이 알아야 할 책무가 있듯이 세상 사람들에게 복음을 전해야 할 책무가 우리에게도 있습니다.

그리스도인의 당연한 의무와 하나님이 주시는 기쁨을 누릴 수 있는 전도를 소홀히 여기지 마십시오. 아멘!

🤍 주님! 복음의 귀한 사명을 남에게 떠넘기지 않게 하소서.
📖 복음전파라는 책임과 의무를 외면하지 맙시다.

4월 9일

모이고 기도하라

읽을 말씀 : 마 18:15-20

● 마 18:20 두 세 사람이 내 이름으로 모인 곳에
는 나도 그들 중에 있느니라

남북전쟁이 끝나고 분열된 미국인들의 마음이 하나로 모여
하나님께로 돌아왔으면 하는 바람을 가진 청년들이 있었
습니다.

그중 3, 4명이 필라델피아의 작은 카페에 모여 기도를 시작
했습니다. 이 작은 모임은 매일같이 수십 명이 불어나며 4개월
이 지나자 무려 6천 명이 모였습니다.

기도하려 모여드는 사람들을 위해 필라델피아의 교회들은 평
일에도 문을 잠그지 않았고 그래도 공간이 모자라 하루에도 3,
4차례 기도 모임을 하는 교회가 생겼습니다.

나중에는 15만 명이나 모이는 사람들을 위해 광장에 대형 텐
트가 설치됐습니다.

필라델피아에서 시작된 이 기도운동은 뉴욕과 뉴저지를 비롯
한 미국 동부에 부흥을 일으켰고 이는 미국의 3차 영적 대각성
운동이라 불렸지만 이 운동을 처음 시작한 성도들에 대해서는
2, 3명의 청년 성도들이라는 것 외에는 알려진 것이 없습니다.

하나님의 말씀을 사모하는 사람들이 모이기를 힘쓰며 서로
기도할 때 사람의 힘과 지혜로는 이룰 수 없는 놀라운 역사가 일
어납니다.

오로지 말씀을 실천하며 모이며 기도하기에 힘쓰는 하나님의
능력을 사모하는 성도가 되십시오. 아멘!

♡ 주님! 기도를 사모할 때 부흥이 일어남을 알게 하소서.
▨ 말씀과 기도를 사모하는 모임을 만들고 참여합시다.

복음은 생명이다

읽을 말씀 : 요한복음 8:12-20

● 요 8:12 예수께서 또 일러 가라사대 나는 세상의 빛이니 나를 따르는 자는 어두움에 다니지 아니하고 생명의 빛을 얻으리라

젊은 이들이 사랑하는 미국의 유명 화장품 회사 '레블론(Revlon)' 본사 입구에는 다음과 같은 문구가 크게 적혀있습니다.

"우리는 희망을 판매합니다(We Sell Hope)."

이 문구처럼 레블론의 직원들은 좋은 성분이나, 가격보다는 '좋은 효과'와 '기대감'을 고객에게 전달하려고 노력합니다.

"푸석한 피부가 걱정이시면 이 제품으로 마사지를 해보세요. 맑고 빛나는 피부로 회사에서도 자신감이 생깁니다."

마케팅 전문가인 뉴올리언스대학교의 마이클 르뵈프 교수는 '평생 고객을 유치하는 법'에 대해서 레블론의 전략과 비슷한 조언을 했습니다.

"옷을 팔려고 하지 말고 멋진 스타일과 좋은 인상을 팔려고 하세요. 장난감을 팔려고 하지 말고 자녀들에게 줄 수 있는 추억을 파세요. 물건을 팔지 말고 가치를 팔 때 오늘 만나는 고객이 평생 고객이 될 겁니다."

"무엇을 살 것인가?"보다 중요한 것은 "왜 사야 하는가?"입니다. 우리가 믿는 복음, 그리고 전해야 할 복음은 믿지 않으면 죽는 '생명'입니다.

'좋은 말씀'과 '축복'을 넘어서 '생명의 복음'을 만나는 모든 이들에게 전달하십시오. 아멘!

♡ 주님! 복음이 없이는 생명도 없음을 깨닫게 하소서.

🏃 복음이 왜 필요한지 전할 수 있는 성도가 됩시다.

4월 11일

결단에 필요한 시간

읽을 말씀 : 마태복음 4:18-25

● 마 4:20 저희가 곧 그물을 버려 두고 예수를 좇으니라

강 철왕 카네기를 취재하러 온 풋내기 작가가 있었습니다.
신입 작가였지만 그의 잠재력을 알아본 카네기는 3박 4일이나 집에 머무르게 하며 심도 있는 이야기를 나눈 뒤 마지막 날 한 가지 제안을 했습니다.

"내가 아는 성공한 사람들 500명에게 자네를 추천하겠네.
20년간 취재해서 책으로 만들어보지 않겠나?
경제적인 지원을 해줄 수는 없지만 만남은 보장하네."

훌륭한 기회이긴 했지만 20년간 돈도 못 버는 일을 해야 하나 고민하던 작가는 잠시 고민하다가 승낙했습니다.

카네기는 손에 쥐고 있던 시계를 보며 말했습니다.

"1초만 더 지났으면 탈락이었네. 어떤 일이든 30초 이상 망설이는 사람은 성공할 수가 없거든. 참고로 이미 259명이 탈락했다네."

이렇게 탄생한 '생각하라 그리고 부자가 되라(Think and grow rich)'는 무려 5천만 부가 팔렸고 카네기의 제안을 승낙한 나폴레온 힐은 '성공학의 아버지'로 불렸습니다.

성령님이 주시는 분명한 감동이 있다면 망설이지 말고 결단하십시오. 하나님과 더 가까워지고 내 삶을 더 풍요롭게 만들어주는 선한 변화를 두려워 말고 성령님의 인도하심을 따라 오늘도 결단하십시오. 아멘!

♡ 주님! 죄를 끊어내고 선한 일을 도모하는 마음을 주소서.
▨ 거룩한 결단은 망설이지 말고 순종합시다.

진실한 친구의 의미

읽을 말씀 : 요한복음 15:13-18

4월 12일

●요 15:15 이제부터는 너희를 종이라 하지 아니하리니 종은 주인의 하는 것을 알지 못함이라 너희를 친구라 하였노니 내가 내 아버지께 들은 것을 다 너희에게 알게 하였음이니라

참된 친구는 하나님이 주신 큰 축복이지만 그만큼 진실한 친구를 사귀기는 쉽지 않습니다.

다음은 미상의 작가가 인터넷에 올린 'BEST FRIEND의 의미'입니다.

Believe - 언제나 서로 믿고

Enjoy - 즐거움을 함께하며

Smile - 보기만 해도 웃음을 주고

Thanks - 서로에게 감사하며

Feel - 말하지 않아도 서로를 느끼고

Respect - 서로를 존중하며

Idea - 상대방의 형편을 생각하며

Excuse - 실수도 용서하고

Need - 필요를 채워주며

Develop - 장점을 개발해 주는 사람

진실한 친구는 되어주는 것도, 얻는 것도 힘듭니다.

하지만 전능하신 예수님이 바로 우리의 친구가 되어주시겠다고 분명히 말씀하셨습니다.

힘든 일도 기쁜 일도 함께하는 참된 친구 예수님과 동행하며 위로를 받으십시오. 아멘!

♡ 주님! 언제나 곁에 계시는 주님을 잊지 않게 하소서.

🖼 친구이신 예수님을 의지하며 위로를 받읍시다.

진리는 변하지 않는다

읽을 말씀 : 이사야 40:1-11

● 사 40:8 풀은 마르고 꽃은 시드나 우리 하나님의 말씀은 영영히 서리라 하라

몇 십 년 전 미국 신문에 실린 어떤 제품의 광고 문구들입니다.

"치과의사가 권합니다. 건강을 위해 이 제품을 사용하세요."

"연인을 사랑한다면 이 제품의 연기를 얼굴에 뿜어주세요."

"2만 명의 내과 의사들이 추천하는 몸에 좋은 제품입니다."

이 제품은 바로 '담배'입니다.

담배가 몸을 소독해준다고 믿었던 당시에는 이런 광고까지 있었습니다.

"의사 선생님, 저는 100살까지 살고 싶어요."

"꼬마야, 그럼 어서 담배를 피우려무나."

담배뿐 아니라 많은 음식과 제품들이 좋게 알려졌다가 나빠지기도 하고, 나쁜 것으로 알려졌다가 좋다고 여겨지기도 합니다.

과학과 이성이 진실이라고 여겨지는 시대지만 조금만 과거를 살펴봐도 지금 진리라고 여겨지는 것들이 10년 뒤에는 얼마든지 거짓이 될 수 있습니다.

태초부터 지금까지 변하지 않는 유일한 진리는 하나님의 말씀과 하나님의 사랑뿐입니다.

시시때때로 변하는 세상의 지식들과 다르게 예수님이 이 땅에 오신 사실과 십자가의 복음은 영원대대로 변하지 않을 분명한 진리임을 기억하십시오. 아멘!

♡ 주님! 유일한 진리는 생명의 말씀뿐임을 믿게 하소서.

📖 태초부터 유일한 진리인 복음을 의심하지 맙시다.

사소한 원인을 주의하라

4월 14일

읽을 말씀 : 에스겔 18:26-32

● 겔 18:31 너희는 범한 모든 죄악을 버리고 마음과 영을 새롭게 할찌어다 이스라엘 족속아 너희가 어찌하여 죽고자 하느냐

미국의 이스턴 항공사 여객기가 플로리다 공항에 착륙하던 중이었습니다. 활주로에 안착하는 순간 계기판에 바퀴가 정상적으로 내려지지 않았다는 신호가 들어왔습니다.

바퀴에 문제가 있나 싶어 다시 활강을 하며 점검하던 중 천장의 작은 전구 하나가 꺼져 있는 모습이 눈에 들어왔습니다.

기장은 부기장에게 전구 교체를 지시한 뒤 바퀴 문제를 점검했지만 계속해서 전구가 신경 쓰였습니다. 설상가상으로 부기장이 아무리 노력해도 망가진 전구는 빠지질 않았습니다.

보다 못한 기장은 비행기를 내팽개치고 부기장과 전구를 교체하려고 애를 썼고, 몇몇 승무원도 함께 가담해 착륙이 아닌 망가진 전구에만 온 신경을 쏟았습니다.

잠시 뒤 비행기는 굉음을 내며 추락했고 여객기에 탑승하고 있던 승객과 승무원 전원이 사망했습니다.

플로리다에서 일어난 가장 큰 비행기 사고는 불 나간 작은 전구라는 사소한 이유 때문에 일어났습니다.

하나님 앞에서 신경이 쓰이는 일이 있다면 아무리 사소한 죄라 하더라도 당장에 회개하고 돌아와야 합니다.

사소한 죄를 멀리하고 다만 선에 속하고자 은혜를 구하십시오. 아멘!

♡ 주님! 작은 신호를 무시하다 큰 사고를 당하지 않게 지켜주소서.
🎴 온전한 회개로 작은 죄의 문제들을 미리 해결합시다.

한 번의 선행, 한 번의 실수

읽을 말씀 : 골로새서 3:1-8

● 골 3:8 이제는 너희가 이 모든 것을 벗어버리라 곧 분과 악의와 훼방과 너희 입의 부끄러운 말이라

일본의 농학박사인 마츠무라 교수가 해외 명문대 출신의 쟁쟁한 경쟁자들을 물리치고 대학교 교수로 임용됐을 때의 일입니다.

마츠무라 교수는 총장을 찾아가 경쟁자보다 스펙이 낮았던 자신이 왜 뽑혔는지 이유를 물었습니다.

"내 아내는 수십 년 전에 이곳에서 학생들에게 영어를 가르쳤다네. 그런데 하루는 자기가 실수로 물건을 떨어뜨릴 때마다 재빨리 와서 주워주는 예의 바른 청년이 있다고 자랑하더군. 사진까지 들고와서 말이야. 세월은 오래 지났지만 그 얼굴과 이름은 분명히 기억하고 있다네. 그 소년이 바로 자네야."

미국의 25대 대통령 윌리엄 매킨리가 외교관 후보를 고를 때의 일입니다. 가장 유력한 후보의 얼굴을 보자마자 서류를 넘기는 모습을 보고 비서가 이유를 물었습니다.

"의원 시절 어쩌다 이 사람과 함께 버스를 탄 적이 있었네. 할머니가 버스에 타자 신문으로 얼굴을 가리고 못 본 척하더군. 기본 예의도 없는 사람에게 어떻게 외교를 맡길 수 있겠나?"

작은 일에 충성하는 자가 큰일에도 충성합니다.

한 번의 실수와 한 번의 선행이 인생을 송두리째 바꿀 기회가 될지도 모릅니다. 때를 얻든지 못 얻든지 하나님의 말씀에 충실하며 선을 행하고 복음을 전하십시오. 아멘!

♡ 주님! 선행과 배려가 생활 속에 자연스럽게 자리 잡게 하소서.

▨ 어디서든 주님께 부끄럽지 않은 성도로 살아갑시다.

만남의 특별함

읽을 말씀 : 사도행전 2:43-47

● 행 2:46 날마다 마음을 같이 하여 성전에 모이기를 힘쓰고 집에서 떡을 떼며 기쁨과 순전한 마음으로 음식을 먹고

인터넷이 발달하고 스마트폰 시대가 도래하면서 오프라인보다 온라인 매장을 이용하는 사람들이 많아지고 있습니다.

집에서 클릭 몇 번만 하면 신선한 채소가 몇 시간 뒤 배달되고, 어제 나온 신간 책을 아침에 주문하면 오후에 도착합니다. 입어보는 게 중요한 의류 시장조차 온라인 판매 비중이 50%가 넘기 때문에 많은 유명 브랜드들도 온라인 홍보에 집중하고 있습니다.

미국의 화장품 브랜드 '세포라'는 흐름에 역행하며 오히려 오프라인 매장을 늘렸는데도 오히려 매출이 4배나 늘었습니다.

친절한 직원과 넓은 매장, 그리고 편하게 제품을 테스트해보고 전문가의 조언을 받을 수 있는 환경을 만들었기 때문입니다.

세포라 매장을 한 번이라도 방문한 고객은 대부분 친구나 가족을 데리고 다시 방문합니다. 매장을 방문할 때 느끼는 특별한 경험을 다른 사람과 공유하고 싶기 때문입니다.

하나님은 사람의 사회성도 창조하셨습니다.

함께 만나서 교제하고, 서로의 이야기를 나눌 때 온라인으로는 채울 수 없는 만족감이 우리 삶에 채워집니다. 특별한 우리 교회, 그리고 은혜가 넘치는 동역자들과의 교제 안으로 세상 사람들을 초청함으로써 하나님의 특별한 사랑을 깨닫게 하십시오. 아멘!

💗 주님! 하나된 믿음으로 누리는 교제의 기쁨을 깨닫게 하소서.
📖 교회라는 공동체를 소중히 여기며 서로 사랑합시다.

기본으로 돌아가라

읽을 말씀 : 요한계시록 2:1-7

● 계 2:5 그러므로 어디서 떨어진 것을 생각하고 회개하여 처음 행위를 가지라 만일 그리하지 아니하고 회개치 아니하면 내가 네게 임하여 네 촛대를 그 자리에서 옮기리라

미국을 대표하는 기업 '제네럴 일렉트릭'이 최근 경영악화로 부실기업이 될 위기에 처했다는 소식이 전해졌습니다.

100년 가까이 건실했던 기업이 갑자기 이렇게 된 이유로 전문가들은 '기본의 부재'를 꼽습니다.

전자제품회사라는 회사의 본연을 잊고 잠깐 성과가 좋았던 금융사업에 과하게 투자하다가 위기를 맞았기 때문입니다.

사람들은 지금도 제네럴 일렉트릭을 에디슨이 창업한 전자제품회사로 알고 있지만 제네럴 일렉트릭은 회사 역량의 60%를 금융업에 집중하고 있으며 전문분야가 아닌 곳에 과한 투자로 위기가 찾아왔다고 합니다.

덴마크의 글로벌 완구기업 '레고'도 비슷한 위기를 겪었습니다.

스마트시대에 맞춰서 영화와 스마트폰 앱 등 여러 가지 사업을 펼쳤지만 성과가 나지 않았습니다. 결국 회사의 모토를 '기본으로 돌아가자'로 정하고 완구사업에만 집중했는데 변화된 레고 제품들이 큰 인기를 끌면서 제2의 전성기를 맞았습니다.

시대가 바뀌며 교회가 수행해야 할 역할과 기능에도 많은 변화가 생겼습니다. 그러나 시대가 아무리 바뀌어도 교회의 본질적인 목표는 복음을 전하며, 제자를 세우는 것과 말씀을 전하는 것이라는 사실을 잊지 말아야 합니다.

위기가 찾아올 땐 항상 기본으로 돌아가십시오. 아멘!

♡ 주님! 하루의 삶을 통해 한 명에게라도 복음을 전하게 하소서.

▧ 모든 선행과 배려, 노력들이 복음으로 연결되게 합시다.

희망의 표시

읽을 말씀 : 예레미야 29:10-18

● 렘 29:11 나 여호와가 말하노라 너희를 향한 나의 생각은 내가 아나니 재앙이 아니라 곧 평안이요 너희 장래에 소망을 주려하는 생각이라

여행 중에 사막에서 길을 잃은 아버지와 아들이 있었습니다. 어느덧 식량과 물이 모두 떨어져 서둘러 마을을 찾지 못하면 죽을 수밖에 없는 위기가 찾아왔습니다.

아버지는 마음이 연약한 아들을 독려하며 사방이 모래뿐인 망망한 사막의 언덕을 한고비, 한고비 넘었습니다.

몇 개나 언덕을 넘었으나 이런 노력을 비웃기라도 하듯 눈앞에는 수많은 묘지뿐이었습니다. 무덤을 보고 망연자실한 아들이 말했습니다.

"아버지, 저걸 보세요. 저희처럼 길을 헤매다 죽은 사람들의 무덤이잖아요."

체념한 아들의 말에도 아버지는 무덤을 바라보며 오히려 미소를 지었습니다.

"죽은 사람이 스스로 무덤을 팔 수는 없단다. 여기 무덤이 있다는 건 곧 근처에 마을이 있다는 뜻이야."

무덤에서 멀지 않은 곳에는 아버지의 말대로 정말 마을이 있었습니다.

복음을 위해 고난을 받고 순교한 사람들의 희생이 오히려 하늘의 소망을 나타내듯이 스데반처럼 예수님을 위해 받는 고난은 사명자의 희망입니다.

날 위해 모든 고초와 고통을 감내하신 주님을 생각하며 주님을 위한 고난에는 기뻐하며 감사하십시오. 아멘!

♡ 주님! 사명자에게 찾아오는 고난을 주님과 함께 감당하게 하소서.
🎴 고난에도 희망의 십자가를 바라봅시다.

4월 19일

은혜가 필요한 이유

읽을 말씀 : 고린도전서 2:6-16

● 고전 2:12 우리가 세상의 영을 받지 아니하고 오직 하나님께로 온 영을 받았으니 이는 우리로 하여금 하나님께서 우리에게 은혜로 주신 것들을 알게 하려 하심이라

깊은 강에 빠진 두 사람이 있었습니다.

한 사람은 수영을 잘해서 금방 뭍으로 나왔지만 물에 뜨지도 못하는 사람은 빠져 죽고 말았습니다.

이번엔 두 사람이 파도가 거센 바다에 빠졌습니다.

다행히 빠진 곳이 해변가에서 멀지는 않아 이번에도 수영 실력이 출중한 사람은 쉽게 빠져나왔습니다.

만약 이 사람이 정말 수영을 잘한다면 어쩌면 한 해협 정도 먼 거리에서 빠져도 자기 힘으로 목숨을 구할 수 있을 것입니다.

드물긴 하지만 영국과 프랑스 사이인 도버해협을 헤엄쳐서 건너는 사람들도 있었기 때문입니다.

하지만 제아무리 수영을 잘한다 해도 대서양 한가운데 빠진다면 도저히 살아날 방법이 없습니다. 역사상 대서양을 헤엄쳐서 건넌 사람은 한 명도 없기 때문에 사람의 능력으로는 불가능하기 때문입니다.

우리가 빠진 곳이 대서양 한가운데라면 수영선수나 일반인이나 죽기는 마찬가지입니다.

인간이 착하게 살든 나쁘게 살든 스스로 죄를 극복할 수 없고 오로지 주님의 은혜를 구해야 하는 이유도 이와 같습니다.

완전한 선을 이룰 수 없는 인간의 한계를 깨닫고 은혜와 자비로 불가능을 가능케 하신 구원의 예수님께 나아가십시오. 아멘!

♡ 주님! 저 같은 죄인을 살리신 주님만을 바라보게 하소서.

▨ 유일한 구원의 방법이신 주님만을 믿고 의지합시다.

연합으로 승리하라

읽을 말씀 : 시편 133:1-3

● 시 133:1 형제가 연합하여 동거함이 어찌 그리 선하고 아름다운고

미국 오리건주에는 레드우드라는 거대한 숲이 있습니다. 햇빛조차 들지 않는 빽빽한 숲이 장관을 이루고 있는데 이곳 토양은 단단한 화강암으로 나무가 뿌리를 내리기 힘듭니다. 그러나 레드우드의 나무들은 평균적으로 90m나 자라며 다른 좋은 토양에서 자라는 나무들보다 몇 배나 크게 자랍니다.

화강암 때문에 뿌리를 밑으로 내릴 수 없는 나무들은 옆으로 뿌리를 뻗을 수밖에 없는데 그 과정에서 여러 나무들과 얽힙니다. 수백 그루의 나무뿌리가 얽혀있기에 아무리 거센 비바람과 폭풍우가 몰아쳐도 굳건하게 계속 성장할 수 있습니다.

샌프란시스코의 상징인 금문교가 있는 장소는 바람이 너무 강해 다리를 놓지 못하는 곳이었습니다. 아무리 굵은 철사를 내려도 거센 바람을 버틸 수가 없었지만 머리카락처럼 얇은 철사 2만 가닥을 서로 꼬아놓자 폭풍우가 와도 끄떡없는 튼튼한 다리를 내릴 수 있었습니다.

시대가 악해지고, 복음을 전하기 힘들어질수록 성도들이 서로 연합해야 합니다. 한마음 한뜻으로 하나님의 사랑을 구할 때 아무리 척박한 환경이라도 극복할 수 있습니다.

하나님을 잊어가는 이 시대에 다시 한번 뜨겁게 부흥의 불길이 일어날 수 있도록 서로 용납하며 연합하십시오. 아멘!

💙 주님! 주님의 사랑으로 하나 되어 거룩한 일을 하게 하소서.
🖼 어려울수록 더 모이며 더 기도합시다.

로렌스의 기도

읽을 말씀 : 야고보서 3:13-18

● 약 3:13 너희 중에 지혜와 총명이 있는 자가 누 구뇨 그는 선행으로 말미암아 지혜의 온유함으로 그 행함을 보일찌니라

17세기 한 수도원에 조용히 예배를 드리며 주방일만 맡아 하는 로렌스라는 남자가 있었습니다. 로렌스의 일상과 봉사는 소박했지만 하나님이 늘 함께하신다는 것을 누구나 느낄 수 있었고 이에 감동받은 주변 사람들이 남긴 일화들은 지금도 신앙의 고전으로 내려오고 있습니다.

다음은 소박한 일상에서 하나님을 만나기를 바랐던 로렌스 형제의 기도문입니다.

"하나님, 당신은 언제나 제 가까이 계십니다.
제가 살아가며 겪는 모든 일들이
당신께 바치는 순종이기를 원합니다.
순종의 마음이 생길 때 포기하지 않게 하시고
당신의 임재를 은총으로 내려주십시오.

순종을 위한 저의 모든 일을 도와주시고
이를 통해 얻는 작은 열매들도 바치오니 받아주소서.
언제 어디서나 제 사랑이 주님께로 향하게 하소서."
평범한 일상에서도 주님은 나와 함께 하십니다.
작은 말 한마디, 따스한 눈빛 한 번으로도 주님을 전하고 사랑을 나타낼 수 있도록 모든 일을 주님께 순종하십시오. 아멘!

🤍 주님! 평범한 일상 가운데서도 주님의 임재를 체험하게 하소서.
🧎 오늘 주신 삶의 모든 순간도 주님 안에 있기를 소원합시다.

정말로 믿는가

읽을 말씀 : 디도서 2:1-8

● 딛 2:7 범사에 네 자신으로 선한 일의 본을 보여 교훈의 부패치 아니함과 경건함과

"**병**아리 틈에서 자란 독수리는 하늘을 날지 못한다"는 말이 있습니다.

기분이 좋을 때 꼬리를 흔드는 강아지의 습성과 상자를 좋아하는 고양이의 습성은 타고난 것 같지만 최근 밝혀진 연구들에 의하면 위 속담처럼 환경이 바뀌면 행동이 완전히 달라진다고 합니다.

어릴 때부터 토끼랑 자란 강아지는 두 발로 깡총거리며 뜁니다. 말이랑 자란 고양이는 터벅터벅 걷습니다. 고양이와 같이 자란 시베리안 허스키는 대형견임에도 탁자 밑을 좋아하고 종이상자만 보면 뛰어듭니다. 강아지와 자란 고양이는 강아지처럼 꼬리를 흔들고 활동적이 됩니다.

사람도 마찬가지입니다.

정글에 버려져 늑대들에게 키워졌던 인도의 디나라는 소년은 7살 때 구조됐지만 평생 생고기를 먹었고, 끝내 인간사회에 동화되지 못하고 늑대처럼 살았습니다.

나는 나를 어떻게 규정하고 있습니까?

정말로 하나님의 능력으로 무엇이든 할 수 있는 그리스도의 자녀로 생각하고 있습니까? 아니면 말로만 고백할 뿐 평범한 세상 사람들처럼 살아가고 있습니까?

하나님의 능력을 믿고 구원받은 자녀의 권세를 믿고 누리며 살아가십시오. 아멘!

♡ 주님! 믿음으로 구원받았다는 복음의 핵심을 잊지 않게 하소서.

🖼 거듭난 주님의 자녀로 새로운 삶을 살아갑시다.

남길 것과 버릴 것

읽을 말씀 : 마태복음 13:19-30

● 마 13:22 가시떨기에 뿌리웠다는 것은 말씀을 들으나 세상의 염려와 재리의 유혹에 말씀이 막혀 결실치 못하는 자요

어린 시절부터 정리를 깔끔히 하던 여인이 있었습니다. 아무리 복잡하고 힘든 일이 있어도 정리를 하면 머리가 맑아지고 하던 일도 잘 풀리는 것 같았습니다.

살면서 어려운 일이 있을 때마다 정리하는 습관을 통해 위기를 극복한 그녀는 직장을 다니면서 '정리'에 대해서 학문적으로 공부를 하다가 정리만 잘해도 인생이 변할 수 있다는 결론을 얻어 정리를 도와주는 회사를 창업했습니다. 다음은 최고의 정리의 달인 중 한 사람인 곤도 마리에의 정리를 해야 하는 세 가지 이유입니다.

1. 설렘이 사라진 물건은 버려야 한다.
2. 정리를 하면 스트레스 해소 효과가 있다.
3. 정리를 통해 생산성, 판단력, 결단력이 높아진다.

터무니없는 이야기 같지만 모두 학술적인 근거가 있는 내용들입니다.

곤도의 책은 미국에서 600만 부나 팔렸고 미국에서 'Kondo'라는 이름은 '정리하다'라는 단어로 사용될 정도로 정리로 삶이 변화된 사람들이 많았습니다.

필요하지 않은 것은 되도록 빨리 정리하는 게 이득입니다.

중요한 것에 집중하기 위해선 필요 없는 것들을 먼저 정리해야 합니다. 하나님을 향한 내 삶의 바른 우선순위를 세우고 그 목표에 방해되는 일들을 단번에 정리하십시오. 아멘!

♡ 주님! 주님과의 관계가 가장 소중한 것임을 알게 하소서.
🏯 죄를 짓게 하는 나쁜 습관들은 오늘 당장 정리합시다.

매일 돌아보라

4월 24일

읽을 말씀 : 요한일서 1:5-10

● 요일 1:9 만일 우리가 우리 죄를 자백하면 저는 미쁘시고 의로우사 우리 죄를 사하시며 모든 불의에서 우리를 깨끗케 하실 것이요

'철학의 시작'으로 불리는 소크라테스는 제자들에게 "인생에서 가장 중요한 것은 반성"이라고 가르쳤습니다.

한 제자가 그 이유를 묻자 이렇게 대답했습니다.

"반성하지 않는 사람은 자신만 옳다고 생각하는 사람인데 그런 사람은 살 가치가 없네."

'논어'에 나오는 '사람이 매일 반성해야 하는 세 가지 질문'입니다.

● 첫째, 사람을 대할 때 충성된 마음으로 했는가?
● 둘째, 친구를 믿음으로 대했는가?
● 셋째, 스승으로부터 배운 것을 익히고 실천하고 있는가?

반성하지 않는 사람은 성장이 없습니다.

매일 반성하며 부족한 부분을 채워나갈 때 덕목은 습관이 되며, 교만하지 않고 겸손하게 됩니다.

모든 죄를 용서함 받은 그리스도인이 죄를 조심하며 자백해야 하는 이유도 마찬가지입니다.

예수님이 베푸신 귀한 은혜를 충만하게 누리며 살기 위해선 십자가를 향한 믿음과 사랑에서 멀어지지 않도록 매일 반성하며 잘못을 주님께 자백해야 합니다. 그러면 주님께서 불의에서 깨끗하게해 주십니다.

말씀으로 매일 하루를 비추며 반성하며 회개하십시오. 아멘!

♡ 주님! 겸손한 마음으로 스스로를 돌아보며 성장하게 하소서.
🖼 주님의 말씀대로 살아가고 있는지 매일 반성함으로 성장합시다.

4월 25일

그냥 바닥이 아니다

읽을 말씀 : 골로새서 3:18-25

● 골 3:23 무슨 일을 하든지 마음을 다하여 주께 하듯하고 사람에게 하듯하지 말라

대학을 졸업하고 고고학자를 꿈꾸던 청년이 있었습니다. 경제 대공황으로 경기가 어려워져 직장을 구할 수 없었던 청년은 비록 청소미화원일지라도 박물관에서 일을 하고 싶어 지원했습니다.

매일 콧노래를 부르며 즐겁게 청소하던 청년을 유심히 지켜보던 관장이 하루는 무례한 질문을 했습니다.

"좋은 대학 나와서 청소부나 하고 있는데 뭐가 그렇게 즐거운가?"

"제가 닦고 있는 것은 제가 너무나도 사랑하는 박물관 바닥이어서요."

청년의 꿈과 성실성에 탄복한 관장은 다음 날 바로 정직원으로 승진시켰습니다.

청년은 마침내 원하던 고고학 연구를 시작했고, 휴가도 화석을 볼 수 있는 곳으로만 떠났습니다.

몇 년 뒤 청년은 미국 최고의 고고학자로 명성을 날렸습니다.

뉴욕 자연사 박물관의 관장까지 역임한 로이 채프먼 박사의 이야기입니다.

꿈과 비전이 있는 곳에서는 아무리 작은 일도 하찮은 일이 없습니다. 하나님의 성전인 교회를 섬기는 일과 주님이 피로 사신 형제자매들을 위한 봉사에는 그 어떤 작은 일이든 주님께 하듯 최선을 다해 섬기십시오. 아멘!

💗 주님! 주어진 일에 최선을 다하며 주님의 일에 참여하게 하소서.

📷 나에게 맡겨주신 주님의 사명을 오늘도 즐거이 감당합시다.

15분만 변해도

읽을 말씀 : 시편 119:97-105

●시 119:103 주의 말씀의 맛이 내게 어찌 그리
단지요 내 입에 꿀보다 더하니이다

'쿼'터리즘(Quarterism)'은 '15분 이상 집중을 못 하는 현상'
으로 사회학자들이 현대사회의 문제점으로 꼽고 있는
증상입니다.

10분이나 30분이 아닌 15분이 기준이 된 이유는 최소한의
변화를 이뤄낼 수 있는 시간이기 때문입니다.

세계적인 의학잡지 '랜싯'에 따르면 하루에 15분 정도 조깅을
하는 사람은 1년 뒤 체지방이 4%나 감소했다고 합니다.

또 학생들에게 15분씩 조깅을 시켰더니 성적은 평균
15~30% 정도 올랐습니다. 또 하루에 15분 독서를 하면 1년에
10권 이상의 책을 읽을 수 있습니다.

10분이나 30분에 비해서 15분일 때가 가장 효율이 좋았습
니다.

하루에 15분은 매우 작은 시간처럼 느껴지지만 1년이 쌓이
면 91시간이나 됩니다. 15분씩 영어단어를 10개 외우면 1년이
면 3,600개의 단어를 외울 수 있습니다.

모두 하루에 단 15분을 투자한 결과입니다. 하루에 15분은
변화를 위한 도전을 하기에 충분한 시간입니다.

15분이 부족하다고 생각하지 말고 일단 15분이라도 말씀을
보고, 15분이라도 기도를 하고, 15분이라도 하나님의 사랑을
실천하며 변화해나가십시오. 아멘!

🖤 주님! 더 나은 믿음을 위한 새로운 결단들을 시작하게 하소서.
🖼 신앙을 위한 변화의 결심을 15분부터 시작합시다.

그럼에도 감사하라

읽을 말씀 : 시편 118:24-29

● 시 118:29 여호와께 감사하라 그는 선하시며 그 인자하심이 영원함이로다

심각한 가뭄이 미국 미네소타주를 3년간 덮친 적이 있었습니다.

설상가상으로 메뚜기 떼까지 출몰해 농업이 마비됐고 식량이 부족할 정도로 대기근이 찾아왔습니다. 이런 상황에서 주지사 필스베리는 돌연 하나님께 감사 기도를 드리자고 주민들에게 제안했습니다.

굶어 죽게 생긴 판에 오히려 감사를 드리자는 제안에 주민들은 분노했습니다. 주지사를 향한 비판이 온 도시에 가득했지만 필스베리는 포기하지 않고 주민들을 설득했습니다.

"먹을 것이 조금 모자라도 아직 우리 생명에는 지장이 없습니다. 감당할 시험만 주시는 하나님을 믿으며 위기 뒤에 기회를 주시는 하나님께 감사를 올립시다."

주지사의 진심 어린 설득은 주민들의 마음을 감동시켰고 결국 4월 27일이 '감사 기도의 날'로 정해졌습니다. 주민들이 합심하여 뜨겁게 기도를 드리고 며칠 뒤 메뚜기 떼는 원인불명의 이유로 모조리 죽었고, 연이어 촉촉한 단비가 내리며 가뭄도 해갈됐습니다. 1877년에 실제로 일어난 기적과도 같은 실화입니다.

생각할 여유가 있고, 말할 힘이 있다면 주님께 드릴 기도는 오로지 감사뿐입니다. 고난 중에도, 환란 중에도 전적으로 하나님을 신뢰하십시오. 아멘!

🖤 주님! 날 향한 주님의 놀라운 계획이 있음을 믿게 하소서.
🎴 하나님의 크신 계획을 믿고 모든 일에 오직 감사합시다.

지옥이 존재한다면

읽을 말씀 : 누가복음 16:19-31

● 눅 16:24 불러 가로되 아버지 아브라함이여 나를 긍휼히 여기사 나사로를 보내어 그 손가락 끝에 물을 찍어 내 혀를 서늘하게 하소서 내가 이 불꽃 가운데서 고민하나이다

중동 건설 현장에 파견된 한 성도가 있었습니다. 그는 일을 하던 중 포클레인을 잘못 다루는 동료의 삽날에 하반신이 찍혀 두 다리가 그대로 절단되는 끔찍한 사고를 당했습니다.

기절한 후에도 느껴질 정도로 고통은 강력했지만 이내 거짓말처럼 평안함이 느껴지며 하늘로 올라가는 기분이 들었습니다. 마치 하나님이 안아주시는 것 같은 평안함이었습니다.

'아 내가 죽어서 천국에 가는구나'라는 생각이 들어 눈을 떴는데 바로 앞에는 불지옥이 펼쳐져 있었습니다.

더욱 믿을 수 없던 것은 그곳에 그동안 알고 지내던 사람들이 있었다는 사실입니다. 성경에 나오는 '나사로와 부자(눅 16:19)' 이야기가 떠올랐습니다.

병원에서 정신을 차린 성도는 영혼 구원이 무엇보다 중요하다는 생각에 한국으로 돌아와 신학을 공부해 목사님이 되었습니다. 복음성가 '불속에라도 들어가서'를 작사하신 최수동 목사님의 이야기입니다.

천국이 존재한다면 지옥도 존재해야 하며 지옥이 존재한다고 믿는다면 하루라도 빨리 더 많은 사람에게 복음을 전해야 합니다. 죽음 후의 심판은 그 누구도 피할 수 없습니다.

사랑하는 사람들이 심판을 피할 수 있도록 생명의 복음을 전하십시오. 아멘!

♡ 주님! 많은 사람들에게 복음을 전할 기회와 용기를 주소서.

🙏 지금 마음에 떠오르는 사람들에게 복음을 전하기 시작합시다.

4월 29일

함께 할 때 승리한다

읽을 말씀 : 히브리서 10:19-25

● 히 10:24,25 서로 돌아보아 사랑과 선행을 격려하며 모이기를 폐하는 어떤 사람들의 습관과 같이 하지 말고 오직 권하여 그날이 가까움을 볼수록 더욱 그리하자

미국 프로야구 전통의 강호 보스턴 레드삭스가 L.A. 다저스와 월드시리즈에서 맞붙었을 때의 일입니다.

3차전에서 패배한 뒤 팀의 선발투수였던 네이든이 락커로 돌아오자 모든 선수들이 기립박수로 격려했습니다. 감독은 네이든의 희생으로 결승까지 올 수 있었다며 오히려 패배에도 감사한 마음을 전했습니다. 패배라는 결과에 상관없이 서로를 믿고 격려했던 보스턴은 이후의 경기를 모두 승리하며 우승을 차지했습니다.

자연에서 가장 협동을 잘하는 생물은 꿀벌입니다. 벌은 꿀을 발견했을 때 결코 혼자 독차지하지 않고 동료들에게 신호를 보냅니다. 함께 협력하기에 혼자 채취할 때보다 많은 꿀을 저장할 수 있고 그 결과 먹이 걱정 없이 혹독한 겨울을 무사히 보낼 수 있습니다.

또 벌집에 천적인 말벌이 침입해도 힘을 합쳐 막아내는데 목숨이 위험해져도 결코 도망가는 경우가 없습니다.

목숨을 아까워 하지 않고 막아내는 희생정신 때문에 벌 중에 가장 약한 꿀벌은 침입자에게 벌집을 결코 빼앗기지 않습니다.

승리하려면 연합해야 합니다.

내 이득과 내 생각만 주장하지 말고 하나님이 주신 성도들의 공통된 사명을 위해 양보하고 겸손함으로 연합하십시오. 아멘!

🖤 주님! 시기와 질투의 마음을 버리고 넓은 아량을 갖게 하소서.
📖 큰일을 위해 때때로 나의 이익을 포기할 줄 아는 사람이 됩시다.

말보다 귀한 가르침

읽을 말씀 : 잠언 28:1-6

● 잠 28:6 성실히 행하는 가난한 자는 사곡히 행하는 부자보다 나으니라

중국 한나라의 명장 이광은 뛰어난 활 솜씨와 기마술로 이름을 날렸습니다. 출전하는 전투마다 승리를 거두고 황제에게도 충성을 바쳤지만 고위 관료들은 말을 잘하지 못하고 사리에 어둡다는 이유로 이광을 무시했습니다. 그럼에도 병사들은 이광의 부대에 들어가는 걸 소원으로 삼을 정도로 깊이 존경했습니다.

이광은 전투에서 얻은 상과 재산을 부하들에게 모두 나눠줬습니다. 험한 행군에서도 병사들이 물을 다 마신 뒤에야 마셨고, 밥을 다 먹은 뒤에야 수저를 들었습니다. 장군용 처소가 따로 있었지만 병사들과 같은 막사에서 잠을 잤습니다.

솔선수범하는 이광의 모습에 병사들은 언제나 목숨을 걸고 싸웠고, 이광이 시키는 명령이라면 절대 의심하지 않았습니다.

40년 동안 말이 아닌 행동으로 병사들의 마음을 얻었던 이광 장군은 안타까운 누명을 쓰고 사형을 당했는데 병사들 중 눈물을 흘리지 않은 사람이 없었고 이광과 한 번이라도 전쟁에 나섰던 병사들은 피를 토하며 슬퍼했다고 합니다.

사람들이 감동하는 것은 말이 아닌 진심 어린 행동입니다.

말보다 행동으로 세상에 사랑을, 복음을 전해야 합니다.

하나님의 살아계심을, 말씀이 유일한 진리임을, 말이 아닌 행동으로 세상에 보여주는 참된 그리스도인이 되십시오. 아멘!

♡ 주님! 큰 목소리보다 조용한 행동으로 복음을 전하게 하소서.

🏃 세상의 법보다 주님의 법을 지키며 살아가는 모습을 보여줍시다.

"내가 고통 중에
여호와(하나님)께 부르짖었더니
여호와께서 응답하시고
나를 광활한 곳에 세우셨도다"
- 시편 118:5

5월

5월 1일

성장을 위한 용기

읽을 말씀 : 마태복음 25:14-30

● 마 25:21 그 주인이 이르되 잘 하였도다 착하고 충성된 종아 네가 작은 일에 충성하였으매 내가 많은 것으로 네게 맡기리니 네 주인의 즐거움에 참예할찌어다 하고

『한국전쟁이 일어났을 당시 "하우스보이 팔자가 장관보다 낫다"라는 말이 있었습니다. 하우스보이는 월급은 없었지만 미군의 보급품을 받았고 빨래와 같은 잡일을 해주며 받은 군표로 달러를 벌 수 있었기 때문입니다.

가난한 집에서 돈 걱정을 하던 저는 하우스보이가 되어 열심히 돈을 벌었습니다. 미군들이 붙여준 '빌리'라는 이름으로 부지런히 청소를 하고 배가 고프다는 군인들에게는 달걀도 삶아주며 다른 하우스보이보다 많은 보급품을 받았습니다. 이따금 미군들에게 얻은 백화점 카탈로그를 보며 열심히 돈을 모아 집안을 일으키겠다는 생각과 다시 공부를 시작하겠다는 꿈을 키웠습니다.

고된 하루를 보낸 저에게 어떤 군인이 이렇게 말했습니다.

"너 빌리라고 하지? 나는 칼 파워스 상사야, 너 미국에 가고 싶지 않니?"

월급이 없다고 일을 대충 했다면, 돈을 더 벌려고 한국에 남았다면, 미국행이 두려워 고개를 끄덕이지 않았다면 저의 인생은 지금과 크게 달랐을 것입니다.』

- 김장환 목사의 인생 메모에서

하나님이 그리신 큰 기회는 언제, 어느 순간에 찾아올지 모릅니다. 작은 열매에 안주하기보다 미래를 위한 발판으로 삼아 계속 정진함으로써 더 큰 열매를 맺는 나무가 되십시오. 아멘!

♡ 주님! 현재에 만족하지 않고 비전을 바라보고 정진하게 하소서.

🎆 주님께서 내게 주신 비전이 무엇인지 묵상하며 기도합시다.

세상을 변화시키는 기도

5월 2일

읽을 말씀 : 여호수아 10:1-10

● 수 10:5 아모리 다섯 왕 곧 예루살렘 왕과 헤브
론 왕과 야르뭇 왕과 라기스 왕과 에글론 왕이
함께 모여 자기들의 모든 군대를 거느리고 올라
와서 기브온에 대진하고 싸우니라

미국 맨해튼 풀튼가의 작은 교회 기도실에서 예레미야 랜피
어라는 젊은 사업가가 매일 나와 기도했습니다.

랜피어는 매일 죄를 회개하며 미국에 뜨거운 부흥이 일어나
길 기도했습니다.

랜피어는 자신의 행동을 누구에게도 알리지 않았지만 어떻게
알았는지 기도로 동역하는 사람들이 곁에 모여들었습니다.

한 달이 지나자 6명이 미국의 부흥을 위해 기도하기 시작했
고 1년이 지나자 5만 명이라는 놀라운 숫자가 모였습니다.

당시 뉴욕에는 3만 명 이상의 실업자들이 있었는데 이들도
오전에 일을 구하지 못하면 점심 때 삼삼오오 모여 기도를 했고,
작은 교회를 비롯해 관공서까지 장소를 제공했습니다.

뉴욕에서 매일 부흥을 위해 기도한 이 10만 명의 사람들은
직장을 구하며 미국 전역으로 퍼져나갔는데, 이들이 전도한 인
원은 무려 100만 명이 넘었다고 합니다.

기도는 그 자체로 하나님의 힘과 능력을 체험하는 기적입니
다. 오늘 내가 드리는 기도가 우리지역 사회와 우리 나라를 변
화시키고, 세계를 변화시킬 수 있는 뜨거운 부흥의 초석이 될 수
있습니다.

기도를 통해 하나님의 능력을 체험하는 기적의 세대가 되십
시오. 아멘!

♡ 주님! 핑계 대지 않고 더욱더 많은 시간 기도하게 하소서.

▧ 나라와 세계의 복음화를 위해서 작은 손이지만 주님께 모읍시다.

채울 수 없는 행복

읽을 말씀 : 전도서 6:6-12

● 전 6:6 저가 비록 천년의 갑절을 산다 할찌라도 낙을 누리지 못하면 마침내 다 한곳으로 돌아가는 것뿐이 아니냐

행복이 무엇인지 궁금했던 아이가 마을을 돌아다니며 사람들에게 물어보기로 했습니다.

가장 먼저 길가에서 구걸을 하던 걸인에게 물었습니다.

"행복은 당연히 돈이지.

지금 내가 이렇게 불행한 것도 다 돈이 없어서야."

다음으론 병원에 입원 중인 한 남자에게 물었습니다.

"행복은 무조건 건강이란다.

난 돈이 아주 많지만 이제 죽는다면 무슨 소용이 있겠니?"

마지막으로 부대에 복귀하던 직업군인에게 물었습니다.

"그거야 가정이지. 사랑하는 아내와 아이가 있는 가정만 있다면 어떤 힘든 일도 견딜 수 있을 것 같아."

집으로 돌아온 아이는 행복에 대해서 생각했습니다.

"사람은 자기에게 없는 것이 행복의 조건이라고 생각하는구나."

세상의 모든 것을 가질 순 없기에 진정한 행복을 누릴 수 있는 사람은 단 한 명도 없습니다. 다만 나를 구원하고 살리신 하나님의 높고 크신 은혜를 발견한 사람만이 비로소 참된 의미의 행복을 누릴 수 있습니다.

찾을 수 없는 세상의 행복이 아니라 확실한 하나님의 은혜를 통해 행복을 누리십시오. 아멘!

🤍 주님! 가장 귀한 것을 주신 주님께 감사와 찬양을 드리게 하소서.

🖼 구원을 얻은 나는 모든 것을 얻은 행복한 사람임을 기억합시다.

성령의 7가지 은혜

읽을 말씀 : 로마서 8:18-26

● 롬 8:26 이와 같이 성령도 우리 연약함을 도우시나니 우리가 마땅히 빌바를 알지 못하나 오직 성령이 말할 수 없는 탄식으로 우리를 위하여 친히 간구하시느니라

중세의 목회자 보나벤투라는 탁월한 인품과 지혜로 사람들에게 존경을 받았습니다.

보나벤투라는 귀족들에게도 인망이 있어 원하기만 한다면 언제든 고위직에 오를 수도 있었지만 예배를 드리고 말씀을 묵상하는 시간을 더 소중히 여겼기 때문에 교회를 떠나지 않았습니다.

다음은 보나벤투라가 매일 구했던 7가지 은혜입니다.

1. 마음을 밝히는 데 필요한 말씀을 이해할 능력
2. 주님의 발자취를 따를 수 있는 분별력
3. 사탄의 공격을 물리칠 용기
4. 세상과 다르게 살 수 있는 거룩함
5. 자비로운 마음을 품을 수 있는 경건함
6. 죄의 결과를 깨닫게 할 두려움
7. 하나님의 사랑을 깨닫게 할 지혜

한시도 하나님의 은혜 없이 살아갈 수 없는 것이 우리 인간입니다.

우리의 삶이 힘든 것은 가진 것이 없어서가 아니라 은혜를 잊기 때문입니다.

나에게 부족한 성령의 열매를 간구함으로 세상의 복락보다는 주님과 더 가까워지는 삶을 선택하며 살아가십시오. 아멘!

🤍 주님! 심령을 위한 좋은 것들을 갈망하게 하소서.
🖼 세상에서의 복이 아닌 하나님이 주시는 복을 사모합시다.

5월 5일 — 어린이를 위해 헌신한 교육자

읽을 말씀 : 누가복음 18:9-17

● 눅 18:16 예수께서 그 어린 아이들을 불러 가까이 하시고 이르시되 어린 아이들이 내게 오는 것을 용납하고 금하지 말라 하나님의 나라가 이런 자의 것이니라

평생을 어린이를 위한 교육에 헌신한 위대한 교육가 페스탈로치가 세상을 떠났을 때의 일입니다.

스위스 정부는 역사상 가장 위대한 교육가인 페스탈로치의 사상을 기리기 위해 동상을 제작했습니다.

조각가는 온화한 표정의 페스탈로치가 무릎을 꿇고 어린이와 눈을 마주하고 있는 도안을 그렸는데 페스탈로치 일가는 '그의 교육이념과는 차이가 있다'며 반대했습니다.

친지들에게 불만사항을 물으며 페스탈로치의 삶을 들었던 조각가는 사람들이 반대한 이유를 깨달았습니다.

페스탈로치는 '평생 어린이를 위해 헌신한 교육자'가 아니라 '하나님의 뜻을 따라 어린이를 위해 헌신한 교육자'였던 것입니다.

조각가는 페스탈로치가 어린이와 함께 하늘을 바라보는 구도로 동상을 제작했고 하나님의 말씀을 통해 어린이를 성장시키고자 했던 페스탈로치의 정신이 잘 드러났다고 사람들은 평가했습니다.

어린이는 하나님이 허락하신 세상의 미래입니다. 장래 우리 가족과 사회와 공동체와 나라와 세계의 일꾼입니다.

예수님처럼 일찍 말씀을 깨닫고 하나님의 은총을 받으며 자라나는 어린이들이 더욱 많아지도록 관심을 갖고 지원과 기도해 주십시오. 아멘!

♡ 주님! 다음 세대들이 믿음 안에서 바르게 성장하게 하소서.

▨ 교회 교육 부서를 위한 행사에 헌신하며 후원합시다.

사랑의 약속

읽을 말씀 : 베드로전서 3:1-7

● 벧전 3:7 남편 된 자들아 이와 같이 지식을 따라 너희 아내와 동거하고 저는 더 연약한 그릇이요 또 생명의 은혜를 유업으로 함께 받을 자로 알아 귀히 여기라 이는 너희 기도가 막히지 아니하게 하려 함이라

미식축구팀 버팔로 빌스의 대표 선수 크리스 스필먼이 돌연 감독을 찾아와 당분간 은퇴하겠다고 선언했습니다.

"아내가 암에 걸려 투병 중입니다. 아프고 힘들 때 언제나 곁에 있겠다고 약속했기 때문에 지금은 무엇보다 그 약속을 지켜야 합니다."

근육이 찢어지는 부상도 참고 팀을 위해 헌신했던 선수였기 때문에 감독, 동료, 팬들은 그의 아내를 향한 사랑이 얼마나 큰지를 알 수 있었습니다. 크리스의 은퇴로 팀이 기대 이하의 성적을 거두고 있던 시즌 중반, 한 기자가 지금이라도 복귀할 의사가 있냐고 물었습니다.

"내가 팀을 위해 희생했던 것은 팬들과 약속했기 때문입니다. 가장 사랑하는 아내와의 약속을 지키지 못한다면 다시 미식축구를 할 수도 없습니다."

크리스는 아내의 항암치료를 응원하기 위해 삭발까지 했습니다.

결국 아내는 세상을 떠났지만 크리스는 마지막 순간까지 아내의 곁에 머물며 약속을 지켰습니다.

가장 사랑하는 아내를 위해 모든 것을 포기했던 크리스처럼 하나님은 가장 사랑하는 우리를 위해 독생자를 보내주셨습니다.

세상에 충만한 하나님의 귀한 사랑을 외면하지 말고 약속을 지키신 구원의 은혜를 감사로 받으십시오. 아멘!

♡ 주님! 끊을 수 없는 주님의 사랑만을 바라보게 하소서.

🎺 주님께 드린 서원을 최대한 지킵시다.

5월 7일

사랑과 책임감

읽을 말씀 : 로마서 8:31-39

● 롬 8:39 높음이나 깊음이나 다른 아무 피조물이라도 우리를 우리 주 그리스도 예수 안에 있는 하나님의 사랑에서 끊을 수 없으리라

하 버드 의대 연구원 질 볼트 테일러는 성공을 위해서 몸을 아끼지 않았습니다. 중요한 연구에 매진하면서도 강의를 하러 전국을 다녔고, 학술대회에 참여하기 위해 논문 연구도 쉬지 않았습니다.

그러던 어느 날 아침에 눈을 뜨자 시야가 뿌옇고, 사고능력이 멈췄습니다. 지나친 혹사로 뇌출혈이 일어나 중추 기능이 저하되어 뇌가 기능을 멈춘 상황이었지만 거짓말처럼 어머니의 휴대폰 번호만은 떠올랐습니다.

어머니의 빠른 조치로 테일러는 목숨을 건졌지만 뇌에 큰 손상을 입어 오랜 기간 재활을 해야 할 상황이었습니다. 제대로 읽지도, 쓰지도 못하는 처지가 비참해 눈물을 흘리는 딸에게 어머니는 따스한 위로를 전했습니다.

"엄마가 옆에서 평생 보살펴줄게. 무슨 일이 있어도 함께 할 테니 걱정하지마."

말처럼 8년간 곁에서 재활을 도운 어머니의 헌신으로 테일러의 뇌는 다시 정상으로 돌아왔고 사고 이전의 일들을 다시 감당할 수 있는 상태로 회복됐습니다.

세상에서 가장 위대한 어머니의 사랑이기에 8년의 세월을 헌신할 수 있었습니다. 그러나 하나님의 사랑은 이보다 더 위대하며 끝까지 포기하지 않으십니다. 독생자를 주시면서까지 우리를 포기하지 않으신 그 사랑을 외면하지 말고 돌아오십시오. 아멘!

♡ 주님! 저를 구원하신 주님의 사랑을 기억하게 하소서.
▨ 나를 포기하지 않으신 주님의 사랑처럼 영혼들을 포기하지 맙시다.

미리 보낸 편지

읽을 말씀 : 요한일서 4:7-13

● 요일 4:9 하나님의 사랑이 우리에게 이렇게 나타난바 되었으니 하나님이 자기의 독생자를 세상에 보내심은 저로 말미암아 우리를 살리려 하심이니라

세계 2차 대전 때 프랑스 공군으로 입대한 병사가 있었습니다.

총탄이 빗발치는 전장에서 언제 목숨을 잃을지 몰랐지만 병사는 몸을 아끼지 않고 최전선에 나섰습니다.

병사의 유일한 안식처는 한 달에 2, 3번 도착하는 어머니의 진심 어린 편지뿐이었습니다.

병사는 자신의 희생이 사랑하는 어머니를 지킬 수 있다는 마음으로 두려움 없이 전투에 나섰고 가장 높은 등급의 '레지옹 도뇌르 훈장'까지 받았습니다.

전역을 하고 집에 돌아오니 사랑하는 어머니는 입대 후 얼마 뒤에 세상을 떠났다는 믿을 수 없는 소식이 들렸습니다.

위암 증세가 심각해진 어머니는 전쟁터에서 고생하는 아들을 위해 무려 2백여 통의 편지를 준비해 미리 부쳤던 것입니다.

프랑스의 세계적인 소설가 로맹 가리가 훈장을 받고, 전역 후 외교관이 될 수 있었던 것은 생전에 큰 사랑을 보여줬던 어머니 덕분이었습니다.

사랑하는 아들을 위해 어머니가 미리 편지를 썼듯이, 사랑하는 우리를 위해 하나님은 성경이라는 영원하고 확실한 사랑의 편지를 남겨주셨습니다. 우리를 위한 가장 확실한 하나님의 사랑의 증표인 말씀을 귀하게 여기십시오. 아멘!

♡ 주님! 그리스도를 보내주신 사랑을 깨닫게 하소서.

주님이 구원해주신 생명을 주님을 위해 사용합시다.

숫자로 나타내라

읽을 말씀 : 디모데전서 4:6-16

● 딤전 4:7 망령되고 허탄한 신화를 버리고 오직 경건에 이르기를 연습하라

15 개의 숫자를 무작위로 섞어서 잠시 보여준 뒤에 순서대로 다시 적는 실험이 있었습니다.

참가자들은 대부분 10개 이상을 맞출 수 있다고 자신했지만 말처럼 10개 이상을 맞추는 사람은 1%에 불과했습니다.

이 실험처럼 사람의 기억력은 매우 부정확함에도 많은 이들이 어떤 일이든 '제대로 기억하고 있다'고 착각합니다.

과학적인 수사와 CCTV의 보급으로 최근 밝혀진 바에 따르면 목격자의 증언이 사실과 다를 확률은 70%나 된다고 합니다.

아이러니한 것은 잘못 증언한 증거가 있음에도 사람들은 "그럴 리가 없다", "내가 똑똑히 봤다"라고 주장한다는 사실입니다.

기억력의 판단 오류는 실생활에도 이어집니다.

미국 사람들은 매달 쓰는 카드 대금을 30%나 적게 기억하고 있다고 합니다. 알코올 중독자들은 자신이 생각한 것보다 2배를 마시고, 다이어트 중인 사람들도 음식 일기를 적을 때 생각보다 많은 양을 먹고 있다는 사실에 놀란다고 합니다.

하나님을 위한 일에 나는 얼마나 자주, 그리고 오래 헌신하고 있습니까?

기도와 말씀, 그리고 전도를 위한 교제의 시간을 하루에 얼마나 보내고 있는지 체크해보고, 더 많은 시간을 하나님의 나라를 위해 드리십시오. 아멘!

♡ 주님! 주님과 함께할 시간을 더욱 열망하게 하소서.

📖 주님과 충분한 교제의 시간을 가지고 있는지 체크해봅시다.

하나님이 돌보신다

읽을 말씀 : 마태복음 6:25-34

● 마 6:34 그러므로 내일 일을 위하여 염려하지
말라 내일 일은 내일 염려할 것이요 한 날 괴로
움은 그날에 족하니라

프랑스의 정치인 샤르니가 나폴레옹을 비판하다가 감옥에
갇혔을 때의 일입니다. 나폴레옹이 황제로서 무소불위의
권력을 휘두르던 시대였기 때문에 샤르니는 감옥에서 생을 마감
하겠다고 생각해 감옥 벽에 이렇게 적었습니다.

'아무도 날 돌보지 않는다.'

어느 날 감옥 바닥을 뚫고 나온 작고 푸른 새싹에 감동받은
샤르니는 마실 물을 아껴가며 길렀습니다. 아름답게 자라난 새
싹을 보며 샤르니의 마음은 긍정적으로 변했습니다.

샤르니는 감옥 벽면에 썼던 이전의 문장을 지우고 이렇게 적
었습니다.

'하나님이 돌보신다.'

샤르니의 꽃은 입소문을 타고 귀족들에게까지 알려져 나폴레
옹의 아내 조세핀까지 감옥을 찾아와 꽃을 구경했습니다.

"이렇게 아름다운 꽃을 키운 사람은 나쁜 사람일 수 없다"라며
남편을 설득한 조세핀 덕분에 샤르니는 기적처럼 석방되었고 감
옥에서 키운 꽃을 옮겨 심어 평생 기르며 하나님의 은혜를 한순
간도 잊지 않았습니다.

길가에 핀 꽃도 하나님은 그냥 버려두시지 않습니다.

어떤 피조물보다 나를 가장 아끼시고 돌보시는 하나님의 은
혜를 한순간도 잊지 마십시오. 아멘!

💛 주님! 주님은 결코 저를 포기하지 않으심을 알게 하소서.
🙇 힘든 순간에도 하나님의 사랑을 의심하지 맙시다.

끝이 없는 밧줄

읽을 말씀 : 요한일서 2:7-17

● 요일 2:15 이 세상이나 세상에 있는 것들을 사랑치 말라 누구든지 세상을 사랑하면 아버지의 사랑이 그 속에 있지 아니하니

독일 시골 마을의 농부 베른하르트는 어느 날 숲속을 산책하다 밧줄을 발견했습니다. 산등성이 너머까지 구불구불 연결된 밧줄은 어디서 시작됐는지 확인할 수가 없었습니다.

호기심이 생긴 베른하르트는 마을 남자들을 모아 밧줄이 어디서부터 왔는지를 알아보는 '탐험대'를 만들자고 제안했습니다.

순전히 호기심을 풀기 위해 남자들은 밧줄을 따라 탐험을 시작했습니다. 그렇게 떠난 여정은 하루가 몇 주가 되고, 몇 주가 몇 달이 됐지만 누구도 돌아갈 생각을 하지 않았습니다.

마을에는 사랑하는 가족이 있고, 추수의 계절도 돌아오고 있었지만 그보다는 밧줄이 어디에서 왔는지를 알아내는 것이 남자들에게는 더 중요했습니다.

무엇보다 몇 달이나 시간을 허비했는데 아무 결과 없이 그대로 돌아간다는 것은 자존심이 허락하지 않았습니다. 결국 탐험대는 자존심을 버리지 못하고 끝도 없이 이어지는 밧줄을 언제까지고 따라갔습니다.

독일 작가 스테판 아우스의 '밧줄'이라는 소설의 내용입니다.

이미 하나님을 통해 얻게 된 확실한 구원을 두고 쓸모없는 호기심에 현혹되어 소중한 시간을 낭비하고 있지는 않습니까?

세상의 욕망을 멀리하고 확실한 구원과 나침반을 주신 하나님이 베푸시는 은혜와 행복에 집중하십시오. 아멘!

💙 주님! 죽음 이후의 영원이 존재함을 잊지 않고 살아가게 하소서.

🖼 쓸데없는 호기심으로 믿음에 어려움을 겪지 맙시다.

은밀한 선행

읽을 말씀 : 마태복음 6:1-13

● 마 6:3 너는 구제할 때에 오른손의 하는 것을 왼손이 모르게 하여

독일의 존경받는 목회자 프레드릭 오버린 목사님이 시골 여행 중이었습니다.

외딴 길가를 걷다 심한 눈보라를 만나 길을 잃은 목사님은 어딘지도 모르는 벌판에서 얼어 죽을 위기에 처했습니다. 마침 근처를 지나가던 마차가 목사님을 발견하고는 멈춰 돕기 시작했습니다.

마부는 목사님을 위해 급히 불을 피우고 따뜻한 차와 음식을 마련했고 그치지 않는 거센 눈보라를 뚫고 가까운 마을의 숙소까지 데려다 줬습니다. 마부의 도움으로 목숨을 구한 목사님은 감사를 표하며 마부의 이름을 물었습니다. 마부는 이름을 밝히지 않고 마차를 끌고 사라지며 오히려 질문을 던졌습니다.

"목사님은 성경에 나오는 선한 사마리아인의 이름을 아시나요?

그 사람의 이름을 알려주신다면 저도 제 이름을 말씀드리겠습니다."

목사님은 "오른손이 하는 선행을 왼손이 모르게 하라는 뜻이 무엇인지를 그 마부를 만난 뒤에야 진심으로 느낄 수 있었다"라고 훗날 고백했습니다.

하나님의 말씀을 따라 행하는 진정한 선행에는 나의 의가 드러날 필요가 없습니다. 하나님이 주시는 마음을 따라, 하나님이 명하신 방법대로 진실된 선행을 실천하십시오. 아멘!

♡ 주님! 주님만을 드러내는 삶을 살아가게 하소서.

🎞 어려움에 처한 사람을 외면하지 말고 말씀처럼 조용히 도웁시다.

5월 13일

정죄함은 없다

읽을 말씀 : 시편 37:29-40

● 시 37:33 여호와는 저를 그 손에 버려두지 아니하시고 재판 때에도 정죄치 아니하시리로다

남 대서양에서 쪽배를 타고 아마존 강을 향해 가던 선원들이 있었습니다. 폭풍을 만나 파선한 배에서 겨우 탈출한 선원들은 가까운 곳에 브라질이 있다는 것을 기억하고는 아마존강 하구를 향해 노를 저었습니다.

탈출선에 실었던 얼마 안 되는 식량을 아껴먹으며 몇 날 며칠을 버틴 끝에 마침내 저 멀리 작은 언덕이 보였습니다. 이틀째 물을 마시지 못했던 선원들은 언덕에 서 있는 사람을 보자마자 마지막 힘을 짜내어 외쳤습니다.

"저희는 난파된 선원들입니다.

여기서 얼마나 더 올라가야 물을 마실 수 있습니까?"

언덕에 서 있던 사람은 이해가 안 된다는 표정을 지으며 대답했습니다.

"지금 물을 뜨세요. 여기가 아마존 강 한복판입니다."

오랜 항해로 지친 선원들을 살릴 생명수는 배 주변에 충만했습니다. 아마존 강과 바다가 이어지는 하구는 7만 평이 넘기 때문에 예로부터 바다로 착각하는 선원들이 많았다고 합니다.

하나님의 은혜를 경험한 우리도 이와 같은 실수를 하고 있지 않을까요? 하나님은 이미 용서하셨고, 은혜를 부어주셨음에도 인간적인 생각으로 스스로를 정죄하고, 은혜를 거부하는 것은 겸손이라는 이름의 교만함일지도 모릅니다. 예수님의 십자가로 완벽한 구원을 이루신 주님의 은혜를 충만히 누리십시오. 아멘!

💛 주님! 나를 지켜주시는 주님만을 신뢰하게 하소서.

📖 다함이 없는 주님의 사랑과 은혜를 의심하지 맙시다.

그리스도인의 행복

읽을 말씀 : 신명기 33:21-29

● 신 33:29 … 여호와의 구원을 너 같이 얻은 백성이 누구뇨 그는 너를 돕는 방패시요 너의 영광의 칼이시로다 네 대적이 네게 복종하리니 네가 그들의 높은 곳을 밟으리로다

우리나라 헌법 10조에는 '모든 국민은 행복을 추구할 권리를 가진다'는 조항이 있습니다.

모든 사람은 행복하기를 바라기 때문에 국가가 바탕이 되어야 한다는 뜻입니다. 그렇다면 도대체 행복이란 무엇일까요?

인류가 존재한 후 지금까지 사람들은 행복이 무엇인지 찾고자 했지만 아직까지 100% 확실한 답을 찾은 사람은 없습니다.

전 세계 수재들이 모인 하버드대학에서 가장 인기 있는 강의 중 하나는 탈 벤 교수의 '행복론'입니다. 모두가 부러워하는 최고의 대학에 입학한 수재들도 행복이 뭔지, 어떻게 해야 행복한지를 찾고 있는 것입니다.

고대 그리스 사람들은 '덕을 쌓아야 행복하다'고 생각해 개인 수양을 중요하게 여겼습니다.

철학자 칸트는 나라가 행복을 제공해야 한다고 주장했으며, 벤담은 모든 쾌락이 행복이라고 여겼습니다. 하지만 이 주장을 따라 실천한 사람들도 진정한 행복에 도달하지는 못했습니다.

그 이유는 사람을 창조한 하나님이 하나님을 통하지 않고는 그 누구도 참된 행복을 누릴 수 없게 만드셨기 때문입니다.

그리스도인은 그리스도의 사랑이 행복의 조건이어야 하고, 그 사랑을 통해 진정한 행복을 누려야 합니다.

잘못된 행복을 쫓고 있는 사람들에게 구원으로 얻은 진정한 기쁨을 전하십시오. 아멘!

♥ 주님! 모든 기쁨의 근원이 되시는 주님 안에서 머물게 하소서.
🙏 주님이 주시는 참된 행복을 누리는 하루가 됩시다.

5월 15일

중요한 스승

읽을 말씀 : 고린도전서 4:14-21

● 고전 4:15 그리스도 안에서 일만 스승이 있으되 아비는 많지 아니하니 그리스도 예수 안에서 복음으로써 내가 너희를 낳았음이라

세계 최고의 교수법 강사인 켄 베인은 '최고의 리더가 되기 위해서 필요한 것은 호기심'이라고 말했습니다.

아직 걷지 못하는 아기들은 걸어다니는 일에 흥미를 느낍니다. 자꾸 넘어지고 때로는 다쳐도 걸음마에 흥미를 느끼기 때문에 계속해서 도전하고 결국엔 이뤄냅니다.

나이가 먹고 분야는 다를지라도 사람이 성장하고 목표를 이루는 모든 원리는 '아가의 걸음마'와 같다는 것이 켄의 이론입니다.

켄은 여기에 더해 '중요한 스승'이 있다면 목표를 더 빨리 이룰 수 있다고 말합니다. 부모님의 응원으로 실패에 대한 두려움을 이겨낼 수 있고 손을 잡아줌으로 위태한 걸음마를 더 많이 연습할 수 있기 때문입니다.

핀란드의 교육자 카이스 카르카이넨은 '워싱턴포스트'와의 인터뷰를 통해 핀란드 교육이 성공한 이유를 딱 한 문장으로 말했습니다.

"핀란드 교육이 성공한 이유는 첫째는 교사 때문이고, 둘째도 교사 때문이며, 셋째도 교사 때문입니다."

나를 생명의 길로 이끌고 양육해준 스승님의 은혜를 잊지 말고 감사를 표현합시다.

그분들처럼 자라나는 영혼들을 위해 기도하고 인도하는 스승이 되기를 소망하십시오. 아멘!

♡ 주님! 참된 스승을 만나고, 그런 스승이 되게 하소서.
▨ 신앙의 길로 인도하신 스승이 있다면 감사의 마음을 표현합시다.

5가지 불효

읽을 말씀 : 신명기 5:16-21

5월 16일

● 신 5:16 너는 너의 하나님 여호와의 명한대로 네 부모를 공경하라 그리하면 너의 하나님 여호와가 네게 준 땅에서 네가 생명이 길고 복을 누리리라

사회가 점점 개인주의화되면서 핵가족도 해체되고 '1인 가구'의 시대가 찾아왔습니다. 그러나 성경은 가족이 사람의 가장 중요한 공동체이며 특히 자녀들은 부모님을 각별히 섬기라고 명령하고 있습니다.

'유교 사상의 완성자'라고 불리는 맹자는 불효에는 5가지 종류가 있다고 말했습니다.

1. 게을러 일을 하지 않고 부모님을 공양하지 않는 것
2. 노름과 음주에 정신이 팔려 부모님을 돌보지 않는 것
3. 돈과 여자를 탐해 부모님을 찾아오지 않는 것
4. 욕구를 채우려고 욕심을 부려 사람들에게 욕을 먹는 것
5. 사람들과 싸워 부모님을 불안하게 만드는 것

성경에도 이미 모든 불효는 낳아주고 키워주신 부모님의 은혜를 잊고 사는 것이 원인이라고 말했습니다.

부모님의 은혜는 너무도 크기 때문에 그 은혜를 알면서도 부모님을 팽개쳐두고 자기만을 위해 살아갈 수는 없기 때문입니다. 주님 안에서 더욱 부모를 공경해야 합니다.

하나님을 '아버지'라고 부르는 우리도 때때로 하나님을 잊고 살아감으로 불효하고 있지는 않습니까?

바다 같은 부모님의 은혜보다 더 큰 은혜를 베푸신 하나님 아버지를 잊지 말고 내가 드릴 수 있는 최선의 손, 발과 마음으로 섬기십시오. 아멘!

🩷 주님! 나를 자녀로 사랑하시는 주님을 성실히 섬기게 하소서.
🧎 말로만 하는 고백을 멈추고 행동으로 주님께 사랑을 고백합시다.

5월 17일

변화의 기회

읽을 말씀 : 로마서 8:24-30

● 롬 8:27 마음을 감찰하시는 이가 성령의 생각을 아시나니 이는 성령이 하나님의 뜻대로 성도를 위하여 간구하심이니라

영국에서 변호사 자격을 딴 한 유능한 인도 청년이 커리어를 쌓기 위해 남아프리카공화국을 찾았습니다.

청년은 추천받은 사무실이 있는 도시로 향하는 1등급 기차표를 끊었지만 승무원은 청년이 1등석에 앉아있는 것을 보고는 화를 내며 3등 칸으로 내쫓았습니다.

"유색인종은 1등 칸에 탈 수 없으니 3등 칸으로 이동하세요."

변호사 자격증을 보여주고 1등 칸 기차표를 보여줘도 승무원은 요지부동이었습니다. 청년이 계속해서 항의한다는 이유로 승무원은 목적지도 아닌 역에서 그를 내쫓았습니다.

쫓겨난 청년은 변호사에 1등 칸 기차표를 구입한 자신도 이런 취급을 당하는데 다른 인도인들은 더 심한 차별을 받고 있을 것이라고 생각했습니다.

이날 이후 변호사를 꿈꾸던 청년은 인권운동가가 됐고, 귀국해서는 무저항 비폭력 운동으로 독립을 이끌었습니다.

인도 독립의 아버지 마하트마 간디는 청년 시절 마리츠버그 역에서 당한 수모가 없었다면 평범한 변호사로 생을 마감했을 것이라고 회고했습니다. 성장하기 위해선 한 단계 더 높은 차원으로 바라보고 생각할 수 있어야 합니다.

나에게 일어나는 모든 일들을 하나님의 차원에서 바라보고 생각하고자 노력하십시오. 아멘!

♡ 주님! 모든 일을 믿음의 영역에서 한 차원 높게 바라보게 하소서.

📖 날 향한 주님의 뜻이 무엇인지 바르게 분별합시다.

지혜를 주시는 하나님

읽을 말씀 : 다니엘 1:14-21

5월 18일

● 단 1:17 하나님이 이 네 소년에게 지식을 얻게
하시며 모든 학문과 재주에 명철하게 하신 외에
다니엘은 또 모든 이상과 몽조를 깨달아 알더라

미국 외딴 시골에서 치즈를 팔던 청년이 있었습니다.
배운 것도, 가진 것도 없던 초라한 청년은 매일 아침 수레
에 치즈를 싣고 성실하게 팔기만 했습니다. 그는 집을 나서기 전
"주님, 치즈를 더 잘 팔 수 있도록 도와주시고 지혜를 주세요"라
고 기도했습니다.

청년의 기도는 방법을 구하지 않는 막연한 기도였지만 하나
님은 지혜를 주시고 필요한 사람들을 만나도록 이끄셨습니다.

미국 굴지의 식료품 회사 '크래프트'의 창업주 크래프트는 성
공의 비결을 물을 때마다 "기도를 할 때마다 하나님이 지혜를 주
셨다"라고 대답했습니다.

수술을 무사히 마쳤음에도 환자들이 죽어가는 모습에 힘들어
하는 조지프라는 의사가 있었습니다. 도저히 방법을 찾을 수 없
던 조지프는 하나님께 간절히 기도했습니다.

"하나님, 죽어가는 생명을 살릴 수 있는 지혜를 주소서."

소독으로 세균을 죽이는 방법을 가장 먼저 발견한 조지프는
기도 중에 하나님이 지혜를 주셨기 때문에 가능한 일이었다고
평생 고백했습니다.

하나님이 주신 비전을 이루는데 부족한 것은 하나님이 무엇
이든지 넘치도록 부어주십니다.

기도를 응답하시고 꾸짖지 않으시는 주님에게 필요한 모든
것을 구하십시오. 아멘!

♡ 주님! 구하면 주시는 주님을 진정으로 믿게 하소서.
📖 나에게 부족한 모든 것을 기도로 주님께 간구합시다.

5월 19일

기회를 잡은 단 한 명

읽을 말씀 : 호세아 6:1-11

● 호 6:3 그러므로 우리가 여호와를 알자 힘써 여호와를 알자 그의 나오심은 새벽 빛 같이 일정하니 비와 같이, 땅을 적시는 늦은 비와 같이 우리에게 임하시리라 하리라

1960 년대 미국 시애틀시의 한 초등학교에 컴퓨터실이 생겼습니다.

일반인은 컴퓨터를 구경도 할 수 없던 시절 한 학부모가 아이들을 위해 거금을 투자해서 가능한 일이었습니다.

1년이 지나자 유지비를 감당하기가 부담스러웠던 학부모는 컴퓨터보다는 학업에 열중하는 학생들의 모습을 보고는 컴퓨터실을 철수하기로 마음먹었습니다.

마지막으로 시설을 둘러보러 컴퓨터실을 들렀는데 한 아이가 뜨거운 열정으로 프로그래밍을 하고 있었습니다.

비록 한 명이지만 시설을 가치있게 만들어준 학생이 고마웠던 학부모는 사라진 컴퓨터실 대신 지인이 일하는 회사에서 프로그래밍을 배울 수 있게 학생을 배려했습니다.

대학생이 될 때까지 틈만 나면 컴퓨터를 붙잡고 씨름하던 아이는 대학을 다니던 중 자퇴를 하고 '마이크로소프트'라는 회사를 차렸습니다.

빌 게이츠와 같은 혜택을 누릴 수 있었던 학생은 수백 명이었지만 그 기회를 잡은 것은 단 한 명이었습니다.

하나님이 허락하신 소중한 오늘 하루가 주님의 사랑을 전하고 말씀을 실천할 유일한 기회일 수 있습니다. 복음을 전할 기회, 말씀을 행할 기회를 놓치지 말고 잡으십시오. 아멘!

💚 주님! 말씀을 실천한 기회들을 소중하게 여기게 하소서.

📸 오늘 보이는 복음을 위한 기회를 놓치지 말고 속히 잡읍시다.

러셀의 역설

읽을 말씀 : 골로새서 2:16-23

5월 20일

● 골 2:20 너희가 세상의 초등 학문에서 그리스도와 함께 죽었거든 어찌하여 세상에 사는 것과 같이 의문에 순종하느냐

시장에 팔려 온 칠면조가 있었습니다.

잡혀 온 다음 날 아침, 종이 울리자 주인이 우리로 들어왔습니다.

'혹시 나를 잡아먹으면 어쩌지?'

칠면조의 걱정과 달리 주인은 사료가 담긴 접시와 물을 두고 갔습니다. 다음날도, 그 다음날도 마찬가지였습니다.

칠면조는 사료를 배부르게 먹을 수 있는 아침 9시만을 기다렸습니다.

6개월이 지난 뒤에도 어김없이 9시에 종이 쳤습니다.

칠면조는 그날도 어김없이 먹이를 먹을 생각에 들떠 있었는데 주인의 손에는 사료 대신 식칼이 들려 있었습니다.

추수감사절 요리를 준비하기 위해 미리 칠면조를 사다가 포동포동 살을 찌운 것입니다.

철학자 러셀이 근시안적인 사고방식으로 동일한 미래가 반복될 것이라며 칠면조처럼 안심하는 사람들을 꼬집기 위해 만든 '러셀의 역설'이라는 일화입니다.

죽음을 피할 수 있는 사람은 한 명도 없지만 사람들은 마치 예화의 칠면조처럼 영원히 산다고 생각합니다.

모두가 당면한 죽음의 문제를 해결하기 위해선 부활하심으로 영생의 능력을 보여주신 주님을 영접할 수밖에 없습니다.

믿음으로 영원한 삶을 준비하십시오. 아멘!

♡ 주님! 영원을 위한 오늘을 준비하게 하소서.

📖 하늘나라를 위한 준비를 하는 삶을 살아가고 있는지 돌아봅시다.

더 힘을 내야 할 때

읽을 말씀 : 느헤미야 8:6-12

● 느 8:10 … 너희는 가서 살진 것을 먹고 단 것을 마시되 예비치 못한 자에게는 너희가 나누어 주라 이 날은 우리 주의 성일이니 근심하지 말라 여호와를 기뻐하는 것이 너희의 힘이니라 하고

국내 인쇄업 시장에서 있었던 일입니다.

점유율을 비슷하게 차지하고 있던 두 라이벌 기업이 있었는데 불황이 오자 한 기업에서는 영업 예산을 빠르게 축소했습니다.

반면 다른 기업은 오히려 마케팅 예산을 늘린 후 직원들에게 세 가지를 부탁했습니다.

1. 점유율 100%를 만들겠다는 다짐
2. 상품 판매 수수료와 인센티브 인상 기대
3. 묻지도 따지지도 않는 애프터서비스 하기

당장을 생각하면 지출을 아껴야 하지만 위기가 기회라고 생각한 사장님의 과감한 결단이었습니다.

경제 위기가 끝나자 어려울 때 더 적극적으로 고객을 생각했던 이 기업은 경쟁사보다 무려 2배나 점유율이 높아져 있었습니다.

미국 최대의 기업재단 '카우프만'에 따르면 경기가 침체될수록 빠르게 성장하는 기업들이 오히려 많이 나타난다고 합니다.

미국의 500대 기업 중 57%는 경기침체기에 세워졌습니다.

위기는 잘 대응하면 더없는 기회가 됩니다. 사람들이 복음을 점점 떠나가고 있는 위기의 시대에 세상에 그리스도인의 본을 보임으로 복음을 더 힘차게 전할 기회의 시대로 만드십시오. 아멘!

💗 주님! 영혼 구원을 위한 기도를 쉬지 않게 하소서.
🖼 위기일수록 열심히 복음을 전하고 전도합시다.

쓸모없는 사람은 없다

읽을 말씀 : 이사야 64:5-12

● 사 64:8 그러나 여호와여 주는 우리 아버지시 니이다 우리는 진흙이요 주는 토기장이시니 우 리는 다 주의 손으로 지으신 것이라

깊은 숲속에 나무 네 그루가 살고 있었습니다. 하루는 오동나무가 자신을 뽐냈습니다.

"나만큼 단단하고 곧게 자라는 나무는 없어.

좋은 가구를 만드는 목수들은 나만 찾는다고."

그 말을 들은 사과나무가 말했습니다.

"하지만 나는 맛있는 열매를 맺을 수 있어.

내 열매를 싫어하는 사람은 없어."

옆에 있던 향나무도 질세라 자랑을 했습니다.

"나처럼 향기가 나는 나무는 없지. 높으신 분들은 내 향을 좋아해."

세 나무의 자랑을 듣고 있던 옆의 이름 모를 나무는 아무 말 없이 조용했습니다. 구불구불 못생기고 크기만 해 내세울 게 없었기 때문입니다.

몇 년이 지나고 서로 자랑을 하던 세 나무는 목수에게 베이고 그루터기만 남았지만 이름 모를 나무는 사시사철 큰 그늘을 만들어 사람들에게 쉼터를 제공한다고 칭찬을 받았습니다.

길가에 작은 풀 한 포기도 존재의 이유가 있듯이 세상에 쓸모없는 사람은 없습니다. 내 자신이 작고 연약해 보여 마음이 지치고 힘들 때에도 하나님의 원대한 계획이 있는 귀한 그리스도의 자녀라는 사실을 기억하십시오. 아멘!

♡ 주님! 주님의 때에 귀하게 쓰임 받는 인생이 되게 하소서.

🎴 어떤 경우에도 주님의 자녀임을 기억하며 자존감을 잃지 맙시다.

성령 충만 간구 기도문

읽을 말씀 : 디모데후서 1:3-14

●딤후 1:14 우리 안에 거하시는 성령으로 말미암아 네게 부탁한 아름다운 것을 지키라

부활하신 예수님이 승천하신지 약 두 달이 지나고 마가 다락방에 모인 제자들에게 성령님이 임재하셨습니다.

주님의 약속을 따라 성령을 받은 제자들을 통해 복음이 불길처럼 퍼져갔기 때문에 신학자들은 교회의 시작은 성령의 임재로부터 시작됐다고 말합니다.

2천 년 전 다락방에 모인 제자들에게 임한 성령이 우리의 삶에 임할 때 다시 복음은 불길처럼 전 세계로 퍼져나갈 것입니다.

다음은 '웨슬리 듀엘' 목사님이 쓰신 성령의 충만함을 간구하는 기도문입니다.

'오늘도 주님을 기다리고 있으니 약속하신 말씀대로 임하소서.
기도 드리는 이 시간 속히 임하사 축복하시고
부흥을 주시옵소서.
우리 마음에 주님의 빛을 주시고
거룩한 불길로 임하여주소서.
마음을 정결케 하시고 성령으로 충만케 하옵소서.
곤고한 마음으로 주님 앞에 엎드렸사오니 홀연히 임하소서.
성령이여 이 시간 오시옵소서.'
성령이 임할 때 모든 것이 변화됩니다.

하나님의 말씀을 따라 바른길로 인도하시며 놀라운 능력을 행하실 성령이 오직 내 안에 충만하기를 구하십시오. 아멘!

♡ 주님! 나를 변화시키고, 세상을 변화시킬 성령을 보내주소서.
🧎 오늘뿐 아니라 매일 성령의 충만함을 구하는 기도를 드립시다.

어른의 자격

읽을 말씀 : 시편 34:1-9

● 시 34:9 너희 성도들아 여호와를 경외하라 저
　를 경외하는 자에게는 부족함이 없도다

미국의 교육전문가이자 스탠퍼드대학 학장이었던 줄리 하임
즈 박사가 말한 '스무 살이 된 성인이 갖고 있어야 할 8가
지 필수 자질입니다.
　1. 낯선 사람에게 정중하게 말을 걸 수 있어야 합니다.
　2. 스스로 자기 인생을 향해 걸어갈 수 있어야 합니다.
　3. 자신의 일에 필요한 계획을 세우고 마감을 지킬 수 있어야
　　 합니다.
　4. 집안에 필요한 일들을 감당할 줄 알아야 합니다.
　5. 다른 사람의 개입 없이 인간관계를 다스릴 줄 알아야 합
　　 니다.
　6. 인생에는 문제가 있다는 것을 알고 대처할 준비가 되어 있
　　 어야 합니다.
　7. 돈을 벌고 관리할 줄 알아야 합니다.
　8. 감당할 수 있는 위험은 선택할 줄도 알아야 합니다.
　공부를 잘하는 것보다 스스로 인생을 개척하는 힘이 더 중요
하다는 것이 미국 최고의 대학교 학장을 역임한 교육전문가의
깨달음이었습니다.
　나이를 먹는다고 저절로 어른이 되는 것이 아니듯이 그리스
도인에게도 노력이 필요합니다. 하나님이 명하신 바를 지키려고
노력하는 자격을 갖춘 그리스도인이 되십시오. 아멘!

💛 주님! 혼자 있을 때도 주님 앞에 바로 선 성도가 되게 하소서.
🖼 주님을 향해 성장해나가는 그리스도인이 됩시다.

5월 25일

기억할 것, 생각할 것

읽을 말씀 : 신명기 29:1-9

● 신 29:9 그런즉 너희는 이 언약의 말씀을 지켜 행하라 그리하면 너희의 하는 모든 일이 형통하리라

일본의 베스트셀러 작가 도쓰카 다카마사는 세계 최고의 인재를 키우는 비결을 알아내기 위해 미국으로 떠났습니다. 세계 최고의 대학 하버드와 세계 최고의 컨설팅 기업 맥킨지를 수개월 동안 취재한 그는 각각 두 가지 비결을 찾았습니다.

● 첫 번째로 도쓰카가 찾은 하버드의 비결은 '인간관계를 원활하게 만드는 기억력'이었습니다. 하버드의 교수들은 아무리 오랜 시간이 걸려도 학생들의 이름과 얼굴, 특이사항을 전부 외운다고 합니다. 이름을 부르고 대화하는 과정이 인간관계, 그리고 교육의 시작이라고 보기 때문입니다.

하버드를 졸업한 학생들은 교수들의 이런 모습을 통해 인적사항의 중요성을 깨닫게 되고 이 습관이 또 다른 성공의 밑거름이 되었다고 도쓰카는 생각했습니다.

● 두 번째로 맥킨지에서 찾은 비결은 '생각하는 법'이었습니다. 맥킨지에서는 독서량보다 3배 많은 시간을 투자해 정리하고 되새기라고 가르칩니다. 지식을 얻는 것도 중요하지만 정보를 활용하고 창의력으로 연결하는 일이 더 중요하기 때문입니다.

상대방을 중요하게 여기고, 배운 것을 활용하도록 애쓰는 기본이 세계적인 명문 대학과 회사를 키운 비결이었습니다. 어떤 분야를 막론하고 성공에는 기본이 가장 중요합니다.

하나님을 섬기고 이웃을 내 몸처럼 사랑하라는 말씀의 기본을 지켜 행하십시오. 아멘!

♡ 주님! 내 욕심보다 주님의 영광을 위하게 하소서.
▨ 상대를 알고 말씀을 알아감으로 복음을 수월하게 전합시다.

때를 놓친 명마

읽을 말씀 : 에베소서 5:15-21

● 엡 5:16 세월을 아끼라 때가 악하니라

중국 진나라의 마부 손양은 명마를 보는 눈이 탁월했습니다. 손양이 점찍은 말은 가격이 열 배나 뛰어서 사람들은 그를 말을 관장하는 신이라는 뜻의 '백락(伯樂)'이라고 불렀습니다.

하루는 손양이 마을 어귀를 걷다가 허름한 소금 수레를 끄는 말과 마주쳤습니다.

보자마자 명마라는 것을 느낀 손양은 말을 여기저기 살펴봤는데 영락없는 천리마였습니다. 하지만 나이가 들어 무릎은 꺾이고 꼬리도 처져 있었습니다.

"아니, 이런 명마로 왜 소금 수레를 끌고 계십니까?"

"나는 그런 것을 잘 모릅니다. 십 년 전에 수레나 끌려고 아무 말이나 사 온 것입니다."

손양은 안타까운 마음에 주인을 잘못 만난 천리마를 끌어안고 울며 입고 있던 비단옷까지 덮어줬습니다.

이 일화는 '기복염거(驥服鹽車)'라는 사자성어로 지금까지 전해지고 있습니다.

천리마가 소금 수레를 끌며 삶을 낭비하는 것처럼 하나님을 만나지 못한 삶은 아무리 성공해도 의미가 없습니다.

나의 주인이자, 구원주이신 주 예수님을 만나고 주님을 위한 삶으로 진정 가치 있는 삶을 살아가십시오. 아멘!

💙 주님! 오직 주님께만 더욱 집중하게 하소서.

🙏 세상에서 인생을 낭비하지 말고 주님을 위해서만 살아갑시다.

늑대의 리더십

읽을 말씀 : 마태복음 23:8-13

●마 23:11 너희 중에 큰 자는 너희를 섬기는 자가 되어야 하리라

높게 쌓인 눈밭을 헤치며 길을 내는 늑대 한 마리가 있습니다.

잠시 뒤 수많은 늑대가 그 길을 따라 걸어갑니다.

리더가 먼저 몸을 희생해서 무리가 편하게 이동할 수 있도록 눈밭에서 길을 내준 것입니다.

이 길을 따라오는 늑대에는 순서가 있습니다.

나이가 들거나 부상을 당한 늑대들이 가장 먼저 따라옵니다.

집단생활을 중시하는 늑대들은 한 마리의 낙오자도 만들지 않기 위해서 걸음 속도가 느린 늑대들을 먼저 걷게 하고 건강한 늑대들이 뒤를 따라갑니다. 만약 중간에 낙오자가 생기면 행군을 멈추고 짝을 지어 밤이 새도록 찾아다닙니다.

늑대들은 리더가 희생을 꺼리거나 자주 자리를 비우면 쫓아내고 새로운 리더를 뽑는데 늑대들에게 리더란 집단생활을 위해 희생하며 노력하는 자리이기 때문입니다.

올라서기보다 희생하는 늑대의 리더십은 요즘 군대와 기업들의 귀감이 되고 있다고 하지만 이 모습의 진정한 본은 예수님이 보이셨습니다.

"높은 자리일수록 남을 섬기고 노력하라"는 예수님 말씀처럼 어떤 자리에 있든지 섬기는 겸손한 성도가 되십시오. 아멘!

💙 주님! 진정한 리더십이 무엇인지 말씀으로 가르치소서.

🧎 섬기고 배려함으로 사람들을 바른 방향으로 인도합시다.

사랑하는 능력

읽을 말씀 : 시편 5:1-7

5월 28일

● 시 5:7 오직 나는 주의 풍성한 인자를 힘입어 주의 집에 들어가 주를 경외함으로 성전을 향하여 경배하리이다

'5가지 사랑의 언어'를 쓴 베스트셀러 작가이자 전문 카운슬러인 개리 채프먼은 가장 풍요로운 인생을 사는 사람은 '사랑을 주는 법을 아는 사람'이라고 합니다.

다른 사람을 사랑하는 사람은 개인의 잠재력을 키워주면서 세상을 더 아름답게 만드는 아주 중요한 역할을 담당하기 때문입니다.

다음은 '사랑할 줄 아는 사람이 가지고 있는 7가지 자질'입니다.

1. 다른 사람을 먼저 생각하는 친절한 사람
2. 다른 사람의 불완전함을 받아들이고 인내하는 사람
3. 분노에 사로잡히지 않고 용서하는 사람
4. 격의 없이 호의를 베풀 수 있는 사람
5. 다른 사람을 높일 수 있는 겸손한 사람
6. 자신에게 엄격하고 타인에게는 관대한 사람
7. 거짓 없는 정직함으로 솔직하게 자신을 드러내는 사람

'받는 것보다 주는 것이 더욱 복되다'는 성경 말씀처럼 사랑도 베풀 줄 아는 사람이 더욱 행복합니다.

주님께서 생명을 주시면서까지 우리에게 베푸신 사랑을 본받아 사랑을 주는 사람이 되어 성령의 귀한 열매를 맺는 삶으로 풍성한 사랑을 베풀며 살아가십시오. 아멘!

♡ 주님! 주님을 통해 먼저 사랑하는 법을 배우게 하소서.
▧ 다른 사람들을 인정함으로 사랑을 전합시다.

5월 29일

홀로 나아오라

읽을 말씀 : 요한복음 4:19-24

● 요 4:24 하나님은 영이시니 예배하는 자가 신령과 진정으로 예배할찌니라

프랑스의 목회자 프랑소와 페넬롱은 궁전에서 예배를 인도했습니다.

주일마다 예배당은 귀족들로 가득 차 있었지만 페넬롱이 보기에는 진정으로 예배를 드리는 사람은 한 명도 없는 것 같았습니다.

페넬롱은 귀족들이 교회에 오는 이유가 루이 14세에게 아부하기 위해서라고 생각해 어느 날 주일을 앞두고 귀족들에게 다음과 같은 편지를 보냈습니다.

'이번 주일 예배는 루이 14세 전하가 참석하지 않습니다.'

주일이 되고 루이 14세가 예배를 드리러 교회에 들어서자 예배당이 비어 있었습니다.

당황한 루이 14세에게 페넬롱이 말했습니다.

"폐하께서 오늘 예배에 오지 않는다고 편지를 돌렸습니다.

지금 이 자리에 나오지 않은 사람들은 예배가 아닌 폐하께 아부하러 나온 사람들임을 기억해주시길 바랍니다."

아무도 예배하지 않는 곳에서 예배하고, 진심 어린 찬양을 드리는 것이 진정한 예배입니다.

하나님께 드리는 예배는 오직 하나님만을 바라보려고 노력해야 합니다. 하나님을 예배하는 자리에서 중심을 잃지 않고 항상 진심을 드리는 참된 예배자로 바로 서십시오. 아멘!

 주님! 주님의 은혜에 반응하는 예배가 되게 하소서.

내가 예배를 드리는 목적이 무엇인지 철저하게 돌아봅시다.

자비의 우물

5월 30일

읽을 말씀 : 에베소서 2:1-10

● 엡 2:7 이는 그리스도 예수 안에서 우리에게 자비하심으로써 그 은혜의 지극히 풍성함을 오는 여러 세대에 나타내려 하심이니라

머마르고 척박한 사막에 한 마을이 있었습니다. 물은 부족했지만 마을 사람들에게는 아무런 걱정이 없었습니다. 마을 중턱에 있는 마르지 않는 우물의 주인인 토비아스가 모든 사람에게 물을 주었기 때문입니다. 토비아스는 사랑하는 아들과 여행을 떠나며 하인에게 우물 관리를 맡겼습니다.

하인이 며칠 지켜보니 마을 사람 중에는 착하게 사는 사람도 있고 나쁘게 사는 사람도 있었습니다.

이들에게 똑같이 물을 주는 것은 불공평하다고 생각한 하인은 자기가 보기에 나쁜 사람들에게는 물을 주지 않았습니다.

며칠 뒤 여행에서 먼저 돌아온 토비아스의 아들은 아버지의 뜻을 어긴 하인을 크게 꾸짖으며 모든 사람에게 우물을 허용했습니다. 그러자 사람들이 이번에는 못된 하인에게는 물을 주지 말아야 한다고 주장했지만 아들은 고개를 가로저었습니다.

"나쁜 사람이든 실수를 한 사람이든 마을의 모든 사람에게 물을 주라는 것이 아버지의 명령입니다. 여기에는 그 어떤 예외도 존재하지 않습니다."

맥스 루케이도가 쓴 '토비아스의 우물'이라는 예화입니다.

하나님의 자비는 우리의 생각으로는 측량할 수 없는, 한량없는 은혜입니다. 내가 안 된다고 생각하는 그 사람에게 더 은혜를 전하십시오. 아멘!

♡ 주님! 모든 사람이 구원받기 원하는 주님의 마음을 깨닫게 하소서.
🖼 나의 재량으로 사람을 판단하고 정죄하는 실수를 하지 맙시다.

바흐의 신앙

5월 31일

읽을 말씀 : 빌립보서 1:25-30

● 빌 1:27 오직 너희는 그리스도 복음에 합당하게 생활하라 이는 내가 너희를 가보나 떠나 있으나 너희가 일심으로 서서 한 뜻으로 복음의 신앙을 위하여 협력하는 것과

서양의 공포영화에서 음악의 아버지 바흐의 음악은 귀신들이 가장 싫어하는 노래로 묘사되곤 합니다.

서양에는 '악마는 바흐를 싫어한다'는 말이 있을 정도인데 바흐의 신앙심이 생전에 그만큼 독실했기 때문입니다.

바흐는 믿음이 굳건한 그리스도인이었습니다.

직접 주석을 달 정도로 말씀을 탐독했기 때문에 진리의 편에 바르게 설 수 있었다고 합니다.

바흐의 모든 악보에는 '주님, 도와주소서'라는 뜻의 'J.J.(Jesu Juva)'가 첫 줄에, '오직 하나님께 영광을'의 약어 'S.D.G.(Soli Deo Gloria)'가 마지막 줄에 적혀 있습니다.

바흐에게 음악은 진리를 선포하는 도구였습니다.

바흐는 자신의 음악을 '멜로디가 있는 설교'라고 생각해 모든 요소에 신앙심이 깃들도록 심혈을 기울였습니다. 당대에 이런 사실을 모르는 사람이 없었기 때문에 바흐의 신앙은 그의 음악과 함께 사람들에게 전해 내려오고 있습니다. 그래서 바흐의 묵상과 간증이 빼곡하게 담긴 칼로프 성경은 그의 악보와 더불어 박물관에 나란히 전시되어 있습니다.

변화된 그리스도인이 하나님과 함께 하는 모든 일이 바로 하나님의 일입니다. 오늘 나의 말과 행동과 생각과 중심이 하나님을 나타내는 거룩한 설교가 되도록 주님과 동행하십시오. 아멘!

♡ 주님! 세상에서의 삶과 신앙생활이 별개가 아님을 깨닫게 하소서.
▨ 주님이 보내신 삶의 자리에서 주님을 나타내며 삽시다.

"원컨대 주께서 내게 복에 복을 더 하사
나의 지경을 넓히시고
주의 손으로 나를 도우사
나로 환난을 벗어나
근심이 없게 하옵소서 하였더니
하나님이 그 구하는 것을 허락하셨더라"
- 역대상 4:10

6월

6월 1일

아직도 열리는 열매

읽을 말씀 : 시편 1:1-6

● 시 1:3 저는 시냇가에 심은 나무가 시절을 좇아 과실을 맺으며 그 잎사귀가 마르지 아니함 같으니 그 행사가 다 형통하리로다

『1973년 5월 30일부터 6월 3일까지 한국 여의도 광장에서 열린 빌리 그레이엄 전도대회는 한국 개신교 발전에 일대 전환점이라고 평가받습니다.

집회 마지막 날에 모인 117만 명의 인파는 전도대회 사상 세계 최고의 기록입니다.

이 집회는 1970년대 한국 교회를 4배나 성장시켰다고 합니다.

더욱 놀라운 것은 50년이 지난 지금까지 이때 뿌린 복음의 열매가 맺히고 있다는 사실입니다.

다음은 이때 주님을 영접한 한 성도의 간증입니다.

"저는 믿음이 없는 가정에서 태어나 성탄절에만 교회에 갔을 뿐 평소에는 할머니를 따라 절에 가곤 했습니다. 그러다가 교회 다니는 친구에게 이끌려 당시 전도대회에 참석했어요. 가슴이 벅찰 정도의 깊은 은혜를 처음으로 경험했습니다. 그때 그 여중생이 지금은 복음의 전달자가 됐답니다. 제 인생을 변화시키신 것처럼 더 많은 분들에게 예수님의 복음을 전하는 귀한 일을 계속 건강하게 감당해주셨으면 좋겠습니다."

하나님의 일을 통해 맺히는 열매는 썩지 않고 영원합니다.』

– 김장환 목사의 인생 메모에서

지금 당장 열매가 보이지 않을지라도 언젠가 갚아주실 주님을 믿으며 복음을 전하는 일에 매진하십시오. 아멘!

♡ 주님! 항상 전도에 힘쓸 수 있도록 지혜와 용기를 주소서.

▨ 전도 대상자들의 이름을 적고 기도하며 복음을 전합시다.

느낄 수 있는 하나님

읽을 말씀 : 시편 89:11-18

● 시 89:11 하늘이 주의 것이요 땅도 주의 것이라 세계와 그 중에 충만한 것을 주께서 건설하셨나이다

소설가 고든이 쓴 '햇살'이라는 예화입니다.

길에서 과일을 팔며 성경을 읽는 소녀가 있었습니다. 길에서 과일이나 파는 소녀가 무슨 성경을 읽나 싶었던 한 신사가 말을 걸었습니다.

"너 같은 아이가 성경을 읽어서 뭐에 쓰려고 하니?"

"하나님의 말씀을 묵상하는 중이에요."

"그게 하나님의 말씀이라고? 난 너보다 훨씬 더 많이 공부하고 대학도 나왔단다. 성경도 읽어봤지만 아무리 생각해도 그건 하나님의 말씀이라고 볼 수는 없어."

"하지만 하나님은 정말로 살아계신걸요."

"그렇다면 하나님을 본 적이 있냐?"는 신사의 질문에 소녀가 대답했습니다.

"눈이 멀어 태양을 보지 못하는 사람도 따스한 햇살의 기운을 느낄 수는 있지요. 마찬가지로 성경을 읽을 때 제 마음도 햇살처럼 하나님을 느낀답니다."

하나님을 믿고 그동안 살아온 인생길을 돌아보십시오.

무엇 하나 하나님의 은혜가 아닌 것이 없고 손길이 닿지 않은 것이 없습니다.

살아계시고 온 땅에 충만하신 하나님께 나의 삶을 모두 드립시다. 아멘!

♡ 주님! 인도하신 모든 것이 오로지 은혜임을 고백하게 하소서.

🎞 햇살처럼 임했던 하나님의 축복과 손길을 돌아보며 감사합시다.

갈급한 심령

읽을 말씀 : 시편 42:1-11

● 시 42:1 하나님이여 사슴이 시냇물을 찾기에
갈급함 같이 내 영혼이 주를 찾기에 갈급하니이
다

아프리카 쿠루만 부족에게 복음을 전하던 로버트 모펫에게
늦은 밤 한 여인이 찾아왔습니다.

20km나 되는 거리를 걸어온 여인은 모펫에게 "성경을 줄 수
있냐?"고 물었습니다.

모펫이 "어떻게 내가 여기 있는 것을 알고 찾아왔냐?"고 묻자
여인이 대답했습니다.

"며칠 전 다른 부족 사람이 우리 마을을 찾아와서 성경이란
책을 보여주며 복음을 전했습니다. 그가 떠나고도 우리는 계속
그 말씀을 읽고 싶어 책을 구할 수 있는 곳을 묻자 이곳을 가르
쳐줬습니다."

다행히 모펫이 번역한 성경이 한 권 남아있었습니다.

여인은 성경을 품에 꼭 안고 세상에서 가장 행복한 미소를 지
으며 돌아갔습니다.

훗날 이런 식으로 복음을 먼저 접한 원주민들의 전도를 통해
성경을 얻고자, 때로는 말씀을 듣고자 수백 킬로미터 떨어진 곳
에서도 모펫을 찾아온 이들이 많았다고 합니다.

심령을 살리고 회복시키는 놀라운 말씀의 능력을 우리는 얼
마나 체감하고 있습니까?

누군가에겐 목숨보다 소중했던 귀한 그 말씀을 인생의 보물
로 여기며 더 가까이하십시오. 아멘!

♡ 주님! 주님의 놀라운 손길을 전하며 살아가게 하소서.

▨ 가까운 곳에 있다고 소중함을 느끼지 못하는 사람이 되지 맙시다.

기도의 3단계

읽을 말씀 : 데살로니가전서 5:12-18

● 살전 5:17 쉬지 말고 기도하라

'오직 하나님께만 집중했던 사람'으로 불린 토마스 머튼은 올바른 기도를 드리기 위해 끊임없이 노력한 사람이기도 합니다.

다음은 토마스 머튼이 말한 「기도의 3단계」입니다.

● 1단계는 지적으로 회상하는 기도(Reflexive prayer).

사람에게 기도를 하듯이 대화를 하며 내가 주체가 되어 생각하며 고백하는 기도입니다.

● 2단계는 마음을 통찰하는 기도(Meditative prayer).

말보다는 마음을 통해 하나님의 뜻을 알고 심중을 고백하는, 한 단계 더 깊은 기도로, 학자들은 주님이 가르쳐 주신 기도와 같다고 합니다.

● 3단계는 나를 비우고 하나님을 바라보려고 노력하는 기도(Contemplative prayer).

온전히 나를 비우고 하나님의 뜻을 구하는 기도로, 모든 것을 아버지께 맡긴 아이와 같은 심정으로 드리는 기도인데 감람산에서 예수님이 하신 기도와 같다고 합니다.

신앙의 단계에 맞는 기도가 있지만 하나님은 모든 기도에 응답해주십니다. 그러나 나를 넘어서 하나님과 하나님의 뜻을 구하는 기도를 드리고자 하는 더 큰 믿음이 필요합니다.

성경의 가르침대로 쉬지 말고 기도하는 삶을 삽시다. 아멘!

♡ 주님! 바르게 구하며 주님과 대화하는 기도를 드리게 하소서.
🥋 주님의 뜻만을 구하는 바른 기도를 드립시다.

사랑에 필요한 용기

읽을 말씀 : 갈라디아서 5:10-15

● 갈 5:13 형제들아 너희가 자유를 위하여 부르심을 입었으나 그러나 그 자유로 육체의 기회를 삼지 말고 오직 사랑으로 서로 종노릇하라

등이 굽어 콤플렉스가 있는 모세라는 철학자가 있었습니다. 모세는 훌륭한 인품으로 사람들의 존경을 받았지만 흉한 외모로 여자들에게는 기피대상이었습니다.

독일을 여행하던 중 프롬체라는 여인에게 한눈에 반한 모세는 사랑의 마음을 감출 수 없었습니다. 어떻게든 그녀의 마음에 들려고 노력했지만 멋진 남자들에게 끊임없이 구애를 받던 프롬체는 모세에게 눈길조차 주지 않았습니다.

모세는 떠나기 전날 밤 프롬체를 찾아가 자신의 진심을 한 이야기로 들려주었습니다.

"하나님이 제 미래의 신부를 정해주시는 꿈을 꾼 적이 있습니다. 하나님은 저에게 훌륭한 외모를 주시고 아내의 등을 굽게 만들겠다고 하셨습니다. 아내를 사랑한 저는 제 등을 굽게 하고 아내에게는 아름다움을 달라고 간곡히 부탁했습니다. 비록 꿈이지만 제 마음은 진심입니다. 제 사랑을 받아주시겠습니까?"

모세의 진심은 프롬체의 마음을 움직였고 두 사람은 평생의 동반자가 됐습니다. 화목한 가정 때문에 '가장 행복한 음악가'로 불린 멘델스존의 할아버지 모세 멘델스존의 일화입니다.

평생을 함께하고 싶은 사람이 있다면 지금 하나님의 사랑을 전함으로 그리스도 안에서 함께 하는 형제자매가 되는 하나님의 큰 복을 누리십시오. 아멘!

♡ 주님! 사랑을 전할 용기와 지혜로운 입을 허락하소서.

📖 가까운 사람에게부터 주님의 사랑을 전합시다.

마음을 지키라

읽을 말씀 : 잠언 4:20-27

● 잠 4:23 무릇 지킬만한 것보다 더욱 네 마음을 지키라 생명의 근원이 이에서 남이니라

때로 나의 의지와 상관없이 감정이 침체되고 기분이 가라앉을 때가 있습니다. 이럴 때 알아야 할 '영국 크리스천 투데이'의 칼럼에 실린 '영적 공격일 수 있는 5가지 감정 상태'입니다.

1. 커다란 분노 : 분노는 판단을 흐리게 하는 가장 강력한 감정이지만 하나님의 말씀은 "분을 내어도 죄를 짓지 말라"고 분명하게 경고하고 있습니다. 마귀에게 틈을 주는 일이기 때문입니다.

2. 염려 : 하나님의 말씀이 이루어지지 않는다고 생각할 때 염려가 생깁니다.

3. 두려움 : 하나님을 경외하는 마음 외에는 어떤 것도 성도를 두렵게 할 수 없습니다.

4. 우울 : 선천적인 증상이 아닌 우울은 우리가 선행을 행하는 일에 큰 장애물이 됩니다.

5. 절망 : 하나님이 주신 소망이 우리 안에 있으면 절망에 빠질 수는 없습니다.

힘들고 어려울수록 기도와 말씀으로 극복해야 합니다.

마음이 어렵고 몸이 힘들수록 주님 앞에 기도와 말씀으로 나아가십시오. 아멘!

♡ 주님! 말씀으로 회복되고 말씀으로 이겨내게 하소서.
🏞 모든 일을 하기 전에 먼저 기도와 말씀을 준비합시다.

성경과 십자가

6월 7일

읽을 말씀 : 예레미야 16:16-21

● 렘 16:21 여호와께서 가라사대 보라 이번에 그들에게 내 손과 내 능을 알려서 그들로 내 이름이 여호와인줄 알게 하리라

미국 웨스트버지니아주에 있는 프리덤미니스트리 교회에 큰 화재가 발생했습니다.

불길이 워낙 거세 소방관들도 내부 진입을 할 수 없었고 교회가 전소되고 나서야 불길이 사그라들었습니다.

불이 꺼진 뒤 내부로 들어가 정리를 하던 소방관이 무언가를 살펴보다가 깜짝 놀라 동료들에게 외쳤습니다.

"여기 성경책이 불에 타지도 않고 멀쩡히 있는데 이게 가능한 일인가?"

다른 곳에서도 믿을 수 없는 이야기들이 들려왔습니다.

"세상에, 여기 십자가도 그대로야. 전혀 불에 타지 않았어."

하나님의 기적이 아니고서는 이런 일이 일어날 수 없다고 생각한 소방관들은 멀쩡한 성경과 십자가의 사진을 찍어 SNS에 올렸습니다.

잿더미가 된 교회에서 불에 그을리지조차 않은 성경과 십자가를 본 사람들은 사진을 공유하며 기적 같은 일이라고 평가했습니다.

지금 시대에도 하나님은 사람의 능력 밖의 일을 통해 살아계심을 증거 하십니다.

태초부터 지금까지 존재하고 계시며, 영원하시며, 전능하신 주 하나님을 내 삶의 구원주로 모십시오. 아멘!

🤍 주님! 태초부터 동일하게 역사하시는 주님임을 믿게 하소서.

🖼 지금도 살아서 역사하시는 주님의 능력을 내 삶에 구합시다.

즐거움을 더하라

6월 8일

읽을 말씀 : 빌립보서 3:1-12

● 빌 3:1 종말로 나의 형제들아 주 안에서 기뻐하라 너희에게 같은 말을 쓰는 것이 내게는 수고로움이 없고 너희에게는 안전하니라

시애틀 시내에 어부에게 직접 해산물을 받아 손님에게 판매하는 '파이크 플레이스 피시'라는 상점이 생겼습니다.

신선한 생선을 저렴한 가격에 팔려는 좋은 목적으로 문을 연 곳이지만 항상 화가 나 있는 사장님 때문에 손님들은 찾아오지 않았습니다.

사장님은 자신의 좋은 의도와 능력을 몰라준다는 생각에 불만에 가득 차서 모든 손님을 퉁명스럽게 대했습니다.

결국 경영악화로 매각된 '파이크 플레이스 피시'의 새로운 사장님은 '뭐든지 즐겁게 하자'는 생각으로 상점을 운영하며 큰 문제가 없다면 직원들의 아이디어를 전부 받아들였습니다.

직원의 제안으로 탄생한 손님이 고른 연어를 손질하러 주방으로 던지는 퍼포먼스는 관광상품으로까지 발전했습니다. 입구에 놓인 돼지 저금통 '레이첼' 역시 손님들로부터 잔돈을 기부받아 불우이웃을 돕자는 직원의 아이디어였습니다. 즐거운 사명감으로 일하는 직원들 덕분에 파이크 플레이스 피시는 50년 동안 1,000배가 넘는 성장을 이뤘고 미국 전역에서 사람들이 찾아오는 시애틀 최고의 명소 중 하나로 자리매김했습니다.

하나님이 주시는 사명감을 대하는 자세에도 이런 즐거움이 필요합니다. 나에게 베푸신 놀라운 은혜와 은총을 생각하면 그 어떤 일도 수고로 느껴지지 않습니다. 수고와 어려움을 넘어서는 즐거운 헌신으로 하나님 나라를 위해 더 힘쓰십시오. 아멘!

♡ 주님! 주님이 주시는 기쁨을 사역 중에 전하는 은혜를 주소서.
🖼 주님의 나라와 뜻을 위해 더욱 더 열심히 헌신합시다.

6월 9일 **들어야 할 목소리**

읽을 말씀 : 고린도전서 8:1-8

● 고전 8:3 또 누구든지 하나님을 사랑하면 이 사람은 하나님의 아시는바 되었느니라

세 계의 극장으로 불리는 '브로드웨이'에는 매일 2만 명이 넘는 관객들이 몰려듭니다.

세계 최고의 뮤지컬 배우와 연기자들이 서고 싶어 하는 브로드웨이는 매일 밤 스타가 탄생합니다. 그 자리를 차지하기 위해 전 세계에서 지망생들이 모여드는 그야말로 '꿈의 무대'입니다.

그런데 이 치열한 경쟁을 뚫고 스타가 된 '성공한' 배우들은 오히려 노이로제에 걸려서 불면증이나 우울증으로 고생을 한다고 합니다.

공연으로 유명한 곳이기에 비평가들의 시선이 몰려 있고 매 공연이 끝날 때마다 날카로운 혹평들이 쏟아지기 때문입니다.

훌륭한 초연을 하고도 몇 안 되는 까다로운 비평들을 만족시키려다 오히려 졸작이 된 작품들도 많습니다. 그래서 브로드웨이의 배우와 연출가들 사이에서는 이런 격언이 있습니다.

"정말로 성공하고 싶다면 비평가의 펜 끝을 이겨내야 한다."

다른 사람의 말과 행동을 너무 신경 쓰다 보면 내가 해야 할 일을 잊게 됩니다.

좋은 평판과 모범으로 세상의 존경을 받는 일도 중요하지만 무엇보다 하나님께 집중하며 주님의 음성을 청종해야 한다는 사실을 기억하십시오. 아멘!

♡ 주님! 혼란한 세상 가운데 성령님의 인도를 밝히 보이소서.
▨ 사람이 아닌 주님을 바라보며 주님의 뜻에만 순종합시다.

그리스도의 자녀답게

읽을 말씀 : 로마서 12:14-20

● 롬 12:14 너희를 핍박하는 자를 축복하라 축복
하고 저주하지 말라

영국의 유명한 기독교 작가이자 뉴먼 홀 박사를 공격하는
비난의 편지가 공개적으로 도착한 적이 있습니다.

박사는 대수롭지 않게 여겼지만 곧 지역 신문에 더 심한 비난
이 지속적으로 게재됐습니다.

헛소문에 근거한 비난 일색이었지만 꾸준히 글이 올라오자
사람들은 관심을 보이기 시작했습니다.

마침내 인내심이 한계에 다다른 뉴먼 박사는 자신도 똑같이
대응해야겠다고 생각해 상대방의 비난에 반박하는 편지를 써서
가장 친한 친구인 목회자 스펄전에게 먼저 보여줬습니다.

독설과 조롱으로 가득 찬 박사의 편지를 읽은 스펄전이 말했
습니다.

"틀린 내용도 없고, 자네의 분노는 정당하네. 하지만 이 편지
말미에 '예수님께 오십시오'의 저자 뉴먼 홀이라고 적을 수는 없
어 보이는군."

스펄전의 조언을 듣고 잠시 생각하던 박사는 편지를 찢어버
렸습니다.

세상의 법에 대해서도 하나님의 말씀으로 갚으며 무시와 불
신에도 넘치는 사랑으로 갚아주는 것이 예수님의 말씀을 따르는
삶이자 세상을 변화시킬 유일한 방법입니다. 하나님의 자녀답
게, 하나님의 말씀대로 살아가며 세상을 변화시키십시오. 아멘!

♡ 주님! 말이 아닌 삶으로 복음을 나타내는 제자가 되게 하소서.
🏮 매일 아침 묵상한 말씀 한 절이라도 지키며 하루를 삽시다.

가장 중요한 문제

읽을 말씀 : 고린도전서 8:8-13

● 고전 8:13 그러므로 만일 식물이 내 형제로 실족케 하면 나는 영원히 고기를 먹지 아니하여 내 형제를 실족치 않게 하리라

도둑한테 모든 재산을 털린 집이 있었습니다.

이 소식을 듣고 마을 사람들이 찾아왔는데 먼저 이장이 한마디 했습니다.

"도둑이 든 건 참 안 된 일이지만 문고리가 튼튼해 보이지 않는군요.

튼튼한 자물쇠를 걸어놨어야 했을 텐데요."

옆에 있던 정육점 주인도 거들었습니다.

"맞아요. 심지어 창문에도 쇠창살이 없어요."

집주인이랑 친했던 서점 주인도 한마디 했습니다.

"도둑이 들었는데 세상모르고 잔 것도 좀 이상해요.

너무 마음을 놓고 사는 것 아닌가요?"

마을 사람들이 돌아가며 한마디씩 실수를 꼬집는 얘기를 하자 집주인이 참지 못하고 소리쳤습니다.

"그러면 도대체 도둑놈은 아무런 잘못이 없단 말입니까?"

가장 중요한 본질을 두고 사소한 일로 다른 사람들을 시험에 들게 하고 있지는 않습니까?

그리스도인의 모든 행동은 영혼 구원이 목적이어야 합니다.

다른 사람의 실수를 용서하고 사랑으로 위로하며 본질을 놓치지 않는 성도가 되십시오. 아멘!

♡ 주님! 영혼의 구원을 위해 지혜롭게 처신하게 하소서.

🏃 옳고 그름보다 중요한 사랑의 행동을 전하며 삽시다.

세 가지 이단

읽을 말씀 : 야고보서 5:15-20

● 약 5:20 너희가 알 것은 죄인을 미혹한 길에서 돌아서게 하는 자가 그 영혼을 사망에서 구원하며 허다한 죄를 덮을 것이니라

저 명한 작가이자 교육자이며 신학자이기도 했던 세계적인 석학 헨리 반 다이크 목사님은 모든 이단은 창세 이후부터 세 가지 형태로 존재해왔다고 말했습니다.

● 첫 번째, 증오라는 이단입니다.

가인처럼 피를 나눈 형제라도 증오에 사로잡히면 살인을 저지르게 됩니다. 내가 믿는 교리나 신앙과 조금이라도 다르면 증오에 휩싸이는 이단입니다.

● 두 번째, 탐욕이라는 이단입니다.

구세주로 오신 예수님을 은 30개에 판 가룟 유다처럼, 죄를 사해준다며 면죄부를 팔았던 중세의 교회처럼 신앙을 매개로 부와 권력을 탐하면 이단이 됩니다.

● 세 번째, 명예와 이익 추구라는 이단입니다.

유대인들은 자신들이 바라는 이익과 명예가 예수님의 가르침과 상충되자 기득권을 지키기 위해 그토록 기다리던 메시아를 십자가에 못 박았습니다.

말씀을 알지 못하고 사람들을 미혹하게 하는 이단들도 있지만 진리 가운데 거한다는 교만함으로 나도 모르게 다른 길을 추구하고 있지는 않습니까?

하나님 말씀을 바르게 믿고, 바르게 행하는 참된 제자의 길을 걸어가십시오. 아멘!

💚 주님! 거짓된 길로 빠지지 않게 진리의 빛을 밝히소서.

🎴 반석 위에 세운 신앙으로 잘못된 믿음에 미혹되지 맙시다.

건강의 비결

6월 13일

읽을 말씀 : 디모데전서 4:1-5

● 딤전 4:4 하나님의 지으신 모든 것이 선하매 감사함으로 받으면 버릴 것이 없나니

전 세계의 존경을 받는 남아프리카의 첫 번째 흑인 대통령 넬슨 만델라는 해방 운동을 이끌다 26년간 감옥살이를 했습니다.

그가 석방됐을 때 오랜 감옥살이 때문에 건강이 매우 좋지 않을 것이라는 사람들의 우려와는 달리 그는 70세가 넘었다는 것이 믿기지 않을 정도로 건강하고 씩씩한 모습이었습니다.

건장한 청년도 1년 만에 건강을 잃어서 나오는데 26년 동안 건강을 지킬 수 있었던 비결을 기자들이 묻자 만델라가 대답했습니다.

"나는 감옥에서 하나님께 감사했습니다. 하늘을 보고 감사하고 땅을 보고 감사하고 강제노동을 할 때도 감사했습니다. 늘 감사했기 때문에 건강을 지킬 수 있었습니다."

석방 후 그는 노벨 평화상을 받았고, 남아프리카의 역사상 첫 흑인 대통령이 됐습니다.

하나님은 감사하는 사람을 통해서 기적을 보여주십니다.

삶의 어려움이 있을 때, 사업이 잘 풀리지 않을 때, 건강이 여의치 않을 때, 자녀의 문제가 있을 때, 가정이 화목하지 않을 때, 교회에 분란이 있을 때도 감사함으로 기도하며 나아간다면 하나님이 모든 문제를 해결하는 기적을 보여주실 것입니다.

감사하는 사람에게 더 큰 감사의 제목을 주시는 주님이심을 믿으며 다만 감사하십시오. 아멘!

🤍 주님! 우리를 향한 주님의 뜻은 오직 감사임을 알게 하소서.

📖 주님이 주신 하루의 은혜에 감사함을 잊지 말고 살아갑시다.

예수님의 명령

읽을 말씀 : 신명기 29:1-9

● 신 29:9 그런즉 너희는 이 언약의 말씀을 지켜
행하라 그리하면 너희의 하는 모든 일이 형통하
리라

그리스도인은 예수님을 믿고 성경대로 살아가려고 노력하는
사람들입니다. 말씀대로 살기 위해선 먼저 우리를 향한 주
님의 뜻이 무엇인지 알아야 합니다.

다음은 성경에서 예수님이 우리에게 직접 말씀하신 10가지
명령으로 성구를 찾아 읽으면 큰 은혜와 교훈이 됩니다.

01. 죄를 회개하라(마 4:17)

02. 예수님을 믿으라(요 14:1)

03. 구원을 기뻐하라(눅 10:20)

04. 주님을 따르라(요 21:22)

05. 시험에 들지 않도록 기도하라(눅 22:40)

06. 믿음으로 두려워하지 말아라(마 14:21)

07. 사랑의 말씀을 기억하라(요 15:20)

08. 하나님과 이웃을 사랑하라(막 12:30)

09. 다른 사람을 대접하라(눅 6:31)

10. 형제를 용서하라(눅 7:14)

예수님을 믿음으로 구원은 이루어졌지만 거듭난 삶을 통해
말씀을 지키고자 하는 성화의 노력이 필요합니다.

주님이 명령하신 말씀을 지킴으로 내 마음에 진정한 평안을
이루고 세상 속의 그리스도인으로 합당한 의무를 다하십시오.
아멘!

♡ 주님! 말씀대로 살아가며 주님을 닮아가게 하소서.

🎖 예수님의 명령대로 사는 일을 포기하지 말고 노력합시다.

6월 15일

먹으며 교제하라

읽을 말씀 : 사도행전 2:38-42

● 행 2:42 저희가 사도의 가르침을 받아 서로 교제하며 떡을 떼며 기도하기를 전혀 힘쓰니라

최근 해외에서는 '함께 저녁을 먹는 방식의 예배'를 시도하는 교회들이 늘고 있습니다. 예수님이 몸소 그렇게 하셨고, 초대교회 역시 비슷한 방식으로 모였기 때문입니다. 이런 형식의 예배는 불신자도 편하게 모임에 참석할 수 있기 때문에 전도에도 유리하다고 합니다.

미국 시카고의 '뿌리와 줄기 교회(Root & Branch Church)'는 매달 2회씩 소그룹으로 가정에서 예배를 드립니다. 식사와 함께 성찬, 기도, 독서 등 다양한 방식으로 모임이 꾸려지며 서로를 더 깊이 알아가며 교제하는 시간으로 드려집니다.

영국 런던의 '벽이 없는 교회(Church Without Walls)'는 매달 한 번씩 교회 근처의 강당을 빌립니다. 갓난아이부터 노인까지 모든 교인이 참석할 수 있게 배려된 모임은 가족이나 친구들이 함께 테이블에서 식사를 하며 말씀을 묵상합니다. 굉장히 소란스럽지만 격의 없이 묵상을 나누며 아주 오랜 시간 즐겁게 서로의 생각을 나누며 대화합니다.

미국 시애틀에는 교회를 다니지 않는 사람들도 편하게 참석할 수 있는 '저녁 공동체'가 시 전역에 수십여 개 운영되고 있고 점점 늘어나는 추세라고 합니다.

예수님도 항상 사람들과 떡을 떼며 위로하시고 교제하셨습니다. 하나님이 주신 사명을 위해 함께 애쓰고 수고하는 동역자들과 함께 식사하며 교제하십시오. 아멘!

♡ 주님! 교제 가운데 믿음을 나누며 더 친밀하도록 축복하소서.
▨ 믿음의 동역자들과 식사를 하며 교제하는 시간을 가집시다.

목사님의 어려움

6월 16일

읽을 말씀 : 히브리서 13:8-19

● 히 13:18 우리를 위하여 기도하라 우리가 모든
  일에 선하게 행하려 하므로 우리에게 선한 양심
  이 있는 줄을 확신하노니

목회 상담 전문가인 톰 레이너 박사가 목회자들을 오랜 기간
상담하며 알게 된 '성도가 기도해야 할 목회자들의 10가지
어려움'입니다.

　01. 성도들을 모두 돌보기에는 부족한 시간
　02. 필요를 채워주기를 바라는 성도들의 기대감
　03. 정서적, 영적 상담을 통해 생기는 감정적 피로
　04. 교회 내부, 외부의 일을 모두 완벽하게 해야 한다는 강박
　　　관념
　05. 과도한 관심을 요구하는 성도들을 다루는 일
　06. 목회자와 성도의 노령화로 인한 여러 가지 문제들
　07. 성도들의 모든 대소사를 알고 있어야 한다는 생각
　08. 목회자와 성도의 할 일을 나눠서 생각하는 부분
　09. 너무 잦은 병원 심방
　10. 미자립 교회의 담임인 경우 자비량 사역
　목회자들도 성도들의 기도와 이해, 도움이 필요합니다.
　목사님과 성도의 관계를 '목회와 양'에 비유해 모든 심정적 부
담을 떠넘기는 것은 성숙한 신앙이 아닙니다.
　목회자가 인간임을 기억하며 그분들의 어려움의 짐을 나눠지
는 것이 필요합니다.
　성도들을 위한 목사님의 희생과 노력을 당연하게 여기지 말
고 기도와 위로로 도우십시오. 아멘!

♡ 주님! 목사님의 희생과 어려움을 위해 기도하게 하소서.
🙏 목사님의 어려움과 필요를 위해서 성도들과 함께 기도합시다.

복음의 자가발전

읽을 말씀 : 누가복음 9:1-6

● 눅 9:6 제자들이 나가 각 촌에 두루 행하여 처처에 복음을 전하며 병을 고치더라

인도의 작은 마을 틸로니아에는 '맨발 대학(Barefoot college)'이 있습니다. 신발이 없을 정도로 가난한 사람들에게 기술을 무료로 가르쳐주는 곳입니다. 공학자 벙커 로이는 세상을 바꾸기 위해선 어려운 곳에 사는 사람들, 특히 여성이 변해야 한다는 생각으로 이 학교를 세웠습니다.

전기도 들어오지 않는 지역을 위한 태양열 발전, 생리대와 같은 여성용품, 재활용품으로 공책과 봉투를 만드는 법 등이 이곳에서 가르치는 기술입니다.

하지만 대부분은 입학 기회가 찾아와도 "나는 할 수 없다"라며 포기했습니다. 그중에서 용기를 내고 지원한 몇몇 사람들이 누구나 배우기만 하면 할 수 있다는 것을 증명하기 시작했고, 이들이 고국으로 돌아가 활약하는 모습을 보고 스스로 찾아와 학생이 되는 사람들이 많아지고 있습니다.

맨발대학을 통해 기술을 배운 학생들은 자발적으로 다른 나라에 가서 똑같은 일을 하고 있는데 20개가 넘는 나라, 1만여 명이 넘는 사람들이 이런 방식으로 기술을 배우고 있습니다.

내가 받은 구원 역시 누군가 뿌린 씨앗으로 가능했던 일입니다. 씨앗이 퍼져나가야 여러 곳에서 열매가 맺히는 것처럼 복음도 동일한 원리로 전파되어야 합니다.

모든 이가 받아야 할 생명의 복음을 다른 사람에게 전하십시오. 아멘!

💚 주님! 어렵다는 이유로 복음의 사명을 끝까지 붙들게 하소서.
📷 내가 받았던 복음을 생각하며 내가 전할 복음을 이루어 나갑시다.

결점보다 장점을

읽을 말씀 : 마태복음 7:1-6

● 마 7:5 외식하는 자여 먼저 네 눈속에서 들보를 빼어라 그 후에야 밝히 보고 형제의 눈속에서 티를 빼리라

이혼 위기에 처한 부부가 있었습니다.

부부는 15년 동안 계속되던 크고 작은 갈등을 해결하지 못하고 마지막으로 전문 카운슬러를 찾아갔습니다. 카운슬러는 먼저 서로에게 반하게 된 이유와 실망하게 된 이유를 물었습니다.

"아내는 대학 시절 아름답고 기품이 있어 반하지 않을 수가 없었습니다. 하지만 같이 살다 보니 생각보다 게을렀고 저를 남편이 아닌 하인 정도로 여기는 것 같았어요."

"남편은 마음이 진실하고 능력도 있어 믿고 살 수 있겠다고 생각했어요. 하지만 연애 초반과 달리 저를 점점 귀찮게 여기는 것 같아 사기를 당한 기분이었어요."

충분히 대화를 나눈 카운슬러는 다음과 같은 해결책을 제시했습니다.

"두 분의 마음은 결혼 전이나 지금이나 같습니다. 다만 결혼 전에는 장점을 보는 안경을 쓰고 있었고, 지금은 단점만 보이는 삐뚤어진 안경을 쓰고 계십니다. 가정이 전쟁터가 아닌 천국이 되기를 바라신다면 다시 안경을 바꿔 쓰는 수밖에 없습니다."

켄 산데가 쓴 '결혼은 갈등이다'라는 책에 나오는 내용입니다.

누구에게나 장점과 단점이 같이 있습니다.

예수님이 12제자의 수많은 단점보다 장점을 보고 부르셨듯이 사람의 단점보다는 장점을 바라보려고 노력하십시오. 아멘!

♡ 주님! 사람의 장점을 바라보며 최대한 좋은 생각을 하게 하소서.
🎨 나를 용납해주신 예수님처럼 나도 형제들을 용납합시다.

6월 19일

서로를 축복하라

읽을 말씀 : 시편 118:24-29

● 시 118:26 여호와의 이름으로 오는 자가 복이 있음이여 우리가 여호와의 집에서 너희를 축복하였도다

영국 전역에 복음이 불길처럼 퍼지고 있던 당시 런던에는 영국을 대표하는 세 명의 목회자가 계셨습니다.

F.B. 마이어, 찰스 스펄전, 캠벨 모건이었는데 세 사람의 사이는 나쁘지 않았지만 교인들은 은근히 파를 나누어 서로의 목회자를 자랑했습니다.

하루는 마이어가 어떤 모임에서 스펄전의 설교와 모건의 리더십에 대한 칭찬을 듣고는 질투심이 생겼습니다.

목사님은 마음속의 시기와 질투를 없애 달라고 매일 뜨겁게 기도했는데 하나님은 다음과 같은 감동을 주셨습니다.

'질투를 없애 달라고 기도하지 말고 그들을 축복해라.'

마이어 목사님은 그날 이후로 질투가 아닌 축복에 집중했습니다.

공식적인 예배자리에서도 공공연히 다른 목사님들을 위해 기도하자 마이어 목사님은 넓은 아량과 배포를 가진 주님의 종으로 존경을 받았고, 세 목회자 사이의 첨예한 긴장도 해소되어 오로지 영국의 복음화에 온 힘을 집중하며 큰 쓰임을 받았습니다.

시기와 질투는 마귀의 방법이며 겸손과 축복은 하나님의 방법입니다. 하나님께 쓰임 받는 사람들을 위해 더욱 뜨겁게 기도하며 축복함으로 동일한 은혜가 나에게도 임하기를 바라십시오. 아멘!

♡ 주님! 부정적인 감정이 아닌 성령의 열매에 집중하게 하소서.

▨ 싫어하고 질투하는 사람을 위해 오히려 축복의 기도를 합시다.

두 가지 인생

읽을 말씀 : 요한복음 12:20-26

● 요 12:26 사람이 나를 섬기려면 나를 따르라 나 있는 곳에 나를 섬기는 자도 거기 있으리니 사람이 나를 섬기면 내 아버지께서 저를 귀히 여기시리라

미국의 베테랑 저널리스트 필립 얀시는 40년 동안의 기자 생활을 회고하는 칼럼을 썼습니다.

8천 명이 넘는 사람들을 인터뷰했던 필립은 사람은 두 종류로 나눌 수 있다고 말했습니다.

● 첫째, 자신을 인생의 주인공이라고 생각하는 사람입니다.

이런 사람들은 어딜 가나 슈퍼스타처럼 대우를 받고 싶어합니다. 조금의 틈만 보여도 자기 자랑을 하고 일어나지도 않는 일을 최대한 부풀려서 이야기합니다.

● 둘째, 하인이나 종처럼 헌신해야 한다고 생각하는 사람입니다.

설령 이미 성공한 사람이라 하더라도 더 큰 일을 위해 자신이 쓰임 받고 다른 사람에게 유익이 되려는 사람입니다. 이런 사람들은 밖에 드러나지 않을 정도로 소박한 삶을 살고 있지만 그럼에도 많은 사람에게 유익을 주는 고귀한 인생을 살고 있었습니다.

그리스도인이었던 필립은 이런 경험을 통해 사명자의 삶에는 "적게 받더라도, 오래 헌신하고, 낮은 곳에서 헌신하는 자세가 반드시 필요하다"고 말했습니다.

나를 부인하고 하나님을 위해 사는 것이 참된 그리스도인의 자세입니다. 하나님이 원하시는 곳이면 어디서든 최선을 다해 헌신하는 사명자로 살아가십시오. 아멘!

♡ 주님! 주님이 보내시는 곳을 향하게 하소서.
🎴 주님의 뜻을 알고 주님의 부름에 순종으로 화답합시다.

가장 높으신 분

읽을 말씀 : 시편 145:1-6

●시 145:1 왕이신 나의 하나님이여 내가 주를 높이고 영원히 주의 이름을 송축하리이다

베스트셀러 작가이기도 한 고든 맥도날드 목사님이 노숙자들의 집을 지어주는 '해비타트' 봉사활동을 하고 있었습니다.

같은 그룹에서 눈에 띄게 열심히 일하는 남자가 있어 유심히 살펴봤는데 다름 아닌 미국의 전 대통령 지미 카터였습니다.

지미 카터는 다른 사람의 도움도 없이 구슬땀을 흘리며 일을 하며 사람들의 악수 요청이나 사진 요청도 받지 않았습니다.

식사 시간에도 같은 음식을 먹었으며 대통령을 알아본 사람들이 자리를 양보하려고 해도 정중히 거절했습니다.

주최 측에서는 숙소며 화장실까지 따로 마련해주겠다고 했지만 지미 카터는 모든 특권을 거부하고 단체 생활을 했습니다.

고든 목사님은 재임 중에는 인기가 별로 없었던 카터 대통령이 은퇴 후 오히려 국민이 가장 사랑하는 대통령이 된 이유가 위의 예화처럼 '특권 의식을 내려놓고 국민 속으로 들어왔기 때문'이라고 말했습니다.

겸손한 마음, 사랑의 마음은 반드시 행동으로 나타납니다.

가장 큰 사랑과 겸손을 가지신 왕이었기에 예수님은 우리를 구원하러 인간의 몸으로 이 땅에 오셨습니다.

날 위해 가장 낮은 곳으로 오신 가장 높으신 왕 예수님께 감사와 찬양으로 영광을 돌려드리십시오. 아멘!

♡ 주님! 무엇과도 바꿀 수 없는 주님의 사랑을 찬미하게 하소서.

▨ 날 위해 모든 것을 버리고 이 땅에 오신 예수님을 경배합시다.

할 수 있다는 믿음

읽을 말씀 : 마가복음 9:17-24

● 막 9:23 예수께서 이르시되 할 수 있거든이 무슨 말이냐 믿는 자에게는 능치 못할 일이 없느니라 하시니

'알코올홀릭 어나니머스'는 미국에서 가장 많은 알코올 의존증 환자들을 재활시킨 모임입니다.

이 모임에 들어오려면 한 가지 자격이 필요한데 "나는 알코올 의존증을 고칠 수 있다"고 믿어야 한다는 것입니다. 아무리 심한 알코올 의존증 환자도 술을 계속 먹고 싶은 마음과 술을 끊고 재활하고 싶어하는 의지가 공존합니다. 대부분 의지가 약하기 때문에 '재활에 대한 의지'를 외면하고 술을 먹고 마는데 나도 할 수 있다는 사실을 믿는다면 누구나 극복을 위한 습관을 하나씩 만들어 나갈 수 있고 결국에는 알코올 의존증에서 벗어날 수 있게 됩니다.

2011년에 열린 여자 축구 월드컵에서 일본대표팀은 '반드시 우승하겠다'는 목표를 세우고 그 어느 때와도 비교할 수 없는 힘든 훈련을 소화했습니다. 그 결과 개최국이자 그동안 한 번도 이겨보지 못한 독일 대표팀을 꺾으며 승승장구해 우승을 이뤘습니다. 25번이나 맞붙었지만 한 번도 이기지 못했던 독일의 벽을 '나도 이길 수 있다'는 생각으로 극복하며 첫 번째 우승까지 차지할 수 있었던 것입니다.

할 수 있다는 믿음은 그동안 하지 못했던 변화와 성취를 이뤄냅니다. 능력을 주시겠다고 약속하신 주님의 말씀을 믿고 포기하지 말고 한 번 더 도전하십시오. 아멘!

♡ 주님! 말씀이 믿어짐으로, 말씀을 따라 행동하게 하소서.
🎴 주님이 명하신 것은 분명히 할 수 있음을 믿읍시다.

교제의 목마름

6월 23일

읽을 말씀 : 빌레몬서 1:1-7

● 몬 1:6 이로써 네 믿음의 교제가 우리 가운데 있는 선을 알게 하고 그리스도께 미치도록 역사하느니라

배우를 꿈꾸며 단역을 전전하다가 생계가 곤란해진 척 매카시라는 배우가 있었습니다.

신문에서 아르바이트를 찾던 그는 강아지를 산책시키는 '도그 워커' 모집 글을 읽고 생각했습니다.

'함께 걸어줄 동행이 필요한 사람들도 있지 않을까?'

척은 '거동이 불편하거나 말동무가 없는 노년층에게 비슷한 서비스가 필요할 수도 있겠다'는 생각에 '피플 워커'라는 이름으로 무작정 신문에 광고를 냈습니다. 30분을 함께 걸어주며 대화를 나누고 2만 원 정도를 받는 조건이었습니다.

반응은 의외로 폭발적이었습니다.

30, 40대의 젊은 사람들도 피플 워커를 고용했고, 다른 도시와 해외에서도 요청하는 일이 생겼습니다.

지금은 직원이 50명이 넘을 정도로 사업의 규모가 커졌습니다.

피플 워커의 성공과 더불어 미국에서는 '동반자 산업'이라는 카테고리가 생겼다고 합니다. 개인주의 성향이 강해지는 시대지만 여전히 사람들은 타인과 소통하고자 하는 강렬한 욕구가 있습니다.

하나님이 주시는 믿음 안에서 사랑과 더불어 주변 사람들과 소통해주며 복음을 전하는 동행자가 되어 주십시오. 아멘!

♡ 주님! 함께 믿음을 나눌 수 있는 좋은 공동체를 허락하소서.
🖼 좋은 신앙을 위해 서로의 힘이 될 수 있는 모임에 참석합시다.

실천으로 만드는 습관

6월 24일

읽을 말씀 : 야고보서 4:11-17

● 약 4:17 이러므로 사람이 선을 행할줄 알고도 행치 아니하면 죄니라

현명하기로 이름난 한 스승에게 어떤 제자가 물었습니다.
"착하다고 반드시 잘 사는 것도 아니고, 악인이 항상 패망하는 것도 아닙니다. 그런데 왜 착하게 살아야 합니까?"
스승이 대답했습니다.
"하루 착한 일을 한다고 바로 복을 받지는 않는다.
그러나 화는 조금씩 멀어진다.
하루 나쁜 일을 한다고 금방 벌을 받지는 않는다.
그러나 복은 조금씩 멀어진다.
착한 일을 하는 사람은 봄에 피는 풀과 같아서 티가 나지 않아도 나날이 자라나며 나쁜 일을 하는 사람은 숫돌에 가는 칼과 같아서 그대로인 것 같지만 언젠가는 닳아 없어지느니라."
고전에 나오는 이야기입니다.
현대 과학이 밝혀낸 반복의 원리도 이와 비슷합니다.
같은 동작을 반복할수록 뇌와 근육에 각인이 되는데 놀라운 것은 몸의 동작뿐 아니라 보이지 않는 성품과 습관에도 똑같이 작용한다고 합니다.
하루에 한 가지 말씀이라도 실천해야 하며, 한 절의 말씀이라도 깨달아야 하는 이유가 여기에 있습니다.
성령의 열매를 풍성히 맺는 삶을 위해 하루에 한 가지라도 말씀을 따라 실천하십시오. 아멘!

💚 주님! 주님을 따라 풍성한 성령의 열매를 맺는 삶이 되게 하소서.
🎇 신앙이 성장하는 좋은 생각과 습관을 매일 갈고 닦읍시다.

6월 25일

기도와 분필

읽을 말씀 : 데살로니가후서 1:4-12

● 살후 1:11 이러므로 우리도 항상 너희를 위하여 기도함은 우리 하나님이 너희를 그 부르심에 합당한 자로 여기시고 모든 선을 기뻐함과 믿음의 역사를 능력으로 이루게 하시고

미국의 한 명문대학에서 일어났던 일입니다.

물리에 정통한 한 교수가 매번 수업 시작 전에 분필을 떨어뜨리며 말했습니다.

"세상은 정해진 원리를 따라 돌아갑니다. 이 높이에서 분필을 떨어뜨리면 반드시 깨집니다. 하나님께 기도한다고 이 현상을 막을 수는 없습니다. 이성과 과학의 시대에 아직도 종교를 믿는 사람들은 제발 정신 차리기 바랍니다."

이 모습을 보고 안타까워하던 한 학생이 그날부터 분필이 깨지지 않게 해달라고 하나님께 기도했습니다. 며칠 뒤 교수가 또 같은 말을 하며 분필을 떨어뜨렸는데 분필이 이상한 각도로 튀며 멀쩡히 섰습니다.

이 모습을 본 학생이 손을 들고 자신이 기도했다는 사실을 고백하자 큰 충격을 받은 교수는 강의 시간에 다시는 분필을 떨어뜨리지 않았습니다.

달라스 신학대학의 하워드 헨드릭스 교수가 이야기한, 미국에서 실제로 일어났던 일입니다.

모든 자연법칙과 세상의 원리도 하나님이 창조하셨기에 오직 하나님 한 만만 그 법칙을 주장하실 수 있습니다.

얕은 지식과 지혜로 하나님을 재단하는 실수를 저지르지 말고 모든 것 위에 계신 주님을 인정하고 마음에 모시십시오. 아멘!

♡ 주님! 전능하신 주님께 불가능은 없음을 고백하게 하소서.
🎴 불가능한 일이라도 전능하신 주님께 기도로 구합시다.

빛에 비추어보라

읽을 말씀 : 요한복음 3:16-21

● 요 3:21 진리를 좇는 자는 빛으로 오나니 이는 그 행위가 하나님 안에서 행한 것임을 나타내려 함이라 하시니라

고대 유럽에서는 두께가 얇고 색을 입힌 도자기를 최상품으로 여겼습니다. 반죽을 두껍게 만들면 불에 구워도 금이 가지 않지만 최상품을 만들려고 반죽을 얇게 할수록 작은 실수에도 흉한 금이 생깁니다.

고대 유럽에는 좋은 기술을 가진 도공들이 별로 없었기 때문에 최상품 도자기를 구하기가 대단히 어려웠습니다.

결국 비양심적인 몇몇 도공들이 살짝 금이 간 도자기에다 밀초와 유약을 덧발라 금을 감춘 채로 시장에 내다 팔았습니다. 간단한 수법이었지만 훨씬 많은 돈을 벌었기 때문에 많은 도공들이 이런 방식을 썼기 때문에 나중에는 가짜 도자기들을 감별하는 사람들까지 생겼습니다.

감별에는 여러 가지 방법이 있었지만 그중 최고는 밝은 빛에 비추어보는 방식이었습니다. 햇볕에 비춰 금이 간 자국을 확인하고 어느 한 군데에도 금이 가지 않은 도자기에는 'sine cera'라는 글귀를 새겼는데 '태양에 비추어 확인해봤음'이라는 뜻입니다. 'sine cera'는 훗날 라틴어로 '진실'이라는 단어가 됐습니다.

빛 되신 하나님 앞에서 떳떳할 수 있는 인간은 한 명도 없기에 구원받기 위해서는 오로지 주님의 은혜만을 구해야 합니다.

우리가 살면서 지은 죄, 앞으로 지을 죄들까지 모두 용서하시는 유일한 구원의 주가 되시는 예수 그리스도를 믿으며 붙잡으십시오. 아멘!

♡ 주님! 주님을 구원주와 주되심을 고백하게 하소서.
🎙 날이 갈수록 더욱더 주님의 은혜만을 의지합시다.

6월 27일

예배의 본질

읽을 말씀 : 요한복음 4:19-26

● 요 4:23 아버지께 참으로 예배하는 자들은 신령과 진정으로 예배할 때가 오나니 곧 이때라 아버지께서는 이렇게 자기에게 예배하는 자들을 찾으시느니라

어떤 작은 마을에 교인들이 예배에 나오지 않아 고민인 목사님이 있었습니다. 교인들은 목사님의 설교가 별로라며 예배를 소홀히 여겼습니다. 자신의 부족함 때문에 교인들이 예배에 나오지 않는다는 사실이 슬펐던 목사님은 온 마을을 돌아다니며 "이번 주는 그 어떤 설교보다 훌륭한 설교를 준비했습니다"라며 교인들을 설득했습니다.

목사님의 간곡한 설득에 그 주에는 예배당이 가득 찼습니다.

설교시간이 되자 목사님은 촛불을 들고나와 강단에 설치된, 십자가에 매달리신 예수님의 모형을 향했습니다.

아무 말 없이 조용히 예수님의 못 자국과 창으로 찔린 자국을 비추던 목사님은 눈물을 흘리며 성도들을 향해 돌아섰습니다.

"사랑하는 성도님들. 하나님은 여러분을 이토록 사랑하십니다. 여러분을 사랑하시고, 여러분이 예배하기를 원하시는 하나님의 마음을 제가 전할 수 있는 최고의 설교가 이것입니다."

목사님의 진심을 통해 하나님의 사랑과 예배의 본질을 깨달은 성도들은 이후 다시는 같은 핑계를 대지 않았고 예배를 소홀히 하지도 않았습니다.

예배는 하나님의 은혜에 대한 감사와 찬양을 돌려드리는 시간입니다. 평가하고 그저 바라보는 잘못된 예배가 아닌 함께 은혜의 파도 속에 들어가 하나님께 드리는 참된 예배를 드리십시오. 아멘!

🖤 주님! 가장 중요한 예배의 본질이 무엇인지 깨닫게 하소서.

🙇 지금 다니는 교회를 주님이 허락하신 최고의 교회로 여깁시다.

할 수 있다는 생각

6월 28일

읽을 말씀 : 민수기 13:25-33

● 민 13:30 갈렙이 모세 앞에서 백성을 안돈시켜 가로되 우리가 곧 올라가서 그 땅을 취하자 능히 이기리라 하나

프랑스 파리의 한 번화가에 몸이 불편한 척하는 거지가 있었습니다. 매일 거지에게 적선을 하던 한 신사가 다른 지역에서 멀쩡히 걸어 다니는 거지의 모습을 보고는 다음 날 크게 화를 냈습니다.

"당신은 지금 남을 속이고 있습니다. 사지가 멀쩡한데 왜 일할 생각을 안 합니까? 나도 파산해서 노숙자가 된 적이 있었지만 폐지라도 주워가며 일을 했습니다. 그러다 좋은 사람들을 만나 일을 시작해 지금은 제지공장의 사장이 됐습니다. 당신에게도 같은 일이 일어나지 말란 법이 있습니까?"

듣기만 하던 거지는 다음날부터 보이지 않았습니다.

10년이 지난 어느 날 신사가 일하는 공장에 한 남자가 찾아왔습니다.

"아르노 씨? 10년 전 광장에서 구걸하던 거지를 기억하십니까? 당신의 충고 덕분에 저는 50명의 직원이 일하는 서점의 주인이 됐습니다. 오늘의 저를 만들어주신 당신께 감사 인사를 전하러 왔습니다."

주님 안에서 할 수 있다는 생각이 변화를 만드는 가장 중요한 재료입니다. 나에게 할 수 있다고 말씀하신 분은 다름 아닌 전능하신 창조주 하나님이십니다.

"할 수 있다"고 말씀하신 주님을 믿고 부정적인 생각들을 쫓아버리고 용기있게 주님과 함께 살아가십시오. 아멘!

♡ 주님! 나의 능력이 아닌 주님의 말씀과 약속으로 힘입게 하소서.
▧ 나는 할 수 없지만 주님은 능히 하실 수 있음을 믿읍시다.

6월 29일

낮게, 더 낮게

읽을 말씀 : 시편 138:1-8

● 시 138:6 여호와께서 높이 계셔도 낮은 자를 하감하시며 멀리서도 교만한 자를 아시나이다

미국의 사무엘 브랭글이라는 청년은 하나님을 만난 뒤 낮은 곳의 사람들을 섬기고 싶다는 열망에 사로잡혔습니다.

열망을 거스를 수 없었던 사무엘은 구세군의 창시자 윌리엄 부스를 만나기 위해 무작정 영국으로 떠나 자신이 만난 하나님과 사명을 얘기하며 동역을 요청했습니다.

부스는 사무엘의 동기가 여전히 '사람들의 인정'임을 꿰뚫어 보고 연단을 시키려고 매일 더러워진 구두를 닦게 했습니다.

자기 생각보다 너무 하찮은 일을 맡은 사무엘은 마지못해 구두를 닦으며 생각했습니다.

'내가 흙투성이 구두나 닦으려고 대서양을 건넜단 말인가?'

사무엘이 고향으로 돌아가기로 마음먹은 그 날 밤, 그의 꿈에 제자들의 발을 닦아주시는 예수님이 나타났습니다. 꿈에서 깬 사무엘은 교만을 회개했고 구두를 닦는 일에 최선을 다했습니다.

겸손함으로 사람들에게 인정을 받았던 사무엘은 점차 중요한 일들을 맡게 됐고 몇 년 뒤 윌리엄 부스의 동역자로 함께 세계를 다니며 복음을 전하는 일에 큰 쓰임을 받았습니다.

진정한 섬김은 진정한 겸손에서 나옵니다.

가장 낮은 자리에서 헌신하신 예수님을 기억하며 아무리 작은 일에도 최선을 다하십시오. 아멘!

♡ 주님! 주님을 생각하며 작은 일도 기쁘게 하소서.
🔲 다른 사람이 하기 싫어하는 일들을 기쁨으로 섬깁시다.

최고를 만든 반주

읽을 말씀 : 갈라디아서 6:1-10

● 갈 6:4 각각 자기의 일을 살피라 그리하면 자랑할 것이 자기에게만 있고 남에게는 있지 아니하리니

최고의 피아니스트가 되기 위해 각고의 노력을 쏟던 남자가 있었습니다. 재능은 있는 편이었지만 유명 피아니스트와 견주기에는 부족한 부분이 너무나 많다는 걸 깨달은 남자는 최고의 성악가들을 위한 반주자가 되기로 마음을 먹었습니다.

그는 원하던 길도 아니었고 자존심도 내려놓아야 했으나 반주자의 자리에서 최고가 되고자 모든 열정을 쏟았습니다. 성악가의 개성이 묻히지 않도록 연주에는 감정을 싣지 않았고 독특한 반주법도 연구했습니다.

성악가의 노래가 돋보이는 순간에는 피아노 소리조차도 티나지 않게 줄이며 연주해 세계적인 성악가들의 극찬을 받았습니다.

'실패한 피아니스트'였던 제럴드 무어는 '최고의 반주자'로 재탄생했습니다. 제럴드가 은퇴한다는 소식이 들리자 평소 "제럴드의 반주가 나를 만들었다"고 극찬했던 디스카우, 앙헬레스, 슈바르츠코프 등 당대 최고의 성악가들은 바쁜 스케줄 중에도 시간을 내어 그의 마지막 무대를 위해 노래를 불렀습니다.

최고의 반주자가 최고의 성악가를 더 빛나게 하는 것처럼 각자 주어진 역할에 최선을 다할 때 세상에 하나님의 영광이 더욱 높이 드러납니다. 주어진 자리에서 최선을 다하는 충성된 일꾼으로 하나님께 영광을 돌리십시오. 아멘!

🩶 주님! 베푸신 은혜에 만족하게 하소서.

📖 주님이 나에게 맡겨주신 자리에서 묵묵히 최선을 다합시다.

"여호와(하나님)의 인자하심과
인생에게 행하신 기이한 일을 인하여
그를 찬송할찌로다
저가 사모하는 영혼을 만족케 하시며
주린 영혼에게
좋은 것으로 채워주심이로다"
- 시편 107:8-9

7월

7월 1일

포기하지 않은 비전의 열매

읽을 말씀 : 시편 126:1-6

● 시 126:5,6 눈물을 흘리며 씨를 뿌리는 자는 기쁨으로 거두리로다 울며 씨를 뿌리러 나가는 자는 정녕 기쁨으로 그 단을 가지고 돌아오리로다

『저는 미국으로 유학 간 지 불과 2년 만에 재학 중이던 밥 존스 고등학교 웅변대회에서 1등을 했습니다. 당시 저를 알던 모든 사람들은 똑같은 말을 했습니다.

"벙어리 빌리가 어떻게?"

영어를 한 마디도 제대로 못하던 저는 유학 첫해 마치 벙어리처럼 지냈습니다. 영어를 유창하게 하려고 입에서 피가 날 정도로 'R'과 'L' 발음을 연습했고 수업이 끝난 후에는 메타운 선생님과 유니스 선생님에게 영어와 웅변을 따로 배웠습니다.

10명이 참가한 학교 예선을 넘어 그린빌시의 예선까지 통과한 저는 3백 명이 경합을 벌인 콜롬비아 주 대회에서도 1등을 했습니다. 50개 주 대표가 벌인 전국대회에서 당당히 1등을 하고 아이젠하위 대통령상을 받아 학교로 돌아온 저를 에드워드 교장 선생님은 학생들에게 이렇게 소개했습니다.

"처음 내 사무실에 왔을 때는 영어를 한마디도 못했던 빌리가 영어 웅변으로 밥 존스 고등학교의 명예를 떨쳤습니다."

이때 제가 피와 땀을 흘려가며 했던 노력은 이후 복음을 전하는 일에 아주 요긴하게 쓰였습니다. 비전이 있다면 포기하지 맙시다.』- 김장환 목사의 인생 메모에서

세상적인 노력도 의미가 있지만 하나님의 뜻에 따라 눈물로 드리는 기도를 하나님은 외면하지 않으십니다. 하나님이 주신 비전이라면 장애물이 있더라도 포기하지 마십시오. 아멘!

♡ 주님! 주님께서 주신 비전을 위해 땀을 흘리도록 인도해 주소서.
▨ 주님이 주신 비전을 위해 노력할 것이 무엇인지 묵상합시다.

하늘에 둔 재산

읽을 말씀 : 누가복음 12:22-34

● 눅 12:33 너희 소유를 팔아 구제하여 낡아지지 아니하는 주머니를 만들라 곧 하늘에 둔바 다함이 없는 보물이니 거기는 도적도 가까이 하는 일이 없고 좀도 먹는 일이 없느니라

미국의 부흥사 조지 트루엣이 텍사스의 한 부호에게 저녁 식사 초대를 받았습니다. 식사를 마친 부호는 목사님을 모시고 저택의 옥상으로 올라가 사방을 보여주며 자랑했습니다.

"25년 전만 해도 저는 빈털터리였지만 이제 이름만 대면 알 만한 부자가 됐습니다. 저기 북쪽에 보이는 시추탑도 제 소유입니다. 동쪽의 목장이 보이십니까? 저기 수많은 가축도 제 것입니다. 서쪽의 숲은 휴양을 위해 구입한 곳으로 별장이 있습니다."

부호의 자랑을 듣고 난 뒤 목사님은 하늘을 향해 손가락을 가리키며 말했습니다.

"사랑하는 형제여,

그렇다면 저 하늘을 향해서는 무엇을 가지고 계십니까?"

막대한 부를 쌓으면서도 자선에는 조금도 돈을 쓰지 않았던 부호는 정작 가장 중요한 하늘의 부를 위해서는 아무것도 하지 않았다는 사실을 깨닫고 크게 부끄러워했습니다.

트루엣 목사님은 인간이 가질 수 있는 가장 위대한 지식은 '하나님의 뜻'을 아는 것이며 가장 위대한 재산은 '하나님의 뜻'을 행하는 것이라고 말했습니다.

그리스도인의 모든 삶은 하나님의 말씀 위에 있어야 합니다.

세상이 아닌 하나님을 위한 삶을 살아가기 위해 노력하십시오. 아멘!

♡ 주님! 주님의 뜻과 마음을 조금이라도 알아가게 하소서.

🖺 주님의 뜻을 알 뿐 아니라 실천하는 성도가 됩시다.

7월 3일

조심해야 할 때

읽을 말씀 : 고린도전서 10:12-22

● 고전 10:12 그런즉 선 줄로 생각하는 자는 넘어질까 조심하라

한 마을에 나무를 잘 타기로 유명한 남자가 있었습니다. 여러 마을을 다니며 높은 나무를 다듬는 일을 하던 남자는 나이가 들어 더 이상 나무를 타지 못했지만 풍부한 경험으로 다른 정원사들을 감독하는 일을 맡았습니다.

하루는 나라에서 가장 높기로 소문난 나무를 다듬는 일을 감독했습니다. 젊은 시절의 노인만큼 나무를 잘 타던 정원사가 위험해 보이는 꼭대기로 올라갔지만 노인은 아무런 조언도 하지 않았습니다. 오히려 정원사가 일을 마치고 거의 평지로 내려왔을 때 "여기서부터는 조심해야 하네!"라고 외쳤습니다.

무사히 내려온 정원사가 물었습니다.

"높은 곳에서는 아무 말씀 없으시다가 왜 다 내려와서 주의를 주십니까?"

"위험하다는 걸 알고 있는 상황에서는 알아서 조심하기 때문에 말을 할 필요가 없네. '이제 끝났다'라고 생각할 때는 방심하기 때문에 누구라도 다칠 수가 있다네."

'도연초'라는 책에 나오는 일화입니다.

하나님이 주신 소명을 다하고 천국으로 가는 그날까지 성도의 여정은 끝난 것이 아닙니다.

마귀의 간교에 빠져 넘어지지 않게 끝까지 조심하며 믿음을 지키십시오. 아멘!

♡ 주님! 주님의 품에서 벗어나지 않게 마음과 영혼을 지켜주소서.

▨ 오늘도 말씀으로 무장하며 죄를 경계합시다.

섬김의 자세

읽을 말씀 : 마가복음 10:38-45

● 막 10:45 인자의 온 것은 섬김을 받으려 함이 아니라 도리어 섬기려 하고 자기 목숨을 많은 사람의 대속물로 주려 함이니라

네 비게이토 선교회의 리더인 론 새니가 제자훈련을 시키던 때의 일입니다.

한 청년이 훈련이 끝나고 섬김에 대해 물었습니다.

"다른 사람을 섬길 수 있는 겸손한 사람이 됐는지 어떻게 알 수 있습니까?"

"지금은 모른다네. 정말로 남을 섬기는 위치에서 마치 종처럼 취급을 당할 때, 바로 그때 그 사람의 반응을 통해서 알 수 있기 때문이지. 조금 무례한 일을 당한다고 바로 화를 내는 사람은 그저 입만 산 사람이지만 그 순간에도 묵묵히 할 일을 하는 사람은 그리스도의 참된 제자라네."

신학자 칼 바르트는 '그리스도인의 섬김에는 세 가지'가 있어야 한다고 말했습니다.

1. 하나님의 뜻대로 살고자 하는 의지(Will)
2. 하나님의 뜻을 위한 수고(Working)
3. 하나님의 뜻대로 살아가는 행동(Doing)

예수님은 공생애의 삶을 통해 참된 섬김을 보여주시고 또 "서로 섬기라"고 명령하셨습니다.

예수님이 보여주신 섬김의 본을 따라 세상의 빛과 소금으로 선한 영향력을 행하십시오. 아멘!

♡ 주님! 내 안에 내가 아닌 오직 예수님만 계시게 하소서.
🖼 예수님이 보여주신 참된 섬김의 본을 따라 섬깁시다.

7월 5일

소명을 다한 사람

읽을 말씀 : 디모데후서 1:7-12

● 딤후 1:9 하나님이 우리를 구원하사 거룩하신 부르심으로 부르심은 우리의 행위대로 하심이 아니요 오직 자기 뜻과 영원한 때 전부터 그리스도 예수 안에서 우리에게 주신 은혜대로 하심이라

최고의 재즈 연주가인 존 콜트레인이 은퇴 공연에서 마지막 곡을 연주하고 있었습니다. 멋진 연주가 끝나고 사람들의 환호 속에서 콜트레인은 한 마디를 외친 뒤 무대를 내려왔습니다.

'눈크 디미티스(Nunc Dimittis)!'

"이제 종을 편안히 놓아주시는군요"라는 뜻입니다. 메시아를 보기 전까지 죽지 않을 것이라고 약속받은 시므온이 아기 예수님을 만나고 축복기도를 드린 뒤에 했던 말입니다.

최고의 재즈 연주가였음에도 마음이 공허했던 존은 마약에 빠졌다가 예수님을 만난 후 재활에 성공했습니다.

이후 공공연히 믿음을 고백하며 연주로 하나님께 영광을 돌렸던 콜트레인을 사람들은 '재즈의 성인'이라고 불렀습니다.

폐인이 됐던 자신을 구원해준 하나님께 감사하는 마음으로 모든 연주를 하나님께 드리는 기도처럼 최선을 다했고 마지막 연주를 통해 자신의 사명을 다했음을 고백한 것이었습니다.

하나님이 주신 재능을 하나님을 위해 최선을 다해 쏟아낸 사람만이 충성 된 종이라 칭찬을 받을 수 있습니다.

나에게 주신 달란트의 크고 작음을 따지기보다 하나님이 주신 달란트와 은혜의 소중함을 알고 하나님을 위해 살아가는 사명자가 되십시오. 아멘!

♡ 주님! 마지막까지 사명을 다하는 제자로 살아가게 인도하소서.
▨ 주님이 주신 나의 모든 것을 주님의 일을 위해 사용합시다.

고개를 들어보십시오

읽을 말씀 : 고린도후서 1:1-7

● 고후 1:7 너희를 위한 우리의 소망이 견고함은 너희가 고난에 참예하는 자가 된것 같이 위로에 도 그러할 줄을 앎이라

루마니아가 공산주의였을 때 기독교는 크게 탄압을 당했습니다. 끝까지 신앙을 포기하지 않았던 성도들은 기약 없이 감옥에 갇혀 노역을 했습니다. 그중에서도 악명높았던 게를라 감옥에는 '플로라'라는 성도가 있었습니다. 감옥에서도 성도의 의무를 다했던 플로라는 "주일에는 노역을 할 수 없다"며 성도들을 모아 예배를 드리려고 했다가 구타를 당해 전신마비가 됐습니다.

손가락도 꼼짝할 수 없는 플로라는 감옥 구석에서 그저 방치됐습니다. 숟가락도 없어 동료들이 손으로 떠주는 음식을 먹었지만 그럼에도 미소를 지으며 하나님을 찬양했습니다. 절망적인 현실에 지쳐 희망을 잃은 다른 성도들이 플로라를 찾아와 "이런 상황에서까지 신앙을 지키며 미소를 지을 수 있나?"고 묻자 이렇게 대답했습니다.

"사방이 막혀 있고 길이 보이지 않을 때 하늘을 한 번 쳐다보면 어떨까요? 스데반 집사님은 돌에 맞아 죽기 직전에도 하늘에 계신 예수님을 보며 평안하지 않았습니까? 스데반을 위로하셨던 하나님이 우리의 마음에도 동일한 평안을 주실 것입니다."

하나님이 주시는 평안은 어떤 상황에도, 어떤 순간에도 우리 마음에 임할 수 있습니다.

사방이 막막하고 아무런 소망이 없어 보일 때도 고개를 들어 주님을 보십시오. 아멘!

♡ 주님! 주님이 주시는 참된 평안을 누리게 하소서.

🧎 사방이 막히고 어려울 땐 기도를 통해 하늘을 바라봅시다.

7월 7일

뒤를 돌아보지 마라

읽을 말씀 : 여호수아 14:6-12

● 수 14:10하,11 … 오늘날 내가 팔십 오세로되 모세가 나를 보내던 날과 같이 오늘날 오히려 강건하니 나의 힘이 그때나 이제나 일반이라 싸움에나 출입에 감당할 수 있사온즉

미국 미네소타주 의학협회에서 공표한 '노인의 정의'입니다.

- 자신이 늙었다고 느낀다
- "이 나이에…"라는 말을 자주 한다
- 내일을 기약할 수 없다고 느낀다
- 청년들의 관심사와 활동에 관심이 없다
- 과거를 그리워한다
- 듣지는 않고 말을 많이 하려고 한다.

'노인의 정의'지만 정작 가장 중요한 나이에 대한 내용은 하나도 없습니다. 생각과 생활습관에 따라서 같은 나이에도 신체조건이 달라지기 때문입니다.

또 최근 UN에서는 청년의 기준을 '18세-65세'로 정했습니다.

급변하는 인류의 체질과 평균 수명을 고려할 때 65세도 청년이라 부르기에 부족함이 없다고 판단한 것입니다.

믿음의 위인들은 하나님께 부르심을 받기 전까진 누구나 청년처럼 비전을 따라 살았습니다.

갈렙은 85세 때에, 40세 때 하나님께 받은 약속의 말씀을 붙들고 전쟁터에 나가 승리했습니다.

세상이 정한 나이와 규정이 아니라 하나님이 주신 비전과 소명을 따라가는 만년 청년으로 살아가십시오. 아멘!

♡ 주님! 주님의 일에 너무 늦은 나이는 없음을 알게 하소서.
🖼 어떤 나이 때든지 가능성에 초점을 맞추며 살아갑시다.

건강의 진짜 비결

읽을 말씀 : 빌립보서 4:2-9

● 빌 4:6 아무것도 염려하지 말고 오직 모든 일에 기도와 간구로, 너희 구할 것을 감사함으로 하나님께 아뢰라

'성인병'은 주로 40대 이상의 성인과 노인들이 많이 걸리는 병이어서 붙여진 이름입니다.

최근에는 '성인병' 대신 '생활습관병'이라는 이름으로 불리고 있습니다. 과도한 스트레스와 패스트푸드의 유행으로 '성인병'에 걸리는 아이들이 많아서 조사를 해보니 노화보다도 생활습관이 더 밀접한 관련이 있었기 때문입니다.

일본에서 명의로 불리는 신야 히로미 박사는 여기에 한 술 더해 성인병을 생활습관병이 아닌 '자기관리결함병'이라고 불러야 한다고 주장합니다. 박사의 연구에 따르면 건강을 위한 비결은 전혀 특별한 것이 아니었습니다.

많이 걷기, 가끔 달리기, 충분한 수분 섭취, 복식 호흡, 천천히 씹고 조금씩 먹기 등 기본만 지켜도 건강해질 수 있는데 이 기본을 무시하고 좋은 영양제나 보양식, 특별한 건강관리방법 등을 백날 찾아 헤매는 사람들이 많기 때문입니다. 기본조차 지키지 않아 생기는 병이기에 히로미 박사는 '성인병'의 이름을 바꿔야 한다고 주장하고 있습니다.

건강만큼 사람들이 중요하게 여기는 것은 없지만 건강의 비결인 기본을 지키는 사람은 많지 않습니다. 마찬가지로 성장하는 믿음 생활을 위해서는 항상 기본이 중요합니다.

말씀과 기도, 사랑의 교제와 구제와 선행 등 모든 신앙의 기본을 지키십시오. 아멘!

♡ 주님! 건강도, 신앙도 기본부터 지켜나가게 하소서.
🏃 신앙이 위험할 땐 항상 기본으로 돌아갑시다.

7월 9일

꿈을 찾는 세 가지 질문

읽을 말씀 : 요한복음 3:1-8

● 요 3:3 예수께서 대답하여 가라사대 진실로 진실로 네게 이르노니 사람이 거듭나지 아니하면 하나님 나라를 볼수 없느니라

심리학자이자 정신의학과 전문의인 알렉산더 로이드 박사는 수많은 정신질환 환자를 상담하면서 치료에 가장 효과적인 세 가지 질문을 발견했습니다.

1. "지금 가장 원하는 것은 무엇인가?"라는 질문입니다. 많은 사람들은 이 질문에 돈이라고 대답합니다.

2. "그 소원이 이루어지면 삶이 어떻게 변화될까요?"라고 물으면 환자들은 돈에 관한 문제들이 해결되고 여유로운 삶을 누리는 자신의 모습을 떠올립니다.

3. "바뀐 삶을 살아가는 당신은 어떤 감정을 느끼고 있나요?"라는 마지막 질문에 답을 생각하던 환자들은 정말 바라던 것은 '돈'이 아니라 문제가 해결될 때 찾아오는 '평안', '행복'과 같은 감정들이라는 사실을 깨닫습니다. 평안과 행복을 얻기 위해 돈과 같은 물질적인 요소가 필요하지 않다는 사실도 깨달아 삶의 진정한 목적을 찾으려다 보니 생활에 활력이 생겼고 많은 정신질환들이 저절로 치유됐습니다.

인생에 부족하다고 여기는 것이 반드시 나에게 필요한 것이 아닐 수 있습니다. 모든 사람들이 그토록 찾아 해매는 내면의 모든 만족을 주님은 이미 구원의 은혜를 통해 나에게 주셨습니다. 하나님이 주신 진정한 행복을 세상의 가치보다 더 소중히 여기십시오. 아멘!

♡ 주님! 가장 귀한 독생자를 주셨다는 사실에 기뻐하게 하소서.

▣ 주님이 내 삶에 허락하신 행복이 몇 가지인지 생각해봅시다.

탈옥수의 변화

읽을 말씀 : 로마서 12:14-21

● 롬 12:19 내 사랑하는 자들아 너희가 친히 원수를 갚지 말고 진노하심에 맡기라 기록되었으되 원수 갚는 것이 내게 있으니 내가 갚으리라고 주께서 말씀하시니라

프랑스 파리의 한 시내에서 끔찍한 살인사건이 일어났습니다.

사건을 담당하던 검사는 실적 때문에 무고한 청년 샤리에르를 범인으로 몰아 감옥에 보냈습니다.

복수심에 불타던 샤리에르는 난공불락의 요새로 유명한 감옥에 수감됐음에도 9차례의 시도 끝에 탈옥에 성공했습니다.

탈옥 후 남미로 도피한 샤리에르의 머릿 속에는 누명을 씌운 검사를 죽일 생각밖에 없었습니다. 온갖 험한 일을 하며 계획을 실행할 돈을 모으던 샤리에르는 공소시효가 만료되던 1967년도에 만반의 준비를 하고 파리로 돌아갔지만 30년 만에 돌아온 파리의 거리를 걷다가 하나님의 무한한 은혜와 사랑을 느끼며 복수를 포기했습니다.

샤리에르는 그 자리에서 무릎을 꿇고 하나님께 기도했습니다.

"주님, 복수를 포기할테니 저같은 비극을 겪는 희생자가 다시는 나오지 않게 도와주소서. 처량한 저의 미래에 자유와 사랑이 가득할 수 있도록 기적을 베풀어주소서!"

샤리에르의 스토리는 영화 '빠삐용'의 근간이 됐습니다.

다함이 없는 하나님의 사랑과 자비가 덮지 못할 분노와 죄는 없습니다. 모든 죄와 나쁜 감정을 덮고도 충분한 하나님의 자비가 내 마음에도 임하게 해달라고 기도하십시오. 아멘!

♡ 주님! 선한 일을 도모할 능력과 은혜를 부어주소서.
▨ 모든 것을 용서하신 주님의 자비를 힘입어 나도 용서합시다.

자유의 1시간

읽을 말씀 : 시편 62:5-12

●시 62:5 나의 영혼아 잠잠히 하나님만 바라라
대저 나의 소망이 저로 좇아 나는도다

구글의 회장인 에릭 슈미트가 보스턴대학교 졸업 축사에서 다음과 같은 말을 했습니다.

"기술이 여러분을 지배하도록 놔두지 마십시오. 하루에 단 1시간 만이라도 스마트폰에서 눈을 떼고 사랑하는 사람의 눈을 바라보는 시간을 가지세요."

세계최고의 IT업체의 회장이 전한 말이었기에 세계적으로 매우 큰 화제가 됐으며 인간을 위해 개발된 기술이 오히려 인간을 잠식하고 있다는 위기감도 느낄 수 있었습니다. 우리나라에서는 20% 정도가 스마트폰 중독 고위험군이라고 합니다. 걸어다니면서도 스마트폰에서 눈을 떼지 않아 '스마트폰 좀비'라는 신조어까지 만들어졌습니다.

이런 문제를 해결하기 위해 '디지털 디톡스'를 위해 자발적으로 노력하는 모임들도 생겨나고 있습니다. 잠들기 30분 전이나 대중교통을 이용하는 잠깐조차도 스마트폰에서 손을 떼지 못하며 온전히 휴식할 시간을 빼앗기고 있는 스스로에게 위험성을 느끼고 있는 사람들이 늘어나고 있기 때문입니다.

하나님과 교제하는 시간, 예배하는 시간에도 마음은 스마트폰에 가 있지 않습니까? 하나님보다 더 떠올리는 것은 무엇이든 우상입니다. 예배의 시간, 경건의 시간, 교제의 시간에는 과감히 스마트폰을 끄십시오. 아멘!

♡ 주님! 시대에 지지 않고 온전히 주님만을 집중하게 하소서.
🖼 예배와 교제시간에는 모든 스마트기기를 내려놓고 집중합시다.

구두약의 희망

읽을 말씀 : 고린도전서 7:16-24

● 고전 7:17 오직 주께서 각 사람에게 나눠 주신 대로 하나님이 각 사람을 부르신 그대로 행하라 내가 모든 교회에서 이와 같이 명하노라

영국 한 시골마을 도로변에서 구두를 닦던 소년이 있었습니다.
학교를 갈 나이에 가정형편이 어려워 구두나 닦으면서도 소년의 눈은 반짝거렸고 틈만 나면 노래를 흥얼거렸습니다.

소년에게 구두를 맡기던 한 신사는 그 모습을 보고 구두닦이가 그렇게 신나는 일이냐고 물었습니다.

"아닙니다, 선생님. 제 꿈은 작가랍니다."

"그럼 구두를 닦으면서 왜 그렇게 즐거워하지?"

"제가 구두를 닦아야 훗날 글을 쓸 수 있으니까요. 구두를 닦을 때마다 저에게는 희망이 생긴답니다."

구두닦이 외에도 글을 쓰기 위해 여러 허드렛일을 해야했지만 소년은 단 한 번도 불평을 하지 않았습니다.

틈틈이 짬을 내서 글을 쓰던 이 소년은 '올리버 트위스트', '크리스마스 캐롤'을 쓴 영국이 낳은 세계적인 작가 찰스 디킨스가 되었습니다.

독실한 크리스천이었던 찰스 디킨스는 소설을 하나님의 말씀을 전하기 위한 사명감을 가지고 썼다고 고백했습니다.

뚜렷한 사명감을 가지고 하나님을 위해 하는 모든 일은 하나님이 기쁘게 받으시는 예배입니다.

삶의 예배를 통해 사명을 향한 희망을 그려나가십시오. 아멘!

💚 주님! 세상의 일을 통해 주님의 일을 나타내도록 지혜를 주소서.

🙇 오늘 맡은 모든 일을 사명감을 가지고 즐겁게 몰두합시다.

피난처 되시는 주님

읽을 말씀 : 시편 73:20-28

● 시 73:28 하나님께 가까이 함이 내게 복이라 내가 주 여호와를 나의 피난처로 삼아 주의 모든 행사를 전파하리이다

몇 년 전 호주에서 3달이 넘게 지속되면서 수 많은 피해를 입힌 산불이 일어났습니다. 이때 엄청난 숫자의 동물이 산불로 희생됐다고 합니다. 이런 참혹한 상황 가운데 웜뱃이라는 동물의 활약으로 작은 동물들의 피해는 상대적으로 적었다고 합니다.

웜뱃은 천적으로부터 도망치기 위해서 통로가 수십개인 굴을 파놓습니다. 웜뱃의 굴은 깊고 넓어서 산불이 났다 해도 굴속에만 있으면 안전한 피난처가 됩니다. 평소 다른 동물들이 굴에 들어오면 웜뱃은 힘을 합해 쫓아내는데 산불이 났을 때는 산불을 피해 들어오는 동물들을 방해하지 않았습니다.

웜뱃들은 다른 웜뱃에게도 자기가 파놓은 굴을 사용하지 못하게 하는데 산불이 나자 웜뱃들이 약속이라도 한 것처럼 다른 동물들에게 공유를 허락한 것입니다. 수천 마리 이상의 멸종 위기 동물들이 웜뱃 덕분에 목숨을 구할 수 있었다는 사실이 전해지면서 호주 국민들은 웜뱃을 '작은 영웅'이라고 불렀습니다.

작은 동굴이라 하더라도 산불을 피할 수 있는 안전한 피난처가 됩니다. 하물며 예수님이 마련하신 피난처는 모든 사람을 포용하고 가장 쉬운 방법으로 얻을 수 있는 참된 구원입니다.

환란 날에도 나를 잊지 않으시는 주님의 날개 아래서 참된 안식을 얻으십시오. 아멘!

♡ 주님! 지켜주시는 주님을 믿고 담대히 살아가게 하소서.
🖼 모든 환란 가운데 피난처가 되시는 주님의 품을 떠나지 맙시다.

말씀의 전신갑주

읽을 말씀 : 에베소서 6:10-20

● 엡 6:13 그러므로 하나님의 전신갑주를 취하라
이는 악한 날에 너희가 능히 대적하고 모든 일
을 행한 후에 서기 위함이라

영국 내전은 왕을 주축으로 따르는 귀족들과 민주주의의 기
반을 지키기 위한 의회파의 갈등으로 일어난 것으로 알려
져 있지만 종교를 통합시키려는 왕과 신앙을 지키려는 청교도들
의 갈등도 중요한 원인이었습니다.

독실한 그리스도인으로 신앙의 자유를 지키기 위해 의회파
선봉에 섰던 올리버 크롬웰 장군은 '철기군'이라는 최강의 친위
대를 두고 있었습니다. 역사적으로 살펴보면 '철기군'은 갑옷도
제대로 갖추지 못한 경기 마병들이었습니다.

그럼에도 이 병사들이 철기군으로 불리게 된 이유는 '말씀의
전신갑주'를 입고 하나님을 위해 싸워야 한다는 크롬웰 장군의
명을 받드는 병사들이었기 때문입니다.

돈과 명예보다 더 중요한 신앙을 지키기 위해 싸웠던 철기군
은 크롬웰 장군이 나눠준 포켓 성경을 읽으며 전선이 무너져도
후퇴하지 않고 끝까지 맞서 싸우는 것으로 명성이 드높았고 결
국 수적인 열세에도 불구하고 왕당파를 무찌르고 종교의 자유를
수호해냈습니다.

하나님의 말씀은 실제 삶 속에서도 놀라운 능력을 발휘하는
능력의 근원입니다. 하나님과 함께 할 때 나의 약함은 아무런 문
제가 되지 않습니다. 나에게 주시는 축복의 말씀들을 놓치지 말
고 하나님의 능력을 꼭 붙들고 살아가십시오. 아멘!

🤍 주님! 말씀이 곧 능력임을 알고 말씀만을 의지하게 하소서.
🧎 말씀과 기도로 주님이 주시는 놀라운 능력을 체험합시다.

50달러 때문에 얻은 구원

읽을 말씀 : 요한복음 6:37-46

● 요 6:40 내 아버지의 뜻은 아들을 보고 믿는 자마다 영생을 얻는 이것이니 마지막 날에 내가 이를 다시 살리리라 하시니라

광복 직후 인천에 최대건이라는 거상이 살고 있었습니다. 공무원들은 매달 최대건을 찾아와 50달러씩 뇌물을 가져갔습니다. 당시 50달러는 일반 노동자들의 1년 임금이 넘는 큰 액수였습니다.

최대건은 이 문제를 해결하기 위해 한 교회를 나갔습니다.

정치적 영향력이 막강한 선교사님의 환심을 사서 매달 나가는 50달러를 막으려던 것이 이유였습니다.

공교롭게도 선교사님의 설교가 "개인적인 목적으로 신앙생활을 시작하면 안 된다"는 내용이었습니다. 양심에 찔렸던 최대건은 눈물로 회개했고 그날 예수님을 믿었습니다.

이후 하나님이 주신 축복으로 많은 교회를 세우고 국내 선교를 위해 헌신했던 최대건은 훗날 이런 말을 남겼습니다.

"나는 50달러를 아끼기 위해 교회를 찾아갔습니다. 그러나 예수 그리스도를 만난 뒤 구원을 얻을 수만 있다면 오히려 매달 100달러라도 흔쾌히 낼 수 있다고 생각했습니다. 그 덕분에 내가 예수 그리스도를 만날 수 있었기 때문입니다."

믿음으로 거저 얻는 구원이지만 그 가치는 말할 수 없습니다.

귀한 구원받아 하나님의 자녀라는 사실이 믿어지는 은혜를 허락하신 주님께 다시 한번 큰 감사와 찬양을 올려드리십시오. 아멘!

♡ 주님! 모든 일 가운데 주님을 더욱 알아가는 축복을 허락하소서.
▧ 주님과 함께라면 고난에도 감사합시다.

고난이란 축복

읽을 말씀 : 시편 119:41-50

● 시 119:50 이 말씀은 나의 곤란 중에 위로라 주의 말씀이 나를 살리셨음이니이다

번번이 시합에서 패배하며 형편없는 급료를 받던 권투선수가 있었습니다. 더 이상 출전할 수 있는 시합이 없어 이런 저런 직업을 전전하다가 우연히 배우가 됐는데 늦은 나이에 많은 문제점이 있었음에도 미국에서 가장 유명한 희극배우로 이름을 날렸습니다.

이 남자가 권투에 조금만 더 재능이 있었거나 시합에 계속 나갈 수 있었더라면 미국을 대표하는 코미디언 밥 호프는 존재하지 않았을 것입니다.

시골에서 은행원을 하다가 상사의 실수로 억울하게 쫓겨나 누명까지 쓰고 감옥에 갔던 남자가 있었습니다. 그는 수감 중 작가가 되고 싶었던 어린 시절의 꿈을 되찾고 펜을 들었습니다.

누명을 쓰고 감옥까지 갔던 불행이었지만 이 불행이 없었다면 '마지막 잎새'의 오 헨리는 존재하지 않았을 것입니다.

스페인의 문호 세르반테스도 군대에서 장교로 근무하다가 누명을 쓰고 불명예제대를 당하지 않았다면 평생 펜을 들지 않았을 것이고 우리가 아는 '돈키호테'도 존재하지 않았을 것입니다.

인생의 고난은 때때로 더 큰 성장을 위한 밑거름이 됩니다.

모든 고난과 어려움까지도 하나님이 주시는 선물로 받아들이며 믿음으로 한 걸음씩 성장해나가는 반석 위의 믿음을 가진 그리스도인이 되십시오. 아멘!

♡ 주님! 어떤 고난에도 주님의 뜻을 신뢰하게 하소서.
🎆 고난 가운데 임하는 주님의 뜻이 무엇인지 기대합시다.

기적의 6분

읽을 말씀 : 데살로니가전서 1:2-10

● 살전 1:3 너희의 믿음의 역사와 사랑의 수고와 우리 주 예수 그리스도에 대한 소망의 인내를 우리 하나님 아버지 앞에서 쉬지 않고 기억함이니

평범한 청년이었던 할 엘로드는 음주 운전자에게 뺑소니를 당해 전신마비가 왔습니다.

의사는 뇌의 일부분이 영구적으로 손상되어 회복될 수 없으며 골절된 부위도 이전처럼은 돌아오지 않을 것이라고 말했습니다.

절망적인 진단이었지만 이제 막 스무살이 된 할은 인생을 포기할 수 없었습니다. 다양한 책과 논문을 읽으며 재활의지를 불태운 할은 다음의 6가지 수칙을 매일 아침 1분씩 실행하기로 했습니다.

1. 기도 2. 독서 3. 삶의 목표 떠올리기 4. 목표를 이루겠다 다짐하기 5. 감사 일기 쓰기 6. 간단한 운동

하루에 6분만 투자하면 되는 간단한 행동이었지만 기적이 일어나기 시작했습니다. 의사의 판단과 달리 마라톤을 완주할 정도의 건강한 신체로 회복됐고 강의를 할 수 있을 정도로 지능도 돌아왔습니다.

힐의 강의를 통해 6가지 수칙의 기적을 접한 많은 사람들도 할과 같이 10분의 투자로 새로운 삶을 경험하고 있다고 합니다.

하나님의 자녀로 나를 부르신 하나님의 사랑을 매일 기억하며 인생의 사명을 잊지 않을 때 기적은 일어납니다.

매일 아침 하나님이 주신 삶의 소명을 기억하고 열정을 다짐하는 기적을 위한 시간을 가지십시오. 아멘!

♡ 주님! 가장 중요한 삶의 목적을 잃지 않게 지켜주소서.
📖 경건생활에 예화에 나오는 6가지 수칙을 더해 매일 실천합시다.

가장 중요한 원칙

읽을 말씀 : 요한복음 13:31-38

● 요 13:34 새 계명을 너희에게 주노니 서로 사랑하라 내가 너희를 사랑한것 같이 너희도 서로 사랑하라

미국 조지아주에 간단한 식사를 판매하는 '난쟁이식당'이 라는 곳이 있었습니다. 마을 사람들만 가끔 이용하는 작은 식당이었지만 주인인 사무엘은 '모든 고객에게 최고의 맛을 제공하겠다'는 자세 음식을 만들었습니다.

평범한 '치킨 샌드위치'를 만들기 위해 4년을 연구했고 어떤 메뉴는 출시하기까지 7년이 걸렸습니다.

아무리 공을 들인 메뉴라도 손님들의 마음에 들지 않으면 과감히 철회하고 다시 연구했습니다.

손님들에게 항상 '최고의 맛'을 대접하려던 '난쟁이식당'의 소문은 저절로 지역 밖으로 퍼져나갔고 여기저기서 체인점을 열어 달라는 제안이 들어왔습니다.

사무엘은 첫 지점을 오픈하면서 식당의 이름을 '칙 필레'로 바꿨고 매장이 늘어가도 최고의 맛이라는 목표는 변함이 없었습니다. 지금도 '칙 필레'는 미국 소비자가 뽑은 가장 만족하는 식당이며 70년 동안 한 번도 매출이 감소하지 않은 유일한 기업입니다.

사람들이 생각하는 음식의 가장 중요한 원칙이 '맛'이듯 신앙의 가장 중요한 요소는 '믿음'이며 '사랑의 실천'입니다.

가장 중요한 이 원칙을 잊지 말고 어두운 세상에 주님의 사랑으로 밝히 비추는 사명을 감당하십시오. 아멘!

♡ 주님! 진리의 빛으로 세상을 비추는 성도가 되게 하소서.
🖼 나의 모습을 통해 주님의 사랑이 전파되는 오늘을 살아갑시다.

독 안에 들어간 이유

읽을 말씀 : 마태복음 13:18-30

● 마 13:22 가시떨기에 뿌리웠다는 것은 말씀을
들으나 세상의 염려와 재리의 유혹에 말씀이 막
혀 결실치 못하는 자요

한 유명한 철학과 교수에게 제자가 질문했습니다.
"교수님, 독 안에 든 쥐라는 말이 어떻게 가능할까요?
사람이 일부러 가두지 않는 이상 쥐가 어떻게 멀쩡한 독 안에
들어갈 수 있을까요?"

교수가 대답했습니다.

"잘 생각해보게. 독 안에는 보통 쌀을 담아두지 않는가?

쥐가 처음에 발견한 독은 쌀이 가득 차있는 독이야. 수북히
쌓여있는 쌀을 본 쥐는 너무 행복했겠지. 그래서 쌀독에 파묻혀
몇날 며칠이고 쌀을 먹었을 거야. 그렇게 쌀을 다 먹어치우고는
캄캄한 독 안에 갇히게 된걸세. 그 많던 쌀은 다 없어지고 이제
캄캄한 독에서 죽을 날만 기다리고 있는 것이지.

그렇다면 쌀을 조금만 먹고 만족할 수 있었을까?

나는 아니라고 생각하네. 쥐도, 우리도 결국 독 안에 들어있
는 쌀에는 눈길도 주지 말고 피해가는게 독 안에 갇혀 죽지 않는
유일한 방법이라고 생각하네."

예수님이 주신 소중한 구원을 포기하고 세상이란 독 안의 즐
거움을 탐하고 있지는 않습니까? 진정한 기쁨과 생명은 오직 예
수님 안에 거함으로 얻을 수 있습니다.

세상이란 독 안에 담겨 있는 위장된 즐거움을 멀리하고 주님
안에서 참된 만족을 얻으십시오. 아멘!

💙 주님! 주 안에서 누리는 참된 기쁨의 소중함을 알게 하소서.
📖 우리의 본향을 잊지 말고 하늘을 바라보며 삽시다.

말씀으로 무장하라

읽을 말씀 : 누가복음 17:1-10

● 눅 17:3 너희는 스스로 조심하라 만일 네 형제가 죄를 범하거든 경계하고 회개하거든 용서하라

기 원전 53년 시저가 이끄는 로마군대가 도버해협을 건너 영국을 향하고 있었습니다. 해전에서 워낙 약했던 로마군은 군함이라고 할 수도 없을 정도로 조각한 배를 타고 있었습니다. 험난한 도버해협을 건너다 파도에 배가 부서져 파편을 붙잡고 떠내려가는 병사들도 있었습니다.

그럼에도 로마군은 무사히 상륙해 영국을 점령했습니다. 로마군을 상대하던 영국군의 함대는 더 형편없었기 때문입니다.

이때의 경험으로 영국은 해군의 중요성을 깨닫고 막대한 투자를 했습니다. 세계를 호령했던 스페인의 무적함대와 프랑스의 나폴레옹, 그리고 세계대전을 일으킨 독일의 전력은 당대 최강이었지만 그 어떤 군대도 영국침공에 성공하지는 못했습니다.

유럽을 정복하고, 세계를 호령한다 한들 해군만큼은 영국이 더 강력했기 때문입니다.

결국 역사적으로 영국 침공에 성공한 유일한 군대는 가장 형편없는 해군력을 가지고 있던 로마였습니다.

말씀으로 잘 무장되어있는 그리스도의 제자는 그 어떤 죄의 유혹도 이겨낼 수 있지만 교만으로 빈틈을 보이는 성도는 아주 작은 유혹에도 무너지고 맙니다.

날마다 말씀을 묵상하고 자백하는 기도를 통해 하나님이 주시는 능력으로 죄를 이겨나가십시오. 아멘!

♡ 주님! 죄와 유혹에서 지켜주시는 주님의 손을 구하게 하소서.
▒ 말씀과 기도를 붙잡음으로 죄의 유혹을 물리칩시다.

7월 21일

부족한 이를 도우라

읽을 말씀 : 로마서 14:1-12

● 롬 14:1 믿음이 연약한 자를 너희가 받되 그의 의심하는 바를 비판하지 말라

국내의 한 외국계 대기업은 독특한 시스템으로 회사를 운영하고 있습니다. 직원들을 능력에 따라 세 단계로 나눈 뒤 가장 낮은 등급의 직원이 많은 팀은 사원이 아닌 리더의 점수를 깎습니다.

분기별로 인사고과를 평가하기 때문에 리더들은 저번 평가에서 낮은 등급을 받은 직원들을 특별관리합니다. 낮은 등급의 직원이 많을수록 자신의 점수가 깎이기 때문입니다.

리더들은 직원의 능력향상을 위해 자신의 노하우와 필요한 지원을 아끼지 않습니다. 리더의 적극적 관심과 지원을 받은 직원들은 더욱 더 노력해 실력을 성장시키고, 이 경험은 다시 직원들과 리더들 사이에서 공유됩니다.

한국에서는 흔한 방식이 아니지만 본사의 방침에 따라서 운영을 했을 뿐인데 이 기업은 몇 년이 지난 뒤 기업 평가에서 국내 굴지의 대기업들을 제치고 '인재양성을 가장 잘하는 기업 6위', '리더를 위한 최고의 직장 3위'에 올랐습니다.

뛰어난 능력을 가진 사람들이 그렇지 못한 사람들을 도울 때 리더는 본연의 역할을 다하며 성장하게 되고, 도움을 받는 사람은 인재로 양성됩니다. 하나님이 나에게 주신 재능과 축복으로 나보다 못한 환경에 처해 있는 사람을 돕고 지원하는 일에 노력과 관심을 아끼지 마십시오. 아멘!

♡ 주님! 여리고 약한 사람들의 믿음을 위해 기도하게 하소서.

▨ 회사와 교회에서 어려움을 겪는 사람들을 적극적으로 도웁시다.

그리스도인이 된 이유

읽을 말씀 : 예레미야 32:36-44

● 렘 32:41 내가 기쁨으로 그들에게 복을 주되 정녕히 나의 마음과 정신을 다하여 그들을 이 땅에 심으리라

임어당은 목사님의 아들로 태어났지만 복음을 믿지 않았습니다. 어린 시절부터 명석했던 임어당이 보기에는 기독교 교리와 성경은 세상에 있을 수가 없는 것이었습니다.

중국에서 가장 유명한 작가이자 비평가가 된 임어당은 주기적으로 기독교를 비판하고 희롱하는 글을 쓸 정도로 큰 반감을 가졌습니다. 하지만 사회적으로 명성을 더 얻을수록 임어당의 삶은 피폐해져 갔습니다.

가족들은 알 수 없는 병으로 병상 신세를 졌고 그중 가장 사랑하는 딸은 세상을 떠났습니다. 하루하루가 지옥 같고 살아갈 힘이 조금도 남지 않았다고 느꼈을 때 집안일을 도와주는 가정부의 밝은 미소가 눈에 들어왔습니다. 하루는 "입에 풀칠이나 하면서 무엇이 그리 좋으냐?"라고 임어당이 물었습니다.

"예수님을 믿으면 얼마나 인생이 즐거운지 모릅니다. 선생님도 예수님을 믿어보세요."

가정부의 미소를 본 임어당은 교회에 나가지 않을 수 없었습니다. 그토록 기독교를 싫어했던 임어당은 가정부의 미소로 주님을 영접했고 '나는 왜 그리스도인이 되었나'라는 간증으로 오히려 중국의 지식인들에게 복음을 전하는 삶을 살았습니다.

하나님이 주시는 능력과 기쁨은 믿는 사람만이 누릴 수 있는 특권입니다. 하나님을 내 인생의 임금과 구주로 모시며 충만한 기쁨 가운데 거하십시오. 아멘!

♡ 주님! 힘들고 어려울수록 더욱더 주님만 붙들고 의지하게 하소서.
🖼 다함이 없는 충만한 기쁨을 주시는 주님을 세상에 알립시다.

발견할 수 있었던 이유

읽을 말씀 : 이사야 40:1-11

● 사 40:11 그는 목자 같이 양무리를 먹이시며 어린 양을 그 팔로 모아 품에 안으시며 젖먹이는 암컷들을 온순히 인도하시리로다

페니실린을 발견한 영국의 미생물학자 알렉산더 플레밍의 연구소에 동료 과학자가 찾아온 적이 있었습니다.

페니실린으로 이미 명성이 높았던 플레밍이지만 연구환경은 열악하기 그지 없었습니다. 이 모습이 안타까웠던 동료가 말했습니다.

"이런 허름한 곳에서 그런 위대한 발견을 했단 말인가? 더 좋은 시설에서 연구를 했다면 자네는 더 엄청난 발견들을 했을텐데 말이야."

플레밍은 고개를 가로저으며 대답했습니다.

"난 한번도 주어진 환경에 불평해본 적이 없다네. 오히려 내가 이런 곳에서 연구했기에 페니실린을 발명했을지도 모르지 않나?"

독실한 그리스도인이었던 플레밍은 언제나 감사하려고 노력하던 사람이었습니다.

최근의 연구에 따르면 플레밍이 페니실린을 발견하게 된 것은 정말로 연구소가 허름했기 때문에 배양접시를 오염시켜서 일어난 위대한 실수였다고 합니다.

하나님의 섭리를 믿는 사람에게는 삶에 그 무엇하나도 하나님의 뜻이 아닌 것은 없습니다.

내가 바라는 환경과 상황이 아닐지라도 감사한 마음으로 하나님이 이끄시는 삶 속에 모든 것을 맡기십시오. 아멘!

♡ 주님! 이미 주신 구원의 기쁨으로 만족하며 살아가게 하소서.
▨ 오늘 일어나는 모든 일을 감사함으로 주님께 영광을 돌립시다.

잘못된 선택

읽을 말씀 : 에베소서 4:17-24

● 엡 4:22 너희는 유혹의 욕심을 따라 썩어져 가는 구습을 좇는 옛 사람을 벗어 버리고

중국의 한 고위간부가 나라를 위해 헌신하라며 전쟁터로 아들을 보냈습니다. 간부는 아버지의 신분을 알리지 말고 사병의 역할을 수행하라고 신신당부했지만 아들은 가는 곳마다 아버지의 신분을 밝히며 귀중품을 자랑하곤 했습니다.

상명하복이 철저한 군대에서 선임과 장교들의 명을 우습게 여겨 가는 곳마다 골치였지만 아버지의 신분 때문에 누구도 처벌이나 훈계조차 못했습니다.

어느 날 한 장교가 아부를 하려고 신선한 고기와 달걀을 뇌물로 가져왔습니다. 아들은 취사병에게 당장 요리를 하라고 윽박질렀지만 취사병은 야전에서 불을 피우면 폭격을 당할 수도 있다고 거부했습니다.

음식 연기로 폭격을 당할 확률이 얼마나 되겠냐는 생떼에 취사병은 어쩔 수 없이 요리를 했습니다. 이 연기를 포착한 적군은 바로 비행기를 띄웠고 간부의 아들은 요리가 완성되기도 전에 폭격으로 사망했습니다.

하면 안 되는 걸 알면서, 말씀을 어기는 걸 알면서도, 이제 구원받았다는 안도감에 뻔뻔하게 하나님의 마음을 아프게 하고 있지는 않습니까?

하나님이 기뻐하시는 바른 선택을 지혜롭게 간구하며 살아가는 자녀가 되십시오. 아멘!

♡ 주님! 알면서도 눈 감고 넘어가는 죄가 없도록 지켜주소서.

🏯 주님이 기뻐하는 길로만 가도록 성령님의 인도하심을 구합시다.

비전의 강력함

읽을 말씀 : 빌립보서 2:1-4

● 빌 2:3 아무 일에든지 다툼이나 허영으로 하지
말고 오직 겸손한 마음으로 각각 자기보다 남을
낮게 여기고

창문이 다 깨져 여름엔 덥고, 겨울에 추운 허름한 사무실이
있었습니다. 이 사무실에서 스포츠 용품을 만들겠다고 불
철주야 일을 하는 청년이 있었지만 결과는 형편없었습니다.

더 이상 은행도 대출을 해주지 않을만큼 신용은 형편없었고
회사의 부채비율은 1,000%가 넘었습니다.

큰 포부를 갖고 직원들을 계속해서 뽑았지만 3년 동안 월급
을 주지 못했습니다. 청년은 사장이면서도 점심 먹을 돈이 없어
직원에게 돈을 빌려 끼니를 때울 때도 있었습니다. 그럼에도 확
실한 비전을 제시하는 청년의 매력에 빠져 직원들은 월급을 받
지 못해도 최선을 다해 꿈을 향해 매진했습니다.

5년, 6년, 7년이 지나도 회사는 제자리 걸음이었지만 10년
이 지나자 그동안의 성과가 나타나기 시작했고 지금은 세계 1위
의 스포츠 메이커가 됐습니다.

'나이키'의 창업자 필 나이트의 창업 초기 시절의 이야기입
니다.

나이키의 초창기 직원들은 필의 최선을 다하는 모습에 마음
을 빼앗겼다고 했습니다.

예수님이 보여주신 비전을 통해 감화된 제자들이 목숨을 걸
고 전 세계에 복음을 전파했던 것처럼 하나님의 비전을 품고 세
상에 바른 길을 제시하며 세상사람들의 마음을 감동시키십시오.
아멘!

♡ 주님! 평생을 따르고 섬길 소중한 사명을 허락하소서.
🧎 주님이 주신 비전을 위해 오늘도 최선을 다해 살아갑시다.

이름없는 사역

읽을 말씀 : 마태복음 6:1-8

●마 6:3 너는 구제할 때에 오른손의 하는 것을
왼손이 모르게 하여

신 학교를 졸업하고 목회가 아닌 어려운 이웃을 위해 헌신하
겠다고 다짐한 세 분의 목사님이 계셨습니다.

한 목사님은 청계천 판자촌에서 학교도 다니지 못하는 아이
들에게 국어를 가르쳤고 다른 두분은 지방을 돌며 보육원 출신
이나 집이 없는 아이들을 위한 공동체를 만들었습니다.

경제가 성장하며 생계가 어려운 어린이들은 점점 줄어들었지
만 별안간 IMF가 터지며 노숙자들이 늘어났습니다.

아이들을 섬기던 목사님들은 거리의 노숙자들을 섬겼고 목사
님들의 열정에 감동받아 함께하는 자원봉사자들도 늘어났습니
다. 경제는 다시 좋아졌지만 이런저런 사정으로 노숙자들은 계
속해서 늘어갔기에 사역을 멈출 수는 없었습니다.

모든 일을 혼자 감당하다보니 풍이 와서 세 번이나 쓰러졌지
만 조금씩 변화하는 사람들 때문에라도 손을 놓을 수가 없었습
니다. 더욱 대단한 것은 20년 넘게 사역을 하며 홍보나 후원요
청을 할 기회가 무수히도 많았지만 하나님과 도와주는 봉사자들
이면 충분하다며 한 번도 드러내지 않았다는 사실입니다.

자신을 드러내지 않고 어두운 곳곳에서 조용히 빛과 소금의
역할을 하는 많은 참된 그리스도인이 있습니다. 그같은 분들의
사역을 통해 귀한 영혼들이 다시 주님께 돌아오도록 기도와 후
원을 아끼지 마십시오. 아멘!

💛 주님! 드러냄의 마음을 버리고 오로지 사명에 집중하게 하소서.
🙏 오늘 주님이 맡겨주신 곳에서 묵묵히 맡겨주신 일을 합시다.

7월 27일

나란히 선 조력자

읽을 말씀 : 고린도전서 3:1-9

● 고전 3:9 우리는 하나님의 동역자들이요 너희는 하나님의 밭이요 하나님의 집이니라

독일의 비텐베르크 광장에는 루터와 멜랑흐톤의 동상이 나란히 서있습니다. 기독교인이라면 루터에 대해서는 모를 수가 없지만 멜랑흐톤을 아는 사람은 거의 없습니다.

멜랑흐톤은 대학에서 만난 루터가 주장하던 종교개혁의 필요성을 느끼고 모든 재능을 총동원해서 루터를 도와 종교개혁의 중요한 역할을 담당했습니다.

다양한 학문에 능통했던 멜랑흐톤은 루터보다도 박식했으나 스스로를 드러내지 않고 뒤에서 최선을 다해 보조했습니다. '루터 성경'으로 알려진 최초의 독일어 성경 번역본은 사실 루터보다 멜랑흐톤의 역할이 더 컸고 루터의 주장을 학문적으로 잘 정립해 사람들을 설득하는 일도 멜랑흐톤 때문에 가능했습니다.

루터는 세상을 떠나기 전 종교개혁에 관해 "모든 것은 하나님이 하셨을 뿐 내가 한 일은 아무것도 없다"라고 말했습니다. 루터와 같은 마음으로 조력한 멜랑흐톤과 같은 수 많은 동역자들 덕분에 진리의 빛이 밝혀질 수 있었다는 것을 깨달았기 때문입니다.

하나님이 하시는 일에는 먼저 된 사람과 나중된 사람이 없습니다. 다만 주어진 사명에 최선을 다하는 사람이 있을 뿐입니다. 하나님이 맡겨주신 역할에 다만 최선을 다하는 충성된 종이 되십시오. 아멘!

♡ 주님! 인간적인 약함을 고백하오니 도우시고 평안을 주소서.

▨ 시기와 질투의 마음을 버리고 주님만 바라보며 헌신합시다.

왜 나가십니까?

읽을 말씀 : 시편 29:1-11

● 시 29:2 여호와의 이름에 합당한 영광을 돌리며 거룩한 옷을 입고 여호와께 경배할찌어다

타임지 표지의 등장인물로 선정됐을 정도로 미국에서 강력한 영향력이 있던 해리 에머슨 포스딕 목사님이 말한 '사람들이 교회에 나가는 4가지 동기'입니다.

1. 생활 습성이나 관습입니다.

어렸을 때부터 주일마다 교회에 나가던 사람들로 커서도 습관적으로 교회에 출석합니다.

2. 목사님의 설교나 교회의 프로그램을 듣기 위해서입니다.

자기에게 필요한 프로그램의 말씀을 듣는 것이 하나님을 높이는 것보다 중요한 동기인 사람들이 있습니다.

3. 교양있는 사회생활을 할 수 있다고 생각해서입니다.

옳은 말을 듣고 사회적인 인정을 받을 수 있기 때문입니다.

4. 마음의 위안을 얻기 위해입니다.

이런 성도들은 하나님이 아니라 자신에게 모든 초점이 맞춰져 있습니다.

이런 이유들이 잘못된 것이라면 우리는 왜 교회에 나가야 할까요? 그리고 지금 어떤 이유로 교회에 나가고 신앙생활을 하고 있습니까?

말씀으로 진리를 깨닫고, 감사와 찬양으로 하나님께 영광을 돌리고, 기도로 죄를 자백하고, 필요를 구하며 하나님께 더 가까이 가는 참된 신앙생활을 하십시오. 아멘!

♡ 주님! 주님의 은혜에 감격하고 반응하는 예배를 드리게 하소서.
📖 내가 교회에 다니는 이유는 무엇인지 냉철하게 돌아봅시다.

7월 29일

풍요라는 병

읽을 말씀 : 전도서 5:10-20

● 전 5:10 은을 사랑하는 자는 은으로 만족함이
없고 풍부를 사랑하는 자는 소득으로 만족함이
없나니 이것도 헛되도다

세 계적인 경제잡지 '포춘'에서 미국의 100대 부자를 조사한
적이 있습니다. 다양한 내용이 있었지만 그 중에서 가장
인상적인 것은 100대 부자들의 상당수가 '풍요병'에 걸려 있다는
내용이었습니다.

풍요병은 영어로 '어플루엔자'(Affluenza)라고 합니다. 영어 단
어로 '풍요(Affluence)'와 독감을 뜻하는 '인플루엔자(Influenza)'를
합친 단어입니다.

사회학자들이 만든 이 병의 사전적 정의는 다음과 같습니다.
"끊임없이 더 많은 것을 바라지만 결코 만족할 수 없는 병. 고
통스럽고 전염성이 있다."

풍요병에 걸린 사람들은 더 많은 것을 얻기 위해 바쁘게 살아
가기 때문에 성공을 해도 결코 만족하지 못하며 오히려 공허함
을 느낍니다. 성공한 이후에도 모두가 부러워할만한 좋은 여건
속에서 살아가지만 마음으로는 처절할 정도의 빈곤을 느끼기 때
문에 정신의학자들은 풍요병은 불치병이라고 말합니다.

가치와 의미를 찾지 못한 인간은 아무리 많이 벌고 높이 올라
가도 결코 만족할 수가 없습니다. 목적이 없는 풍요가 오히려 독
이 되는 것처럼 세상의 모든 것을 가졌다 하더라도 주님을 모르
면 헛된 인생입니다.

사라질 물질이 아닌 영원한 하나님의 말씀으로 내 마음을 진
정한 풍요로움으로 채우십시오. 아멘!

♡ 주님! 영혼을 채울 수 없는 가치에 시선을 빼앗기지 않게 하소서.
🎬 주님이 지금 주신 축복에 만족하며 감사합시다.

거위와 기러기

읽을 말씀 : 로마서 6:6-14

● 롬 6:6 우리가 알거니와 우리 옛 사람이 예수와 함께 십자가에 못 박힌 것은 죄의 몸이 멸하여 다시는 우리가 죄에게 종노릇 하지 아니하려 함이니

덴마크의 철학자이자 신학자인 키에르케고르의 '거위들'이라는 우화입니다.

자기들이 거위라고 믿는 기러기들이 있었습니다. 기러기들은 거위같이 뒤뚱거리며 매주 예배를 나갔습니다.

이들이 거위가 아닌 기러기라는 걸 알고 있는 목사님은 매주 이런 설교를 했습니다.

"더 이상 뒤뚱거리며 걸어 다닐 필요가 없습니다. 우리는 거위가 아닌 기러기이기 때문입니다. 우리는 날 수 있습니다. 이제 저 푸른 창공을 향해 자유롭게 날아갑시다."

기러기들은 꽥꽥 거리며 아멘을 외쳤습니다. 예배를 마치고 몇몇 기러기들은 하늘로 날아갔지만 대부분의 기러기들은 다시 거위처럼 뒤뚱거리며 집으로 돌아갔고, 다음주에도, 그 다음주에도 같은 설교를 들으러 뒤뚱거리며 교회에 올뿐이었습니다.

키에르케고르는 매주 말씀을 듣고도 변하지 않는 사람들을 우화의 거위와 다를바 없다며 비판했습니다. 키에르케고르에게 하나님의 말씀은 참된 진리를 가르치고 악한 본성을 변화시킬 수 있는 유일한 방법이었기 때문입니다.

하나님의 말씀을 진실로 믿는다면, 예수님의 은혜로 새사람이 되었다면 변하지 않고는 견딜 수 없고 전하지 않고는 참을 수 없게 됩니다. 말씀을 온전히 믿고 말씀을 따라 매일 변화되는 참된 주님의 제자가 되십시오. 아멘!

♡ 주님! 말씀을 듣기만 하고 외면하는 사람이 되지 않게 하소서.
🙇 예배와 묵상 때 주님의 말씀을 실천함으로 변화하는 성도가 됩시다.

7월 31일

무엇으로 사는가?

읽을 말씀 : 마태복음 4:1-11

● 마 4:4 예수께서 대답하여 가라사대 기록되었
으되 사람이 떡으로만 살것이 아니요 하나님의
입으로 나오는 모든 말씀으로 살 것이라 하였느
니라 하시니

한 목사님이 주일학교 예배시간에 다음과 같은 질문을 했습
니다.

"여러분 물고기는 어디서 살고 있나요?"

"당연히 물 속에서 살죠."

"맞아요. 물고기가 물 안에서만 살 수 있듯이 예수님을 믿는
사람들은 하나님의 약속인 말씀 안에서 살아갈 수 있어요."

목사님이 다시 물었습니다.

"여러분, 깊은 바다에 빠졌을 때 튜브가 있다면 목숨을 잃게
될까요?"

어린이들은 입을 모아 아니라고 대답했습니다.

"맞아요. 아무리 깊은 바다에 빠져도 튜브가 있다면 목숨을
잃지 않아요. 마찬가지로 우리가 살아가면서 아무리 힘들고 어
려운 일이 있더라도 말씀이라는 튜브를 잡으면 절대로 가라앉지
않아요. 그러니 매주 듣고 배우는 말씀을 통해 하나님의 약속을
즐겁게 알아갑시다."

가장 훌륭한 어린이 설교 중 하나로 알려진 토마스 왓슨 목사
님의 설교입니다.

물고기가 물을 떠나서 살 수 없듯이 하나님의 은혜를 떠나서
는 한시도 살 수 없는 것이 우리 성도입니다.

죽음에서 건지시고 고통 가운데 응답하실 주님만을 의지하며
하루하루를 살아가십시오. 아멘!

💙 주님! 가난한 심령을 주님의 말씀으로 넘치도록 채워주소서.

📖 말씀으로 허락하시는 매일의 은혜를 붙잡읍시다.

"내 영혼아 네가 어찌하여 낙망하며
어찌하여 내 속에서 불안하여 하는고
너는 하나님을 바라라
그 얼굴의 도우심을 인하여
내가 오히려 찬송하리로다"
- 시편 42:5

8월

축복의 가정을 만들라

읽을 말씀 : 잠언 3:25-35

● 잠 3:33 악인의 집에는 여호와의 저주가 있거 니와 의인의 집에는 복이 있느니라

『무당인 홀어머니 밑에서 자란 다섯 형제가 성인이 되자 집 안에 알 수 없는 사건들이 일어나기 시작했답니다. 한 명은 27살에 사고로 세상을 떠났고 몇 년 뒤 다른 형제도 알 수 없는 병으로 세상을 떠났습니다. 액운을 물리쳐야 한다고 열심 히 굿을 하던 어머니도 별다른 증상 없이 세상을 떠나자 남은 형 제들은 '언제 어떻게 죽을지 모른다'는 공포감에 사로잡혀 인생 이 지옥 같았습니다. 남은 형제들은 어떻게든지 살아남아야 한 다는 생각으로 세상의 온갖 방법을 강구했습니다.

그러다 복음을 듣고 교회에 나가게 됐지만 여전히 언제 죽을 지 모른다는 두려움을 쫓아낼 수는 없었습니다.

'믿음으로 구원받는다'는 사실을 알고 있었지만 계속 무언가 를 하지 않고는 견딜 수 없던 형제들은 매일 찬양과 말씀을 듣던 극동방송에 전파 선교를 시작했습니다.

저주를 피하려고 선교를 하고 교회를 열심히 다닌 형제들은 가정과 일터에서 하나님이 부어주시는 놀라운 큰 복을 받고 있 습니다. 삶을 사로잡았던 두려움도 완전히 사라졌습니다. 세상 의 모든 저주를 끊어내는 유일한 방법은 예수 이름으로 거듭나 고 새 사람이 되는 것입니다.』 - 김장환 목사의 인생 메모에서

우리가 축복을 믿는 것처럼 저주도 반드시 있습니다.

나의 모든 것을 회복시켜주실 주님의 이름으로 저주를 끊어 내고 은혜를 선포하십시오. 아멘!

♡ 주님! 보혈의 전신갑주로 악한 영들의 저주에서 보호해주소서.
🖼 모든 악한 영을 물리치시는 하나님을 믿는 인생을 살아갑시다.

지켜주심을 믿으라

읽을 말씀 : 디모데후서 1:9-18

● 딤후 1:12 이를 인하여 내가 또 이 고난을 받되 부끄러워하지 아니함은 나의 의뢰한 자를 내가 알고 또한 나의 의탁한 것을 그 날까지 저가 능히 지키실 줄을 확신함이라

바닷가재의 단단한 껍질은 물속의 포식자들에게서도 안전하게 지켜줄 든든한 방어막입니다. 바닷가재의 속살은 세월이 흐르며 조금씩 자라나지만 껍질의 크기는 변하지 않습니다.

부드러운 속살이 껍질에 짓눌릴 정도가 되면 바닷가재는 큰 결심을 해야 합니다. 위험천만한 바닷속을 껍질도 없이 맨몸으로 다니며 새로운 껍질이 생길 때까지 아무런 보호도 없이 숨어 살아야 합니다. 바닷가재는 성장기가 끝나는 5년 동안 25번이나 위험천만한 탈피의 과정을 거칩니다.

만약 속살을 드러내는 것이 두려워 탈피를 하지 않으면 딱딱한 껍질에 살이 짓눌려 죽거나 영원히 짓누르는 아픔을 참으며 새우처럼 작은 사이즈로 살아야 합니다.

바닷가재의 탈피란 꼭 이겨내야 할 위험입니다. 탈피하지 않으면 성장할 수 없고 성장하지 못하면 죽기 때문입니다.

하나님의 말씀을 세상에서 실천하며 사는 그리스도인들은 '껍질이 없는 연약한 바닷가재'의 모습과도 같습니다. 한 가지 다른 점은 바닷가재는 스스로 몸을 지키기 위해 숨어다녀야 하지만 그리스도인들은 사망의 골짜기에서도 지켜주시는 하나님의 보호가 있다는 사실입니다. 스스로 지키기 위한 불완전한 껍질을 벗어버리고 세상에서 하나님의 살아계심을 존재 자체로 증명하는 거룩한 그리스도인이 되십시오. 아멘!

♡ 주님! 어디서나 신앙을 저버리지 않는 용기를 주소서.
🧎 나를 지켜주시는 주님을 의지하며 그리스도인으로 살아갑시다.

다른 것이 있겠습니까?

읽을 말씀 : 요한계시록 1:1-8

● 계 1:6 그 아버지 하나님을 위하여 우리를 나라와 제사장으로 삼으신 그에게 영광과 능력이 세세토록 있기를 원하노라 아멘

미국의 저명한 사회학자이면서 신학자이기도 한 토니 캄폴로 박사가 90살 이상 장수한 사람들을 대상으로 "다시 한 번 태어난다면 어떻게 살아가시겠습니까?"라고 물었습니다.

이분들의 대답에는 세 가지 공통점이 있었습니다.

● 첫 번째는 날마다 반성하는 삶이었습니다.

지나온 날을 돌아보지 않아 성장할 기회를 많이 놓쳤으며, 잘못된 길을 가고 있는 걸 몰랐기 때문입니다.

● 두 번째는 용기 있는 삶이었습니다.

용기가 없어 불의와 타협하는 것이 얼마나 어리석은 것인지 세월이 흐를수록 알게 됐으며 다른 사람의 눈치를 보느라 인생을 많이 허비했기 때문입니다.

● 세 번째는 죽음 후에도 무언가를 남기는 삶이었습니다.

더 많은 돈, 더 많은 성공, 순간의 즐거움을 아무리 누려도 죽을 때가 다가오면 그것이 전부가 아님을 알게 되기 때문이었습니다. 죽음과 함께 모든 것이 사라지는 삶의 허무함이 이분들에게는 가장 견디기 힘든 삶의 고난이었습니다.

인생은 한 번뿐이기에 진정 가치 있는 일이 무엇인지 깨달을 수 있는 지혜가 필요합니다.

세월을 아껴 주님을 위해 헌신하는, 진정으로 가치 있는 삶을 살아가십시오. 아멘!

♡ 주님! 참된 진리에서 눈을 떼지 않게 하소서.

▨ 지금까지 살아온 인생을 돌아보며 후회 없는 인생을 삽시다.

역경이 만드는 걸작

읽을 말씀 : 히브리서 12:1-11

● 히 12:11 무릇 징계가 당시에는 즐거워 보이지 않고 슬퍼 보이나 후에 그로 말미암아 연달한 자에게는 의의 평강한 열매를 맺나니

풍 질 좋은 와인으로 유명한 프랑스의 한 농장은 포도를 일부러 척박한 땅에 심는다고 합니다.

비옥한 땅에 심은 포도는 빠르게 성장하며 풍성한 열매를 맺지만 뿌리를 깊이 내리지 않고 표면에 스며드는 물만 흡수합니다. 척박한 땅에 심긴 포도는 살기 위해 뿌리를 깊게 내리기 때문에 성장도 느리고 포도도 조금 열리지만 땅속 깊은 곳에 저장된 양질의 물을 흡수하기 때문에 시간이 지날수록 비옥한 땅의 포도보다 양질의 포도를 맺기 때문입니다.

미국의 커뮤니케이션 전문가인 폴 스톨츠 박사는 인생을 잘 살아가기 위해서는 다음의 3가지 지수가 필요하다고 합니다.

1. 지능을 평가하는 I.Q.
2. 감성을 평가하는 E.Q.
3. 역경을 극복하는 A.Q.(Adversity Quotient)

스톨츠 박사는 과거에는 I.Q.가 높은 사람이 성공했고 현시대에는 E.Q.가 높은 사람이 각광을 받지만 미래에는 A.Q.가 높은 사람이 성공할 것이라고 주장했습니다.

밑그림 없이 한 번에 완성된 걸작은 없듯이 역경이 없는 성공도 없습니다. 역경과 시련을 통해 나를 도우시는 하나님을 더 알아가고 굳건한 믿음을 갖게 해달라고 기도하며 모든 일에 감사를 더하십시오. 아멘!

♡ 주님! 푸른 초장으로 인도하실 주님만을 믿고 따르게 하소서.
🎨 나의 모든 것을 주님께 맡기며 믿음으로 살아갑시다.

가치를 정하는 것

읽을 말씀 : 에베소서 1:2-14

● 엡 1:7 우리가 그리스도 안에서 그의 은혜의 풍
성함을 따라 그의 피로 말미암아 구속 곧 죄 사
함을 받았으니

미국이 대공황시대였을 때 새로운 잡지를 출간하려던 출판
사가 있었습니다. 잡지의 표지를 디자인하던 클랜드는 앞
표지에 임시로 '1달러'라는 가격을 적어놨습니다.

당시 세계적인 잡지 타임지가 '5센트'인 것을 생각했을 때 20
배나 비싼 터무니없는 가격이었지만 이 가격을 본 다른 직원들
은 잡지가 정말로 '1달러'라고 생각했습니다.

편집팀은 이 가격에 걸맞는 품질을 위해 모든 지면을 특수처
리가 된 두꺼운 고급종이로 만들었고 기사를 준비하던 직원들도
양질의 자료를 싣기 위해서 열심히 뛰어다녔습니다.

어느덧 모든 직원들이 우리가 만드는 잡지는 정말로 '1달러'의
값어치가 있다고 믿었고 잡지는 정말 1달러로 발간됐습니다.

사람들은 유독 크고 고급스러운 이 잡지에는 중요한 내용이
담겨 있으리라 믿었고 어려운 상황에도 돈을 아껴가며 잡지를
구입했습니다.

대공황시대에도 50만 명의 구독자를 유치하며 경제지표의
대명사가 된 '포춘'은 한 디자이너의 기막힌 실수를 통해 탄생했
습니다.

가격만큼의 가치가 있다고 믿는 것이 사람들의 생각입니다.

구원받은 새로운 피조물이 된 우리들의 가치는 '존귀한 주님
의 자녀'라는 사실을 한시도 잊지 말고 그에 합당한 삶을 살아가
십시오. 아멘!

♡ 주님! 복음으로 거듭난 삶으로 살아가게 하소서.
▨ 예수님의 보혈만큼 가치있는 나의 인생을 소중히 여깁시다.

믿음이란 공중그네

읽을 말씀 : 고린도후서 13:4-13

● 고후 13:5 너희가 믿음에 있는가 너희 자신을 시험하고 너희 자신을 확증하라 예수 그리스도께서 너희 안에 계신 줄을 너희가 스스로 알지 못하느냐 그렇지 않으면 너희가 버리운 자니라

하 버드대와 예일대 교수를 역임한 석학이자 영성신학자인 헨리 나우웬에게 누군가 믿음에 대해 질문했습니다.

"하나님을 믿는다는 것이 도대체 어떤 뜻일까요? 얼만큼 믿어야 믿는다고 말할 수 있는 건가요?"

나우웬은 이렇게 대답했습니다.

"서커스에서 공중그네를 타는 사람을 생각해보십시오.

서로를 완전히 믿지 못하면 공중그네에서 묘기를 부릴 수가 없습니다. 반대편 그네로 몸을 던지는 사람을 받아주는 사람을 100% 믿어야 합니다. 100% 믿지 못하면 몸을 제대로 던질 수 없고 그러면 곧 목숨을 잃을지도 모르는 위험한 상황이 찾아옵니다.

상대방이 나를 확실히 받아줄 것이라는 믿음으로 몸을 날리는 서커스 단원처럼 어떤 상황에서도 하나님이 나를 붙잡아주실 것을 믿고 몸을 날리는 사람이 진짜 믿음이 있는 사람입니다."

그리스도인은 하나님께 모든 것을 맡기는 사람입니다.

두려움도, 염려도, 부족한 나의 재능과 삶까지도 하나님께 온전히 드림으로 하나님의 영광이 되는 것이 그리스도인의 유일한 목표가 되어야 합니다.

나의 모든 것을 전심으로 주님께 맡기십시오. 아멘!

🖤 주님! 부족하고 연약한 믿음을 위로하시고 채워주소서.

🖼 나의 모든 것을 주님께 드린다는 마음으로 하루를 예배합시다.

기도의 가치

읽을 말씀 : 마가복음 9:19-29

● 막 9:29 이르시되 기도 외에 다른 것으로는 이런 유가 나갈 수 없느니라 하시니라

새로운 사업을 구상하던 남자가 사업자금이 필요해 부모님에게 편지를 보냈습니다.

"출판업을 시작하려고 하는데 대출이 쉽지가 않네요.

사업자금을 좀 보내주실 수 있나요? 많을수록 좋습니다."

선교사였던 부모님은 당시 600달러를 보내줬습니다.

어려운 형편에도 조금씩 모았던 전재산이었지만 기대보다 적은 액수를 확인한 남자는 아쉬운 마음을 감추지 못했습니다.

부모님이 보내주신 봉투에는 돈과 함께 다음과 같은 쪽지가 들어 있었습니다.

'많이 보내지 못해 미안하다. 하지만 너의 사업을 위해 항상 기도하마.'

부모님의 진심이 담긴 쪽지를 본 남자는 액수에 실망했던 자신을 반성하고 부모님의 기도를 믿고 최선을 다해 사업을 성공시켰습니다.

'타임'지를 만든 헨리 루스는 항상 자신이 성공한 이유는 600달러보다 값졌던 부모님의 기도 덕분이었다고 고백했습니다.

진실한 기도에는 값어치를 매길 수 없을 정도의 놀라운 능력이 있습니다. 사랑하는 자녀의 간구를 결코 흘려 듣지 않으시는 주님이십니다. 이루어주실 것을 믿고 나의 소원과 다른 동역자들을 위해 간절히 기도하십시오. 아멘!

🤍 주님! 구하는 것을 주시는 주님을 믿고 오직 기도하게 하소서.

▩ 거룩한 하나님 나라와 그 뜻을 위해서 기도를 쉬지 맙시다.

죽거나 혹은 믿거나

8월 8일

읽을 말씀 : 고린도전서 10:23-33

● 고전 10:33 나와 같이 모든 일에 모든 사람을 기쁘게 하여 나의 유익을 구치 아니하고 많은 사람의 유익을 구하여 저희로 구원을 얻게 하라

중국의 류웨이는 10살 때 피복이 벗겨진 전선을 잘못 건드려 두 팔을 잃었습니다.

두 팔이 없었지만 수영이라는 꿈을 찾은 류웨이는 전국장애인수영대회에서 2관왕을 달성하고 장애인 올림픽 금메달을 향해 구슬땀을 흘리고 있었습니다.

올림픽이 얼마남지 않았을 무렵 원인을 알 수 없는 피부병으로 수영을 할 수 없어 올림픽을 포기할 수 밖에 없었습니다.

사고로 팔을 잃고 수영까지 잃었지만 류웨이는 포기하지 않고 피아니스트라는 새로운 꿈을 품었습니다.

"팔이 없는데 어떻게 피아노를 치겠냐"며 많은 학교에서 문전박대를 했지만 류웨이는 하루에 7시간씩 혹독하게 연습했습니다.

몇 년 뒤 '차이니스 갓 탤런트'라는 프로그램에 등장해 발가락 연주로 일약 스타가 된 류웨이는 수많은 역경을 극복할 수 있었던 비결을 "인생에는 단지 두 가지 선택지만 있다고 생각했습니다. 죽거나, 혹은 멋지게 살거나"라고 대답했습니다.

꿈을 잃고 포기한 채로 사는 일이 류웨이에게는 죽기보다 힘든 일이었던 것처럼 하나님은 독생자를 희생시키실지언정 우리를 결코 포기하실 수 없었습니다. 영원한 죽음에서 구원하시려 독생자를 보내주신 그 사랑을 외면하지 말고 속히 믿고, 속히 전하십시오. 아멘!

🤍 주님! 어떤 상황에서도 전지전능하신 주님을 의지하게 하소서.

🙏 주님께 간구함으로 내 삶의 어려움들을 극복합시다.

8월 9일

은총이 된 고난

읽을 말씀 : 디모데후서 3:10-17

● 딤후 3:11 핍박과 고난과 또한 안디옥과 이고니온과 루스드라에서 당한일과 어떠한 핍박 받은 것을 네가 과연 보고 알았거니와 주께서 이 모든 것 가운데서 나를 건지셨느니라

집안 형편이 어려워 11살 때 초등학교를 자퇴하고 허드렛 일을 시작한 소년이 있었습니다.

배운 것도 없고 가진 것도 없었지만 어떤 일에서든 지혜를 배우고 사람을 이해하려고 노력했던 소년은 이후 조금씩 성장하며 다음과 같은 멋진 이력을 남기는 인생을 살았습니다.

– 20대: 마쯔시다 전기회사 창업
– 30대: 창업한 회사를 일본 최고의 회사로 성장시킴
– 50대: 경영과 혁신에 대한 전문 컨설턴트로 족적을 남김
– 60대: 진짜 꿈이었던 작가로 등단
– 70대: 평화주의자가 되어 교육자로 살아감

'경영의 귀재'라고 불렸던 마쓰시다는 자신의 성공 비결을 '혹독한 가난과 병약한 몸, 초등학교 중퇴' 세 가지로 꼽았는데 가난했기 때문에 부지런한 습관을 들일 수 있었고 병약했기에 건강관리에 신경을 쓸 수 있었고, 배우지 못했기 때문에 모든 사람을 스승으로 여겨 더 많이 배울 수 있었기 때문입니다.

주님과 늘 동행하는 사람은 절망 속에서도 희망을 바라보고 고난을 당하면서도 은총을 누립니다.

가장 귀한 것을 이미 주신 주님의 사랑과 날 향한 창대한 계획을 믿고 오로지 사랑과 감사함으로 주님과 함께 하십시오. 아멘!

🤍 주님! 고난에도 하나님만 붙잡으며 은혜를 누리게 하소서.
📖 주님이 베풀어주신 은혜에 감사하며 오늘 해야 할 최선을 다합시다.

사랑의 신호

8월 10일

읽을 말씀 : 시편 139:1-10

● 시 139:2 주께서 나의 앉고 일어섬을 아시며 멀리서도 나의 생각을 통촉하시오며

하루종일 공부와 발명에만 매진하던 청년이 있었습니다. 새로운 기술을 공부하고 연구하느라 시간이 항상 부족한 청년이었지만 우연히 교회에서 본 아름다운 여인에게 마음을 빼앗겼습니다.

용기를 내어 고백하고 싶었지만 교회에서 많은 사람들과 교제하며 봉사하느라 바빴던 여인에게 쉽게 다가갈 수가 없었습니다.

내성적이고 연애는 아무것도 몰랐던 청년이 생각해낸 궁여지책은 모스부호였습니다. 일반적인 사람들이 알 수 없는 방법이었지만 청년은 여인이 눈앞에 나타날 때마다 동전을 두들겨 모스부호로 사랑을 고백했습니다.

몇 주 뒤에도 청년은 변함없이 여인을 향해 동전으로 사랑을 고백했습니다. 그런데 잠시 뒤 자신이 보낸 것과 똑같은 신호가 들려왔습니다.

청년에게 마찬가지로 관심이 있었던 여인이 청년이 보내는 소리를 듣고 모스부호라는 걸 알아내 신호를 보낸 것입니다.

발명왕 에디슨이 아내 메리를 만났을 때의 일화입니다.

관심이 있다면 아무리 작은 신호도 놓치지 않습니다.

한 영혼도 포기하지 않으시는 하나님이 우리의 삶에서 주시는 모든 작은 신호에 놓치지 말고 반응하십시오. 아멘!

♡ 주님! 치우치지 않고 주님이 인도하시는 길만 걷게 하소서.
🧎 하루 가운데 임하는 성령님의 감동에 민감하게 반응합시다.

훈련의 시간

읽을 말씀 : 히브리서 12:3-13

● 히 12:11 무릇 징계가 당시에는 즐거워 보이지 않고 슬퍼 보이나 후에 그로 말미암아 연달한 자에게는 의의 평강한 열매를 맺나니

재무관련 전문가로 유명한 강사가 있었습니다.

재무 분야는 지원하는 엘리트도 많고 업무량이 과도해서 평균 10년 근속도 쉽지 않은 직종인데 무려 30년 동안 최고로 인정받으며 대기업들에게 자문을 해주고 있는 보기드문 실력파의 강사였습니다.

한 회사원이 강의가 끝나고 따로 찾아가 롱런하는 비결을 물었는데 의외의 대답이 나왔습니다.

"저의 첫 직장은 그렇게 좋은 곳이 아니었습니다.

하루에 16시간씩 일할 때도 많았습니다. 지금으로는 상상도 할 수 없는 환경이었지만 젊었으니 가능했던 일이었습니다.

억지로 몇 년을 버티다 회사를 옮기며 실력을 인정받았습니다.

그런데 지금 와서 돌이켜보니 아무리 생각해도 첫 번째 다니던 회사에서의 혹독한 훈련 덕분에 이 자리에 오게 됐다는 사실을 인정하지 않을 수 없었습니다. 혹독한 훈련의 시간을 버텨냈던 것이 지금의 제가 될 수 있었던 비결인 것 같습니다."

채근담에는 "오래 엎드려 있는 새가 높이 날지 못하는 법이 없다"라는 말이 나옵니다. 지금 당장 기도가 응답되지 않고 신앙생활에 어려움이 많아도 날 향한 주님의 뜻과 계획을 믿고 우직하게 순종하다 보면 영광의 그날이 찾아올 것입니다.

전지전능하신 하나님께 오로지 순종하십시오. 아멘!

♡ 주님! 더 나은 신앙을 위한 열망을 갖게 하소서.
📖 신앙을 위해 준비된 교회 프로그램에 빠지지 말고 등록합시다.

마음으로 전하라

읽을 말씀 : 고린도후서 10:12-18

● 고후 10:18 옳다 인정함을 받는 자는 자기를 칭찬하는 자가 아니요 오직 주께서 칭찬하시는 자니라

'기업은 단지 돈을 벌기 위해 존재한다'라는 말을 싫어하던 남자가 있었습니다. 남자는 사람들의 기업에 대한 통념이 틀렸다는 것을 보여주기 위해 '기대 이상의 서비스를 제공하는 식당'을 창업했습니다.

"손님들에게 오히려 고맙다는 말을 들을 정도로 서비스에 신경을 써야 한다"는 것이 창업 이념이었습니다.

온 가족이 쾌적한 분위기에서 함께 식사할 수 있는 '패밀리 레스토랑'의 시초가 된 일본의 '와타미 레스토랑'은 창업 30년 만에 600개의 매장에 2조 원의 매출을 올리는 일본의 가장 큰 프랜차이즈 중 하나로 성장했습니다.

페르시아 제국을 세웠던 키루스 왕은 수많은 나라를 침략했지만 점령한 나라의 백성들에게 오히려 감사와 찬양을 받았습니다. 백성들을 해치지 않고 오히려 더 나은 삶의 터전을 제공했기에 '평화를 위해 전쟁을 일으켰다'는 키루스 왕의 진심이 전해진 것입니다. 수많은 나라를 침공하고 제국을 세운 키루스 왕은 점령한 땅의 백성들에게 '위대한 키루스'라고 불렸습니다.

마음을 움직이기 위해서는 마음이 전달되어야 합니다.

주님을 아직도 모르고 오히려 거부하는 세상사람들에게 하나님의 사랑을 마음에서 마음으로 전해주는 사랑의 전달자로서의 사명을 다합시다. 아멘!

🤍 주님! 하나님이 보시기에 좋은 방법으로 선을 행하게 하소서.
📓 복음을 전하면서도 칭찬받는 진정한 그리스도인이 됩시다.

8월 13일

성도다운 성도

읽을 말씀 : 로마서 3:23-31

● 롬 3:31 그런즉 우리가 믿음으로 말미암아 율법을 폐하느뇨 그럴 수 없느니라 도리어 율법을 굳게 세우느니라

미국의 한 초등학교에서 수업 중 '장래 희망'에 대해서 발표하는 시간이 있었습니다.

아이들은 저마다 자신의 꿈을 똘망똘망한 목소리로 발표했습니다.

"저는 좋은 선생님이 돼서 아이들을 잘 가르치고 싶어요."

"저는 돈을 많이 벌고 싶어서 사업가가 되고 싶어요."

"저는 사회의 불편한 일들을 해결할 수 있는 정치인이 되고 싶어요."

그런데 한 아이가 이상한 대답을 했습니다.

"저는 먼저 사람이 되겠습니다."

선생님이 무슨 뜻인지 묻자 아이가 대답했습니다.

"돈을 많이 벌고, 유명한 사람들도 나쁜 사람이 많다는 걸 알게 됐거든요. 저는 무슨 일을 하든 사람의 도리를 저버리지 않는 사람이 되고 싶습니다."

제임스 가필드라는 이름의 이 아이는 훗날 미국의 20대 대통령이 됐는데 어떤 위협에도 뜻을 굽히지 않고 부정부패를 척결하며 미국인들의 큰 존경을 받았습니다.

사람으로써 지킬 것을 지키는 것이 어떤 삶을 사느냐보다 훨씬 중요하듯이 성도 역시 그렇습니다.

하나님이 원하시고 기뻐하시는 일을 무엇보다 지키며 살아가는 참된 그리스도인이 되십시오. 아멘!

♡ 주님! 말씀이 가르치는 길을 벗어나지 않게 하소서.

🙏 하나님의 말씀을 배우고, 지키고, 행하고자 노력합시다.

평범이 만든 성공

읽을 말씀 : 시편 111:1-10

● 시 111:10 여호와를 경외함이 곧 지혜의 근본
이라 그 계명을 지키는 자는 다 좋은 지각이 있
나니 여호와를 찬송함이 영원히 있으리로다

성공한 사업가인 할아버지가 이제 막 성인이 된 손자에게
'성공의 비결'을 적은 편지를 보냈습니다.

'성공에는 6가지 원칙이 있단다.

1. 근면이란다. 꾸준함을 이길 수 있는 것은 세상에 아무것도
   없거든.
2. 고귀함이란다. 진정한 고귀함은 정직과 사랑을 실천함으
   로 생기지.
3. 유능함이고. 돈을 낭비하지 않고 성경 말씀을 실천하면 되
   는 일이란다.
4. 명예로움이다. 작은 일을 소홀히하지 말고 큰 일을 두려워
   하지 않길 바란다.
5. 재물이란다. 재물은 앞의 덕목들을 실천할 때 따라오는 것
   임을 잊지 말아라.
6. 가장 중요한 행복이야. 하지만 행복은 작은 것부터 시작되
   며 늘 가까운 곳에 있다는 사실을 기억해야 해.'

손자의 할아버지는 벽돌공의 아들로 태어나 초등학교도 다니
지 못했지만 훗날 '백화점 왕'으로 불린 워너메이커였습니다.

성도로써의 본분을 지키며 말씀대로 살아가는 것이 인생의
성공입니다. 인생의 성공은 부와 명예가 아니라 하나님의 말씀
을 지키며 살아가는 것에 있음을 기억하십시오. 아멘!

💙 주님! 기본부터 철저히 지키는 신앙생활로 지켜주소서.
🖼 하나님의 말씀을 지키며 살아가는 성공한 신앙생활을 합시다.

8월 15일

자유의 가치

읽을 말씀 : 요한복음 8:31-38

● 요 8:32 진리를 알찌니 진리가 너희를 자유케
하리라

조선에 복음을 전하러 온 선교사인 사무엘 무어가 가장 처음 맺은 열매는 백정 박성춘이었습니다. 당시 백정은 초가집에서만 살아야 했고 헌옷을 입고 허리를 굽히고 눈을 바닥에 깔고 다녀야 했습니다.

수많은 인재들이 신분의 벽에 가로막혀 자유롭지 못하다는 것을 깨달은 무어는 먼저 백정과 노비들에게 복음을 전하며 '하나님은 모든 사람을 평등하게 만들었다'라고 가르쳤습니다.

선교사의 도움과 복음으로 변화된 백정들의 지속된 탄원으로 조선에서는 마침내 백정이란 신분이 철폐됐습니다. 신분의 자유를 얻은 백정 박성춘의 아들 박서양은 한국의 1호 의사가 되어 많은 사람들을 고치며 복음을 전하는 일에 쓰임을 받았습니다.

일제시절에도 일본은 우리의 말과 문화 등 모든 것을 억압했습니다. 하지만 그리스도인들은 모든 억압에 굴하지 않고 독립과 자유를 위해 싸웠고 기적과 같은 광복을 이룬 뒤 '한강의 기적'이라고 불리는 눈부신 발전을 이뤘습니다.

하나님이 인간에게 허락하신 가장 소중한 가치 중 하나이기에 우리의 선조들을 비롯한 많은 사람들은 목숨을 바치면서까지 자유를 위해 싸웠습니다. 그러나 몸의 자유보다 훨씬 중요한 것은 영혼의 자유입니다.

우리나라에 자유를 허락하시고 죄에서 해방시키기 위해 보혈을 흘리신 예수님의 귀한 보혈을 기억하십시오. 아멘!

♡ 주님! 진리를 통해 자유를 주시는 주님을 찬송하게 하소서.
▨ 죄에서 자유를 허락하신 주님의 은혜에 감사합시다.

마음을 더럽히는 숯

읽을 말씀 : 잠언 16:1-9

8월 16일

● 잠 16:6 인자와 진리로 인하여 죄악이 속하게
되고 여호와를 경외함으로 인하여 악에서 떠나
게 되느니라

유 독 말썽을 부리는 딸 때문에 마음고생을 하던 어머니가 있
었습니다.
아버지는 청빈한 목사님인데다가 자녀가 8명이나 됐기 때문에
생활이 어려울 수밖에 없었습니다.
딸은 가난에 대한 불만을 나쁜 친구들과 불법을 저지르며 풀었
습니다. 딸을 그냥 두고 볼 수 없었던 어머니는 하루는 숯을 잔
뜩 가져와 딸 앞에 내어놓으며 말했습니다.
"이미 식어서 차가워진 숯이란다. 한 번 가슴에 품어보겠니?"
"그게 무슨 말이에요? 뜨겁진 않아도 옷이 더러워지잖아요?"
어머니는 딸을 꼭 안으며 말했습니다.
"뜨겁지는 않지만 몸을 더럽히는 숯처럼 나쁜 행실도 겉으론
드러나진 않지만 우리의 마음을 더럽힌단다."
이 말을 들은 딸은 어머니의 심정을 이해하고 다시는 나쁜 일
을 저지르지 않고 하나님 안에서 사명을 다하며 살았습니다.
감리교의 창시자 요한 웨슬레를 키워내고 8명의 자녀를 바르
게 키워 영국에서 '훌륭한 어머니의 귀감'으로 여기는 수잔 웨슬
레의 일화입니다.
겉으로 드러나진 않아도 말로, 행동으로, 하나님과 멀어지고
다른 사람을 상처주고 있지는 않습니까?
보이지 않는 내면에도 하나님의 말씀과 사랑이 가득할 수 있
도록 말씀을 채워넣고 기도로 구하십시오. 아멘!

♡ 주님! 은연중에 사람들에게 상처주는 죄를 짓지 않게 지켜주소서.
▨ 잘못한 사람에게 주님이 주시는 지혜로 말합시다.

8월 17일

기도의 매너

읽을 말씀 : 야고보서 5:13-20

● 약 5:16 이러므로 너희 죄를 서로 고하며 병 낫기를 위하여 서로 기도하라 의인의 간구는 역사하는 힘이 많으니라

미국 인디애나주에 있는 한 교회에서 지역 청소년 사역자들이 연합 기도모임 중이었습니다.

간절히 기도하던 중 한 사역자의 목소리가 방해가 될 정도로 너무 커지자 다른 사람이 다가가 조용히 말했습니다.

"하나님은 귀가 먹지 않으셨답니다."

함께 모여서 기도할 때는 이런저런 문제로 의도치 않은 트러블이 생길 때가 많습니다.

다음은 원활하고 은혜로운 기도모임을 위해 무디가 제안한 7가지 지침입니다.

1. 최대한 가까이 모여 앉아라.
2. 활기차게 찬양하라.
3. 기도제목을 구체적으로 나누라.
4. 모임에 빠진 사람을 험담하지 마라.
5. 안 좋은 생각을 거두고 실망스런 이야기를 하지 말아라.
6. 말은 명확하고 짧게 하라.
7. 모든 일정이 성령 안에서 이루어지기를 구하라.

신앙에서 기도만큼 중요한 것은 없습니다.

성령님의 인도하심을 따라 지혜롭게 구하며 모이기를 힘쓰는 기도 모임을 위해 노력하십시오. 아멘!

♡ 주님! 함께 모여 기도함으로 하나님의 역사가 일어나게 하소서.
🖼 서로를 위해 기도하는 지혜로운 기도모임을 만듭시다

승패보다 중요한 충성

읽을 말씀 : 시편 101:1-8

● 시 101:6 내 눈이 이땅의 충성된 자를 살펴 나와 함께 거하게 하리니 완전한 길에 행하는 자가 나를 수종하리로다

미국에서 노예해방을 위해 북군이 남군과 전쟁 중이었을 때의 일입니다.

게티스버그에서 대규모의 남군과 대치하고 있던 북군의 조지 미드 장군은 전황을 두고 고심 중이었습니다. 이번 전투에서 이기기만 한다면 전쟁의 승리는 확실했지만 만약 진다면 패배의 책임을 자신이 져야 한다는 부담감 때문이었습니다.

결정을 못 내리고 묵묵히 대치만 하던 미드 장군에게 하루는 전투를 독려하는 편지가 도착했습니다.

' 존경하는 장군에게.

전투가 승리한다면 모든 것은 당신의 공입니다. 그러나 실패한다고 해도 책임은 나에게 있습니다. 이 편지를 모든 사람에게 공개해도 좋습니다. 장군은 오로지 전투에서의 승리만을 위해 고민하십시오. - 링컨'

링컨의 편지를 받은 미드 장군은 전쟁에만 집중함으로 승리할 수 있었고 게티스버그의 승리로 승기를 잡은 북군은 노예해방이라는 숙원을 이루었습니다.

군인의 본분은 오로지 충성입니다.

말씀을 어기고 성공하는 삶보다 손해를 볼지언정 말씀대로 실천하는 삶을 하나님은 원하십니다. 세상 기준의 성공이 아니라 하나님 기준의 충성에 인생의 목표를 맞추십시오. 아멘!

♡ 주님! 주신 감동에, 주신 말씀에 오로지 충성하게 하소서.
📖 최소 한 가지의 말씀을 실천하는 하루를 보냅시다.

무엇이 부족한가

읽을 말씀 : 시편 62:1-12

● 시 62:10 포학을 의지하지 말며 탈취한 것으로 허망하여지지 말며 재물이 늘어도 거기 치심치 말찌어다

세상에서 가장 부유한 나라의 왕이면서도 조금의 행복도 느끼지 못하는 왕이 있었습니다.

세계에서 제일가는 부자였기에 누리지 못할 것이 없었지만 그럼에도 인생은 무료하고 늘 걱정뿐이었습니다.

그에 반해 한 달에 한 번 머리를 자르러 오는 이발사는 돈도 없고, 잘난 것도 없어 보였는데도 늘 즐겁고 행복한 모습이었습니다. 자기보다 못난 이발사의 행복이 마음에 들지 않았던 왕은 꾀가 많은 신하를 불러 물었습니다.

"저 이발사를 불행하게 만들 방법이 없겠는가?"

"그건 아주 간단한 일입니다. 금화 99개를 주시면 됩니다."

금화를 주는 것이 왜 불행인지 왕은 이해할 수 없었지만 정말로 금화를 받고 난 뒤 이발사의 표정이 점점 어두워졌습니다. 콧노래를 부르지도 않았고 얼굴에는 수심이 가득했습니다.

갑자기 생긴 금화 99개를 안전하게 보관할 방법과 금화 1개를 더 벌어 100개를 채울 방법에 밤잠을 이루지 못했기 때문입니다.

스티브 잡스는 유언을 통해 "적당한 부를 쌓은 뒤에는 부와 무관한 것들을 추구하며 살아야 한다"고 고백했습니다. 필요 이상의 많은 돈은 오히려 근심과 걱정의 원인이 될 뿐입니다. 이미 필요한 모든 것을 주신 주님께 감사하며 땅이 아닌 하늘의 보물을 위해 살아가십시오. 아멘!

🤍 주님! 더 가지려고만 하는 어리석은 삶에서 건져주소서.

🖼 채워지지 않을 욕심을 걷어내고 하늘을 바라봅시다.

진정한 안식처

읽을 말씀 : 마태복음 11:25-30

●마 11:29 나는 마음이 온유하고 겸손하니 나의 멍에를 메고 내게 배우라 그러면 너희 마음이 쉼을 얻으리니

1950 년대 유럽의 청년들은 극심한 정신적 공황을 겪고 있었습니다. 두 번의 세계대전 동안 수천만 명이 전쟁터에서 생명을 잃고 원인을 알 수 없는 전염병으로 전 세계가 고통받았습니다.

경제 사정까지 좋지 않자 청년들은 하루하루 되는 대로 살며 눈앞의 쾌락만을 좇았습니다.

많은 학자들이 젊은이들의 방황을 사회적인 문제에서 찾았지만 프랜시스 쉐퍼 박사는 영혼이 문제라고 생각해 스위스의 한 가정집을 개조해 누구나 올 수 있는 공동체를 만들었습니다.

'비가 오면 오두막에 쉬어 가듯이 마음이 어렵고 영혼이 힘든 분들은 쉬었다 가세요.'

박사가 운영한 '라브리 공동체'는 별다른 전도도 하지 않고 그저 방문하는 청년들을 따스하게 맞아주기만 했음에도 많은 유럽의 청년들이 영혼을 회복하고 자발적인 그리스도인이 되는 역사가 일어났습니다. 이미 많은 교회가 문을 닫고 기독교가 쇠퇴하던 유럽에서 작은 공동체가 이룬 놀라운 기적이었습니다.

인생의 목표를 잃고 방황하는 사람들에게 교회는 '오두막' 같은 존재, 성도들은 바른길을 알려주는 안내자가 되어야 합니다. 영혼의 피난처이요, 참된 구원자이신 주님을 만날 수 있는 천국의 오두막으로 심신이 지친 사람들을 인도하십시오. 아멘!

♡ 주님! 영혼의 갈증을 해결할 수 있음을 사람들이 깨닫게 하소서.

🖼 삶의 해답을 찾지 못한 사람들을 진정한 안식처로 데려옵시다.

8월 21일

읽으면 변화한다

읽을 말씀 : 여호수아 1:1-9

● 수 1:8 이 율법책을 네 입에서 떠나지 말게 하며 주야로 그것을 묵상하여 그 가운데 기록한대로 다 지켜 행하라 그리하면 네 길이 평탄하게 될 것이라 네가 형통하리라

어떤 사람이 빌 게이츠에게 하버드 대학을 중퇴하고 성공할 수 있었던 비결을 묻자 빌 게이츠는 이렇게 대답했습니다.

"독서를 하십시오. 하버드대학 졸업장보다 중요한 것은 책을 읽는 습관입니다."

유럽을 제패했던 나폴레옹은 이집트를 정복하러 떠나면서 무려 천 권의 책을 챙겼습니다. 하루도 책을 놓지 않았던 나폴레옹은 평생 만 권에 가까운 책을 읽었다고 합니다.

로마를 제국으로 세운 줄리어스 시저는 자신의 모든 전략은 책에서 나온다고 했고 싱가포르의 국부 리콴유는 청년시절 새로 들어오는 책을 놓치지 않으려고 책방 앞에서 기다리고 있던 적이 많았다고 합니다.

악성 베토벤은 청력을 잃은 뒤 책을 통해 약점을 극복할 방법과 영감을 얻었고 오프라 윈프리 역시 삶의 가장 힘든 순간을 책을 통해 극복하며 세계에서 가장 영향력 있는 여성이 될 수 있었습니다.

시대가 다르고 분야가 다르지만 책을 읽는 사람은 변화하고 성장합니다. 세상의 책이 사람을 이렇게 변화시킨다면 하나님의 말씀인 성경에는 어떤 놀라운 능력이 있겠습니까?

세상의 그 어떤 책보다 귀하고 귀한 하나님의 말씀을 가까이 두고 탐독하십시오. 아멘!

♡ 주님! 하나님의 말씀의 능력이 제 삶에 임하게 하소서.
▨ 진리인 성경과 신앙에 도움을 주는 서적들을 꾸준히 읽읍시다.

부흥의 불씨, 사랑

8월 22일

읽을 말씀 : 마가복음 11:20-25

● 막 11:25 서서 기도할 때에 아무에게나 혐의가
있거든 용서하라 그리하여야 하늘에 계신 너희
아버지도 너희 허물을 사하여 주시리라 하셨더
라

시골의 한 교회에서 예배를 마치고 다같이 주기도문을 외우
고 있었습니다.

"우리가 우리에게 죄 지은 자를 사하여 준 것 같이…"라는 대
목에서 한 성도가 말을 잊지 못하며 갑자기 눈물을 흘렸습니다.

목사님이 이유를 묻자 다음과 같이 대답했습니다.

"계속 미워하던 이웃이 떠올랐어요. 이웃을 이렇게 미워하면
서 어떻게 하나님께 죄를 용서해달라고 기도할 수 있었을까요?"

성도는 예배가 끝나자마자 이웃을 찾아가 용서를 구했고 진
심으로 축복하는 기도를 드렸습니다. 다음주 목사님이 이 이야
기를 예배 시간에 나누자 다른 성도들도 양심에 찔려 예배를 마
치고 마음 속에 미워하던 이웃을 찾아가 용서를 구했습니다.

그러자 놀라운 일이 일어났습니다. 성도들이 용서를 구했던
이웃들이 그 모습을 통해 예수님을 만나고 교회로 몰려들었고,
그들도 똑같이 행동하며 부흥이 일어났던 것입니다.

웨일즈 역사상 가장 뜨거웠던 부흥은 주기도문을 통해 회개
했던 한 성도의 진심에서 일어났던 놀라운 역사였다고 합니다.

성도가 본분을 잃지 않고 하나님의 사랑을 전할 때 복음은 저
절로 전파되고 부흥의 불길은 저절로 퍼져나갑니다.

한 구절의 말씀, 잠깐의 기도도 마음을 다해 대하며 거룩한
부흥의 불씨로 쓰임받으십시오. 아멘!

♡ 주님! 입으로만 사랑을 고백하는 거짓신앙을 버리게 하소서.
📖 묵상하며 떠오르는 사람이 있다면 화해의 만남을 계획합시다.

영혼이 보물이다

읽을 말씀 : 베드로전서 1:18-25

● 벧전 1:22 너희가 진리를 순종함으로 너희 영혼을 깨끗하게 하여 거짓이 없이 형제를 사랑하기에 이르렀으니 마음으로 뜨겁게 피차 사랑하라

스페인의 존 플래쳐는 숨겨진 보물을 찾는 탐험가가 꿈이었습니다.

존은 매일 항구에서 선원들의 이야기를 들으며 보물선의 선원이 되고자 노력했지만 그때마다 이런저런 일이 생겨 결국 한 번도 제대로 된 항해를 떠나지 못했습니다.

꿈을 이룰 수 없는 운명을 저주했던 존은 유럽을 떠돌며 방탕한 삶으로 인생을 낭비하다가 예수님을 만나 새로운 인생을 살게 됐습니다.

보물이 아닌 사람들의 영혼을 위해 세계를 누비겠다는 새로운 목표를 찾은 존은 요한 웨슬레의 동역자가 되어 유럽을 넘어, 남미 전역을 돌아다니며 평생 하나님의 복음을 전했습니다.

훗날 존 플래쳐의 일대기를 쓴 작가는 그의 삶을 다음과 같이 평가했습니다.

"보물섬을 찾아 떠난 배는 단 한 척도 항구로 돌아오지 못했지만 존이 탔던 배는 더 먼 곳을 향해 떠났고 보물보다 귀한 영혼들을 구하며 하나님의 일꾼을 세웠다. 그는 영혼을 구하는 하나님의 탐험가로 귀하게 쓰임 받았다."

성도의 소망이 세상이 아닌 하늘에 있듯이 우리의 발걸음은 재물이 아닌 영혼을 향해 있어야 합니다.

육신의 소망과 유익을 따르지 말고 성령님이 인도하시는 진리의 길을 따라 순종하십시오. 아멘!

🤍 주님! 영혼구원의 소중함을 깨닫게 하소서.
🖼 내 삶의 목표가 땅이 아닌 하늘을 향해 있도록 점검합시다.

이해하면 성장한다

읽을 말씀 : 마태복음 7:7-12

● 마 7:12 그러므로 무엇이든지 남에게 대접을 받고자 하는대로 너희도 남을 대접하라 이것이 율법이요 선지자니라

러시아의 한 시골에서 폭력적인 아버지와 무관심한 어머니 밑에서 자라는 안톤이라는 소년이 있었습니다.

왜 자기 삶은 이렇게 불행한지 이해할 수 없었던 안톤이었지만 성인이 되자 주어진 현실을 어떻게든 바꿔보자는 생각이 들었습니다. 안톤이 가장 먼저 했던 일은 상대방을 무조건 이해하는 것이었습니다. 아버지의 폭력, 어머니의 무관심, 술과 도박에 빠진 형제들부터 매일 마주치는 거리의 부랑자까지도 저마다 안타까운 사정이 있을 것이라 생각하자 상대방이 측은하게 여겨지며 한 걸음 더 나아가 진심으로 도울 수도 있게 됐습니다.

안톤의 노력으로 가족들은 가난과 중독을 물리치고 건강한 삶을 살게 됐고, 안톤도 사람들을 이해하려고 노력했던 상상력을 토대로 글을 쓰며 유명한 작가로 이름을 알렸습니다. 당대 최고의 인기작가가 된 안톤을 시기하는 사람들도 많았지만 그마저도 안톤은 저마다 사정이 있을 것이라 생각하며 단 한 번도 대립하지 않았습니다.

결국 안톤의 의연한 모습에 대중은 물론 평론가, 시기하던 작가들까지 감화가 됐고 그의 작품을 인정했습니다.

러시아의 대문호 '안톤 체호프'를 만든 것은 이해와 진실된 노력이었습니다. 내 기준에서 벗어나지 못하는 사람은 상대방을 진실로 이해할 수도, 사랑할 수도 없습니다. 내가 아닌 상대방의 눈높이에서 이해하며 다가가고자 노력하십시오. 아멘!

♡ 주님! 주님을 통해 상대방을 이해하게 하소서.

📖 힘들고 어려워도 상대방의 입장에서 생각하고자 노력합시다.

보이스카웃의 의무

읽을 말씀 : 디모데전서 2:5-15

●딤전 2:10 오직 선행으로 하기를 원하라 이것
이 하나님을 공경한다 하는 자들에게 마땅한 것
이니라

몇 년 전 미국 LA에서 심각한 교통사고가 났습니다. 운전자들은 정신을 잃은 상황이었고 차에서는 연기가 올라와 곧 폭발할 것 같았습니다. 도심지에서도 멀리 떨어진 도로라 구조대가 언제 도착할지도 모르는 위험천만한 상황이었습니다. 사고를 목격한 사람들은 많았지만 위험한 상황이라 근처에 서서 발만 동동 구르고 있었습니다. 이때 한 남자가 겁도 없이 연기가 나는 차량으로 뛰어들어가 혼자서 사람들을 구조했습니다.

사람들의 목숨을 구한 '영웅'을 취재하러 온 방송국 관계자들은 주인공의 얼굴을 보고 놀라지 않을 수가 없었습니다. 할리우드의 유명스타 '해리슨 포드'였기 때문입니다. 해리슨 포드는 어려움에 처한 사람을 돕는 것은 당연한 일이며 자신보다는 매일 구조작업을 하는 구급대원들이 진정한 영웅이라고 겸손한 모습을 보였습니다.

그는 사고에 대비해 구조작업을 도우려고 개인 헬기를 구입했을 정도로 봉사정신이 투철했는데 이런 마음을 품게 된 것은 어린시절 경험했던 보이스카웃 활동 덕분이었다고 합니다.

주님을 만나고 구원받았다면 성도의 본분이 무엇인지 알고 살아가는 가운데에서도 그 사실을 잊지 않으려고 노력해야 합니다. 하나님께 순종하고 이웃을 사랑하는 성도의 본분을 삶 가운데 철저히 지키십시오. 아멘!

♡ 주님! 이웃을 돕는 것이 말씀을 지키는 것임을 알게 하소서.
▨ 주님의 말씀을 실천하며 세상을 밝히는 빛으로 살아갑시다.

버려야 할 4가지

읽을 말씀 : 빌립보서 1:3-11

● 빌 1:10 너희로 지극히 선한 것을 분별하며 또 진실하여 허물 없이 그리스도의 날까지 이르고

하 버드 의대의 에드워드 할로웰 교수는 뇌의 인지 능력을 연구하다가 집중력은 목표를 쫓는 것보다 필요없는 것을 버릴 때 생겨난다는 사실을 알게 됐습니다.

다음은 할로웰 교수가 말한 '집중력을 위해 버려야 할 4가지'입니다.

1. 서두르는 급한 일

시간이 촉박할수록 실수가 잦아지는 것처럼 집중이 필요한 일은 여유있게 해야 합니다.

2. 결정을 내리기 힘들 정도의 과잉 정보

결단과 행동으로 이어지지 않는 정보는 쓸모가 없습니다.

3. 해결할 수 없는 일에 대한 걱정

걱정은 그 자체로는 어떤 도움도 되지 않는 집중의 가장 큰 적입니다.

4. 주의력을 빼앗는 잡동사니

습관적으로 이메일을 확인하거나 스마트폰을 켜는 사람들은 눈앞의 중요한 일에는 주의력을 빼앗기게 됩니다.

선택과 집중의 중요성을 강조하고 있는 시대입니다.

집중력을 제대로 다루지 못하면 정말 해야 할 일을 하지 못하게 됩니다. 그리스도인에게 가장 중요한 예배와 경건생활을 하나님께 집중하는 성도가 되십시오. 아멘!

♡ 주님! 주님만을 더욱 사모하고 열망하게 하소서.

🎴 믿음에 집중하기 위해 불필요한 습관들을 정리합시다.

8월 27일

장군이 보초를 선 이유

읽을 말씀 : 에베소서 4:1-6

● 엡 4:2 모든 겸손과 온유로 하고 오래 참음으로
　사랑 가운데서 서로 용납하고

프랑스 국경에서 야간 보초를 서던 한 병사가 피곤함을 이기
　　지 못하고 구석에서 졸고 있었습니다.

잠에서 깬 병사는 상사가 대신 보초를 서고 있는 것을 보고
는 깜짝 놀라 자세를 고쳐 잡고 경례를 했습니다. 총을 돌려주는
상사의 얼굴을 확인한 병사는 사시나무처럼 떨며 겁에 질렸습니
다.

다름 아닌 나폴레옹 장군이었기 때문입니다. 당시 유럽은 전
쟁이 빈번하게 일어나던 시기라 보초병이 조는 것은 군법으로
사형당할 수도 있는 큰 실수였습니다.

그러나 나폴레옹은 질책 대신 병사를 격려했습니다.

"전투를 치른지 얼마 안 돼서 피곤할테니 괜찮네.
보초 인원을 늘릴 수 있도록 신경을 써주지."

징계를 내릴 상황에서 오히려 대신 보초를 서고 격려까지 해
줬던 나폴레옹의 이야기는 순식간에 모든 병사들에게 퍼졌습니
다. 죽음을 두려워하지 않고 돌격했던 프랑스 군인들의 충성심
은 일선에서 보여준 나폴레옹의 소소한 배려들이 쌓이면서 만든
결과였습니다.

그리스도인들이 사소한 실수를 덮어주고 오히려 도와줄 때
복음을 향한 세상 사람들의 마음이 열리고 신뢰하게 됩니다.

잘하고 잘못한 일을 따지기보다는 주님이 하신 것처럼 사랑
으로 덮고 배려하는 성도가 되십시오. 아멘!

♡ 주님! 주님이의 자비와 은혜를 마음에 품고 살아가게 하소서.
📖 주님이 나를 용서하신 것처럼 다른 사람들의 실수를 용인합시다.

다만 말씀대로

8월 28일

읽을 말씀 : 마태복음 5:13-20

● 마 5:16 이같이 너희 빛을 사람 앞에 비취게 하여 저희로 너희 착한 행실을 보고 하늘에 계신 너희 아버지께 영광을 돌리게 하라

서울의 한 교회에서는 1년에 1, 2차례씩 '빚 탕감 프로젝트'를 진행합니다. 모든 성도들의 동의를 받아 헌금의 일부를 안타까운 사정으로 빚을 진 사람들을 돕는 프로젝트입니다.

필요한 액수가 모이면 몇 명의 사람들을 돕게 됐는지를 간략히 설명한 뒤 빚 증서들을 불에 태우고 성도들은 박수와 기도로 그동안 빚으로 고통받던 사람들의 새 출발을 격려합니다.

이 프로젝트는 '희년'에는 모든 빚을 탕감하라는 하나님의 말씀을 실천하자는 취지에서 시작됐습니다(느 10:31). 교회는 도움으로 빚을 탕감받은 사람이 누군지도 모릅니다.

왼손이 하는 일을 오른손이 모르게 하라는 말씀을 지키기 위해서입니다(마 6:3). 성도들의 귀한 헌금을 이름도 모르는 사람들을 돕는 데 사용하기로 한 것은 결코 쉬운 일이 아니었습니다. 그동안 '빚 탕감 프로젝트'에 사용된 돈만 해도 백억 원이 넘는 큰 액수였습니다.

하지만 얼마를 쓰더라도 한 영혼을 살릴 수 있다면, 말씀대로 사는 그리스도인이 아직도 많이 있음을 세상에 알릴 수만 있다면 그보다 가치 있는 일은 없다는 것을 목사님과 성도들이 공유하기에 이런 선행을 실천할 수 있었습니다.

세상에 하나님을 나타내는 교회와 성도들이 많아질수록 하나님의 복음은 저절로 확장될 것입니다. 오직 말씀대로, 다시 말씀으로 돌아가는 성도가 되십시오. 아멘!

♡ 주님! 죄의 사슬을 끊으신 주님을 세상에 전하게 하소서.
🎴 하나님의 영광을 세상에 나타내는 빛과 소금의 성도가 됩시다.

잘못된 길이라면

읽을 말씀 : 에스겔 18:20-32

● 겔 18:21 그러나 악인이 만일 그 행한 모든 죄
  에서 돌이켜 떠나 내 모든 율례를 지키고 법과
  의를 행하면 정녕 살고 죽지 아니할 것이라

영국의 브리티시항공과 프랑스의 에어프랑스가 공동으로
초음속 비행기를 개발하고 있었습니다.

개발을 하던 중 연구팀으로부터 다음과 같은 보고서가 올라
왔습니다.

'연료 효율이 안 좋아 운영시 적자 예상.'

하지만 이미 세계 항공계의 이목이 집중되어 있었기에 쉽게
포기할 수는 없었습니다.

몇 달 뒤 다시 부정적인 보고서가 올라왔습니다.

'구조상 승선 인원을 늘릴 수가 없음. 사업성이 떨어짐.'

운항을 할수록 무조건 적자를 본다는 계산이었지만 '세계에서
가장 빠른 항공기'가 개발되고 있다는 사실이 세간에 알려졌기
때문에 누구도 책임을 지고 중단하려 하지 않았습니다.

부정적인 의견 가운데 개발된 콩코드는 예상대로 첫해부터
엄청난 적자를 봤지만 무려 27년 지나고서야 운항이 중단됐습
니다. 그동안 투자했던 비용이 아까워 중단할 수 없었기 때문입
니다. 이 사건 이후로 경영업계에서는 투자한 비용이 아까워 더
큰 손해를 보는 일을 '콩코드의 오류라고 부르기 시작했습니다.

잘못된 길을 걷고 있다면 빨리 돌아와 다시 걷는 것이 가장
빠른 방법입니다. 지금 하나님으로부터 더 멀어지게 만드는 것
이 있다면 일말의 망설임도 없이 바로 떠나십시오. 아멘!

💗 주님! 사랑의 소중함을 깨닫고 주님 품을 떠나지 않게 하소서.

🧎 실수에 대한 자존심을 버리고 즉각 바른 길로 돌아오십시다.

피자와 유기견

읽을 말씀 : 베드로전서 3:8-17

● 벧전 3:10 그러므로 생명을 사랑하고 좋은 날 보기를 원하는 자는 혀를 금하여 악한 말을 그치며 그 입술로 궤휼을 말하지 말고

미국의 피자배달업체 '저스트 피자'의 대표 알로이는 주말마다 동물보호단체에서 운영하는 유기견 보호소에서 봉사활동을 하고 있었습니다. 알로이는 봉사활동을 통해 귀엽고 건강한 유기견들이 너무나 많이 버려지고 있다는 사실을 알고 슬퍼하다가 다음과 같은 아이디어를 떠올렸습니다.

'우리 피자를 시키는 사람들에게 유기견들을 알리면 어떨까?'

알로이는 보호소에 있는 유기견들의 사진과 간단한 정보를 기재한 전단지를 만들어 피자 박스 위에 붙였습니다. 귀여운 강아지들이 나와있는 전단지를 본 고객들의 반응은 매우 뜨거웠습니다.

전단지가 붙은 피자 박스를 받은 첫 번째 고객은 배달원의 설명을 듣고 바로 유기견을 입양했습니다.

안락사를 기다리는 강아지들의 운명을 진심으로 안타까워 했던 알로이 덕분에 많은 유기견들이 좋은 주인을 찾았고 이 선행이 알려지며 회사의 매출도 더욱 높아졌다고 합니다.

생명을 살리고자 하는 마음이 있을 때 생각지도 못한 좋은 아이디어와 상황이 찾아옵니다. 하물며 가장 존귀한 인간의 영혼을 대하는 우리의 마음은 어때야 할까요?

하나님께 돌아와야 할 영혼들을 위해 기도하며 무엇보다 사랑의 손길로 대해주십시오. 아멘!

♡ 주님! 사랑과 복음에 온전히 집중하는 삶을 살게 하소서.
▨ 전도를 위한 좋은 아이디어를 기도 중에 주님께 구합시다.

눈앞의 천국

읽을 말씀 : 로마서 5:1-11

● 롬 5:1 그러므로 우리가 믿음으로 의롭다 하심을 얻었은즉 우리 주 예수 그리스도로 말미암아 하나님으로 더불어 화평을 누리자

어울하게 누명을 쓰고 죽은 남자가 있었습니다. 눈을 떠보니 천국이 바로 눈앞이었습니다. 살면서 딱히 죄를 짓지 않았던 남자는 자신 있게 천국으로 들어가려 했지만 문지기가 "당신은 아직 들어갈 수 없소"라며 길을 막았습니다. 왜 들어갈 수 없는지는 말하지 않았습니다.

남자는 문지기가 자리를 비울 때를 기다리기도 했고, 힘으로 이겨보려고도 했고, 달려서 지나쳐보려고도 했지만 어떤 수를 써도 천국으로 들어갈 수 없었습니다.

인내심 테스트인가 싶어 몇 달, 몇 년을 기다렸지만 그래도 천국의 문으로 들어갈 수 없었습니다. 천국 문 앞에서 노인이 된 남자는 문을 떠나기 전에 마지막으로 물었습니다.

"천국에 들어가기를 나만큼 간구한 사람이 또 있었습니까?"

문지기가 대답했습니다.

"당신 같은 사람은 한 명도 없었소. 이 문은 당신을 위해 준비된 문이지만 아쉽게도 당신은 들어갈 수 없소."

문지기의 대답을 뒤로 한 채 남자는 천국을 등지고 정처 없는 여행을 떠났습니다.

소설가 프란츠 카프카의 단편에 나오는 내용입니다.

천국은 노력으로 들어갈 수 있는 곳이 아니라 예수님을 믿음으로 들어갈 수 있는 곳입니다. 노력이 아닌 믿음으로 예비하신 은혜를 누리는 지혜로운 성도가 되십시오. 아멘!

♡ 주님! 하나님의 자녀가 되는 권세를 누리며 살아가게 하소서.
🖼 천국에 갈 수 있다는 믿음을 주님의 말씀을 통해 확신합시다.

"나 여호와(하나님)가
너를 항상 인도하여
마른 곳에서도 네 영혼을 만족케 하며
네 뼈를 견고케 하리니
너는 물 댄 동산 같겠고
물이 끊어지지 아니하는 샘 같을 것이라"
- 이사야 58:11

9월

9월 1일

크게 쓰임 받는 작은 자

읽을 말씀 : 디모데후서 4:1-5

● 딤후 4:2 너는 말씀을 전파하라 때를 얻든지 못 얻든지 항상 힘쓰라 범사에 오래 참음과 가르침 으로 경책하며 경계하며 권하라

『저는 밥존스대학교 신학과에 진학하면서 본격적으로 전도를 시작했습니다.

미국은 청교도 정신이 남아있는 기독교 국가지만 시골에는 의외로 교회가 많지 않아 전도할 기회가 많았습니다.

주말이면 보통 왕복 여섯 시간 이상 걸리는 외진 곳으로 전도를 나가곤 했습니다. 낮에는 트럼펫과 작은북 등을 앞세우고 동네를 돌며 사람들을 모은 뒤 즉석에서 하나님의 말씀을 전했고 저녁에는 청소년들을 교회에 불러들여 재미있는 인형극과 슬라이드를 보여주며 복음을 전했습니다.

먼저 선배들이 설교를 하고 난 뒤 제가 간증을 했습니다.

피비린내 나는 전쟁을 겪은 가난한 나라에서 유학 온 나의 이야기는 더없이 훌륭한 소재로 시골 아이들에게 큰 용기를 주었고, 어른들의 마음에 감동을 주었습니다.

벗어나고 싶었던 괴로운 과거지만 하나님께서 구원해주시자 오히려 많은 사람들에게 복음을 전할 수 있는 훌륭한 도구로 쓰임 받게 된 것입니다. '나 같은 사람도 과연 전도할 수 있을까?' 라고 고민할 필요가 없습니다.』 – 김장환 목사의 인생 메모에서

하나님은 우리를 있는 그대로 들어 쓰셔서 전도하게 하십니다. 나머지는 하나님께서 알아서 하십니다. 전도는 가끔 일어나는 이벤트가 아닌 매일 해야 하는 일상임을 기억하십시오. 아멘!

♡ 주님! 어떤 상황에서도 항상 전도에 힘쓰는 성도가 되게 하소서.
📖 주님이 맡겨주신 전도 대상자들의 이름을 적고 기도합시다.

마음을 찌르는 죄

읽을 말씀 : 시편 7:1-10

● 시 7:9 악인의 악을 끊고 의인을 세우소서 의로 우신 하나님이 사람의 심장을 감찰하시나이다

별 이유도 없이 사람들을 죽인 희대의 살인마 토키치는 사형을 선고받고 죽을 날만 기다리고 있었습니다.

어느 날부터 선교사 두 명이 매일 찾아와 "당신도 구원받을 수 있습니다"라고 복음을 전했지만 토키치는 대꾸하지 않았습니다. 다른 지역으로 떠나야 해서 더 이상 토키치를 찾아올 수 없던 선교사들은 마지막 만남 때 성경을 건네줬습니다.

독방에서 무료했던 토키치는 심심할 때마다 성경을 읽었습니다. 그러다 '자기 죄를 모르는 저들을 용서해달라'며 십자가에서 울부짖는 예수님의 이야기를 읽던 중 가슴에 대못이 박히는 것 같은 느낌이 들었습니다.

"그것은 그리스도의 사랑이라고 표현할 수밖에 없었습니다. 나 같은 사람도 불쌍히 여기고 돌아오기를 바라는 간절한 마음이 느껴졌습니다. 그동안 지은 죄가 얼마나 무거운 것인지도 깨달았지만 그럼에도 돌아갈 수밖에 없는 사랑이었습니다."

희대의 살인마 토키치는 그날 이후 성경을 읽으며 지난 삶을 철저히 반성했습니다. 매일 눈물을 흘리며 참회하던 토키치는 사형을 당하는 순간에는 오히려 구원받은 감격으로 미소를 지으며 세상을 떠났습니다.

지은 죄를 알고 회개하기를 원하는 모든 사람을 주님은 한량없는 자비로 받아주십니다. 세상의 모든 죄를 덮을 놀라운 자비를 베풀어주신 주님의 사랑을 마음 깊이 느끼며 살아가십시오. 아멘!

🩷 주님! 사람들에게 주님을 알리는 귀한 도구로 저를 사용하소서.

🧺 죄로 인해 더럽혀진 삶을 주님의 자비로 씻어냅시다.

9월 3일

불행의 진주

읽을 말씀 : 시편 108:1-9

● 시 108:1 하나님이여 내 마음을 정하였사오니 내가 노래하며 내 심령으로 찬양하리로다

어부 키노는 고기를 낚다가 커다란 진주를 건졌습니다. 이따금씩 그물에 진주가 걸린 적은 있었지만 그토록 크고 아름다운 진주는 처음이었습니다. 아내인 조안나를 비롯해 진주를 보는 사람마다 입이 마르도록 진주를 칭찬했습니다. 가난한 어부였던 부부는 진주를 팔면 신세를 고칠 수 있다고 생각해 애지중지 아꼈습니다.

진주를 집에 들인 후 부부의 삶에는 큰 변화가 생겼습니다. 진주를 보겠다고 찾아오는 사람들이 있었고 그들 중 몇몇은 진주를 탐내는 것 같았습니다. 몸이 아파 병원에 갔더니 의사는 약을 제대로 처방해주지 않았습니다. 의사는 부부가 죽으면 자신이 진주를 갖게 될지도 모른다고 생각했기 때문입니다.

한 밤 중에 복면을 쓴 강도가 찾아오기도 했고, 대놓고 폭력배가 찾아와 헐값에 진주를 넘기라고 협박까지 하는 상황도 종종 있었습니다. 비록 가난했지만 평온했던 삶이 진주 하나로 엉망진창이 된 것을 참을 수 없었던 부부는 결국 진주를 바다에 던져 버렸습니다. 노벨문학상을 받은 '존 스타인벡'의 '진주'라는 소설의 줄거리입니다.

내가 귀하다고 생각하는 보물이 사실 나의 삶을 더 불행하게 만들고 있을지도 모릅니다. 세상을 가까이 할 때 불행이 찾아오고 하나님을 가까이 할 때 참된 행복이 찾아온다는 사실을 기억하고 헛된 것을 품으려 힘을 쏟지 마십시오. 아멘!

♡ 주님! 신실한 마음으로 주님의 발자취만을 따르게 하소서.

▨ 신앙생활에 방해가 되는 것은 저주일 수 있음을 기억합시다.

세상의 원리를 떠나라

9월 4일

읽을 말씀 : 베드로후서 1:1-11

● 벤후 1:4 이로써 그 보배롭고 지극히 큰 약속을 우리에게 주사 이 약속으로 말미암아 너희로 정욕을 인하여 세상에서 썩어질 것을 피하여 신의 성품에 참예하는 자가 되게 하려 하셨으니

'SNS'로 통용되는 소셜네트워크서비스에 자신의 하루를 올리며 반응하는 것에 중독된 남자가 있었습니다. 운전을 하면서도 사람들의 반응을 수시로 확인하던 남자는 바뀐 신호를 보지 못해 큰 교통사고를 당했습니다.

이 사고로 사랑하는 연인을 잃은 남자는 자신을 끝없이 자책하다가 우연히 SNS를 운영하는 회사들이 사람들의 '도파민'을 이용해 어쩔 수 없이 중독되게 만들고 있다는 사실을 알게 됐습니다.

SNS가 사람에게 유해하다는 걸 알면서도 운영하는 경영자에게 책임을 묻기 위해 남자는 고위 간부를 납치해 자신이 이용하던 SNS 회사의 회장을 만나려고 시도했으나 전화 연결에만 며칠이 걸렸습니다. SNS뿐 아니라 많은 디지털 기기가 유해하다는 걸 알고 있는 회장은 한적한 시골에서 전화기도 없이 아날로그적인 생활을 하고 있었기 때문입니다.

영국의 '스미더린'이라는 드라마의 내용이지만 실제로 세계적인 IT 회사의 경영자들은 자녀들이 성인이 될 때까지 컴퓨터나 스마트폰을 사용하지 못하게 한다고 합니다.

세상의 모든 것은 돈과 탐욕을 따라 돌아가기 때문에 결코 사람을 행복하게 만들어주지 못합니다.

달콤한 행복을 약속하는 허탄한 신화를 따르지 말고 내 영혼을 정말로 만족케 하시는 주님만을 따라갑시다. 아멘!

♡ 주님! 영혼을 만족케 하는 진정한 기쁨을 갈구하게 하소서.
🎬 주님이 내 안에 주시는 내면의 만족과 평화를 지킵시다.

9월 5일

그리스도인입니다

읽을 말씀 : 베드로전서 4:12-19

● 벧전 4:16 만일 그리스도인으로 고난을 받은즉 부끄러워 말고 도리어 그 이름으로 하나님께 영광을 돌리라

기 독교가 박해를 당하던 로마 시대에 신앙을 지키다가 감옥에 간 루시안이라는 성도가 있었습니다.

감옥에서도 9년 동안 신앙을 포기하지 않자 황제 막시미아누스가 직접 찾아와 심문했습니다.

"그대같이 위대한 학자가 왜 허황된 종교를 믿는가? 예수만 부인하면 목숨을 보장할 뿐 아니라 높은 관직을 주겠다."

막시미아누스는 한 마디로 대답했습니다.

"저는 그리스도인입니다."

분노한 막시미아누스는 루시안을 사형시키려고 재판을 열었으나 어떤 질문에도 루시안은 "나는 그리스도인입니다"라고 고백할 뿐이었습니다. 대로에서 참수를 당하기 전 유언을 남기던 순간에도 루시안은 담담히 "여러분, 나는 그리스도인입니다"라는 한 마디를 남긴 후 순교했습니다.

목숨을 잃는다 해도, 절대로 신앙을 포기할 수 없는 것은 예수님이 나를 위해 가장 귀한 생명을 이미 희생하셨기 때문입니다.

우리도 어디서든 "나는 그리스도인입니다"라고 선포하는 그리스도의 제자가 되어야겠습니다.

나를 살리기 위해 하늘의 높은 보좌에서 이 땅에 내려와 우리 대신 십자가에 달리신 주님을 기억하며 그리스도인의 정체성을 잃지 마십시오. 아멘!

♡ 주님! 예수 그리스도의 십자가를 잊지 않게 하소서.
▧ 언제 어디서고 내가 그리스도인이라는 정체성을 잃지 맙시다.

지금 시작하라

읽을 말씀 : 누가복음 19:1-10

●눅 19:8 삭개오가 서서 주께 여짜오되 주여 보시옵소서 내 소유의 절반을 가난한 자들에게 주겠사오며 만일 뉘 것을 토색한 일이 있으면 사배나 갚겠나이다

'리더스 다이제스트'가 20세기 최고로 뽑은 수필의 한 대목입니다..

"첫째 날, 나는 내 삶을 가치있게 해준 선생님의 얼굴을 몇 시간이고 물끄러미 바라볼 것입니다.

둘째 날, 동이 트는 감동과 낮이 밤으로 변하는 웅장한 기적을 느끼고 밤 하늘의 총총한 별들을 즐기겠습니다.

셋째 날, 거리로 나가 출근하는 사람들의 표정, 열심히 자기 일을 하는 분주한 사람들의 모습을 하루 종일 바라보겠습니다. 단, 내가 사흘만 볼 수 있다면 말입니다."

헬렌 켈러의 수필은 우리에게 너무나 평범한 일상이 누군가에게는 그토록 바라던 꿈이 될 수 있음을 깨닫게 합니다.

미국의 한 명문대 철학과 교수는 첫 수업엔 항상 '3일 뒤에 죽는다면 무엇을 할 것인가?'를 학생들에게 물었습니다.

학생들이 이런저런 고민 끝에 리스트를 작성하면 교수는 칠판에 이렇게 적고 수업을 마칩니다.

"그 일을 지금 실천하세요."

내일은 어쩌면 영영 오지 않는 미래일 수 있습니다.

하나님께 약속한 일들, 하나님이 주신 비전을 위한 일들을 더는 미루지 말고 오늘 시작하십시오. 아멘!

💙 주님! 영적인 게으름을 물리치며 할 일을 미루지 않게 하소서.
🖼 신앙을 위해 결단해야 할 내용이 있다면 오늘 실천합시다.

변해야 할 때

읽을 말씀 : 시편 51:9-19

●시 51:10 하나님이여 내 속에 정한 마음을 창
   조하시고 내 안에 정직한 영을 새롭게 하소서

미 국의 변호사 네이던은 누구나 부러워하는 상류층의 삶을
   살고 있었습니다. 뉴욕의 호화 아파트에서 살며 직장에서
도 능력을 인정받은 네이던은 엄청난 액수의 연봉을 받으며 모
두가 부러워할만한 성공한 삶을 살고 있었습니다.

   하지만 네이던의 마음에는 아이들이 가지고 노는 '레고를 향
한 열정'이 어린시절부터 불타고 있었습니다.

   타오르는 열정을 더 이상 외면할 수 없다고 느낀 네이던은 그
동안 추구했던 모든 삶을 버리고 레고로 작품을 창작하는 디자
이너가 됐습니다.

   네이던 주변에 있는 모든 사람이 도전을 말렸지만 그는 포기
하지 않고 자신의 길을 걸어갔습니다.

   몇 년이 지나고 네이던은 레고 본사에서 인정한 세계 최초의
'레고 아티스트'가 됐고 예술로 유서깊은 랭커스터 미술관에 전
시회 초청까지 받는 진정한 예술가가 됐습니다.

   미국의 CNN 방송은 네이던의 전시회를 '죽기 전에 꼭 봐야
할 10가지 전시'로도 선정했습니다.

   세상의 시선에 맞출 때 하나님이 주신 비전과 꿈은 절대로 이
룰 수가 없습니다.

   지금이 변해야 할 때라는 확신이 있다면 성령님의 인도하심
을 구함으로 더 이상 망설이지 말고 결단하십시오. 아멘!

♡ 주님! 사명을 위한 결단을 망설이지 않는 용기를 주소서.
▧ 그리스도인에 걸맞는 삶에 필요한 것이 무엇인지 돌아봅시다.

용기가 만든 기적

9월 8일

읽을 말씀 : 히브리서 10:30-39

● 히 10:35 그러므로 너희 담대함을 버리지 말라 이것이 큰 상을 얻느니라

1981 년 6월 28일, 캐나다의 모든 관공서는 조기를 걸었습니다. 캐나다의 장애인 농구선수 테리 폭스의 죽음을 기리기 위해서 였습니다. 19살 때 뼈암으로 다리를 절단한 테리 폭스는 불우한 환경에 지지 않고 휠체어 농구선수로, 의족을 끼고 달리는 마라토너로 자신의 꿈을 펼쳤습니다.

재활 과정에서 자기보다 더 큰 고통을 받는 암환자들이 많이 있음을 알게 된 테리는 이후 암 환자를 위해 1달러씩만 기부해 달라는 취지의 '캐나다 종주 희망 마라톤'을 시작했습니다.

의족을 끼고 매일 40km가 넘게 달리며 모금을 위해 만난 사람들이 2천만 명이 넘었습니다.

9개월 뒤 암이 재발하는 바람에 '희망 마라톤'은 중단됐지만 테리의 용기는 캐나다에서 큰 이슈가 되며 4천억 원이 넘는 기금이 모였습니다.

캐나다의 방송국들은 테리가 사망한 뒤 2년 동안 특집 프로그램을 편성했고 지금은 전 세계 60개국에서 테리의 이름을 딴 자선 마라톤 대회가 열리고 있습니다.

다른 사람을 살리겠다는 의지가 아니었다면 테리의 마라톤은 시작될 수도 없었을 것입니다. 다른 사람을 위한 사랑의 용기가 때로는 영혼을 살리고, 때로는 기적을 만듭니다.

하나님과 이웃을 위해 용기를 내십시오. 아멘!

🤍 주님! 선을 행하는데 필요한 용기를 마음에 부어주소서.
📖 이웃을 돕기 위해 할 수 있는 작은 일도 당장 실천합시다.

9월 9일

하나님이 보시기에

읽을 말씀 : 디모데전서 4:6-16

● 딤전 4:6 네가 이것으로 형제를 깨우치면 그리스도 예수의 선한 일군이 되어 믿음의 말씀과 네가 좋은 선한 교훈으로 양육을 받으리라

혼자서 자녀를 키우던 한 어머니가 아이가 이상하다며 병원에 데려왔습니다. 네 살이나 되었음에도 말 한마디 못하는 아이는 마치 강아지처럼 짖고, 냄새를 맡았습니다.

조사 결과 아이를 봐줄 사람이 없어서 반려견 두 마리와 아이를 함께 집에 두고 직장을 다녀온 것이 원인이었습니다. 사람보다 개와 더 오래 지낸 아기는 자기가 개인 줄 알고 개의 습성을 따라 한 것입니다. 아기의 행동은 아기가 보기에도, 함께 지낸 강아지가 보기에도 아무런 문제가 없었지만 사람이 보기에는 큰 문제였습니다. 아기는 강아지가 아닌 사람이었기 때문입니다.

이것은 헝가리에서 일어난 실화입니다.

바울이 디모데에게 '좋은 일꾼이 되라'고 쓴 편지에 나오는 '좋은 일꾼'은 원어를 살펴보면 '훌륭하고, 매력적인 종'이라는 뜻입니다. 그리스도인들은 하나님을 따르는 사람이기 때문에 '하나님이 보시기에' 훌륭하고 매력적인 사람이 되는 것이 하나님이 원하시는 '좋은 일꾼'입니다.

하나님이 아닌 사람이 보기에만 만족하는 사람은 아무리 매력적이고 훌륭하고, 설령 착하다 하더라도 하나님이 만족하시는 '좋은 일꾼'이 될 수는 없습니다.

세상 사람과 똑같이 살아가는 그리스도인은 강아지를 흉내내는 아기처럼 잘못된 삶을 사는 것입니다. 사람들이 아닌 하나님이 보시기에 합당한 삶으로 내 삶을 연단하십시오. 아멘!

🤍 주님! 세상의 유혹과 즐거움을 이겨낼 용기와 지혜를 주소서.

🎴 하나님의 관점에서 합당한 성도로 살아갑시다.

성공한 사람, 행복한 사람

9월 10일

읽을 말씀 : 고린도전서 9:19-27

● 고전 9:24 운동장에서 달음질하는 자들이 다 달아날찌라도 오직 상 얻는 자는 하나인 줄을 너희가 알지 못하느냐 너희도 얻도록 이와 같이 달음질하라

미국에서 가장 성공한 한 기업가의 임종을 앞두고 온 가족이 병실에 모였습니다.

사랑하는 자녀들과 손자들을 훑어보던 기업가는 갑자기 탄식을 하며 "내가 인생을 잘못 살았다"는 유언을 남겼습니다.

'미국의 한 주도 살 수 있는 남자'로 불릴만큼 기업가는 큰돈을 벌었습니다. 그러나 손자들의 이름을 절반도 알지 못했고, 자녀들과 소회할 만한 추억도 떠오르지 않았습니다.

큰 기업체의 회장으로 미국 최고의 부호가 됐지만 진정으로 소중한 가족과의 추억은 하나도 없었기 때문에 그는 "인생을 잘못 살았다"는 유언을 남기며 후회로 인생을 마쳤습니다.

철인 3종 경기 명예의 전당에 오른 '쇼트 틴리'는 직업이 교사였고 유명한 작가이기도 했지만 한 번도 시간이 부족하다고 말하지 않았습니다.

그는 하루를 '8-8-8 원칙'을 따라 시간을 관리했는데 8시간은 잠을 자고, 8시간은 돈 버는 일을 하고 나머지 8시간은 하고 싶은 일을 하면 일을 하면서 꿈도 이룰 수 있다는 것을 삶으로 보여줬습니다.

24시간은 하나님이 모든 인간에게 똑같이 주신 선물입니다.

시간이 모자란다고 변명하기 전에 주어진 시간을 하나님을 위해, 하나님이 주신 비전을 위해, 지혜롭게 사용하고자 결단하십시오. 아멘!

♡ 주님! 하나님이 주신 하루 24시간을 지혜롭게 사용하게 하소서.
⛩ 하나님이 주신 시간을 꿈을 위해, 사명을 위해 낭비하지 맙시다.

실패가 더 값진 이유

읽을 말씀 : 시편 37:1-6

● 시 37:4 또 여호와를 기뻐하라 저가 네 마음의 소원을 이루어 주시리로다

미국의 리조트 재벌 리차드 배스는 50세에 돌연 은퇴를 선언하고 산악인이 됐습니다.

산악인이 되기엔 너무 늦은 나이였기에 첫 등반에선 정상 근처에도 가지 못하고 실패했습니다.

그는 포기하지 않았고 더 열심히 훈련했습니다. 몇 차례 더 이어진 도전에서도 정상은 오르지 못했지만 조금씩 정상에는 가까워지던 그는 3년 뒤 세계 7대 최고봉 중 하나인 마터호른 등정에 드디어 성공했습니다.

세계 최고령 기네스북 기록이었습니다.

리차드는 연이어 킬리만자로, 엘브루스, 에베레스트를 정복하며 세계 최초로 7대륙 최고봉에 등정한 위대한 산악인이 됐습니다. 남들에 비해 몇 배나 늦은 도전임에도 불가능을 가능케 한 위대한 산악인이 된 리처드는 비결을 묻는 질문에 다음과 같이 말했습니다.

"쉬운 도전의 승리보다 어려운 도전에서 패배할 때 인간은 성장합니다."

성장을 위한 밑거름이 된다면 실패만큼 값진 경험은 없습니다.

세상이 보기엔 실패로 끝났던 예수님의 십자가가 인류를 구원할 가장 위대한 성공이었던 것처럼 실패에도 주님의 말씀을 붙들고 다시 일어서십시오. 아멘!

♡ 주님! 믿음으로 맡겨주신 일을 결국 이루어내게 하소서.
▨ 실패를 통해 더욱 성장하는 그리스도인이 됩시다.

명마의 비결

9월 12일

읽을 말씀 : 시편 101:1-8

● 시 101:6 내 눈이 이땅의 충성된 자를 살펴 나와 함께 거하게 하리니 완전한 길에 행하는 자가 나를 수종하리로다

아라비아의 한 왕이 다음과 같은 명령을 내렸습니다.
'최고의 말을 가져오는 사람에게 큰 상을 내리겠다.'
몇 주 뒤 수많은 명마가 왕궁에 도착했습니다.

왕은 다양한 테스트를 통해 그중에 가장 뛰어난 100마리를 뽑았습니다. 하루에 천리를 달려도 지치지 않고 명령에 따라 달리고 설 줄 아는 훌륭한 말들이었습니다.

왕은 마지막 테스트로 말들에게 하루종일 물을 주지 않고 다음 날 강가로 데려가 고삐를 풀어줬습니다. 몹시 목이 말랐던 말들은 맹렬히 강가로 달려갔는데 물가에 닿을 즈음 조련사가 멈추라는 신호를 보냈습니다. 96마리는 조련사의 신호를 무시하고 강가로 달렸지만 4마리의 말은 신호대로 멈췄습니다. 왕은 최종으로 선발된 4마리의 말로 군마를 양성했고 그 결과 아라비아말은 세계 최고의 품종으로 인정받게 됐습니다.

스페인의 안달라루시아를 비롯한 유럽의 모든 명마들도 아라비아말의 씨를 받아 개량된 품종입니다.

가장 훌륭한 명마의 비결은 순종입니다.

하나님이 이끄실 때 하나님이 모든 것을 책임지십니다. 우리 그리스도인은 다만 하나님의 신호에 순종하면 됩니다.

하나님이 아니라고 할 때 참을 줄 알고 하나님이 맞다고 할 때 과감하게 도전하는 순종의 사람이 되십시오. 아멘!

♡ 주님! 말씀대로 순종하는 것이 성도의 본분임을 알게 하소서.

🎞 내 삶을 인도하시는 성령님의 음성에 귀를 기울이고 순종합시다.

두 가지 문제

읽을 말씀 : 야고보서 1:19-27

● 약 1:21 그러므로 모든 더러운 것과 넘치는 악을 내어 버리고 능히 너희 영혼을 구원할바 마음에 심긴 도를 온유함으로 받으라

세 계적인 신학자 우찌무라 간조오에게 한 청년이 찾아와 물었습니다.

"하나님이 그렇게 선한 분이라면 세상에 왜 이렇게 악한 일들이 많습니까? 누가 봐도 선한 일보다 악한 일들이 훨씬 더 많이 일어나고 있지 않습니까?"

"그것은 인간이 아직도 두 가지 문제를 해결하지 못하고 있기 때문입니다."

청년은 그 문제가 무엇이냐고 물었습니다.

"바로 죄와 근심입니다. 세상의 모든 것을 가진다 해도 이 문제를 해결하지 못하면 절대로 행복할 수 없습니다. 사람들은 엉뚱한 곳에서 답을 찾고 있습니다. 죄를 해결하려고 법을 만들고, 많은 사회적 장치와 제도를 개발했지만 지금 문제가 해결됐습니까? 근심을 해결하기 위해 많은 학문과 요법들이 생겨났지만 이 역시 마찬가지입니다. 죄와 근심은 그리스도의 복음을 믿음으로 구원받는 것 외에는 방법이 없습니다. 문제에 맞는 답이 있음에도 외면하기 때문에 세상은 악하게 돌아가는 것입니다."

행복을 가로막는 가장 큰 원인은 죄와 근심입니다.

예수님의 보혈로 죄를 해결하지 못하면 근심할 수밖에 없고, 근심이 가득한 삶은 결코 행복할 수 없습니다.

죄와 근심의 유일한 해결책인 주님의 복음을 평생 붙드십시오. 아멘!

♡ 주님! 모든 문제의 해답은 주님의 십자가에 있음을 알게 하소서.
▨ 주님을 의지함으로 진정한 평안과 기쁨을 누립시다.

하나님이 주신 생명

읽을 말씀 : 마태복음 16:21-28

● 마 16:26 사람이 만일 온 천하를 얻고도 제 목숨을 잃으면 무엇이 유익하리요 사람이 무엇을 주고 제 목숨을 바꾸겠느냐

매년 유명한 연예인들의 자살로 사회에 큰 이슈가 되는 때가 있습니다. 대부분 청소년들에게 인기가 높은 스타들이기에 안타까운 사건이 일어날 때마다 모방 자살로 번지는 '베르테르 효과'를 걱정하는 사람들도 많습니다.

우리나라는 세계 10위 권의 경제 대국으로 10년 전과는 비교도 할 수 없는 풍요로움을 누리고 있지만 자살률은 세계 최고 수준으로 점점 높아지고 있습니다.

사회학자 에밀 뒤르캠은 '자살을 선택하는 4가지 이유'를 이렇게 말했습니다.

1. 사회가 개인의 생명을 과소평가하거나 경시하는 풍조
2. 의지력이 약한 사람들의 극단적인 선택
3. 사회의 가치 혼란으로 잃어버린 인생의 방향감각
4. 타인에 의한 범죄로 느끼는 심리적 압박감과 자괴감

하나님이 주신 생명은 결코 스스로 포기해서는 안 됩니다.

모든 분야에는 해결책이 있고 사방이 막힌 인생에도 예수님이란 답이 있기 때문입니다.

연약한 심령들이 악한 세상의 흐름 속에서 잘못된 선택을 내리지 않도록 생명의 빛을 밝게 비추는 거룩한 등대의 역할을 감당하십시오. 아멘!

♡ 주님! 약한 심령으로 고생하는 사람들을 위해 기도하게 하소서.

🎴 길을 찾지 못해 방황하는 영혼에게 진리를 전합시다.

세상을 쫓지 말라

읽을 말씀 : 요한일서 2:12-17

● 요일 2:15 이 세상이나 세상에 있는 것들을 사랑치 말라 누구든지 세상을 사랑하면 아버지의 사랑이 그 속에 있지 아니하니

찰스 엘리엇은 가정형편이 어려워 기초교육도 받지 못했지만 독학으로 뛰어난 논문들을 발표하며 세기의 천재로 명성이 자자했습니다.

21살에 하버드 대학교에서 화학을 가르치는 강사가 됐지만 그의 천재성을 시기한 교수들의 질투로 5년 만에 해고를 당했습니다.

엘리엇을 탐낸 대기업에서 총장의 2배가 넘는 연봉을 제시했지만 엘리엇은 연구가 더 하고 싶다는 이유로 거절했습니다.

몇 달 뒤 원하는 연구를 하게 해준다는 조건 때문에 박봉이었음에도 대학의 연구원으로 취직했는데 돈은 못 벌고 학문에만 집중하는 엘리엇을 두고 사람들은 '헛똑똑이'라고 비난했습니다.

10년 뒤 학계의 거목이 된 엘리엇은 35세의 젊은 나이에 자신을 쫓아냈던 하버드 대학교의 총장이 됐습니다.

40년간 총장으로 최선을 다하던 엘리엇 덕분에 기독교 정신으로 세워진 동부의 작은 대학 하버드는 세계 최고의 대학으로 성장할 수 있었습니다.

찰스 엘리엇은 하나님이 주신 재능을 돈을 위해서 사용하지 않았고 오로지 자기가 있어야 할 곳이 어딘가를 구했습니다.

세상을 쫓아 사는 사람은 결코 하나님의 일을 할 수 없습니다. 세상의 높은 곳이 아닌 하나님의 손이 가리키는 곳을 향해 걸어가십시오. 아멘!

♡ 주님! 세상과 다른 방식, 세상과 다른 가치를 추구하게 하소서.
📖 세상이 아닌 주님이 인도하시는 곳으로 발걸음을 향합시다.

미루지 말아야 할 일

읽을 말씀 : 갈라디아서 5:16-26

● 갈 5:16 내가 이르노니 너희는 성령을 좇아 행하라 그리하면 육체의 욕심을 이루지 아니하리라

훌륭한 스승 덕분에 성공할 수 있던 사업가가 있었습니다. 사업가는 좋은 스승을 만나 사업에서 큰 성공은 거뒀지만 인간관계가 원활하지 않아 고민이었습니다.

아무리 노력해도 문제를 해결할 수 없었던 사업가는 스승에게 고민을 털어놓았습니다.

스승은 고민을 해결하고 싶으면 무슨 일이 있어도 세 가지 일 만큼은 절대로 미루지 말라고 일렀습니다.

● "첫째, 빚을 미루지 말고 갚게. 다른 사람에게 받은 도움은 물론이고 환한 미소나 밝은 인사도 마찬가지라네.

● 둘째, 용서를 미루지 말게. 용서받아야 할 일이 있으면 먼저 찾아가고, 용서해야 할 일이 있다면 마음에 담아두지 말게.

● 셋째, 사랑을 담아두지 말게. 아무리 명곡이 담겨 있는 악보라도 연주되어야만 가치를 지닌다네. 표현하지 못하고 가슴에 담아두는 사랑은 아무런 힘이 없다네."

일도 인간관계도 미루기 시작하면 습관이 됩니다.

신앙도 마찬가지입니다.

오늘 하나님이 주신 은혜를 받을 기회를 이런저런 핑계로 미루지 말고 매일 하나님과 동행하는 신실한 그리스도인이 되십시오. 아멘!

♡ 주님! 온전한 관계를 통해 사랑과 복음을 흘려보내게 하소서.
🎴 성령의 감동을 따라 오늘도 사랑과 선행, 용서를 실천합시다.

9월 17일

실패에도 감사하라

읽을 말씀 : 야고보서 3:1-12

● 약 3:2 우리가 다 실수가 많으니 만일 말에 실수가 없는 자면 곧 온전한 사람이라 능히 온 몸도 굴레 씌우리라

자기가 생각하는 토끼를 그리는 간단한 실험에 참가하고 있는 사람들이 있었습니다. 실험을 도와줘야 할 진행요원들이 주변에 있었지만 이들은 오히려 딴청을 피우다 계속 실수를 일으켰습니다.

탁자 옆에 물컵을 쓰러뜨려 색이 번지기도 하고, 표시와 전혀 다른 색이 나오는 색연필을 주기도 합니다. 종이와 펜을 다시 달라는 참가자들에게는 이렇게 말했습니다.

"그렇게 복잡한 실험이 아니니까 걱정마세요.

직원들 실수를 신경 쓰지 말고 어떻게든 토끼 그림만 완성하면 됩니다."

이 실험은 하버드대학교의 심리학과 엘런 랭어가 수행한 실험으로 '실수가 창의력에 미치는 영향'을 조사하기 위한 것이었습니다.

실험 결과 아무런 실수를 경험하지 않은 그룹보다 예기치 못한 실수를 겪은 그룹의 토끼 그림이 전문가들에게 더 높은 점수를 받았고 또 '창의적'이라는 평가를 받았습니다.

'실수를 열린 마음으로 유연하게 받아들이면 오히려 더 나은 결과를 가져다줍니다. 그리스도인의 삶에는 하나님의 계획이 아닌 것이 단 하나도 없습니다. 나의 모든 실수와 실패까지도 하나님의 섭리 안에 있음을 믿고 실패에도 감사하십시오. 아멘!

♡ 주님! 모든 삶의 순간이 주님 안에 있음을 알게 하소서.

🎮 실패에도 배우려고 노력하며 다시 힘을 냅시다.

가장 어리석은 사람

9월 18일

읽을 말씀 : 야고보서 4:11-17

● 약 4:14 내일 일을 너희가 알지 못하는도다 너희 생명이 무엇이뇨 너희는 잠간 보이다가 없어지는 안개니라

새로 종을 고용한 부자가 있었습니다.

종은 시키는 일은 무엇이든지 성실하게 수행했지만 너무 원칙을 따져 부자의 눈에는 더없이 미련해 보였습니다.

하루는 부자가 종을 불러 낡은 지팡이를 주며 희롱했습니다.

"내가 아는 가장 어리석은 사람에게 주려고 준비한 것이다. 만약 너보다 더 어리석은 사람이 나타난다면 이 지팡이를 건네주도록 해라."

종은 부자의 명령대로 지팡이를 들고 다녔지만 자기보다 어리석은 사람은 한 명도 발견하지 못했습니다.

몇 달 뒤 부자가 큰 병에 걸려 누워 쓰러졌는데 죽음을 두려워하는 모습을 보고 종이 지팡이를 들고 찾아왔습니다.

"하루 떠나는 여행길도 단단히 채비하는 법인데 세상을 떠난 뒤의 준비를 아직도 못하셨습니까? 제가 만난 사람 중에 주인님이 가장 어리석은 분이니 이 지팡이를 드리겠습니다."

미래를 준비하고 대비하는 사람은 행복한 인생을 살아갑니다.

하지만 죽음 이후의 준비는 어떡할까요?

가장 중요한 영원의 세계를 아무 준비도 없이 가는 미련한 사람이 되지 말고 하나님이 마련하신 구원의 십자가를 받아들이십시오. 아멘!

♡ 주님! 진리를 믿지 않는 어리석은 자가 되지 않게 하소서.
🗒 하늘의 영광을 위해 말씀을 지키며 살아갑시다.

보여줘야 할 모습

읽을 말씀 : 베드로전서 5:1-10

● 벧전 5:3 맡기운 자들에게 주장하는 자세를 하지 말고 오직 양 무리의 본이 되라

인텔의 C.E.O. 앤디 그로브에게 한 통의 전화가 걸려왔습니다.

"저를 쫓아냈던 회사로 돌아갈 기회가 생겼는데 어떻게 해야 할까요?"

전화를 건 사람은 스티브 잡스로 애플로의 복귀에 대한 조언을 구하려던 것이었습니다. 잡스는 강한 자존심에 다른 경영자들을 좀처럼 인정하지 않았는데 앤디 그로브만은 자기의 롤모델이자 우상이라고 공공연히 밝히며 평생 존경했습니다.

평범한 회사였던 인텔의 기업가치를 500배나 높여 세계 10대 기업으로 성장시킨 앤디 그로브는 "경영자로 가장 힘들었던 순간이 언제냐?"는 질문에 다음과 같이 대답했습니다.

"직원들 앞에서 자신감있는 모습을 보여줘야 할 때 입니다.

회사의 위기가 찾아올 때마다 잠을 이루지 못하고 다리가 풀려 제대로 걷지도 못할 정도였습니다. 하지만 대표인 제가 흔들리면 직원은 2~3배 흔들릴 걸 알기에 어떻게든 자신감을 지키려고 노력하자 두려움도 극복하게 됐습니다."

전투를 앞두고 두려워하는 장군을 따를 병사는 단 한 명도 없듯이 세상을 이기신 주님을 믿고 따르는 그리스도인들은 어떤 상황에서도 의연한 모습을 보여줘야 합니다.

알 수 없는 평안과 행복을 누리는 그리스도인의 모습을 내가 속한 모임과 장소에서 보여주십시오. 아멘!

♡ 주님! 위기 가운데에서도 잠잠히 주님만 바라보게 하소서.
▨ 주님이 주시는 평안과 담대함을 세상에 보여줍시다.

가족의 힘

읽을 말씀 : 시편 107:1-7

● 시 107:4 저희가 광야 사막 길에서 방황하며 거할 성을 찾지 못하고

87 명의 여행객이 격한 눈보라로 미국 네바다 산맥의 얼음 계곡에 고립됐습니다. 눈보라가 워낙 거세었기에 구조에는 무려 6개월이 걸렸습니다.

안타깝게도 절반에 가까운 41명이 죽고 46명만 구조됐는데 대부분 가족이었습니다.

가장 생존률이 높은 건장한 남성들도 버티기 힘들었던 극한 상황이었지만 '가족'인 경우엔 남녀노소 불문하고 생존했습니다.

영국 휴양지에 있는 서머랜드 호텔에서 대형화재가 발생했을 때도 비슷한 일이 있었습니다. 3천 명의 넘는 투숙객 중 50명이 죽고 400명이 부상을 당했는데 이들 중 대부분이 혼자 혹은 친구와 단둘이 온 사람들이었습니다.

생리학적으로는 이해할 수가 없는 현상이지만 역사적으로 어떤 재난이든 가장 생존률이 높았던 그룹은 가족이라고 합니다.

이 현상을 연구한 심리학자들은 가족들의 유대와 신뢰가 위기상황에서 기적과도 같은 대처능력을 보여준다고 결론을 내렸습니다. 서로의 생각과 마음을 아는 가족과 공동체의 힘은 우리의 생각보다 위대합니다.

하나님이 허락하신 가족과 믿음의 동역자들이 신앙이 성장하고 위기를 함께 극복하는 사랑의 공동체가 되게 해달라고 함께 기도하십시오. 아멘!

♡ 주님! 함께 찬양하고 예배하는 아름다운 가족을 허락하소서.

🈲 위기일수록 합심하여 오로지 기도에 힘씁시다.

지옥의 평화

읽을 말씀 : 읽을 말씀 : 요한복음 15:1-11

● 요 15:11 내가 이것을 너희에게 이름은 내 기쁨이 너희 안에 있어 너희 기쁨을 충만하게 하려함이니라

예수님을 믿지 않는 삶을 살다 죽은 남자가 있었습니다. 정신을 잃었다 차리자 남자의 눈앞엔 흡사 낙원과도 같은 풍경이 펼쳐져 있었습니다. 깔끔하고 좋은 집과 푸르른 정원이 있었고 무슨 일이든 맡아서 처리해주는 하인이 있었습니다. 먹고 싶은 음식도 언제든 마음껏 먹을 수 있었습니다.

'내가 아무래도 천국에 온 것 같아.

거봐 착하게만 살면 천국에 오잖아?'

남자는 쓸데없는 종교에 시간을 허비하지 않은 자기 인생이 참으로 현명했다고 생각했습니다.

몇 주, 몇 달이 지나니 가만히 놀기만 하는 삶은 지루해서 도저히 견딜 수가 없었습니다. 어디론가 여행을 떠나거나 취미로 할만할 일을 알아보려고 하인을 불러 묻자 하인은 이곳에서는 쉬는 것 말고는 아무것도 할 수 없다고 대답했습니다.

화가 나서 "도대체 이렇게 답답한 천국이 어딨냐?"고 따지자 하인이 대답했습니다.

"천국이라니요? 여기가 바로 지옥입니다!"

목적이 없는 평안은 지옥과 다를 바 없지만 하나님과 함께하는 삶은 어디든 매 순간이 천국입니다. 어떤 일을 하더라도 하나님이 함께하시기를 우리는 간구해야 합니다. 결코 나를 떠나지 않으시는 주님과 함께 세상 가운데에서도 천국의 기쁨을 맛보십시오. 아멘!

♡ 주님! 태풍 가운데에서도 고요할 수 있는 평안을 마음에 주소서.

▨ 주님과 동행함으로 세상 가운데에서도 천국을 누립시다.

성도의 존엄성

읽을 말씀 : 잠언 24:13-20

●잠 24:14 지혜가 네 영혼에게 이와 같은 줄을
알라 이것을 얻으면 정녕히 네 장래가 있겠고
네 소망이 끊어지지 아니하리라

나치의 유대인 수용소에는 화장실이 없었다고 합니다.
포로들은 하루에 딱 두 번 화장실을 갈 수 있었지만 수만
명이 넘는 인원이 줄만 서다 끝나는 경우가 많았고 참지 못한 사
람들은 아무 데서나 볼일을 봤습니다.

이런 모습을 본 당시 독일군은 유대인을 짐승처럼 여겼고 수
용소의 유대인 또한 인간으로서의 자존감이 낮아졌기 때문에 삶
을 포기했습니다. 그러자 독일군은 죄책감 없이 살인을 저질렀
습니다.

유대인에게 동정심을 느껴 악행을 멈추는 군인이 많았기 때
문에 히틀러가 유대인을 사람처럼 보이지 않게 만들려고 내린
조치들이었습니다.

이런 지옥 같은 환경에서도 아침에 받는 물 한 잔을 아껴 이
를 닦고 몸을 씻는 사람들이 있었는데 이런 사람들은 대부분 수
용소에서 살아남았습니다. 인간의 존엄성을 지킴으로 삶에 대한
희망을 잃지 않았기 때문입니다.

세상이 아무리 악하고 어두울지라도 그리스도인들은 희망을
잃어서는 안 됩니다.

성도를 넘어트리려는 마귀의 간교에 빠지지 말고 말씀과 기
도로 성도의 존엄성을 지키고 생명을 지키십시오. 아멘!

🖤 주님! 어려운 상황에서도 마음이 꺾이지 않도록 지켜주소서.
📖 하나님을 믿고 따르는 성도로서 삶 속에서 거룩함을 실천합시다.

믿음으로 일어서라

읽을 말씀 : 신명기 7:17-26

● 신 7:21 너는 그들을 두려워 말라 너희 하나님 여호와 곧 크고 두려운 하나님이 너희 중에 계심이니라

노벨평화상을 수상한 이스라엘의 정치가 시몬 페레스에게 몸이 아픈 한 소년이 편지를 보냈습니다.

"저는 다리가 불편해 휠체어를 타고 다녀요.

의사는 제가 노력하면 일어설 수도 있다고 말했지만 저는 두렵습니다. 휠체어 밖에서의 삶을 제가 견딜 수 있는지 알 수가 없기 때문이에요. 같은 병실을 썼던 아이는 시각장애인인데 같은 이유로 앞이 보이게 되면 오히려 겁이 날 것 같다고 말했어요. 제가 두려움을 극복해낼 수 있을까요?"

페레스는 이스라엘 전역으로 중계가 되는 의회에서 이 편지의 답장을 읽었습니다.

"변화를 두려워하지 않고 노력한다면 더 많은 것을 누릴 수 있습니다. 익숙한 일에서 벗어나는 것을 두려워하지 마세요."

페레스의 연설을 본 소년은 재활의 용기를 얻었고 몇 달 뒤 휠체어에서 일어나 걸을 수 있게 됐습니다.

모든 변화에는 두려움이 따르고 믿음의 변화에는 더욱 그렇습니다.

그러나 아무리 두렵고 힘들어도 반드시 결단을 내려야 하는 상황이 있습니다. 믿음과 신앙은 곧 결단입니다.

변화의 고통을 두려워한다면 고치에서 나비로의 변신은 절대로 탄생할 수 없습니다. 두려움을 이겨내고 주님이 주시는 믿음 안에서 다시 태어나십시오. 아멘!

♡ 주님! 주님의 손을 잡고 믿음의 한 걸음을 내딛게 하소서.
▨ 의심과 두려움을 떨치고 주님 말씀을 100% 의지합시다.

결국은 죽는다

읽을 말씀 : 고린도전서 1:15-25

● 고전 1:18 십자가의 도가 멸망하는 자들에게는
미련한 것이요 구원을 얻는 우리에게는 하나님
의 능력이라

왕에게 큰 잘못을 해 감옥에 갇힌 신하가 있었습니다.
신하는 왕이 사형을 명했다는 말에 탄원을 했습니다.

"1년만 사형을 연기시켜 주신다면 왕이 가장 아끼시는 말이
하늘을 날게 만들겠습니다."

왕은 이 말이 거짓이어도 1년 뒤 사형시키면 된다는 생각에
신하에게 말을 맡겼습니다. 신하는 말에게 아무런 훈련도 시키
지 않고 마구간에서 빈둥대기만 했는데 이 모습을 본 마부가 왜
시간을 낭비하냐고 묻자 신하가 대답했습니다.

"세상에 하늘을 나는 말이 어디 있단 말인가?"

마부는 그렇다면 1년 뒤에는 어떻게 할 작정이냐고 물었습
니다.

"그건 그때 가서 생각해야지. 그 사이 왕이 죽거나 마음이 바
뀔지도 모르는 일 아닌가? 말이 저절로 하늘을 날게 될 수도 있
고. 어쨌든 1년은 벌었네."

탈무드에 나오는 '하늘을 나는 말'이라는 예화입니다.

근본적인 문제가 해결되지 않으면 결국은 죽음이란 종착역에
다다를 뿐입니다. 세상에서 가장 많은 부를 가진 사람도, 누구보
다 성공한 사람도, 생명의 복음 없이는 결국 죽음입니다.

독생자를 보내사 죄와 죽음에서 승리하신 하나님의 유일한
복음의 방법을 가장 소중히 여기십시오. 아멘!

💛 주님! 십자가의 은혜를 잊지 않게 하소서.

🖼 사망에서 나를 구원하실 유일한 진리의 복음을 붙듭시다.

9월 25일

카네기의 믿음

읽을 말씀 : 로마서 5:1-8

● 롬 5:2 또한 그로 말미암아 우리가 믿음으로 서 있는 이 은혜에 들어감을 얻었으며 하나님의 영광을 바라고 즐거워하느니라

일본 프로야구팀 요미우리 자이언츠의 카와카미 테츠하루 감독은 9년 연속 우승이라는 전무후무한 기록을 세웠습니다.

"최고의 프로들만 모인 리그에서 어떻게 밥 먹듯이 우승을 할 수 있나?"는 질문에 테츠하루 감독은 이렇게 대답했습니다.

"선수들이 잘해주고 운이 좋았습니다. 한 가지 신경 쓴 것은 선수들을 영입할 때 우승경험이 있는 선수들을 주로 뽑았습니다. 한 번이라도 우승을 경험한 선수들은 또 우승할 수 있다는 자신감을 갖고 있습니다."

강철왕 카네기는 평생 세 가지 사실을 의심해 본 적이 없다고 합니다.

●첫째, 나는 할 수 있다는 믿음
●둘째, 다른 사람이 나를 도와줄 것이라는 믿음
●셋째, 내가 파는 상품이 잘 팔릴 것이라는 믿음

훗날 심리학자들은 카네기처럼 성공을 확신하는 사람들이 성공할 확률이 더 높다는 것을 발견하고는 '확신기법'이라고 이름 붙였습니다.

말씀을 믿는 사람만이 말씀을 이룰 수 있습니다.

약속하신 것을 단 하나도 어기지 않고 이루신 하나님의 말씀을 100% 믿고 따르십시오. 아멘!

💗 주님! 믿음으로 한 걸음씩 성장하는 신앙으로 이끌어주소서.
🧧 모든 것을 주신 주님이 나를 사용해주실 것을 믿읍시다.

어떤 부모라도 공경하라

읽을 말씀 : 에베소서 6:1-9

● 엡 6:2 네 아버지와 어머니를 공경하라 이것이
약속 있는 첫계명이니

미국 텍사스의 한 작은 마을에 불한당으로 유명한 남자가
있었습니다. 남자는 아내와 자녀들을 버려두고 홀연히 캘
리포니아로 떠나 모든 재산을 탕진하며 살다 '내 고향 텍사스에
나를 묻어 달라'는 유언만을 남기고 죽었습니다.

이 소식을 들은 남겨진 가족들은 그런 사람은 아버지도 아니
라며 그냥 두자고 했지만 큰 아들만큼은 아버지의 유언을 따라
야 한다고 주장했습니다.

모든 가족들이 반대하자 큰 아들은 사비를 털어 아버지의 시
신을 캘리포니아에서 텍사스로 실어와 장례까지 치루었습니다.

장례식이 끝나고 손님들 앞에선 큰아들은 아버지를 위해 큰
희생을 치른 이유를 다음과 같이 말했습니다.

"30년 전 저희를 떠난 아버지는 그동안 연락 한 번 없었고,
남겨주신 유산도 없습니다. 그럼에도 저는 이곳으로 모셔와 장
례를 치러드렸습니다. 성경에는 '부모를 공경하라'라고만 쓰여
있지 '어떤 부모'라는 말은 쓰여 있지 않기 때문입니다."

하나님을 사랑하고 부모를 공경하는 것은 성도가 지켜야 할
가장 중요한 계명입니다.

조건 없이 나를 사랑하는 하나님의 사랑처럼 최대한의 공경
으로 부모님을 사랑하십시오. 아멘!

♡ 주님! 말씀대로 주님을 사랑하며 부모님을 공경하게 하소서.
▨ 부모님을 위한 감사의 마음을 담아 선물과 안부를 드립시다.

9월 27일

길을 아는 사람

읽을 말씀 : 다니엘 12:1-10

● 단 12:3 지혜 있는 자는 궁창의 빛과 같이 빛날
것이요 많은 사람을 옳은데로 돌아오게 한 자는
별과 같이 영원토록 비취리라

택배기사 프레드가 고속도로를 달리며 바쁘게 일을 하던
중이었습니다.

1,000km가 넘는 거리를 가야 하기에 운전에 집중하고 있었
는데 한 경차가 고속도로를 역주행하며 프레드를 스쳐 지나갔습
니다.

역주행한 차가 향하는 방향은 곧 혼잡한 시내가 나오는 곳이
었습니다. 그냥 두면 큰 사고가 날 거라고 생각한 프레드는 바쁜
와중이었지만 차를 돌려 따라갔습니다.

경차 옆에 따라붙어 큰 소리로 차를 세우라고 외쳤지만 운전
중인 노인은 귀가 먹었는지 미동도 하지 않았습니다.

프레드는 위험을 각오하고 차 앞으로 달려나가 천천히 속
력을 줄였는데 다행히 역주행하던 차도 서서히 속력을 줄였습니
다.

운전자는 가족도, 의지할 곳도 없으며, 제대로 걷지도 못하는
연약한 노인이었으며 진료를 받으러 병원을 가던 중이었습니다.

이 사건은 큰 화제가 되어 많은 기자들이 취재하러 왔지만 프
레드는 자신이 착한 사람은 아니지만 할 수 있는 일을 했을 뿐이
라고 담담히 고백했습니다.

길을 아는 사람이 길을 잃은 사람을 도와주는 것은 당연한 의
무입니다. 예수님이라는 유일한 생명의 길을 아직도 모르는 사
람들에게 알리고 전하는 가이드가 되십시오. 아멘!

♡ 주님! 복음을 전하기에 부끄럽지 않은 삶으로 인도하소서.
▩ 지금 주님이 필요한 상황인 사람이 떠오른다면 오늘 전합시다.

새로운 피조물

읽을 말씀 : 사도행전 3:11-21

● 행 3:19 그러므로 너희가 회개하고 돌이켜 너희 죄 없이 함을 받으라 이같이 하면 유쾌하게 되는 날이 주 앞으로부터 이를 것이요

고찬익은 매일 술에 취해 저잣거리에서 싸움을 일삼는 불량배였습니다. 노름, 술, 싸움 등 못된 짓이라면 빠지는 일이 없었습니다.

노름 때문에 큰 빚을 지고 숨어 살던 고찬익은 빚쟁이들에게 두들겨 맞고는 벙어리가 됐습니다. 더 이상 살아도 소용없다는 생각에 여러 번 자살기도를 했지만 그때마다 살아났습니다.

인생을 포기하고 매일같이 경찰서를 들락날락하던 고찬익에게 하루는 게일 선교사가 찾아와 복음을 전했습니다. 고찬익은 선교사의 말을 이해하지 못했지만 그가 건네준 '네 이름은 무엇이냐?'라는 전도지를 품고 자다가 하나님을 만났습니다.

고찬익은 꿈에서 만난 하나님에게 자신의 악행을 고백하고 다시는 같은 죄를 짓지 않겠다고 고백했는데 잠에서 깨자마자 거짓말처럼 다시 입에서 말이 나왔습니다.

놀라운 기적을 체험한 고찬익은 다음날부터 저잣거리에 나와 손수 만든 신발을 나눠주며 사람들에게 복음을 전했습니다.

"나 같은 놈도 예수 믿으면 새사람이 됩니다. 새 신발을 나눠 드릴 테니 여러분도 예수 믿고 새사람이 되십시오."

게일 선교사가 세운 연동교회 초대 장로였던 고찬익 장로님의 이야기입니다. 하나님을 만날 때에만 진정한 나의 모습과 가치를 알게 됩니다. 하나님이 주신 새로운 이름으로 거룩한 삶을 살아가십시오. 아멘!

🤍 주님! 모든 영과 육을 새롭게 할 복음의 능력을 믿게 하소서.

🖼 복음이 필요한 사람을 나의 편견과 시선으로 재단하지 맙시다.

목표를 위해서라면

읽을 말씀 : 마태복음 25:34-46

● 마 25:40 임금이 대답하여 가라사대 내가 진실로 너희에게 이르노니 너희가 여기 내 형제 중에 지극히 작은 자 하나에게 한 것이 곧 내게 한 것이니라 하시고

하와이에 휴양하러 도착하자마자 손자가 위독하다는 소식을 듣고 급하게 돌아가려는 노부부가 있었습니다.

연락을 받자마자 짐을 싸서 공항에 도착했지만 미국 본토로 가는 비행기표가 매진된 상황이었습니다. 데스크를 돌아다니며 쩔쩔매는 노부부를 보고 한 항공사의 직원이 찾아왔습니다.

"저는 알래스카 항공사의 직원입니다. 혹시 도와드릴 일이 있을까요?"

사정을 들은 직원은 반드시 티켓을 구해주겠다며 사무실로 돌아가 여기저기 전화를 돌려 어렵사리 다른 항공사의 티켓을 구해왔습니다.

아무런 이득도 안 되는 일에 이렇게까지 도움을 주는 이유를 묻자 직원이 미소를 지으며 대답했습니다.

"저희 항공사는 고객의 서비스를 위해서라면 직원이 어떤 일을 해도 괜찮습니다."

감동 받은 노부부뿐 아니라 이 사연을 들은 노부부의 가족, 친구들까지도 이후부터는 알래스카 항공만을 이용하는 충성고객이 됐습니다.

복음을 만방에 전파하고 이웃을 사랑하라는 주님의 명령을 지키기 위해서는 때때로 수고해야 하고 희생해야 합니다.

주님의 지상명령을 지키기 위한 수고를 아까워 말고 복음과 영혼 구원을 위해 노력하고 수고하십시오. 아멘!

♡ 주님! 성도의 목적은 전도함에 있음을 알게 하소서.
🖼 복음전파의 사명을 위해서 약간의 손해는 기쁘게 감수합시다.

총애를 받은 이유

9월 30일

읽을 말씀 : 골로새서 3:18-25

● 골 3:25 불의를 행하는 자는 불의의 보응을 받으리니 주는 외모로 사람을 취하심이 없느니라

중국 전국시대 때 위나라에서 있던 일입니다. 위나라 왕인 영공은 젊고 잘생긴 '미자하'라는 신하를 총애했습니다.

미자하는 아무런 능력도 없었지만 오로지 외모가 출중하다는 이유만으로 높은 관직에 올랐습니다.

하루는 미자하가 감히 왕의 가마를 타고 어머니를 만나러 궁궐을 나갔습니다. 신하가 왕의 가마를 타는 것은 사형을 당할 일이었지만 영공은 오히려 효심을 칭찬했습니다.

"어머니를 위해 처벌을 두려워 않다니 저런 효자가 또 있겠는가?"

또 하루는 미자하가 왕의 화원에 열린 복숭아를 한 입 먹고 왕에게 내밀었습니다. 이 역시 큰 벌을 받을 일이었지만 왕은 맛있는 복숭아를 주려고 미리 맛을 봤을 뿐이라며 웃었습니다.

세월은 흘렀고 미자하의 출중했던 외모도 볼품없게 변했습니다. 미자하가 아주 사소한 말실수를 했는데 영공은 이전 같지 않게 크게 화를 내며 엄벌을 내렸습니다.

"저놈은 예전에 말도 없이 내 가마를 탔고, 무엄하게 먹던 복숭아를 내밀었다. 이번에는 반드시 죄를 묻고 말겠다."

사람의 사랑은 조건과 상황에 따라 변하지만 하나님의 사랑은 결코 변하지 않습니다. 태초부터 지금까지 동일하신 사랑의 하나님은 나의 어떤 모습도 기쁘게 받으십니다. 변함없는 사랑에 감사하며 나의 모든 삶을 주님께 드리십시오. 아멘!

🤍 주님! 부족하고 연약한 나를 사랑하시는 주님께 감사하게 하소서.

🖼 큰 사랑을 베푸신 주님께 나의 최고의 사랑을 드립시다.

"여호와(하나님)께서 너를 지켜
모든 환난을 면케 하시며
또 네 영혼을 지키시리로다"
- 시편 121:7

10월

찬양합시다

읽을 말씀 : 시편 71:14-24

● 시 71:23 내가 주를 찬양할 때에 내 입술이 기뻐 외치며 주께서 구속하신 내 영혼이 즐거워하리이다

『신의주에 살던 한 장로님의 막내아들이 6.25 전쟁이 터지자 인민군에 끌려갔답니다. 아직 어린 학생이었지만 군복을 입고 최전선에 투입됐습니다.

인천상륙작전의 성공으로 인민군은 대패했고 막내아들도 패잔병 동료 몇 명과 함께 인천의 한 창고에 갇혀서 국군과 교전 중이었습니다.

인민군이 소탕당하며 총소리가 잦아들었습니다. 마지막 순간이 왔다는 걸 직감한 막내아들은 조용히 찬송을 불렀습니다.

"내 주를 가까이 하게 함은 십자가 짐 같은 고생이나…"

창고 밖에서 인민군을 소탕하러 오던 중대장은 찬송을 듣고는 깜짝 놀라 신원을 물었습니다.

"저는 신의주에서 한경직 목사님이 시무하시는 교회에 다녔습니다. 아버지는 오 아무개 장로님이고 어머니는 아무개 권사님입니다."

중대장은 창고로 달려와 막내아들을 끌어안으며 말했습니다.

"내가 널 죽일 뻔했구나. 내가 서울로 유학 간 네 형이다."

위기의 순간에도 찬송하며 기도하면 하나님이 역사 하십니다.』 – 김장환 목사의 인생 메모에서

찬양에는 능력이 있습니다. 찬양하면 죽도록 힘든 일도 감당할 힘이 솟아나고 사방이 막힌 상황에서도 견뎌낼 기쁨이 솟아납니다. 어떤 상황에서도 찬양과 기도를 잃지 마십시오. 아멘!

♡ 주님! 사방이 막혔어도 주님을 바라보며 찬양할 믿음을 주소서.

🖼 내가 죽는 순간에도 부르고 싶은 찬양은 무엇인지 생각해 봅시다.

고난의 그리스도인

10월 2일

읽을 말씀 : 베드로전서 3:17-19

● 벧전 3:17 선을 행함으로 고난 받는 것이 하나님의 뜻일찐대 악을 행함으로 고난 받는 것보다 나으니라

초대교회 성도들을 비롯한 초기 기독교인들은 엄청난 세상의 박해를 견뎠습니다.

당시 성도들이 받았던 박해는 우리가 생각하는 것보다 훨씬 엄청난 고난이었습니다.

콘스탄티누스가 기독교를 공인하기 전까지 42명의 로마 황제가 기독교를 박해했습니다. 예배를 포기할 수 없었던 그리스도인들은 로마시 지하에 땅굴을 파고 숨어서 예배를 드렸는데 이 동굴이 그 유명한 '카타콤'입니다. 카타콤의 길이는 무려 600km가 넘고 유골은 400만 개나 됩니다.

42명의 황제에게 310년 동안이나 목숨을 위협받았지만 초창기의 그리스도인들은 결코 신앙을 포기하지 않았습니다. 붙잡혀 사자의 밥이 되고 잔혹한 고문을 당하더라도 땅굴을 파고 들어가서 예배를 드렸고, 그 안에서 빛도 보지 못한 채 살다가 유골이 된다 하더라도 결코 신앙을 포기하지 않았습니다. 십자가에 달려 돌아가심으로 날 구원하신 예수님을 예배하고 그 놀라운 사랑을 전하는 일을 결코 포기할 수 없었기 때문입니다.

하나님의 사랑은 세상의 모든 것을 포기하더라도 지켜야 할 유일한 희망입니다. 날 위해 모든 고난을 감수하셨던 주님처럼, 그 주님을 모든 것을 포기하면서도 따랐던 초대교회 성도들처럼 나의 모든 것을 주님께 바치십시오. 아멘!

🤍 주님! 사소한 어려움에 시험 들지 않는 믿음을 허락하소서.

📖 어떤 고난에도 소중한 믿음을 포기하지 맙시다.

솔선수범하라

읽을 말씀 : 마태복음 20:20-28

● 마 20:26,27 너희 중에는 그렇지 아니하니 너
희 중에 누구든지 크고자 하는 자는 너희를 섬
기는 자가 되고 너희 중에 누구든지 으뜸이 되
고자 하는 자는 너희 종이 되어야 하리라

중국 주나라의 공신 태공망이 쓴 '육도삼략'에는 장수가 병
사들의 마음을 얻는 법에 대해서 다음과 같이 나와 있습
니다.

'병사들이 먼저 앉기 전에는 자리에 앉지 말고
샘을 다 파기 전에는 목마르다고 하지 말아라.
식사가 완성되기 전에 시장한 티를 내지 말고
병사보다 먼저 식사를 시작하지 말아라.
막사가 완성되기 전에 피곤한 티를 내지 말아야 하며
병사들 막사에 불이 꺼진 뒤에 막사에 불을 꺼라.
겨울에는 외투를 입지 말고, 여름에는 부채를 쓰지 말아라.
비 올 때 함께 비를 맞는다면
병사는 목숨을 바쳐서라도 장수를 따른다.'

3천 년 전에 쓰인 내용이지만 오늘날 사회를 살아가는 리더
와 세상에서 모범을 보여야 하는 그리스도인들이 참고할만한 좋
은 내용입니다.
예수님은 언제나 먼저 본을 보이고 이와 같이 하라고 제자들
을 가르치셨습니다.
나를 위해 모든 것을 희생하신 예수님처럼 그 사랑을 전하기
위한 희생과 수고를 아까워하지 마십시오. 아멘!

♡ 주님! 말보다 행동으로 세상에 말씀을 전하게 하소서.
▒ 말씀을 행함으로 세상의 빛으로 본을 보이는 하루를 삽시다.

아들을 잃은 마음

읽을 말씀 : 요한일서 4:7-13

● 요일 4:10 사랑은 여기 있으니 우리가 하나님을 사랑한 것이 아니요 오직 하나님이 우리를 사랑하사 우리 죄를 위하여 화목제로 그 아들을 보내셨음이라

만삭의 임산부가 부유한 마을의 집들을 돌아다니며 이상한 질문을 하고 있었습니다.

"실례지만 혹시 입양할 아이를 구하고 계시나요?"

미혼모로 아이를 키울 환경이 되지 않았던 헤나는 곧 태어날 자녀에게 가장 잘 어울리는 가정을 찾고 있었습니다.

18살에 결혼을 하고 바로 임신했던 헤나는 행복한 결혼생활을 시작했지만 남편이 원인불명의 심장마비로 하루아침에 세상을 떠났습니다.

사랑하는 남편의 마지막 선물인 '태기'를 어떻게든 지키고 싶었지만 현실적으로 불가능했고 마지막으로 해줄 수 있는 일은 최선의 가정을 찾아주는 일이었습니다.

헤나는 갓 태어난 태기를 안고 너무 사랑하지만 보낼 수밖에 없는 자신의 간절한 마음을 영상으로 남겼는데 자녀의 미래를 위해 어쩔 수 없이 보내는 어머니의 애절한 마음은 많은 사람들에게 큰 감동을 주었습니다.

창조의 원리를 거스르고 죄를 범한 우리를 살리기 위해 귀하신 독생자 아들을 보내시는 하나님의 심정은 어땠을까요?

독생자를 포기해야 했지만 그럼에도 나를 포기할 수 없었던 위대하고 놀라우신 하나님의 사랑을 한시도 잊지 마십시오. 아멘!

♡ 주님! 주님의 사랑에 오직 순응하며 감사하게 하소서.
📷 나를 구원하기 위해 모든 것을 주신 주님을 찬양합시다.

10월 5일

찬송이 된 삶

읽을 말씀 : 에베소서 5:1-8

● 엡 5:2 그리스도께서 너희를 사랑하신 것 같이
너희도 사랑 가운데서 행하라 그는 우리를 위하
여 자신을 버리사 향기로운 제물과 생축으로 하
나님께 드리셨느니라

어려서부터 공장에 들어가 하루 종일 캐비닛만 만들던 기술
공이 있었습니다. 그는 평생 공장에서 망치질만 하는 자
신의 모습이 한심해서 견딜 수가 없었습니다.

열등의식과 분노로 가득 찬 그에게 인생은 지옥 같았습니다.

매일 술에 취해 밤거리를 쏘다니던 그는 우연히 교회에 들어
가 요한복음 3장 말씀을 들었습니다. 예수님이 나를 구원하기
위해 오셨고, 누구나 믿기만 하면 구원받는다는 말씀이 그의 마
음의 모든 분노를 씻어냈습니다. 기술공은 다음날부터 하나님이
주신 기쁨으로 캐비닛을 만들었고 그의 삶은 조금씩 달라져 목
공소를 운영하게 됐습니다. 노년에는 전 재산을 하나님께 바치
며 목사 안수를 받았습니다.

주님의 종으로 새로운 삶을 살게 된 첫날 목사님은 감격에 겨
워 다음과 같은 시를 지었습니다.

'이 몸에 소망 무언가 우리 주 예수뿐일세

우리 주 예수 밖에는 믿을 이 아주 없도다'

찬송가 488장의 작사가인 에드워드 모트 목사님의 이야기입
니다.

내가 주님의 손을 놓지 않는다면, 어떤 일을 하든 그곳이 천
국이며, 모든 일이 예배입니다. 직장에서도, 가정에서도 하나님
이 주신 기쁨을 가득 채우고 전하십시오. 아멘!

💟 주님! 하나님이 베푸신 구원의 감격을 잊지 않고 살아가게 하소서.

🖼 내가 있는 모든 공간을 하나님의 기쁨으로 채우고자 노력합시다.

믿어지는 은혜

읽을 말씀 : 히브리서 11:1-7

● 히 11:6 믿음이 없이는 기쁘시게 못하나니 하나님께 나아가는 자는 반드시 그가 계신 것과 또한 그가 자기를 찾는 자들에게 상 주시는 이심을 믿어야 할찌니라

시골에서 어린 시절부터 교회를 다니던 학생이 있었습니다. 또래 친구들보다 똑똑했던 학생은 이런저런 이유로 교회를 다니기는 했지만 그 안에서 배우는 내용들은 전부 거짓말이라고 생각했습니다.

'커다란 바다를 사람이 갈랐다는 게 말이 되나?'

'처녀가 어떻게 아들을 낳아?'

'사람이 죽었다가 살아난다고?'

나름 믿어보려고 열심히 노력했으나 번번이 이성이 발목을 붙잡았습니다. 더 이상 교회에 흥미가 없었던 학생은 발길을 끊고 법대를 목표로 공부에만 매진했습니다.

그러던 어느 날 공부를 하는 중에도 자꾸 성경에 눈이 가고 마음이 쓰였습니다. 도저히 공부가 되지 않아 성경을 펴보니 창세기부터 요한계시록까지 읽는 족족 말씀이 믿어졌습니다. 하나님이 만물을 창조하시고 전능한 구원자라는 걸 인정하지 않을 수 없었던 학생은 그날로 주님을 영접하고 법대가 아닌 신학과에 진학해 주님의 종이 되었습니다.

만나교회 김우영 원로 목사님은 말씀이 믿어지던 그날 '1955년 1월 8일'을 결코 잊을 수 없다고 말씀하십니다.

하나님의 말씀은 모든 사람이 받을 수 있는 영의 말씀입니다. 머리와 가슴이 아닌 영으로 말씀을 묵상하며 성경의 모든 말들이 믿어지는 은혜를 구하십시오. 아멘!

🤍 주님! 모든 성경은 하나님의 말씀임을 의지하지 않게 하소서.

📖 영의 눈을 열게 해주실 주님을 믿으며 주야로 말씀을 묵상합시다.

10월 7일

베푸는 삶의 복

읽을 말씀 : 잠언 25:21-28

●잠 25:21 네 원수가 배고파하거든 식물을 먹이고 목말라하거든 물을 마시우라

미국 미시간사회연구소의 스테파니 브라운 박사는 성경 말씀을 따라 다른 사람을 도울 때 어떤 유익이 있는지를 연구했습니다.

연구결과는 매우 충격적이었습니다.

남을 한 번도 도와본 적이 없는 사람은 정기적으로 기부나 봉사를 하는 사람에 비해 사망률이 2배나 높았습니다.

수백 명의 부부를 5년간 조사한 결과였고, '심리과학'이라는 전문학술지에 실릴 정도로 신뢰성이 있는 자료였습니다.

브라운 박사는 '남을 돕는 것'이 '장수의 비결'이라고 전문학술지에 연구결과를 발표했습니다.

행동과학자 존 잭커는 성경에 나온 대로 원수라고 여겨지는 사람에게 도움을 주거나 혹은 받을 경우에는 마음이 호의적으로 변한다는 것을 밝혀냈습니다.

아무리 작은 도움이라도 주거나 받았을 때는 적대적인 마음이 호의적으로 변했습니다. 행동을 반복할수록 성과는 더 좋았습니다.

예수님의 말씀은 적당히 듣기 좋은 격언이 아니라 우리의 삶과 관계를 변화시켜 천국의 기쁨을 누리게 해주실 놀라운 기적의 방법입니다.

원수도 사랑하고 받기보다 베푸는 삶으로 말씀의 능력으로 삶을 변화시키십시오. 아멘!

♡ 주님! 주님의 말씀이 곧 모든 문제의 정답임을 알게 하소서.
▨ 인생의 문제에는 성경이 말하는 해답을 적용합시다.

달변보다 중요한 것

읽을 말씀 : 야고보서 2:18-26

● 약 2:26 영혼 없는 몸이 죽은것 같이 행함이 없는 믿음은 죽은 것이니라

캐나다의 한 대선 토론에서 있었던 일입니다.

외모가 불편해 보이고 말투가 어눌했던 한 후보가 토론회에 앞서 다음과 같이 말했습니다.

"저는 어려서부터 말이 어눌하고 느려서 어려움을 겪었습니다. 저의 부족함 때문에 제 진심을 온전히 전하지 못할까 봐 두렵습니다. 그러나 인내심을 가지고 귀 기울여 주신다면 나라와 국민을 사랑하는 저의 진심을 느끼실 수 있을 겁니다."

말이 끝나자마자 상대 토론 후보가 꼬투리를 잡았습니다.

"총리라는 직책을 수행하는데 말이 얼마나 중요한지 아십니까? 나라를 대표하는 총리로서는 치명적인 결점입니다."

"맞는 말씀입니다. 하지만 저는 말은 어눌할지언정 절대로 거짓말은 안 합니다."

어린 시절부터 신뢰와 성실성으로 사람들의 마음을 얻었던 장 크레티앙은 말만 번지르르한 거짓된 정치인들을 제치고 캐나다의 총리가 됐으며 '기적의 총리'로 불리며 3선에 성공할 정도로 국민의 사랑을 받았습니다.

번지르르한 말보다 정직한 행동으로 보여주는 그리스도인이 더 필요한 시대입니다.

세상의 오해와 멸시에도 굴하지 않고 주님과 함께 묵묵히 해야 할 일을 행동으로 보여주는 충성된 종이 되십시오. 아멘!

🤍 주님! 진리의 말씀대로 행동하게 하소서.

📖 옳은 말보다 옳은 행동을 위해 노력합시다.

하나님을 사랑한다면

읽을 말씀 : 히브리서 12:8-13

● 히 12:9 또 우리 육체의 아버지가 우리를 징계하여도 공경하였거든 하물며 모든 영의 아버지께 더욱 복종하여 살려 하지 않겠느냐

미국의 유명한 장군 로버트 리가 기차를 타고 휴가를 떠나던 중이었습니다. 부대 근처라 많은 병사들이 기차에 타고 있어서 빈자리가 없었기에 한 할머니가 힘들게 서서 가고 계셨습니다.

고된 훈련으로 지친 병사들은 할머니를 외면하고 잠을 자거나 딴청을 부렸습니다. 이 모습을 보다 못한 로버트 장군이 할머니에게 자리를 양보하자 장군을 알아본 병사들이 저마다 장군께 자리를 양보하겠다고 나섰습니다.

장군은 병사들의 배려를 마다하며 할머니를 자리에 앉힌 뒤 말했습니다.

"노약자에게 양보할 자리가 없는데 나 같은 건장한 중년에게 양보할 자리가 있겠나? 신경 쓰지 말고 그냥 앉게."

마지못해 자리에 앉은 병사들은 마치 가시방석에 앉은 듯 마음이 편하지 않았습니다.

이 사건을 시작으로 미국 병사들은 노약자에게 무조건 자리를 양보하는 것이 암묵적인 규칙이 되었습니다.

주님은 하나님을 사랑하는 것처럼 이웃을 사랑하라고 말씀하셨습니다. 하나님을 사랑하면서 이웃을 모른 척하는 반쪽짜리 그리스도인이 되지 말고 하나님을 사랑하면서 이웃사랑도 실천하는 참된 그리스도인으로 바로 서십시오. 아멘!

🖤 주님! 주님이 주신 계명을 따라 이웃을 사랑하게 하소서.
▨ 주님을 사랑하는 마음으로 이웃을 사랑하려고 노력합시다.

바로 오늘

읽을 말씀 : 마가복음 1:9-15

● 막 1:15 가라사대 때가 찼고 하나님 나라가 가까왔으니 회개하고 복음을 믿으라 하시더라

중세의 유명한 성직자 엘라이에게는 많은 추종자와 제자들이 있었습니다.

하루는 한 제자가 물었습니다.

"예수님과 십자가에 달린 강도는 죽기 직전에 구원을 받았습니다. 우리도 강도처럼 죽기 직전에 믿으면 똑같이 구원을 받습니까?"

엘라이가 그렇다고 대답하자 제자가 다시 물었습니다.

"너무 좋은 소식이군요.

그런데 죽을 날을 알 수 있는 방법은 없을까요?"

엘라이는 한참을 웃고 난 뒤에 대답했습니다.

"그걸 알면 제가 지금 이렇게 열심히 믿고 있겠습니까?

죽을 날을 알 수 있는 사람은 아무도 없습니다. 누구나 당장 내일 죽을 수도 있기 때문에 오늘 믿는 사람이 가장 지혜로운 사람입니다."

미래를 하나님께 드리겠다고 서원하며 오늘은 나를 위해서만 사용하고 있지 않습니까?

먼저 하나님의 나라와 의를 구하는 신앙이 우선인 삶을 살아야 합니다.

바로 오늘 순종하고, 바로 오늘 전도하며, 바로 오늘 사명자의 삶을 살아가십시오. 아멘!

♡ 주님! 주님이 주신 사명자의 푯대만 바라보게 하소서.
🎴 헛된 유혹에 이끌리지 말고 오늘도 마지막 날처럼 순종합시다.

그리스도인의 시선

읽을 말씀 : 시편 119:17-23

● 시 119:18 내 눈을 열어서 주의 법의 기이한 것을 보게 하소서

세 명의 친한 친구가 세계에서 가장 큰 협곡인 '그랜드 캐니언'으로 여행을 갔습니다.

한 친구는 그랜드 캐니언을 보자마자 다음과 같이 말했습니다.

"정말 장관일세. 그림보다 더 멋진 장관이야.

이 모습을 화폭에 그리고 싶어서 견딜 수가 없네."

이 사람의 직업은 미술가였습니다.

이 말을 듣고 신학자인 두 번째 친구가 말했습니다.

"사람은 도저히 따라갈 수가 없는 하나님의 솜씨이기 때문이지. 하나님이 참으로 자연을 웅장하고 오묘하게 만드셨어!"

그러자 세 번째 친구가 말했습니다.

"그것도 그렇지만 여기서 소를 잃어버리면 도저히 찾을 수가 없겠는걸? 생각만 해도 끔찍한 일이야."

이 사람의 직업은 카우보이였습니다.

내가 어떤 사람인지에 따라 같은 세상도 다르게 보입니다.

구원받은 그리스도인들은, 하나님의 말씀을 믿고 따르는 우리는, 세상을 어떻게 바라보고 어떻게 살아가야 할까요?

하나님의 자녀로 세상 가운데 바르게 살아가는 지혜를 구하고 순종하십시오. 아멘!

🤍 주님! 세상에서 해야 할 성도의 일이 무엇인지 깨닫게 하소서.

🖼 성도의 시선으로, 주님의 제자의 시선으로 세상을 바라봅시다.

한 켠의 정원

읽을 말씀 : 시편 119:5-12

● 시 119:11 내가 주께 범죄치 아니하려 하여 주의 말씀을 내 마음에 두었나이다

무기징역을 선고받은 남자가 있었습니다.

독방에서의 하루하루가 지옥 같았던 남자는 교도소장에게 한 가지 부탁을 했습니다.

"작은 귀퉁이라도 좋습니다. 조금이라도 가꿀 수 있는 정원을 허락해 주시면 안 되겠습니까?"

정치범으로 억울하게 수감된 사정을 알고 있던 교도소장은 흔쾌히 허락했습니다. 꽃이나 나무에 대해서 아무것도 몰랐지만 정성껏 심고 가꾸자 작은 정원은 풍성한 화원이 되어갔습니다.

이 모습을 본 남자는 깨달았습니다.

'아무것도 모르는 나도 정성 들여 가꾸니 꽃이 피는구나.

비록 감옥에 있지만 마음까지 잠식되지 않도록 열심히 가꿔야겠다.'

매일 정원을 가꾸며 마음을 다스린 남자는 27년이 지나서 출소했지만 매우 건강했습니다. 감옥에서 억울하게 27년을 보낸 분노를 정원의 깨달음을 통해 화합과 화해로 풀어냈던 남자는 훗날 노벨평화상을 수상했습니다. 남아프리카공화국 최초의 흑인 대통령 넬슨 만델라의 이야기입니다.

교도소에서도 한 켠의 정원으로 자유를 누릴 수 있듯이 죄로 물든 우리의 마음 한 켠에도 복음의 씨앗만 있다면 하나님이 주시는 평안을 누릴 수 있습니다. 끊임없는 경건 생활로 마음을 주님의 말씀으로 가득히 채워가십시오. 아멘!

💛 주님! 주님을 내 마음의 왕과 구원주로 공고히 모시게 하소서.
🧩 생명의 복음이 잠시라도 내 마음에서 떠나지 않도록 조심합시다.

인간관계를 단련하라

읽을 말씀 : 요한복음 8:12-20

●요 8:15 너희는 육체를 따라 판단하나 나는 아무도 판단치 아니하노라

복음서에 나오는 예수님은 항상 관계를 통해 복음을 전하셨습니다.

어떤 직업이던지, 어떤 문제에 처해 있던지 예수님은 스스럼없이 관계를 맺으시며 복음을 전하셨고 사람들의 인생을 변화시켜 주셨습니다.

예수님을 본받아 살고자 하는 그리스도인들에게도 그래서 관계가 중요합니다.

다음은 최고의 심리상담사 중 한 사람인 고코로야 진노스케 박사가 말한 '풍성한 인간관계를 만드는 6가지 단련법'입니다.

1. 혼자만의 섣부른 오해와 착각을 버려라
2. 자신의 기억과 의도로 상대방을 재단하지 말아라
3. 약간의 손해는 신경 쓰지 말아라
4. 약점을 숨기려고 노력하지 말아라
5. 부정적인 감정도 긍정적인 방향으로 해소하려고 노력해라
6. 상처를 받지 않으려고 하기보다는 극복하고자 도전하라

고기를 잡으려면 파도가 아무리 거칠어도 바다로 나가야 하듯이 전도를 위해서는 세상으로 나가야 합니다.

살면서 받은 상처와 아픔이 많다 해도 치유해 주시는 주님을 통해 우리는 사람을 향해 나아가야 합니다.

풍성하고 튼튼한 인간관계를 통해 복음을 흘려보내는 통로가 되도록 기도하며 세상으로 나가십시오. 아멘!

♡ 주님! 복음이 필요한 사람들과 좋은 관계를 맺도록 하소서.
▧ 복음이 흘러갈 수 있도록 관계를 풍성하게 만듭시다.

희망의 중요성

읽을 말씀 : 시편 119:105-112

● 시 119:105 주의 말씀은 내 발에 등이요 내 길에 빛이니이다

전투 중에 알프스 산맥에서 길을 잃은 수색대가 있었습니다.

매서운 폭설에 한파까지 겹쳐서 1주일이 넘게 지켜볼 수밖에 없었고 생존 가능성도 아주 희박할 것으로 예상했습니다.

그러나 구조 작업 4일 만에 발견된 수색대는 1명의 사상자도 없이 모두 건강했습니다.

구조대의 장교가 혹독한 한파에도 산속에서 오랜 시간을 버틴 비결을 묻자 수색대의 리더가 대답했습니다.

"저희도 작전 중 길을 잃고 절망에 빠져있었습니다.

그런데 한 대원이 가지고 있던 지도를 보여줬어요.

지도만 있으면 어떻게든 되겠다 싶어 사력을 다해 내려갔습니다."

수색대가 건넨 지도를 본 장교는 크게 놀랐습니다.

수색대가 생명줄로 여겼던 지도는 알프스가 아닌 피레네 산맥의 지도였기 때문입니다.

이 일화는 1차 대전 중 헝가리 수색대에게 일어났던 실화입니다.

사람에겐 분명한 목표와 희망이 필요하기에 잘못된 지도라도 힘을 줍니다. 올바른 길로 우리를 인도하시고 깊은 구렁텅이에서도 건져주시는 하나님을 바라보며 삶의 희망을 잃지 마십시오. 아멘!

🤍 주님! 바른 진리를 통해 진정한 희망을 발견하게 하소서.

🖼 예수님이 이 땅에 오셔서 보여주신 희망의 빛을 바라봅시다.

작은 일의 중요성

읽을 말씀 : 누가복음 16:9-18

● 눅 16:10 지극히 작은 것에 충성된 자는 큰 것에도 충성되고 지극히 작은 것에 불의한 자는 큰 것에도 불의하니라

지방의 한 은행에서 청원경찰을 하던 남자가 있었습니다. 남자는 비록 구하려던 직업은 아니었지만 은행의 이미지를 위해 맡은 일에 최선을 다하기로 다짐했습니다. 먼저 입구에 서서 누가 오든 밝게 인사했습니다.

한 달에 백만 원도 받지 못하는 계약직이었지만 집에서 따로 웃는 연습을 할 정도로 최선을 다했습니다.

은행 업무를 어려워하는 노인들을 위해 공부를 했고 나중에는 금융상품을 상담해줄 정도의 전문가가 됐습니다.

심지어 은행을 자주 방문하는 고객들의 특징과 주로 보는 업무를 노트에 적어 맞춤 관리까지 했습니다. 굳이 하지 않아도 될 일들이었고 월급을 더 받는 것도 아니었지만 남자의 성실함은 결실을 맺었습니다.

고객 관리가 훌륭하다는 소문이 업계에 퍼져 다른 은행에서 정직원으로 영입했는데 수많은 고객이 남자를 따라 거래 은행을 옮겨 지점의 예금이 3배나 증가할 정도였습니다.

청원경찰일 때도, 말단 직원일 때도 최선을 다한 남자는 '계약직의 신화'로 불리며 지점장 자리에까지 올랐습니다.

최선을 다해서 성실하게 일하는 것이 성공의 비결입니다.

하나님이 나에게 맡겨주신 일, 세상에서 내가 감당해야 할 일들을 주님을 위해 최선을 다하는 성도가 되십시오. 아멘!

♡ 주님! 불평의 마음을 버리고 감사와 기쁨으로 채우게 하소서.
▨ 오늘 맡은 모든 일을 하나님이 주신 소명이라고 생각합시다.

대표할 자격

읽을 말씀 : 잠언 8:10-17

● 잠 8:13 여호와를 경외하는 것은 악을 미워하는 것이라 나는 교만과 거만과 악한 행실과 패역한 입을 미워하느니라

미국의 한 콜라 회사의 운전기사가 물건을 배달 중이었습니다.

목이 마르던 기사는 휴게소에 차를 세우고 콜라를 사기 위해 자판기로 향했습니다. 자판기에는 경쟁사의 제품밖에 없었지만 너무 목이 말랐기에 음료를 뽑아 시원하게 마셨고 이 모습을 흥미롭게 보던 어떤 사람이 몰래 사진을 찍었습니다.

며칠 뒤 이 사진은 '경쟁사의 직원'도 인정하는 '진짜 콜라'라는 제목으로 미국의 유명 사이트 게시판에 올라 큰 화제가 됐습니다. 이 소식을 접한 콜라 회사는 배달기사를 찾아내 해고했습니다.

기사는 선택의 여지가 없어 어쩔 수 없이 마셨을 뿐이라며 억울하다고 항소했지만 법원에서는 회사의 해고가 합당한 처분이라는 판결을 내렸습니다.

회사의 유니폼을 입고 일하는 것은 브랜드를 대표하는 것과 마찬가지기 때문에 회사의 이미지를 실추하는 일은 어떻게든 피해야 한다는 것이 이유였습니다.

예수님을 믿고 구원받은 순간 우리는 그리스도인으로, 하나님의 자녀로서 세상에서 살아가게 됩니다.

진리를 믿는 성도 한 사람, 한 사람이 하나님의 사랑을 나타내며 참된 진리를 전하는 하나님 나라의 브랜드라는 사실을 기억하며 살아가십시오. 아멘!

♡ 주님! 어디서든 주님을 나타낼 수 있는 거룩한 삶을 살게 하소서.

📷 하나님의 자녀로서 부끄럽지 않게 처신하며 삽시다.

20초의 장벽

읽을 말씀 : 디모데전서 4:6-13

● 딤전 4:8 육체의 연습은 약간의 유익이 있으나 경건은 범사에 유익하니 금생과 내생에 약속이 있느니라

매일 새벽 조깅을 하기로 결심한 남자가 있었습니다. 새벽에 알람이 울리자 자리에서 일어난 남자는 잠시 망설이다가 조깅을 포기하고 다시 침대로 들어갔습니다.

만약에 운동복을 입은 상태로 침대에 누웠다면 어땠을까요?

학자들의 연구 결과 대부분 망설이지 않고 조깅을 하러 갔습니다.

조깅을 방해하는 것은 밖에 나가서 뛰어야 하는 1시간 아니라 운동복을 갈아입는 2, 30초였기 때문입니다.

마찬가지로 다이어트를 위해 과자를 끊겠다고 결심만 해서는 대부분 작심삼일에 그칩니다. 하지만 사다리를 가져와야 꺼낼 수 있는 찬장에 간식거리를 숨긴다면 20초의 장애물이 가로막고 있기 때문에 간식을 참을 수 있게 됩니다.

미국의 행복 연구가인 숀 에이커는 이 현상을 '20초의 법칙'으로 부르며 행복을 위해 필요한 중요한 원칙이라고 사람들에게 가르칩니다.

단 20초이지만 장애물을 만들거나 없애면서 바라는 삶을 차근차근 설계해 나갈 수 있기 때문입니다.

신앙을 위해 결심했지만 지키지 못했던 경건 생활들이 얼마나 많습니까? 나를 위해 모든 것을 희생하신 주님께 더 이상의 핑계를 대지 말고 온전히 하나님과 교제하는 시간을 삶 속에 만들어 지키십시오. 아멘!

💗 주님! 하나님과 가까워지는 것을 막는 장애물을 허물어주소서.

🎴 더 쉽게 기도와 말씀을 할 수 있는 습관과 장치를 만듭시다.

목자를 도운 장군

읽을 말씀 : 마태복음 18:8-14

● 마 18:12 너희 생각에는 어떻겠느뇨 만일 어떤 사람이 양 일백 마리가 있는데 그 중에 하나가 길을 잃었으면 그 아흔 아홉 마리를 산에 두고 가서 길 잃은 양을 찾지 않겠느냐

이탈리아의 독립을 위해 일생을 바친 위대한 장군 가리발디가 중요한 전투를 앞두고 사르디니아라는 지역에 주둔하고 있었습니다.

이른 아침 한 남자가 막사 근처에서 큰소리를 지르며 돌아다니기에 장군이 이유를 묻자 남자가 대답했습니다.

"저는 목자입니다.

어제부터 양 한 마리가 보이지 않기에 찾는 중입니다."

장군은 병사들을 불러 "샅샅이 뒤져 양을 찾으라"는 명령을 내렸으나 밤새도록 주변을 살펴도 양을 찾지 못했습니다.

그런데 다음 날 아침 가리발디 장군이 양을 품에 안고 돌아왔습니다. 병사들이 자는 사이 밤새 골짜기를 돌아다니며 양을 찾아온 것입니다. 나라의 독립을 위해 큰 역할을 감당해야 할 장군이 고작 양 한 마리에 힘을 쏟냐는 참모의 질문에 장군은 이렇게 답했습니다.

"양 한 마리를 위해 목숨을 거는 남자를 보고 어찌 감동받지 않을 수 있겠나?"

잃어버린 양 한 마리를 위한 목자의 사랑은 곧 예수님의 사랑입니다. 주님은 그 한 영혼을 위해 오셨고, 그 한 영혼을 우리에게 맡기셨습니다. 한 영혼을 천하보다 귀하게 여기시는 주님의 마음을 잊지 말고 주님의 손과 발이 되어 대신 복음을 전하십시오. 아멘!

♡ 주님! 전도를 위한 사명을 포기하지 않게 하소서.
▨ 전도를 위해 기도하고 노력해야 할 대상자를 포기하지 맙시다.

생명을 위해서라면

읽을 말씀 : 잠언 22:1-6

●잠 22:4 겸손과 여호와를 경외함의 보응은 재물과 영광과 생명이니라

리빙스턴이 본토에서 회심한 흑인들을 데리고 아프리카 내륙으로 첫 선교여행을 떠날 때의 일입니다.

'치보 퀘'라는 지역을 지나던 중 호전적인 현지 원주민들이 리빙스턴 일행을 둘러싸고 목숨을 위협하며 말했습니다.

"이곳을 지나고 싶다면 너희들이 가진 총을 내놓아라.

총이 싫다면 식량이나 함께 온 흑인들을 노예로 내놓던가."

전쟁과 약탈을 일삼는 원주민들에게 총을 줄 수는 없고, 그렇다고 회심한 흑인들을 넘길 수도 없었습니다.

리빙스턴은 결국 끌고 왔던 큰 소 한 마리를 비롯한 대부분의 식량을 넘겼습니다. 함께 있던 한 흑인이 왜 총을 쓰지 않았냐고 묻자 리빙스턴이 대답했습니다.

"제 사명은 저런 원주민에게도 복음을 전하는 것입니다.

당신들의 생명과 저들의 생명을 지킬수만 있다면 식량은 모두 주어도 아깝지가 않습니다."

하나님은 우리의 생명을 구하기 위해 독생자를 주셨습니다.

그 사랑을 깨달은 우리 역시 생명을 구하기 위해 주님이 주신 모든 것을 헌신해야 합니다.

세상의 그 어떤 축복과 향락보다 생명을 지키며, 생명을 구하는 일에 헌신하십시오. 아멘!

♡ 주님! 원수도 사랑할 수 있는 주님의 자비와 사랑을 알게 하소서.
▨ 내가 가장 싫어하고 미워하는 사람을 위해 축복의 기도를 합시다.

포옹으로 전하는 사랑

10월 20일

읽을 말씀 : 고린도후서 13:8-13

● 고후 13:11 마지막으로 말하노니 형제들아 기뻐하라 온전케 되며 위로를 받으며 마음을 같이 하며 평안할찌어다 …

호 주의 베테랑 카운슬러이자 마사지 치료사인 제시카 오닐은 10년 넘게 수많은 환자를 고객으로 만나면서 '포옹'이 치료에 효과적이라는 사실을 알게 됐습니다.

이론적으로는 이해할 수 없지만 마음의 상처가 몸의 아픔이 된 사람들이 굉장히 많았고 이런 경우 진심 어린 포옹은 오랜 시간의 마사지보다 근육을 효과적으로 풀어줬습니다.

제시카는 고객들에게 이 경험을 공유하며 가까운 사람들과의 포옹을 권했지만 사회적으로 고립된 사람들은 매일 포옹할 한 명의 사람도 없다고 말했습니다.

많은 사람들이 이런 고민을 한다는 것을 알게 된 제시카는 포옹이 필요한 사람을 찾아가 원하는 만큼 안아주는 회사를 창업했습니다.

돈보다도 사람을 위로하며 보람을 느끼기 위해 창업한 일이기에 요금은 인건비 정도로 책정했지만 포옹이 필요한 사람들은 매우 많았기 때문에 제시카의 사업은 급격하게 성장하며 훨씬 많은 돈을 벌게 됐습니다.

말보다 한 번의 따스한 포옹이 큰 위로가 될 때가 있습니다.

안아줄 사람이 없을 정도로 관계가 삭막해져 가고 있는 사람들 또는 가까운 사람들에게 먼저 손을 내밀며 행동으로 사랑을 전하십시오. 아멘!

♡ 주님! 마음이 힘든 사람들이 주님의 사랑으로 위로받게 하소서.
🧎 가족과 가까운 사람들을 포옹하는 습관을 가집시다.

주님이 바라신다

읽을 말씀 : 데살로니가전서 5:12-22

● 살전 5:15 삼가 누가 누구에게든지 악으로 악을 갚지 말게 하고 오직 피차 대하든지 모든 사람을 대하든지 항상 선을 좇으라

55살에 취미로 소설을 쓰기 시작한 여인이 있었습니다. 20대에 전업주부가 되며 사회생활을 포기했던 그녀는 남편이 병으로 세상을 떠난 뒤 혼자 남은 시간을 어떻게 보낼지 생각하다가 어린 시절 꿈이었던 글을 쓰기로 마음을 먹었습니다.

작문을 배운 적은 없지만 무작정 글을 쓰기 시작한 그녀는 여러 단편을 가까운 사람들에게 보여줬지만 대부분 글을 보지도 않고 "그 나이에 글을 써서 뭐 하냐"며 핀잔을 줬습니다.

그럴 때마다 그녀는 스스로를 독려했습니다.

"난 글을 쓰고 싶어. 지금 난 충분히 잘하고 있어, 힘을 내!"

외로워도 5년 동안 펜을 놓지 않았던 치사코는 60세에 첫 등단한 소설로 일본 문예상을 수상했고 일본 최고 권위의 '아쿠타카와상'까지 수상했습니다. 모두 일본 최고령 기록이었습니다.

그 나이에 글을 써서 뭐 하냐는 사람들의 말에 그녀가 무너졌다면 일본 문학계를 놀라게 할 소설들도 존재하지 않았을 것입니다.

망망대해를 혼자서 살아가는 삶 같을지라도 나를 사랑하시고, 나를 응원하시는 주님이 있기에 묵묵히 사명을 향해 최선을 다해야 합니다.

사람들의 반응에 민감하게 반응하지 말고 오직 하나님이 주신 소명을 따라가십시오. 아멘!

♡ 주님! 나와 함께 하시는 주님만을 바라보게 하소서.

▨ 나를 알고 위로하는 주님만을 바라보며 사명의 길을 걸어갑시다.

외로움과 웃음

읽을 말씀 : 시편 16:1-11

● 시 16:11 주께서 생명의 길로 내게 보이시리니 주의 앞에는 기쁨이 충만하고 주의 우편에는 영원한 즐거움이 있나이다

한 경제전문지에서 대기업 면접관들을 대상으로 '면접에서 가장 중요하게 보는 것'이 무엇인지를 물었는데 다음의 두 가지 대답이 가장 많이 나왔습니다.

● 첫 번째는 '밝은 표정과 미소'로 60%의 면접관들이 중요하다고 말했습니다.

● 두 번째는 '자신 있고 논리적인 말투'로 25%의 면접관들이 중요하다고 언급했습니다.

사회가 점점 개인화되고 사람 사이의 교류가 적어지면서 제대로 웃을 줄 아는 사람이 적어지고 있습니다.

세계적으로 매년 우울증 환자가 큰 폭으로 증가하고 일본에서는 '웃는 법'을 가르치는 학원이 수십 개씩 생겨나고 있습니다.

하나님은 함께 할 때 즐거움을 느끼는 사회적인 존재로 사람을 창조하셨습니다. 사람은 혼자 있을 때보다 여럿이 있을 때 30배 더 잘 웃고, 친한 사이일수록 더 많이 웃습니다. 심지어 공연을 볼 때도 좌석 사이의 간격이 더 좁을수록 많이 웃습니다. 웃음은 그 어떤 보약과 영양제보다 건강에 유익하며 행복감을 느끼게 해줍니다.

웃음과 행복도 하나님이 창조하신 원리를 따를 때 얻게 되는 큰복입니다. 신앙을 나누며 서로를 위해 기도하는 행복한 공동체를 세우고 모이기를 힘쓰십시오. 아멘!

♡ 주님! 사람을 통해 역사하시는 주님이심을 깨닫게 하소서.
🎴 즐거운 교제를 나눌 수 있는 공동체를 교회 안에서 이룹시다.

진정한 충성

읽을 말씀 : 고린도전서 2:10-16

● 고전 2:13 우리가 이것을 말하거니와 사람의 지혜의 가르친 말로 아니하고 오직 성령의 가르치신 것으로 하니 신령한 일은 신령한 것으로 분별하느니라

외국의 한 유명 기업의 입사면접에서 있었던 일입니다. 엄청난 경쟁률을 뚫고 지원자 중에서 2명만 후보로 선발됐습니다.

면접관은 '회사를 위한 충성심 테스트 3가지'로 최종 합격자를 가리겠다고 말했습니다.

● 첫 번째 테스트는 유리창이 깨지고 서류들로 어지럽혀진 사무실을 깔끔하게 정리하는 작업이었습니다.

● 두 번째 테스트는 열쇠를 잃어버린 방 안에 있는 서류를 어떻게든 가져오는 테스트였는데 이 테스트까지는 둘 다 통과했습니다.

● 마지막 테스트는 길 가던 할머니의 품에서 서류봉투를 빼앗아오는 테스트였는데 한 명은 성공했지만 다른 한 명은 차마 할 수 없다며 포기했습니다.

면접관은 세 번째 테스트를 포기한 사람을 최종적으로 뽑으며 이유를 설명했습니다.

"저희 회사에서 필요한 인재는 어떤 일에 충성해야 하는지를 바르게 분별할 수 있는 사람입니다."

하나님의 말씀을 통해 지혜를 얻을 때 그리스도인으로 살면서 해야 할 일과 하지 말아야 할 일을 분별할 수 있습니다.

진리의 기준이 되는 말씀을 통해 바르게 분별할 지혜를 달라고 주님께 구하십시오. 아멘!

💙 주님! 주님이 기뻐하시는 올바른 순종을 구별할 지혜를 주소서.
🖼 사람이 아닌 주님께 충성하는 삶을 삽시다.

하나님을 믿는 방법

읽을 말씀 : 로마서 10:9-15

● 롬 10:10 사람이 마음으로 믿어 의에 이르고 입으로 시인하여 구원에 이르느니라

어린 시절 교회를 다니다가 과학에 빠져서 무신론자가 된 청년이 있었습니다. 무신론자였지만 환자를 위할 줄 아는 훌륭한 의사가 된 청년은 불치병에 걸린 할머니의 간증을 듣고 하나님이 있을지도 모른다는 생각을 하게 됐습니다.

휴일에 가까운 교회의 목사님을 찾아간 청년은 자신이 하나님이 없다고 생각하는 이유들을 정리해 답변을 부탁했습니다. 과학적이고 논리적인 청년의 질문을 들은 목사님은 책 한 권을 건네며 말했습니다.

"당신의 질문에는 이 책이 더 잘 답변해줄 것 같습니다."

목사님이 가져온 책은 무신론자로 기독교를 연구하다 회심하고 변증가가 된 C.S. 루이스의 '순전한 기독교'였습니다. 이 책을 통해 다시 주님께로 돌아온 청년 프랜시스 콜린스는 훗날 세계 최초로 유전자 지도를 해석한 유명한 과학자가 됐습니다. 콜린스는 신앙을 당당히 드러내는 대표적인 과학자로 유명 매체와 인터뷰를 할 때마다 하나님의 존재하심을 간증하며 자기 자리에서 최선을 다해 하나님을 전하고 있습니다.

지적인 사람도, 감성적인 사람도 복음은 반드시 필요합니다.

시대에 맞게, 사람에 맞게, 상황에 맞는 방법으로 복음은 전해져야 합니다. 전도대상자에게 필요한 방법으로 하나님의 복음을 포기하지 말고 전하십시오. 아멘!

🤍 주님! 더 많은 사람들에게 복음을 전할 지혜를 주소서.

🖼 복음을 전할 수 있는 좋은 책이나 영상을 미리 준비합시다.

10월 25일

깨어있어야 할 성도

읽을 말씀 : 누가복음 21:29-38

● 눅 21:36 이러므로 너희는 장차 올 이 모든 일을 능히 피하고 인자 앞에 서도록 항상 기도하며 깨어 있으라 하시니라

로 마가 망해가던 시기 소위 성직자들의 주요 토론 주제 중 하나는 "사람이 천사를 업을 수 있는가?", "천사의 무게를 잴 수 있는가?", "바늘 끝에 천사를 올릴 수 있는가?"와 같은 허황된 질문들이었습니다.

나라가 망해가고 삶의 의미를 잃은 사람들이 넘쳐났지만 회개를 촉구하고 진리를 외쳐야 할 그리스도인들은 쓸데없는 토론이나 벌이며 사명을 망각하고 있었습니다.

러시아에 공산혁명이 일어나고 민중 학살이 벌어질 당시 러시아의 성직자들은 예배를 드릴 때 '황금색 가운'을 입어야 할지 '붉은색 가운'을 입어야 할지 1주일 넘게 논쟁을 벌였습니다. 혁명 이후 벌어진 내전으로 900만 명이 죽었지만 불의에 항거하고 복음을 전해야 할 성직자들은 아무런 행동도 취하지 않았고 결국 혁명과 함께 종교의 자유도 사라졌습니다.

신학자 리처드 하버슨은 교회에 대해 다음과 같은 말을 남겼습니다.

"기독교는 그리스로 건너가 철학이 됐고, 유럽으로 건너가 문화가, 미국으로 건너가 기업이 됐다. 하지만 진정한 교회의 힘은 살아계신 그리스도 안에서 관계를 가짐으로 일어나며 이런 교회들은 사람과 세계를 변화시킨다."

시대와 때가 어떻든지 어두운 세상에서 진리를 부르짖으며 영혼을 구원하는 성도의 본분을 잊지 마십시오. 아멘!

♡ 주님! 세상의 흐름에 휩쓸리지 않는 진정한 진리를 보여주소서.
🧶 나라와 민족을 위한 기도를 쉬지 맙시다.

무엇이 더 필요한가

10월 26일

읽을 말씀 : 요한일서 3:1-6

● 요일 3:1 보라 아버지께서 어떠한 사랑을 우리에게 주사 하나님의 자녀라 일컬음을 얻게 하셨는고, 우리가 그러하도다 그러므로 세상이 우리를 알지 못함은 그를 알지 못함이니라

많은 승객을 태운 비행기가 운항 중이었습니다. 망망대해를 건너던 중 엔진에 불이 붙더니 추락하기 시작했습니다.

기장은 조종석에서 뛰쳐나와 손님들에게 외쳤습니다.

"알 수 없는 사고로 비행기가 추락 중입니다.

여기 있는 낙하산을 메고 일렬로 줄을 서면 안전하게 탈출할 수 있으니 걱정 말고 지시를 따라주십시오."

기장은 승객들을 한 명씩 비행기 밖으로 탈출시켰습니다.

그런데 한 승객이 이상한 요구를 했습니다.

"착지할 때 발이 아플 것 같아요. 낙하용 장화는 없나요?"

"바람이 강하게 불면 눈이 시릴 것 같은데 보안경을 준비해주세요."

기장은 그럴 시간이 없으니 어서 낙하산을 메고 뛰어내리라고 했지만 많은 사람들이 여전히 낙하산 이외의 것을 요구하느라 탈출할 타이밍을 점점 놓치고 있었습니다.

'하나님의 은혜'를 잊고 사는 사람들에 대한 맥스 루케이도 목사님의 예화입니다. 생명을 구할 은혜를 받고도 사소한 것들을 요구하느라 가장 중요한 것을 놓치고 있지는 않습니까?

모든 것을 하나님께 맡기며 주신 은혜에 감사하십시오. 아멘!

♡ 주님! 감사함을 모르는 어리석은 사람이 되지 않게 하소서.

🖼 주님이 이미 베푸신 은혜만으로 만족하며 감사합시다.

좋은 터에 세우라

읽을 말씀 : 사무엘하 22:44-51

● 삼하 22:47 여호와는 생존하시니 나의 바위를 찬송하며 내 구원의 바위이신 하나님을 높일찌 로다

까마귀 둥지는 새들이 짓는 집 중에 가장 튼튼합니다.

폭풍이 몰아쳐 다른 새들의 둥지가 흔적도 없이 사라져도 까마귀 둥지만은 멀쩡할 정도입니다. 까마귀가 이렇게 튼튼한 둥지를 지을 수 있는 것은 두 가지 비결 때문입니다.

● 첫째, 좋은 재료를 씁니다.

보통의 새들은 둥지 주변에서 찾기 쉬운 재료들을 모으지만 까마귀는 둥지에 적합한 재료가 아니면 눈길도 주지 않습니다. 아무리 힘들고 시간이 오래 걸려도 둥지를 짓기에 최적인 재료만 골라옵니다.

● 둘째, 도둑질을 하지 않습니다.

재료를 찾기 가장 쉬운 방법은 다른 까마귀의 둥지에서 가져오는 것입니다. 재료를 구하는 것이 쉽지 않기에 이 방법이 가장 빠른 방법이지만 다른 까마귀 둥지를 위협하는 일은 자기 둥지를 위협하는 일이라는 것을 알고 있기에 지혜로운 까마귀는 어떤 일이 있어도 다른 까마귀의 둥지를 건들지 않습니다.

하나님이 주신 큰 복에 감사하며 시기와 질투를 버리고 사랑하고 배려하는 것이 반석 위에 흔들리지 않는 믿음을 세우는 비결입니다.

성령의 열매로 가득 찬 마음으로 흔들림 없는 믿음의 반석을 세우십시오. 아멘!

🤍 주님! 말씀이 자라 결실을 맺도록 마음 밭을 일구어 주소서.

📖 더 좋은 믿음, 더 좋은 신앙을 위한 수고를 아끼지 맙시다.

감당할 수 없는 죄

읽을 말씀 : 로마서 5:12-21

● 롬 5:20 율법이 가입한 것은 범죄를 더하게 하려 함이라 그러나 죄가 더한 곳에 은혜가 더욱 넘쳤나니

영국의 토플레이디 목사님은 성경 말씀에 비추어 볼 때 하루에 죄를 몇 번이나 지을지 궁금했습니다.

며칠 동안 죄가 될만한 말, 행동, 생각을 기록한 목사님은 너무나 많은 횟수에 놀라지 않을 수가 없었습니다.

목사인데다가 죄에 대한 경각심을 가지고 생활했음에도 50년을 기준으로 1억 번이 넘는 죄를 짓는다는 계산이 나왔기 때문입니다.

그날 밤 목사님은 무릎을 꿇고 하나님께 기도를 드렸습니다.

"주님, 인간으로서는 도저히 이 문제를 해결할 수가 없습니다. 범람하는 죄로부터 저를 구원할 수 있는 것은 오직 예수님의 은혜뿐입니다."

토플레이디 목사님은 훗날 작곡하신 찬송가 '만세반석 열리니' 4절에 이 놀라운 은혜를 고백했습니다.

'살아생전 숨 쉬고 죽어 세상 떠나서
거룩하신 주 앞에 끝날 심판 당할 때
만세반석 열리니 내가 들어갑니다'

예수님의 귀한 보혈이 아니고서는 그 어떤 것도 인간의 죄를 해결할 수 없습니다.

나의 모든 죄를 사하시고 천국의 생명을 허락하신 하나님의 존귀한 은혜를 찬양하며 기뻐하십시오. 아멘!

♡ 주님! 죄의 문제를 해결하신 주님의 보혈만 의지하게 하소서.
🗺 모든 죄의 문제를 주님께 맡기고 오직 은혜를 구합시다.

10월 29일

가짜는 드러난다

읽을 말씀 : 신명기 16:13-22

● 신 16:20 너는 마땅히 공의만 좇으라 그리하면
네가 살겠고 네 하나님 여호와께서 네게 주시는
땅을 얻으리라

미국의 한 유명한 IT회사에서 있었던 일입니다.
25년 근속 후 퇴직하는 직원의 송별회 날이었습니다.

부서 담당자는 회사가 주는 선물이라며 값비싼 명품시계를
건넸습니다. 그동안의 노고를 알아주는 것 같은 마음에 선물을
받은 직원은 눈물을 글썽거렸고 지켜보는 다른 사람들도 회사의
배려에 감동했습니다.

직원은 회사가 준 시계를 보물처럼 아끼며 차고 다녔습니다.

2년 뒤 시계가 멈춰서 약을 교체하려고 서비스센터에 들렀는
데 직원이 시계를 살펴보더니 충격적인 말을 했습니다.

"죄송하지만 이 시계는 모조품이라서 서비스를 받으실 수 없
습니다."

직원은 회사에 전화를 걸어 이 사실을 알렸는데 알고 보니 다
른 직원들에게 회사의 배려심을 보여주기 위해 담당자가 "설마
걸리겠어?"라는 생각으로 명품의 모조품을 준 것이었습니다.

이 문제로 시계를 줬던 담당자는 퇴직을 당했지만 회사는 25
년 근속한 사원에게 모조품을 준 곳으로 소문이 나서 이미지가
크게 훼손됐습니다.

올바른 일을 정직하게 처리하는 사람은 마음에 근심할 필요
가 없습니다. 눈앞의 작은 이익을 위해 결국 드러날 어리석은 일
을 저지르지 말고 항상 하나님 앞에 정직하게 행하십시오. 아멘!

🤍 주님! 사사로운 이익에 휘둘리지 않고 주님만을 경외하게 하소서.
📖 작은 일도 하나님이 보시기에 요셉처럼 정직하게 처리합시다.

영혼을 향한 책임감

읽을 말씀 : 요한복음 21:15-25

● 요 21:16 또 두번째 가라사대 요한의 아들 시몬아 네가 나를 사랑하느냐 하시니 가로되 주여 그러하외다 내가 주를 사랑하는줄 주께서 아시나이다 가라사대 내 양을 치라 하시고

스코틀랜드의 명설교가 앤드류 머레이 목사님이 흉악범들만 모인 교도소에 복음을 전하러 갔습니다.

설교를 듣고 양심이 찔린 죄수들은 쉴새 없이 기침을 하며 목사님의 말을 끊었습니다.

굉장히 무례한 행동이었지만 목사님은 겸손함을 잃지 않고 말했습니다.

"단 5분만 복음을 전할 시간을 주신다면 나머지 시간은 얼마든지 기침을 하셔도 됩니다."

머레이 목사님은 교회를 다니지 않는 사람들의 이름을 적은 노트를 들고 다니며 기도를 쉬지 않았고 틈만 나면 거리로 나가 사람들에게 복음을 전했습니다.

89세에 하나님의 부름을 받고 세상을 떠나기 전날에도 목사님은 전도를 쉬지 않으셨습니다. 몸이 힘들 땐 조금 쉬셔도 좋지 않냐는 주변 사람들의 걱정을 들을 때마다 목사님은 다음과 같이 말했습니다.

"지금도 멸망을 향해 달려가는 영혼들이 많은데 어찌 쉴 수 있겠습니까? 나에게는 그 영혼을 살려야 할 책임이 있습니다."

잃어버린 영혼을 주님께 인도하는 일은 바로 내가 해야 할 일입니다. 나를 구원하시고 세상을 구원하신 예수님이 맡겨주신 사명을 외면하지 말고 책임지는 성도가 되십시오. 아멘!

♡ 주님! 잃어버린 영혼에 대한 주님의 심정을 알게 하소서.

🖼 정기적으로 교회에 초청할 사람의 목록을 만들고 기도합시다.

모든 것을 맡기라

10월 31일

읽을 말씀 : 베드로전서 5:1-11

● 벧전 5:7 너희 염려를 다 주께 맡겨 버리라 이는 저가 너희를 권고하심이니라

교회를 열심히 다니며 노래를 아주 좋아하는 10대 소년이 있었습니다.

자기가 좋아하는 노래로 찬양을 하고 싶었던 소년은 학교를 졸업하자마자 하나님을 위해 유명한 가수가 되겠다는 큰 포부를 품고 밴드팀을 만들었습니다.

아무리 기도를 하고 연습을 해도 주변에서 아무런 반응이 없자 소년은 하나님을 위해 이렇게 노력하고 있는데 왜 응답이 없으시냐고 울면서 따지듯 기도를 드렸습니다.

기도 중에 소년은 자신이 비전이라고 생각했던 것이 사실은 유명해지고 싶은 욕심이었다는 것을 알게 됐습니다.

그날 이후 음악을 공부하며 말씀을 묵상하던 소년은 하나님이 인도하실 때를 기다리며 모든 것을 맡겼습니다. 성공을 위해 몸부림칠 때는 성과를 거두지 못했던 소년은 30년 뒤 세계 최고 권위의 그래미상을 4번이나 수상하고 복음성가연합회 '명예의 전당'에 오르며 세계적으로 쓰임 받는 가수가 됐습니다.

'살아계신 주'를 작곡한 빌 게이더는 자신의 음악적 성공은 '음악보다 더 소중한 주님'을 붙잡았기 때문이라고 고백했습니다.

나에게 가장 필요한 것과 필요한 때를 주님은 누구보다 더 잘 알고 계십니다. 밝은 미래로 나를 인도하실 하나님을 믿고 하나님을 향해 한 걸음씩 전진하십시오. 아멘!

♡ 주님! 주님의 뜻을 구하고 때를 구하는 올바른 기도를 드리게 하소서.
📖 주님의 때를 기다리며 내가 해야 할 일에 집중합시다.

"네 재물과 네 소산물의 처음 익은 열매로
여호와(하나님)를 공경하라
그리하면 네 창고가 가득히 차고
네 즙틀에 새 포도즙이 넘치리라"
- 잠언 3:9,10

11월

사랑한다면 기다리라

읽을 말씀 : 고린도전서 13:1-13

● 고전 13:7 모든 것을 참으며 모든 것을 믿으며 모든 것을 바라며 모든 것을 견디느니라

『**대**학교에서 트루디라는 여학생을 만난 저는 반지까지 교환하며 평생 주님 안에서 서로만 바라보자고 약속했습니다. 그런데 4학년 1학기 때 트루디가 다른 남학생과 다니는 것을 보게 됐습니다. 저는 반지까지 교환하며 맺은 약속을 헌신짝처럼 버린 트루디를 이해할 수 없어 그 자리에서 반지를 빼서 건네줬습니다. 트루디도 아무 말 없이 반지를 빼서 돌려주는 걸 보고 저는 그녀의 마음이 변했다고 확신했습니다.

몇 달 뒤 찾아온 트루디와의 가벼운 대화로 화가 풀린 저는 졸업하자마자 청혼을 했고 그녀는 승낙했습니다. 1학기 때 남학생과 함께 있었던 것은 저의 순전한 오해였습니다. "그때 왜 아무 말도 하지 않았냐?"라고 묻자 그녀는 "사실이 아니기 때문에 오해는 곧 풀어질 것이라 여겨 기다렸다"라고 대답했습니다. 성격이 급한 나와는 달리 기다릴 줄 아는 여유를 가진 그녀의 성격은 이후 결혼생활의 좋은 윤활유가 되어 우리의 사역에도 긍정적인 영향을 끼쳤습니다. 설명도 듣지 않고 판단하는 것은 어리석은 일임을 깨달았습니다.』 – 김장환 목사의 인생 메모에서

언제 돌아올지 모르는 탕자를 기다리는 아버지의 마음이 바로 사랑입니다. 세상에서 가장 강한 것이 사랑인 이유는 돌아올 때까지 기다리기 때문입니다. 어떤 일이든 조급해하거나 짜증내지 말고 하나님이 주시는 여유를 가지고 기다리십시오. 아멘!

♡ 주님! 저를 기다리신 것처럼 믿고 기다리고 견디게 하소서.
▨ 성경에서 인내해 승리한 사람을 찾아서 그의 삶을 배웁시다.

주님이 보호하신다

읽을 말씀 : 시편 37:27-37

● 시 37:28 여호와께서 공의를 사랑하시고 그 성도를 버리지 아니하심이로다 저희는 영영히 보호를 받으나 악인의 자손은 끊어지리로다

중동의 복음화를 위해 노력하는 한 선교회에 총을 든 10여명의 괴한이 들이닥쳤습니다.

놀란 선교사가 찾아온 이유를 묻자 괴한들은 총을 내려놓으며 예수님을 믿기 위해 왔다고 대답했습니다.

"도대체 그게 무슨 소립니까?"

"저희는 중동의 테러단체의 일원이었습니다. 이슬람을 버리고 개종한 50명의 무슬림을 뒤쫓아가 죽이는 임무를 맡고 미행하던 중이었는데 돌연 모래폭풍이 몰아쳐 한 치 앞도 볼 수가 없었습니다.

당황해서 폭풍을 향해 총을 마구 쏘고 있었는데「왜 나를 핍박하느냐? 나는 세상을 위해 왔으니 평안히 가라」는 음성이 들렸습니다. 환청인 줄 알았지만 저희 모두가 그 목소리를 들었습니다. 두려운 마음에 한 발짝도 움직일 수 없었고 오랜 상의 끝에 2명을 제외한 저희들은 기독교로 개종하기로 마음을 먹고 이곳을 찾아왔습니다."

하나님은 지금도 살아서 역사하시는 전능하신 주님이십니다.

하나님은 자기 자녀를 보호하시며, 또한 잃어버린 영혼들이 돌아오기를 바라시며 능력의 손을 펼치시는 전능자이십니다.

사랑하는 자녀를 지키시는 주님을 믿고 두려워 말고 담대히 복음을 선포하십시오. 아멘!

♡ 주님! 성도들에게 주님의 보호하심이 임하게 하소서.
▨ 목숨을 걸고 신앙을 지키는 성도들을 위해 뜨겁게 기도합시다.

11월 3일

제노비스 참사

읽을 말씀 : 레위기 19:13-18

●레 19:18 원수를 갚지 말며 동포를 원망하지 말며 이웃 사랑하기를 네 몸과 같이 하라 나는 여호와니라

뉴욕 퀸즈의 주택가에서 있었던 일입니다.

대낮에 한 여성이 괴한에게 공격을 당하고 있었습니다.

큰소리로 도움을 외쳤지만 도와줄 사람이 없었습니다.

피를 흘리면서도 끈질기게 도망치며 도와달라고 울부짖던 여인은 결국 안타깝게 목숨을 잃었습니다. 누군가의 신고로 뒤늦게 출동한 경찰이 범인을 체포하고 사건을 조사했는데 결과는 매우 충격적이었습니다.

여인이 도와달라고 외치던 당시 38가구가 창문을 통해 이 장면을 지켜보고 있었기 때문입니다.

왜 이들 중 단 한 명도 도와주기는커녕 경찰에 신고조차 하지 않았을까요? 경찰이 목격자들에게 이유를 묻자 모두가 하나같이 대답했습니다.

"다른 사람이 대신 할 줄 알았습니다."

심리학자들은 이 사건을 토대로 여러 연구를 한 결과 목격자가 많을수록 어려운 사람을 돕지 않으려는 경향이 있다는 것을 발견하고 이를 '제노비스의 신드롬'이라고 불렀습니다.

복음을 전하고 하나님과 이웃을 사랑하는 사명은 누군가 해주는 것이 아니라 내가 감당해야 할 하나님이 주신 사명입니다.

누군가 해야 할 일을 기쁘게 감당하는 성도가 되십시오. 아멘!

♡ 주님! 주님의 말씀이라면 어떤 일이든 순종하게 하소서.

🔲 어려움에 처한 사람을 지나치지 않는 선한 사마리아인이 됩시다.

사람의 가치

읽을 말씀 : 마태복음 6:26-34

● 마 6:26 공중의 새를 보라 심지도 않고 거두지
도 않고 창고에 모아 들이지도 아니하되 너희
천부께서 기르시나니 너희는 이것들보다 귀하
지 아니하냐

한 여름, 미국의 한 대도시의 종합병원에 응급환자가 크게
늘었습니다.
실려 오는 사람들의 증상은 대부분 비슷했습니다. 신체적으로
건강한 남자임에도 무더위를 못 이겨 쓰러진 사람들이었습니다.
미국 같은 선진국에서 일어나기 쉽지 않은 일이라 병원은 경
찰에 조사를 부탁했습니다.
병원 근처에는 미국 최대 물류 기업의 창고가 있었는데 실려
온 환자들은 모두 이 회사의 직원이었습니다. 이 회사의 자체 연
구결과 창고에 에어컨을 설치하는 비용보다 더위에 쓰러진 직원
을 구급차에 실려 보내는 것이 더 저렴하다고 나와 에어컨을 설
치하지 않았던 것입니다. 급기야 하루에 15명이 쓰러지자 언론
에서는 이 문제를 대서특필했습니다.
미국에서 가장 돈을 많이 버는 회사 중 하나임에도 에어컨 설
치비용을 아끼려고 사람 목숨을 가볍게 여긴다는 사실에 사람들
은 분노하기 시작했고 여론에 못 이겨 회사는 결국 뒤늦게 물류
창고에 에어컨을 설치했습니다.
세상은 사람의 가치마저 돈으로 환산하려 하지만 주님은 한
영혼이 천하보다 소중하다고 말씀하셨습니다.
물질만능주의로 점점 흘러가는 세상을 멀리하고 하나님이 창
조하신 한 영혼, 한 영혼을 귀하게 여기십시오. 아멘!

♡ 주님! 사막처럼 변해가는 세상에 성령의 단비를 내려주소서.
▩ 은연중에 사람의 가치와 경중을 따지는 실수를 저지르지 맙시다.

이웃과 친구

11월 5일

읽을 말씀 : 사도행전 9:36-43

● 행 9:36 욥바에 다비다라 하는 여제자가 있으니 그 이름을 번역하면 도르가라 선행과 구제하는 일이 심히 많더니

어느 평범한 한 마을에서 장례식이 있었습니다.

평생 마을에서만 살다가 죽음을 맞이한 밥이라는 남자의 장례식이었는데 조문객이 긴 줄을 이룰 정도로 많은 사람이 찾아왔습니다.

이 소식을 들은 지역 방송국에서는 밥이 생전에 어떤 대단한 일을 했는지 취재를 하러 왔습니다.

마을 주민들은 그 사람만큼 소중한 사람은 없었다고 입을 모았지만 기자가 보기에는 하나같이 사소한 일들이었습니다.

'이웃의 잃어버린 고양이를 찾아준 일, 혼자 사는 노인의 욕실을 고쳐준 일, 공공도로의 눈을 치운 일' 등 소소한 봉사가 대부분이었습니다.

병에 걸려 일을 못 하는 이웃의 방세를 몇 달 동안 내준 적도 있지만 돈이 들었던 도움은 손에 꼽을 정도로 적었습니다.

그의 선행은 누구나 할 수 있는 소소한 일들이었지만 40년간 마을 사람들의 마음에 조금씩 쌓여 큰 산이 되어 있었기에 사람들은 "세상에서 가장 좋은 친구이자 이웃이 떠났다"라며 그의 죽음을 며칠 동안이나 슬퍼했습니다.

함께 있어주기만 해도 힘이 되는 사람이 진정한 친구이자 이웃입니다. 늘 함께하시며 돌보아주시는 주님처럼 다른 사람의 필요를 채워주며 행복하게 만드는 이웃이 되어주십시오. 아멘!

♡ 주님! 마음을 주님의 사랑으로 채우는 일에 저를 사용하소서.
▨ 주님을 기쁘시게 하는 소소한 선행과 배려를 생활화합시다.

아침을 활용하라

읽을 말씀 : 시편 119:145-151

●시 119:148 주의 말씀을 묵상하려고 내 눈이 야경이 깊기 전에 깨었나이다

발명왕 에디슨은 어떤 연구에 한창 몰두할 때는 실험실에 있는 테이블 앞에서 잠을 잤습니다.

아침에 눈을 뜨자마자 아이디어가 떠오를 때가 종종 있었는데 출근하다 잊어버리는 경우가 많았기 때문입니다.

음악의 아버지 바하와 악성 베토벤은 항상 침대 밑에 잉크와 오선지를 두고 잠을 잤습니다. 아침에 눈을 뜨자마자 좋은 멜로디가 떠오를 때가 있었는데 악보를 그리러 가는 사이에 악상이 사라지는 경우가 많았기 때문입니다.

다작으로 유명했던 프랑스의 소설가 발자크도 글을 쓰는 시간은 주로 아침을 활용했습니다. 발자크는 '사람은 아침에 두뇌가 가장 활발하게 움직인다'고 생각했습니다.

뇌과학 전문가인 마이클 미칼코는 잠자기 전에 해결해야 할 문제를 적어두고 자는 '마인드 포핑'이라는 방법을 추천합니다. 자는 동안 뇌가 활동하면서 아침에 일어나자마자 해답이 떠오르는 경험을 많이 했기 때문입니다.

자기 전과 일어난 직후는 하루의 방향을 조율할 수 있는 황금 같은 시간입니다.

하루의 끝과 시작을 하나님께로 맞추는 골든 타임으로 활용하십시오. 아멘!

♡ 주님! 삶의 방향을 잃지 않게 주님만을 향하도록 하소서.
📖 자기 전과 일어난 직후 가장 먼저 주님께 기도합시다.

죽음에서 배울 것

11월 7일

읽을 말씀 : 히브리서 9:23-28

● 히 9:27 한번 죽는 것은 사람에게 정하신 것이요 그 후에는 심판이 있으리니

'죽음의 의사'로 불리는 엘리자베스 로스 박사는 어린 시절 사람이 죽는 모습을 눈앞에서 목격하고는 큰 충격을 받았습니다.

한순간에 허무하게 세상을 떠난 사람을 본 박사는 죽음이 무엇인지에 대해서 평생을 공부했습니다.

사람의 목숨을 연구하기 위해 의사가 된 후에도 '사람은 왜 죽는지', '임사체험은 존재하는지', '죽음에서 살아난 사람의 특징은 무엇인지', '안 죽을 수는 없는지'와 같은 죽음에 대한 주제를 끊임없이 연구하고 사색했습니다.

30년도 넘게 죽음을 연구하던 박사는 은퇴를 앞두고 자신이 연구한 바를 토대로 다음과 같은 말을 남겼습니다.

"평생 죽음을 연구하면서 저는 한 가지 결론에 도달했습니다. 중요한 것은 죽음보다 삶입니다.

삶이 있기에 죽음은 있을 수밖에 없고, 그렇기에 우리는 왜 죽는가를 연구하기보다는 어떻게 살아야 하는가에 초점을 맞춰야 합니다."

죽음을 피할 수 있는 사람은 단 한 사람도 없습니다.

살아있는 동안에 구원자이신 주님을 만나고 주님이 주신 사명대로 가치 있게 살아가는 것이 인간이 세상에 존재하는 목적이며 죄에서 해방되어 자유할 수 있는 유일한 길입니다.

말씀이 가리키는 생명의 길을 따라 살아가십시오. 아멘!

♡ 주님! 하루를 살아도 주님을 위해 살아가게 하소서.
🖼 주님이 허락하신 새로운 삶을 주님을 위해 살아갑시다.

우주의 가장 큰 뜻

11월 8일

읽을 말씀 : 고린도전서 2:6-16

● 고전 2:14 육에 속한 사람은 하나님의 성령의 일을 받지 아니하나니 저희에게는 미련하게 보임이요 또 깨닫지도 못하나니 이런 일은 영적으로라야 분변함이니라

한국의 명망 있는 과학자 부부에게 급한 연락이 왔습니다. 미국으로 유학을 간 큰 아들이 신장에 이상이 생겨 위독한 상황이라는 내용이었습니다.

당장 비행기를 타고 달려갈 수도 없는 상황이라 일단 아들의 병세가 호전되기만을 기다려야 했습니다. 부부는 소식을 듣자 연구실에서 무릎을 꿇고 하나님께 간절히 기도를 드렸습니다.

이 모습을 본 동료들은 의아한 표정을 지었습니다. 과학자가 아들의 아픈 소식을 듣고 가장 먼저 하는 일이 보이지 않는 하나님에게 기도하는 것이라니…. 도무지 이해가 되지 않았습니다.

며칠 뒤 의사도 놀랄 정도로 아들의 병세가 좋아져 귀국할 수 있다는 연락이 왔습니다. 이 소식을 접한 부부는 동료들에게 아들의 소식을 전하며 다음과 같이 복음을 전했습니다.

"지금은 기도하는 우리의 모습이 이상해 보일지도 모릅니다. 하지만 저는 과학을 공부하며 오히려 하나님의 존재를 더 확신하게 됐습니다. 우리의 오감으로 이해할 수 없고, 때때로 과학으로도 해결할 수 없는 문제들을 해결해주실 수 있는 분은 한계가 없는 하나님뿐입니다."

아인슈타인은 "종교가 없는 과학은 불구다"라고 말했습니다. 태초부터 지금까지 하나님의 능력은 제한이 없으십니다.

우리의 생각과 지식과 마음과 능력을 넘어서 역사하시는 하나님의 놀라운 손길을 구하십시오. 아멘!

♡ 주님! 모든 지식이 주님 살아계심을 알리는 도구임을 알게 하소서.
🖼 기도에 응답하시는 주님을 100% 신뢰하는 믿음을 구합시다.

오직 명령을 따르라

읽을 말씀 : 시편 101:1-8

● 시 101:6 내 눈이 이땅의 충성된 자를 살펴 나와 함께 거하게 하리니 완전한 길에 행하는 자가 나를 수종하리로다

프랜시스는 제자들과 함께 살며 불우한 이웃들을 돕고 있었습니다.

하루는 일도 하지 않고 나쁜 짓만 저지르는 불한당들이 와서 먹을 것을 달라고 하자 화가 난 제자들이 쫓아냈습니다.

"일도 안 하는 놈들이 우리 선생님 집에 와서 감히 빵을 달라 한단 말이냐?"

나중에 이 이야기를 들은 프랜시스는 제자들을 크게 꾸짖었을 뿐 아니라 불한당들에게 줄 음식을 준비하라고 일렀습니다.

제자들이 왜 그런 사람들에게 자비를 베풀어야 하냐고 묻자 프랜시스가 말했습니다.

"하나님이 우리에게 주신 사명은 배고픈 사람에게 먹을 것을 주는 일이지 그 사람이 어떤 사람인지 판단하는 것이 아니다. 우리는 우리의 일을 해야 한다."

이 말을 듣고 깨달은 제자들은 음식을 나눠주러 갔습니다.

음식을 받은 불한당들 중 몇몇은 프랜시스의 마음에 감동해 제자로 들어와 훗날 많은 사람을 전도하는 일에 쓰임 받은 사람도 있었습니다.

사명을 받은 성도에게 필요한 것은 오로지 순종입니다.

하나님의 말씀을 따라 하나님의 일을 할 때 생각지도 못한 기적이 일어납니다. 모든 판단은 하나님께 맡기며 주님이 나에게 맡기신 귀한 사명에만 집중하십시오. 아멘!

🤍 주님! 더 많은 사람을 사랑할 수 있게 주님의 마음을 부어주소서.
🧎 차별 없이 되도록 많은 사람을 도우며 복음을 전합시다.

주님을 더 바라보라

11월 10일

읽을 말씀 : 시편 62:1-12

● 시 62:5 나의 영혼아 잠잠히 하나님만 바라라
대저 나의 소망이 저로 좇아 나는도다

뒤늦게 하나님을 믿고 은혜를 받은 성도가 있었습니다.
행복한 신앙생활과는 다르게 세상에서의 삶은 아무런 희
망도 없어 보였습니다.

교회생활과 사회생활의 괴리감에 괴로웠던 성도는 목사님에
게 고민을 털어놓았습니다.

"목사님, 저는 주님을 분명히 믿고 구원에 대한 확신도 있습
니다. 하지만 제 신앙과는 상관없이 여전히 세상은 그대로입니
다. 교회 밖에서의 제 삶은 버틸 수가 없을 정도입니다. 어떻게
이겨내야 할까요?"

목사님은 "태양을 바라보십시오"라고 대답했습니다.

성도가 무슨 뜻인지 물었습니다.

"태양을 바라보신 적이 있으십니까? 잠깐만 봐도 눈이 부셔서
아무것도 보이지 않습니다. 성도님이 빛이신 주님을 온전히 바
라본다면 세상의 어떤 일도 오직 은혜로밖에 보이지 않을 것입
니다."

세상에 소망이 없고 아무런 빛이 보이지 않는다고 느껴질 때
는 더더욱 주님만 바라보십시오.

빛이 없는 세상을 구원하러 예수님이 이 땅에 오셨고, 이 복
음을 믿음으로 세상에서도 빛을 잃지 않을 수 있습니다.

세상을 구원하고, 나를 구원하기 위해 돌아가신 주님이 내 마
음에 심어주신 빛을 세상 가운데서도 잃지 마십시오. 아멘!

🖤 주님! 마음을 어루만지사 세상을 이길 힘을 주소서.
📖 삶이 힘들고 외로울수록 빛 되신 주님을 더욱 바라봅시다.

지체의 소중함

읽을 말씀 : 고린도전서 12:19-27

● 고전 12:26 만일 한 지체가 고통을 받으면 모든 지체도 함께 고통을 받고 한 지체가 영광을 얻으면 모든 지체도 함께 즐거워하나니

어떤 이유에서인지 화가 잔뜩 난 남자가 있었습니다.

분을 이기지 못한 남자는 갑자기 창고에서 톱을 들고 오더니 발을 잘라내려고 했습니다.

지나가던 행인이 이 모습을 보고 깜짝 놀라 달려와 말렸습니다.

"멀쩡한 발을 왜 자르려고 하십니까?"

남자는 씩씩거리며 대답했습니다.

"왼발이 자꾸 오른발을 밟길래 내 단단히 주의를 주었소.

그런데 오늘 또 오른발을 밟지 않겠소?

더 이상 나도 참을 수가 없소."

남자의 말을 들은 행인은 한 마디를 남기고 다시 떠났습니다.

"살다 살다 별 미친 사람을 다 보겠군."

멀쩡한 왼발이 실수했다고 잘라버리겠다고 하는 사람은 누가 봐도 미친 사람입니다.

예수님은 구원받은 성도들이 그리스도라는 머리에 붙어있는 지체들이라고 말씀하셨습니다.

한 지체인 성도끼리 다투고 미워하는 사람 역시 예화에 나오는 미친 사람과 다를 바 없는 사람일지도 모릅니다.

다른 지체의 실수와 어려움을 정죄하고 판단하기보다는 사랑으로 감싸주며 기도해주십시오. 아멘!

♡ 주님! 거룩한 일을 위해 합력하여 선을 이루게 하소서.

▨ 주님이 주신 마음으로 연약한 지체를 위해 기도하고 격려합시다.

실행의 유통기한

읽을 말씀 : 갈라디아서 5:16-26

● 갈 5:16 내가 이르노니 너희는 성령을 좇아 행하라 그리하면 육체의 욕심을 이루지 아니하리라

심리학자들의 연구에 따르면 '갑자기 머릿속에 떠오른 아이디어'의 유통기한은 '72시간'이라고 합니다.

어떤 좋은 생각이든 72시간, 즉 3일 이내 실행하지 않으면 아무리 좋은 생각이라도 나중에 다시 실행할 확률은 1%밖에 되지 않는다고 합니다.

다시 말하면 좋은 생각이나 어떤 결심을 이루려면 반드시 3일 안에 실행해야 한다는 말입니다.

성공학자인 위르겐 휠러는 72시간 내에 실행해야 할 중요한 계획을 걸러내기 위해 필요한 6단계를 만들었습니다.

1. 가시적인 계획을 떠올려보라.
2. 실행전략에 대해서 생각해보라.
3. 도와줄 사람이 있는가 생각해보라.
4. 계획이 실현 가능한 상황인지 생각해보라.
5. 누군가 이미 이룬 사람이 있는지 생각해보라.
6. 그 사람에게 도움을 받을 수 있는지 생각해보라.

하나님께 서원한 약속을 지키지 못하는 것은 우리의 실천이 너무 늦기 때문인지도 모릅니다.

하나님 앞에 서원한 내용이 있다면, 더 나은 신앙을 위해 결심한 내용이 있다면 3일 이내에 반드시 실천하십시오. 아멘!

♡ 주님! 선한 일을 도모하고 이루어가는 성도가 되게 하소서.

주님이 주신 좋은 생각이 있다면 3일 안에 실행합시다.

일상의 하나님

읽을 말씀 : 요한복음 1:12-18

● 요 1:16 우리가 다 그의 충만한데서 받으니 은혜 위에 은혜러라

호주의 신학자이자 선교공동체를 운영하고 있는 마이클 프로스트 목사님이 가장 많이 받는 질문은 "저에게는 왜 기적이 일어나지 않는 걸까요?"입니다.

목사님은 비슷한 내용으로 고민하는 성도들을 위해 이 질문에 대한 답을 자신의 저서에 다음과 같이 실었습니다.

"저는 하나님의 권능으로 초자연적인 기적이 지금도 일어날 수 있다고 믿습니다. 하지만 그런 것들만 추구하다보면 더 많은 은혜를 놓치게 된다고 생각합니다.

아름다운 예술작품에서 하나님을 발견할 수 없을까요? 넓은 모래사장에서, 굽이치는 파도에서 하나님을 느낄 수 없을까요? 해맑은 아이들의 눈동자 속에서 하나님의 기적이 느껴지지 않으시나요? 길가에 핀 장미 한 송이, 가까운 친구와의 대화, 가족과의 친밀한 사랑고백을 통해서도 우리는 하나님의 놀라운 은혜를 느낄 수 있습니다. 세상에 충만한 하나님의 은혜를 바라볼 수 있는 진짜 눈을 여는 것이 기적의 체험보다 더욱 중요합니다."

우리의 눈이 열려 있고 마음 안에 성령님이 계시다면 매일 스쳐 지나가는 소소한 일상에서도 풍성한 하나님의 은혜를 누릴 수 있습니다.

하나님이 나에게 선물하신 놀라운 능력과 풍성한 은혜가 있는 기적 같은 오늘을 누리십시오. 아멘!

♡ 주님! 세상에 충만한 하나님의 은혜를 느끼며 살아가게 하소서.

▧ 오늘 내 삶에 펼쳐진 하나님의 기적을 목도합시다.

껍데기 영양소

읽을 말씀 : 요한복음 6:32-40

● 요 6:35 예수께서 가라사대 내가 곧 생명의 떡
이니 내게 오는 자는 결코 주리지 아니할 터이
요 나를 믿는 자는 영원히 목마르지 아니하리라

식사를 하다가 심한 어지럼증으로 쓰러져 구급차에 실려온
청년이 있었습니다. 원인은 '영양실조'였습니다.

깨어난 청년은 진단 결과를 믿을 수가 없었습니다.

"하루에 1,2번은 고칼로리 음식을 시켜 먹는데 어떻게 영양이
부족할 수 있죠?"

자취 중인 청년은 배달음식 위주로 끼니를 때웠는데 햄버거
나 치킨과 같은 음식은 칼로리는 높지만 필수 영양소가 부족해
체중은 비만임에도 영양실조였던 것입니다.

100만 명이 넘는 사람들의 삶을 변화시킨 비만전문가 빌 필
립스는 이런 현상을 '실속없는 과식'이라고 부릅니다. 몸에 필수
영양소가 부족하면 뇌는 음식을 멈추지 말고 계속 먹으라는 신
호를 보냅니다. 이때 영양소가 부족한 정크푸드를 먹으면 필요
이상의 칼로리를 섭취하게 되서 비만이 되고 심한 경우에는 영
양실조에 걸립니다. 반면에 영양소를 공급해주는 좋은 음식들을
먹으면 영이 적어도 뇌에서 충분하다는 신호를 보내기 때문에
비만이 될 확률이 크게 낮아집니다.

맛이 있고 칼로리가 높아도 몸에 필요한 영양소가 적은 음식
들처럼 세상의 즐거움은 결코 영혼을 만족시킬 수 없습니다.

영혼의 갈급함을 채우고 만족시킬 수 있는 하나님의 귀한 말
씀을 매일 섭취하십시오. 아멘!

♡ 주님! 맡겨주신 사명을 위해 영육의 강건함을 허락하소서.

🖼 몸에도 영혼에도 좋은 것들을 우선적으로 섭취합시다.

성경이 무엇입니까?

읽을 말씀 : 디모데후서 3:8-17

● 딤후 3:16 모든 성경은 하나님의 감동으로 된 것으로 교훈과 책망과 바르게 함과 의로 교육하기에 유익하니

최근 지앤엠 글로벌문화재단에서 국내의 성인 기독교인들을 대상으로 성경에 대한 설문조사를 한 결과입니다.

성경을 어떤 책으로 생각하냐는 질문에는 '하나님의 말씀(71%)'이 가장 높았습니다.

하지만 교회에서 중직을 맡고 있다고 밝힌 경우에도 '하나님의 말씀은 아니다(25%)'라고 생각하는 비율이 꽤 높았으며 청년들은 '그냥 종교 서적(11%)'이라고 믿는 경우도 많았습니다.

성경을 통해 삶의 문제를 해결한 적이 있느냐는 질문에는 무려 72%가 그렇다고 대답했습니다.

성경이 하나님의 말씀이라고 믿는 비율과 거의 일치했습니다.

성경을 1주일에 얼마나 읽느냐는 질문에는 72%가 전혀 읽지 않는다고 대답했습니다.

성경을 30분 이상 읽는 15% 정도를 제외하면 대부분의 성도들이 1주일에 한 번도 성경을 펼치지 않고 있었습니다.

성경을 어떻게 믿느냐에 따라 하나님의 능력을 다르게 경험하게 됩니다. 성경을 하나님의 말씀이라 믿으며, 성경의 능력을 체험했다면 왜 성경을 더 가까이 하고 있지 않습니까?

유일한 진리이자 생명의 양식이 되는 성경을 더 자주, 더 간절히 묵상하십시오. 아멘!

🖤 주님! 말씀의 진정한 즐거움과 능력을 깨닫게 하소서.
🎴 능력의 말씀인 성경을 매일 시간을 정해서 깊이 묵상합시다.

오리사의 핍박

읽을 말씀 : 마태복음 5:1-12

11월 16일

● 마 5:10 의를 위하여 핍박을 받은 자는 복이 있
나니 천국이 저희 것임이라

인도의 대표적인 빈민가가 있는 오리사 지역에서 기독교가 급성장했던 적이 있었습니다.

예수님을 믿으면 계급제인 카스트제도를 벗어나 새로운 삶을 살 수 있다는 믿음이 인도인들 사이에 퍼져 수백 개의 교회가 세워지며 많은 가정이 하나님께 돌아오는 역사가 일어났습니다. 이 모습을 시기한 힌두교의 원리주의자들이 오리사를 찾아가 교회와 성도들을 무차별적으로 핍박했습니다.

300개의 교회가 무너지고, 2만 명의 성도들이 뿔뿔히 흩어졌습니다. 힌두교도들의 박해는 여기서 그치지 않았고 주변 마을을 돌아다니며 그리스도인들의 집을 부수기까지 했습니다. 이들의 박해로 100명이 순교하고 6만 여명의 사람들이 집을 잃었습니다.

'오리사의 박해'로 알려진 이 사건이 일어난지 어느새 10년이 지났지만 힌두교도의 핍박으로 교회와 집, 사랑하는 가족을 잃었던 당시 성도들은 여전히 함께 모여 예배하며 하나님을 향한 믿음을 지켜가고 있다고 합니다.

여전히 목숨을 걸고 신앙을 지켜야 하는 핍박받는 그리스도인들이 있습니다. 환란 가운데 하나님의 평안이 임하고 더 많은 사람들이 복음을 자유롭게 믿을 수 있는 환경이 되게 해달라고 열방을 향한 기도를 쉬지 마십시오. 아멘!

♡ 주님! 끝까지 신앙을 지키는 성도들을 주님의 날개로 보호하소서.
🖼 선교가 어려운 지역에 마음을 두고 기도와 헌금을 잊지 맙시다.

결단으로 나아가라

읽을 말씀 : 고린도전서 9:16-21

● 고전 9:16 내가 복음을 전할찌라도 자랑할 것이 없음은 내가 부득불 할 일임이라 만일 복음을 전하지 아니하면 내게 화가 있을 것임이로라

미국 보스턴의 한 허름한 구둣방 문앞을 서성이는 킴볼이란 사람이 있었습니다.

출근할 때마다 구둣방을 지났던 킴볼은 어느 날 '구두수선공에게 복음을 전하라'는 성령님의 감동을 느꼈지만 전도가 익숙하지 않아 용기를 못 내고 며칠 간 망설이고만 있었습니다.

여느 때와 마찬가지로 구둣방 앞에서 서성이던 킴볼은 마침내 용기를 내어 담대하게 문을 열고 들어갔습니다.

"잠시 기쁜 소식을 전해드려도 될까요?"

구두수선공은 가난 때문에 학교도 다니지 못하고 10대 때부터 일을 해야 했던 딱한 사람이었지만 낯선 사람이 전한 복음에 즉각 눈물로 반응했습니다. 이날 예수님을 영접한 구두수선공의 삶에는 놀라운 하나님의 역사가 펼쳐졌고 훗날 많은 영혼들을 하나님께로 인도한 위대한 전도자 무디로 세상에서 쓰임 받았습니다. 평범한 성도였던 킴볼이 그날 용기를 내지 않았다면 위대한 전도자 무디도 세상에 존재하지 않았을 것입니다.

당시 무디가 회심했던 보스턴의 구둣방에는 이런 글이 적혀 있습니다.

'전도자 D. L. 무디 이 방에서 회심하다.'

생명을 구하는 기쁨보다 세상에 더 큰 기쁨은 없습니다.

수백, 수천 번을 실패한다 하더라도 하나님이 나에게 맡기신 그 한 영혼을 위해 매일 전도를 결단하십시오. 아멘!

♡ 주님! 길 잃은 영혼을 주님 품으로 인도하게 하소서.

▨ 전도리스트에 적힌 영혼들을 위해 기도하며 전도를 준비합시다.

가능성을 믿으라

읽을 말씀 : 고린도전서 4:14-21

●고전 4:20 하나님의 나라는 말에 있지 아니하고 오직 능력에 있음이라

11월 18일

태어날 때부터 두 팔이 없는 선천적 장애인 제시카 콕스는 "불편해 보이니 내가 도와줄게"라는 사람들의 말이 세상에서 가장 싫었습니다. 철도 들기 전에 '장애인에게도 불가능은 없다'는 사실을 보여주는 인생을 살기로 목표를 정했습니다.

처음으로 도전한 일은 세수와 화장이었습니다. 평범한 사람처럼 되기까지 수많은 노력이 필요했지만 나중에는 콘택트렌즈까지 착용할 수 있게 됐습니다.

제시카는 중학생 때 태권도에 도전해 유단자가 됐고 성인이 되자마자 장애인용이 아닌 일반 자동차 면허를 땄습니다.

두 발만 써야 했지만 수영 강사가 됐고, 스쿠버다이빙까지 성공하며 조금씩 영역을 넓혀가던 제시카의 도전은 세계 최초로 파일럿 자격증을 따서 비행기를 조종함으로 기네스북에 등재되기까지 이어졌습니다.

제시카가 도전한 일들은 '두 팔이 없으면 할 수 없다'고 생각했던 일들이었습니다. 세상의 누구도 믿지 않았지만 하나님이 자신에게 가능성을 주셨다는 사실을 믿었던 제시카는 지금도 장애인은 할 수 없을 것이라고 생각하는 일들에 도전하고 있습니다.

하나님이 함께 하실 때 정말로 불가능한 일들은 없습니다.

하나님이 주신 비전이라면 모든 사람이 안 된다고 할지라도 하나님의 말씀을 믿으며 담대히 도전하십시오. 아멘!

♡ 주님! 능히 이겨낼 힘을 주시는 주님의 말씀을 믿게 하소서.
🖼 도전이 두렵고 다시 일어설 힘이 없을지라도 주님께 의지합시다.

11월 19일

완벽한 인간은 없다

읽을 말씀 : 잠언 15:25-33

● 잠 15:31 생명의 경계를 듣는 귀는 지혜로운
자 가운데 있느니라

상 대성이론을 발견한 천재 물리학자 아인슈타인은 말년에
이런 말을 했습니다.

"평생동안 내가 내린 결정의 99%는 잘못된 것이었다."

이 말에는 위대한 발견은 수많은 시행착오 끝에 나온다는 뜻
과 천재라 하더라도 항상 옳은 결정을 내리지는 못한다는 뜻의
두 가지 의미가 있습니다.

명석한 판단으로 미국을 숱한 위기에서 건진 루즈벨트 대통
령도 다음과 같이 말했습니다.

"4번의 결정을 내린다면 그 중 3가지는 분명히 잘못됐을 것이
다."

그렇기 때문에 루즈벨트, 링컨과 같이 존경받는 대통령들은
오히려 반대파의 의견을 경청했습니다.

다른 입장에 귀를 기울이고 분별하는 능력이 있어야 3가지
실수 중 1,2가지라도 바로 잡을 수 있기 때문입니다.

아무리 뛰어난 업적을 거둔 사람도 완벽할 수는 없습니다.

그러나 온전한 지혜는 오직 하나님으로부터 나오기 때문에
사람과 사람의 의견을 아우르는 것만으로는 부족합니다.

하나님으로부터 멀어지게 만드는 죄를 짓지 않도록 조심하며
말씀에 비추어 날마다 회개하며 죄를 덮는 풍성한 은혜를 주님
께 구하십시오. 아멘!

♡ 주님! 숲이 아닌 나무를 볼 수 있는 넓은 시야를 주소서.
▨ 부족함을 인정하고 더 나은 지혜를 구하는 겸손함을 가집시다.

자유의 표식

읽을 말씀 : 로마서 6:15-23

● 롬 6:22 그러나 이제는 너희가 죄에게서 해방되고 하나님께 종이 되어 거룩함에 이르는 열매를 얻었으니 이 마지막은 영생이라

대륙과 나라마다 약간의 차이는 있지만 역사상 노예들에겐 세가지 공통된 특징이 있었습니다.

● 첫째, 이마의 표식입니다.

가축처럼 소속된 가문이 어디인지 알기 위해서 노예들의 몸에 낙인을 찍었습니다. 대부분 소유한 가문의 문양이나 이름이 낙인이었기 때문에 탈출해도 금새 잡혀들어왔습니다.

● 둘째, 구멍을 뚫는 장신구입니다.

건장한 노예들은 반란의 위험이 있어서 움직임을 제한하기 위해 손과 발에 고랑을 채우거나 심한 경우 코걸이를 시키기도 했습니다.

● 셋째, 노예복입니다.

노예들이 입는 옷은 지역마다 통일된 경우가 많았습니다. 한 눈에 노예임을 알아볼 수 있는 남루한 옷이었기에 이 역시 감시를 피해 탈출하기가 쉽지 않았습니다.

이런 특징 때문에 노예들은 비록 탈출에 성공해도 자유로운 삶을 누릴 수가 없었습니다. 주님의 은혜로 죄에서 자유하게 된 우리의 삶은 어떨까요? 이미 모든 죄를 사함받았음에도 여전히 죄인의 표식을 달고 살아가고 있지는 않습니까?

존귀한 보혈로 날 구원하신 주님을 생각하며 죄에서 해방된 참된 자유인으로 살아가십시오. 아멘!

♡ 주님! 거룩한 빛의 자녀로 세상 가운데에서도 살아가게 하소서.
▨ 죄의 속박을 벗어던지고 주님이 주신 자유함을 누립시다.

11월 21일

마지막 한 마디

읽을 말씀 : 시편 97:1-12

● 시 97:12 의인이여 너희는 여호와로 인하여 기 뻐하며 그 거룩한 기념에 감사할찌어다

독일의 한 대형병원에서 있었던 일입니다.

구강암 말기인 환자가 혀를 잘라내는 수술을 받아야 했습니다. 수술실에 들어가기 전 의사가 조심스레 물었습니다.

"마지막으로 남기실 말씀은 없으십니까?"

수술을 받은 뒤에는 더 이상 말을 못하게 되기 때문입니다.

순간 무거운 침묵이 흘렀습니다. 주변에 있던 간호사들도 '나라면 마지막으로 무슨 말을 남길까?'라는 고민을 해봤지만 환자의 참담한 심정을 차마 헤아릴 수 없었습니다.

잠시 뒤 환자는 눈물을 흘리며 입을 열었습니다.

"주님, 그래도 감사합니다. 그래도 감사합니다. 그래도 감사합니다."

사회의 기득권임에도 종교의 자유를 찾아 모든 것을 버리고 신대륙을 찾은 청교도 102명은 44명이나 죽는 고난의 항해를 겪고서도 도착하자마자 '메이플라워 계약서'라는 신앙의 고백을 드렸고, 추수에 감사하는 예배를 드렸습니다. 죄와 심판에서 나를 구원하신 예수님의 사랑을 깨달았기 때문에 살아가며 누리는 모든 것이 감사의 제목이었습니다.

구원의 감격과 소망이 살아있는 성도는 성경 말씀대로 범사에 감사할 수 있습니다. 세상에서 환난을 당할지라도 하나님의 살아계심을 세상에 보여주는 참된 성도가 되십시오. 아멘!

♡ 주님! 날 살리신 그 은혜에 감사만이 가능함을 깨닫게 하소서.
▨ 하루의 시작과 마지막을 주님을 향한 감사의 기도로 합시다.

말씀 다이어트

읽을 말씀 : 요한복음 6:22-27

●요 6:27 썩는 양식을 위하여 일하지 말고 영생하도록 있는 양식을 위하여 하라 이 양식은 인자가 너희에게 주리니 인자는 아버지 하나님의 인치신 자니라

북미에서는 한 때 '성경 다이어트'가 유행했습니다. 이론은 간단합니다. 사람들은 공허함을 채우기 위해 먹는 경우가 많기 때문에 영적으로 비어있는 부분을 말씀으로 채워주는 것입니다.

음식이나 식이요법은 일시적인 효과는 있지만 마음의 공허함은 채울 수 없기 때문에 결국 원상복구가 되지만 성경 다이어트는 근원적인 문제를 해결해줍니다.

허무맹랑한 이야기 같지만 '성경 다이어트'는 임상실험에서도 효과가 증명되었다고 합니다.

다음은 '성경 다이어트'와 비슷한 주장을 하는 심리치료전문가 마리아 산체스의 '심리적 허기를 채우는 5가지 방법'입니다.

1. 에너지를 충전할 충분한 휴식을 갖는다.
2. 자신을 있는 그대로 받아들이려고 노력한다.
3. 원하는 것이 무엇인지 솔직하게 표현한다.
4. 공통된 취미와 관심사를 갖고 있는 사람들과 만난다.
5. 거울을 보며 자신의 장점을 찾아보라.

창조주 하나님을 알지 못하고서는 마음의 공허함을 채울 수 없습니다.

인생의 모든 진리와 해결책이 들어있는 성경에서 삶의 해답을 찾으십시오. 아멘!

♡ 주님! 영의 양식인 말씀으로 갈급한 심령을 채우소서.
🖼 마음이 외롭고 힘들 때는 더욱 주님 곁으로 갑시다.

11월 23일

목숨을 건 신앙

읽을 말씀 : 시편 119:107-114

● 시 119:107 나의 고난이 막심하오니 여호와여 주의 말씀대로 나를 소성케 하소서

아프리카 수단에서 있었던 일입니다.

갓난아기를 안은 한 여인이 재판을 받고 있었습니다.

전통을 버리고 기독교로 개종했다는 죄목으로 판사는 '100대 태형'과 '교수형'을 선고했습니다.

부모님이 몰래 전해 준 복음으로 주님을 영접한 여인에게 판사는 선고 뒤 최후의 기회를 줬습니다.

"앞으로 사흘을 주겠다. 사흘 안에 기독교를 포기하고 이슬람으로 개종하겠다고 맹세하면 무죄로 판결을 바꿔주겠다."

"진짜 신앙은 결코 변할 수 없습니다.

저는 그리스도인으로 죽겠습니다."

목숨이 걸린 상황에서도 신앙을 포기하지 않은 여인은 판사의 회유를 거절하고 차가운 감옥에서 아이와 함께 교수형을 기다리고 있었습니다. 이 안타까운 사연은 다행히도 국제사회에 퍼지며 수단의 사법부는 지탄을 받았고 결국 수단 정부는 교수형을 취소함과 더불어 앞으로 개종을 이유로 죄를 묻지 않겠다고 약속했습니다.

다니엘과 같이 목숨을 걸고 믿음을 지켜야 하는 그리스도인들이 아직도 세계 도처에 있습니다.

지금도 목숨을 걸고 믿음을 지키는 성도와 기독교가 법으로 금지된 나라들의 자유를 위해 깨어 기도하십시오. 아멘!

♡ 주님! 세계 곳곳에서 마음 편히 예배할 수 있도록 허락하소서.
🖼 복음이 자유롭지 않은 곳의 성도들을 위해 기도합시다.

인생의 기준점

읽을 말씀 : 신명기 8:11-20

● 신 8:11 내가 오늘날 네게 명하는 여호와의 명
령과 법도와 규례를 지키지 아니하고 네 하나님
여호와를 잊어버리게 되지 않도록 삼갈찌어다

18 세기 초 영국의 군함 4척이 환상의 섬을 찾으러 인도양
으로 떠났습니다. 영국은 탐험가 멘다냐가 200년 전에
발견했다던 환상의 섬 '솔로몬 제도'를 찾으려고 4번이나 상선을
띄웠지만 모두 실패했습니다. 최후의 방법으로 세계 최고의 항
해실력을 자랑하는 영국의 해군을 보냈습니다.

해군은 그동안 탐험가들이 그린 지도들을 가지고 솔로몬 제
도를 찾아 떠났지만 솔로몬 제도 근처에도 가지 못하고 파선해
몇몇 선원만 겨우 목숨을 건져 돌아왔습니다.

200년 전만 해도 육지에서부터 가로의 길이인 위도는 정확
하게 측정할 수 있었지만 세로 길이인 경도를 측정하는 방법이
부정확했기 때문에 아무리 우수한 탐험가나 해군이라 하더라도
한 번 갔던 섬을 다시 찾아가는 일은 거의 불가능했습니다. 존
해리슨이 '해상 시계'를 만든 뒤에는 평범한 선원들도 원하는 목
적지에 정확히 도달할 수 있었기 때문에 '경도의 측정'은 역사상
가장 획기적인 발명품으로 인정받았습니다.

최근 영국은 인류의 난제를 해결하는 사람에게 현상금을 주
는 상의 이름을 '경도상'으로 지었습니다.

바다를 항해하기 위해서 가로와 세로 두 가지 기준점이 필요
한 것처럼 인생을 위해서도 하늘의 기준이 필요합니다.

세상에서 성공한다 하더라도 말씀이라는 기준을 찾지 못하면
인생의 목표는 덧없이 흘러갈 뿐임을 기억하십시오. 아멘!

♡ 주님! 세상에서의 그리스도인의 역할과 목적을 잊지 않게 하소서.
🎔 세상을 살아가며 길을 잃지 않도록 말씀을 통해 기준을 잡읍시다.

천국이 있는 곳

읽을 말씀 : 마태복음 13:44-50

● 마 13:44 천국은 마치 밭에 감추인 보화와 같
으니 사람이 이를 발견한 후 숨겨 두고 기뻐하
여 돌아가서 자기의 소유를 다 팔아 그 밭을 샀
느니라

심각한 교통사고를 당해 두달이나 혼수상태에 빠진 케빈이
란 소년이 있었습니다. 기적적으로 깨어난 케빈은 정신을
차리고 며칠 뒤 부모님에게 "저 천국을 갔다 왔어요. 예수님을
만나 대화도 했어요. 천국은 분명히 있어요"라고 말했습니다.

아들의 고백에 놀란 부모님은 미국의 한 기독교 출판사와 상
의 끝에 케빈의 천국 경험담을 책으로 냈고 이 책은 베스트셀러
가 됐습니다. 그런데 사실 케빈은 천국을 경험하지 않았고 심지
어 성경도 읽은 적도 없었습니다. 혼수상태였다가 천국을 체험
한 사람이 있다는 말을 어디선가 듣고는 관심을 받기 위해 거짓
말을 한 것이었습니다.

케빈은 자신의 책을 통해 은혜를 받았다는 사람들의 간증을
듣고 가책을 느껴 그때부터 성경을 읽었습니다. 말씀을 통해 천
국이 정말로 있고 진리라는 것을 깨달은 케빈은 자신의 책을 낸
출판사와 저자들에게 다음과 같은 편지를 보냈습니다.

'제 거짓말로 피해를 본 분들에게는 너무 죄송해요. 그럼에도
저는 성경을 꼭 잃으라고 말씀드리고 싶어요. 사람이 쓴 것은 어
떤 것도 중요하지 않아요. 오직 나의 죄를 구원하신 예수님을 믿
음으로만 천국을 갈 수 있다는 사실을 꼭 믿으세요.'

죄에서 구원을 받고 영생을 얻는 방법은 성경이 이미 분명히
기록되어 있습니다. 좋은 신앙서적과 믿음의 글들도 물론 좋지
만 무엇보다도 성경에 근거하여 믿음을 쌓으십시오. 아멘!

♡ 주님! 말씀을 통해 흔들림 없는 믿음으로 연단하소서.
🏛 말씀을 깊이 묵상하며 주님을 더 알기를 소망합시다.

신문팔이의 꿈

11월 26일

읽을 말씀 : 시편 119:116-125

● 시 119:116 주의 말씀대로 나를 붙들어 살게 하시고 내 소망이 부끄럽지 말게 하소서

베네수엘라의 한 기차역에서 매일 신문을 팔던 소년이 있었습니다.

한 장 팔아봐야 푼돈 밖에 안 남는 신문이었지만 비가 오나 눈이 오나 소년은 역에 나와서 한 장이라도 더 팔았습니다.

작은 돈이지만 꾸준히 저축한 소년은 어느덧 역 앞의 가판대를 구입했습니다. 신문사에서 직접 물건을 받았기에 전보다 더 많은 이윤을 남겼습니다.

소년은 계속 돈을 모아 다른 역앞에도 가판대를 놓았고 돈이 모이자 서점을 샀습니다. 같은 방식으로 서점을 늘려가던 소년은 곧 사업가가 됐고 어느새 출판사를 인수했습니다.

이때 인수한 아르마스 출판사는 20년 뒤 남미 최대의 출판미디어 그룹이 됐고 스페인의 한 기업에 1조가 넘는 금액에 팔렸습니다.

역 앞에서 신문을 팔던 사람은 많았지만 아르마스는 그 신문에 꿈을 실었기에 세계 최고의 부자 중 한 명이 될 수 있었습니다. 역에서 신문을 팔던 가난한 소년을 세계에서 손꼽히는 부자로 만든 것은 바로 꿈이었습니다.

하나님이 주신 꿈을 품고 믿는다면 지금 내가 처한 상황에 관계없이 많은 결실을 맺는 풍성한 인생을 살게 됨을 믿으십시오. 아멘!

♡ 주님! 항상 나은 곳으로 인도해주시는 주님이심을 믿게 하소서.
🧩 작은 일에도 하나님이 주신 큰 꿈을 품읍시다.

11월 27일

신앙의 ABC

읽을 말씀 : 요한복음 14:15-24

●요 14:21 나의 계명을 가지고 지키는 자라야 나를 사랑하는 자니 나를 사랑하는 자는 내 아버지께 사랑을 받을 것이요 나도 그를 사랑하여 그에게 나를 나타내리라

미국의 국회의 기도모임을 인도하는 독실한 그리스도인 더 글라스 코어 의원이 말한 '성도들에게는 반드시 있어야 하는 신앙의 A,B,C'입니다.

여기서의 'A,B,C'는 알파벳의 시작처럼 신앙에서 가장 기본적인 원칙을 뜻합니다.

●첫째는 예수님의 이름입니다.

성도나 성도의 모임, 성도가 하는 말에서 예수님의 이름이 자주 언급되지 않는다면 신앙을 점검해봐야 합니다.

●둘째는 예수님의 말씀입니다.

예수님의 말씀이 정말로 생명이라고 믿는다면 말씀을 듣고, 읽고 실행하는 것이 당연합니다.

●셋째는 제자가 되고자 하는 결심입니다.

단순한 교회의 성도, 한 교파의 출석 교인, 예수님을 좋아하는 사람이 아니라 예수님의 발자취를 쫓아 따라가고자 하는 제자가 진정한 신앙입니다.

모든 일에 가장 중요한 것이 기초이듯이 신앙도 마찬가지입니다.

말로만 하나님을 믿고 따르는 신앙인이 되지 않게 신앙생활의 기초를 점검하며 참된 제자가 되십시오. 아멘!

♡ 주님! 나를 나타내기보다 주님만을 나타내는 삶을 살게 하소서.

🔏 자만에 빠지지 말고 신앙의 기초를 계속해서 점검합시다.

사랑을 위한 습관

읽을 말씀 : 요한일서 3:13-24

● 요일 3:18 자녀들아 우리가 말과 혀로만 사랑하지 말고 오직 행함과 진실함으로 하자

하 버드대학교 심리학과의 제롬 브루너 교수는 사랑에 대해 다음과 같은 말을 했습니다.

"사랑은 가만히 느껴지는 것이 아니라 사랑의 행위를 함으로 느껴지는 것입니다."

평생 인도 빈민가에서 사랑을 실천한 마더 테레사도 비슷한 말을 했습니다.

"사랑은 사계절 내내 열매가 열리는 나무와 같습니다. 다만 그 열매를 따기 위해 나무로 올라가 손을 뻗을 노력이 필요합니다."

다음은 미국의 저명한 심리상담사 뇔르 넬슨의 '사랑에 도움을 주는 5가지 습관'입니다.

1. 사랑은 항상 진심으로 대해야 한다.
2. 사랑은 조건없이 주어야 한다.
3. 사랑의 표현 방식은 사람마다 다름을 기억해야 한다.
4. 사랑은 의무를 충실히 이해하는 것임을 알아야 한다.
5. 사랑은 상대의 약점을 이해하고 용납해야 한다.

주님을 사랑하고, 이웃을 사랑하는 일은 언제나 행해야 할 하나님의 명령입니다.

주님을 더 많이 사랑하고, 말씀대로 이웃을 사랑하는 하나님을 기쁘시게 하는 그리스도인이 되십시오. 아멘!

♡ 주님! 조건없이 받은 사랑을 조건없이 베풀게 하소서.

🖼 참된 사랑을 실천하고자 부던히 노력합시다.

743번의 거절

읽을 말씀 : 잠언 25:8-18

● 잠 25:15 오래 참으면 관원이 그 말을 용납하나니 부드러운 혀는 뼈를 꺾느니라

서른 다섯이라는 늦은 나이에 추리소설을 쓰고 싶어서 모든 것을 포기하고 펜을 잡은 청년이 있었습니다.

글을 써 본 적도 없고 배운 적도 없었지만 청년은 자신이 읽었던 소설들을 참고해 많은 원고를 집필했습니다.

그 중 단 한 권도 계약이 성사되진 않았지만 실패를 아무리 많이 해도 한 번만 더 도전하면 꿈을 이룰 수 있다는 생각으로 펜을 놓지 않았습니다. 그렇게 탄생한 원고가 무려 743개였지만 여전히 첫 계약은 성사되지 못했습니다.

편집자들 사이에서 청년의 원고를 안 받아본 출판사는 한 곳도 없다는 말이 나올 정도였습니다.

744번째 보낸 원고가 드디어 책으로 출판되며 청년은 일약 유명한 작가가 됐습니다.

평생 564권의 작품을 남긴 추리소설의 대가 '존 크리시'는 거절당한 원고가 200개 더 많았던 도전의 대가이기도 했습니다. 존의 위대한 도전정신을 기리기 위해 영국에서는 매년 가장 뛰어난 신인작가에게 '존 크리시'의 이름을 붙인 상을 수여합니다.

아무리 많은 거절과 어려움이 있더라도 포기하지 않는 사람은 반드시 이룹니다.

하나님의 이름을 위해 받는 고난과 거절을 두려워말고 담대히 한 번 더 도전하고 복음을 전하십시오. 아멘!

♡ 주님! 복음과 전도를 감당할 수 있는 불굴의 의지를 주소서.
▦ 하나님이 나에게 주신 사명을 잊지 말고 한 번 더 도전합시다.

사슴뿔의 교훈

읽을 말씀 : 갈라디아서 5:5-15

●갈 5:15 만일 서로 물고 먹으면 피차 멸망할까 조심하라

숲 속에서 영역다툼을 치열하게 벌이던 사슴 두 마리가 있었습니다.

격렬한 싸움 중에 뿔이 뒤엉켜 옴짝달싹 할 수 없는 지경이 됐지만 자존심 때문에 서로 조금도 물러서지 않았습니다.

반나절이 지나자 배가 고파진 사슴들은 싸움을 멈추려 했으나 뿔이 뒤엉켜 빠지지 않았습니다. 굶어 죽게 생긴 사슴들은 그제서야 뿔을 빼려고 안간 힘을 쓰며 협동했지만 엉킨 뿔은 빠지지 않았고 결국 두 마리 다 굶어죽고 말았습니다.

산책을 하다 뿔이 엉켜 죽은 두 사슴을 본 한 분이 엉킨 뿔을 그대로 잘라 수도원에 걸어놓고 누군가 뿔을 보고 물어볼 때마다 두 사슴의 이야기를 해줬습니다.

"힘을 과시하다가 죽은 두 사슴처럼 분노에 눈이 멀어 자존심만 내세우는 사람은 상대방도 죽이고 자신도 죽게 됩니다."

배려와 양보의 소중함을 일깨워주는 뒤엉킨 사슴뿔은 독일 베벤하우젠에 있는 수도원에 지금도 전시되어 있습니다.

상대를 아프게 하는 승리는 아무런 의미도 없습니다.

오히려 둘 다 망하는 지름길입니다. 그런데 세상 곳곳, 각 분야에 종사하는 책임 있는 사람들에게서 이런 모습을 봅니다.

옛사람의 이기적인 마음을 내려놓고 주님이 주시는 평안으로 가득 채우십시오. 아멘!

♡ 주님! 배려와 덕을 잃지 않는 유한 성품으로 변화시켜 주소서.
🎴 예수님이 보여주신 배려와 양보의 정신을 실천하며 삽시다.

"두려워 말라 내가 너와 함께 함이니라
놀라지 말라 나는 네 하나님이 됨이니라
내가 너를 굳세게 하리라
참으로 너를 도와 주리라
참으로 나의 의로운 오른손으로
너를 붙들리라"
- 이사야 41:10

12월

질서를 지키라

읽을 말씀 : 에베소서 5:22-33

● 엡 5:28 이와 같이 남편들도 자기 아내 사랑하기를 제몸 같이 할찌니 자기 아내를 사랑하는 자는 자기를 사랑하는 것이라

『아내와 한국에서 사역을 시작하던 초창기 사소한 일로 잦은 트러블을 겪었습니다. 가난했던 저는 치약을 쓸 때 뒤에서부터 눌러서 돌돌 말아가며 아껴 썼습니다. 하지만 아내는 미국 중산층 출신이라서 그런지 가운데 부분을 눌러서 쓰곤 했습니다. 뒷부분을 눌러서 쓰라고 몇 번을 이야기했지만 소용이 없었습니다. 너무 화가 난 저는 치약을 두 개 사서 하나는 아내용, 하나는 제 전용으로 놔두고 아내가 제 치약에 손을 대지 못하도록 메모를 써서 붙이기도 했습니다.

지금 생각하면 그게 무슨 부질없는 짓이었는지 정말 후회막심합니다. 미국에서 잘 살던 여인이 저 하나 믿고 이 가난한 나라까지 따라와서 그 고생을 했는데, 그까짓 치약 쓰는 게 뭔 대수란 말입니까. 돌이켜보면 아무것도 아닌 일들로 사랑하며 살 시간을 너무나 많이 놓쳤습니다.

요즘 저는 매일 밤 아내의 발을 마사지해줍니다. 이때의 저는 극동방송의 이사장도 아니고 목사도 아니고 사랑하는 아내 트루디의 남편일 뿐입니다. 이제는 병으로 몸이 불편하지만 60년간 함께 선교사역에 뛰어다닌 아내의 발을 마사지해주는 것은 제게도 너무나 큰 기쁨입니다.』 - 김장환 목사의 인생 메모에서

가정의 기초는 부부입니다. 자녀가 아무리 귀하다고 해도 서로의 배우자가 우선입니다. 성경이 제시하는 기초적인 질서를 지킴으로 하나님이 주시는 큰 복을 누리십시오. 아멘!

♡ 주님! 부부간에 섬기고 배려하며 아끼고 사랑하게 하소서.
▨ 잘못한 것을 알지만 사과하지 못했던 일들을 오늘 사과하십시오.

말 두 마리의 힘

읽을 말씀 : 갈라디아서 6:1-5

12월 2일

● 갈 6:2 너희가 짐을 서로 지라 그리하여 그리스도의 법을 성취하라

말 한 마리가 끌 수 있는 무게는 평균 4톤이라고 합니다. 말 두 마리가 끌 수 있는 무게는 몇 톤일까요?

단순 계산으로는 8톤에서 많아야 10톤 정도가 나옵니다.

실험 결과는 몇 배였습니다. 일반적인 상식으로는 이해할 수가 없습니다. 두 마리가 끈다고 없던 힘이 더 생기지는 않기 때문입니다. 이처럼 협동을 할 때 단순 더하기 이상의 효과가 나오는 현상들을 '시너지 효과'라고 합니다.

다음은 학자들이 밝혀낸 '시너지의 3가지 원리'입니다.

● 첫 번째, 연합(Unity)입니다.

위기상황일수록 혼자보다 팀일 때 성과가 몇 배 높습니다.

● 두 번째, 조화(Harmony)입니다.

말과 독수리, 독수리와 닭이 같이 짐을 끈다면 아무런 효과가 없습니다.

● 세 번째, 협력(Cooperation)입니다.

아무리 힘이 좋아도 달리는 방향이 반대라면 오히려 방해가 됩니다.

이 땅에 하나님의 말씀이 다시 한 번 뜨겁게 퍼져가고 많은 영혼이 돌아오기 위해서는 주님의 푯대를 따라 연합하고 동역하는 그리스도인들이 한 명이라도 더 많아야 합니다. 내가 아닌 주님을 위해 한 마음 한 뜻으로 함께 일하십시오. 아멘!

♡ 주님! 하나님을 위해서라면 나를 내려놓고 헌신하게 하소서.

🎴 하나님이 주신 거룩한 큰 뜻을 위해 믿는 사람끼리 협력합시다.

십대들의 예수님

읽을 말씀 : 누가복음 18:9-17

● 눅 18:16 예수께서 그 어린 아이들을 불러 가까이 하시고 이르시되 어린 아이들이 내게 오는 것을 용납하고 금하지 말라 하나님의 나라가 이런 자의 것이니라

미국 청소년들의 폭발적인 부흥을 이끈 빌 넌스 목사님이 쓴 '10대 크리스천들이 교회에서 필요로 하는 5가지'입니다.

1. 예수님과 함께하는 장소
교회가 아무리 재미있는 곳이 되더라도 예수님이 계시지 않다면 무의미한 장소입니다.

2. 십대들을 이해하고 돌봐줄 어른들
청소년들을 도와줄 진심어린 멘토가 교회에는 필요합니다.

3. 교회차원의 봉사활동
사람들의 편견과는 달리 10대들은 봉사활동에 큰 기쁨과 보람을 느꼈습니다.

4. 지속적인 격려와 관심
끊임없이 사랑과 관심을 부어줘야 합니다.

5. 실력과 신앙을 성장시킬 수 있는 곳
조금씩이라도 달라질 수 있는 곳이 되어야 합니다.

다음세대의 중요성은 아무리 강조해도 지나치지 않습니다.

주님은 십대 때 지혜와 키가 자라가며 하나님과 사람에게 더 사랑스럽게 성장했습니다(눅 2:52).

주님의 품으로 돌아오는 청소년들이 넘쳐나도록 지속적인 관심과 격려, 기도를 멈추지 마십시오. 아멘!

💙 주님! 다음 세대의 복음화를 위해 기도하고 헌신하게 하소서.
📖 교회의 10대와 청년들을 위해 할 수 있는 노력을 찾아봅시다.

생명수를 마시라

읽을 말씀 : 요한계시록 21:1-8

● 계 21:6 또 내게 말씀하시되 이루었도다 나는 알파와 오메가요 처음과 나중이라 내가 생명수 샘물로 목 마른 자에게 값 없이 주리니

유 대인의 교육서 탈무드에는 '마실 수 있는 물을 구별하는 내용'이 아주 상세하게 나와있습니다.

분량으로 따지면 100페이지가 넘는 엄청난 양입니다.

수원이 부족한 지역에서 예로부터 살고 있었기 때문이기도 하지만 물이 없으면 죽는 것처럼 잘못된 물을 마시면 똑같이 위험하다는 것을 예로부터 알았기 때문입니다. 200년 전만 해도 전쟁으로 죽는 병사보다 오염된 물을 마시고 죽는 병사들이 훨씬 많았습니다.

1848년에 헝가리를 공격한 러시아군의 전사자는 11000명이었는데 그 중 만 명이 오염된 물 때문에 전사했습니다. 하지만 유대인들은 예로부터 물에 민감했기 때문에 200년보다 훨씬 과거인 2천 년 전에도 로마군에 맞서 3년간 농성을 하면서도 물로 고생을 하지 않았습니다.

사람은 몸의 수분이 7%가 부족해지면 죽기 때문에 2%만 부족해도 갈증을 느끼게 되어 있습니다. 갈증을 해소하려고 아무 물이나 먹으면 오히려 죽게 되기 때문에 생명을 살리는 깨끗하고 좋은 물을 찾는 것은 생명에 필수적인 부분입니다.

영적인 갈증도 마찬가지입니다. 마음의 공허함과 영적인 갈급함은 예수님이 아닌 다른 무엇으로 채울 수 없습니다.

나의 마음을 만족케 할 유일한 생명수이신 예수님으로 영혼의 목마름을 채우십시오. 아멘!

♡ 주님! 영생을 허락하신 참된 진리를 떠나지 않게 하소서.
☒ 예수님이 내 삶의 전부이자 목적임을 고백합시다.

12월 5일

누구도 알 수 없다

읽을 말씀 : 고린도전서 1:22-31

● 고전 1:25 하나님의 미련한 것이 사람보다 지혜 있고 하나님의 약한 것이 사람보다 강하니라

미국인이 가장 존경하는 대통령 중 한 명인 아이젠하워가 건강이 매우 좋지 않을 때였습니다.

아이젠하워는 가족들에게 빌리 그래함 목사님을 불러달라고 말했습니다. 아이젠하워는 목사님에게 죄사함의 은혜와 예수님의 구속하심에 대해 설명해달라고 요청했습니다.

말씀을 듣고 기도까지 받은 후 아이젠하워는 편안한 표정으로 말했습니다.

"감사합니다, 목사님. 저는 이제 준비가 됐습니다."

유도의 창시자 가노 지고로는 노년에 수많은 제자들을 앞에 두고 이런 유언을 남겼습니다.

"내가 죽으면 상복에 흰띠를 둘러다오."

스승님 같은 고수가 검은 띠가 아닌 흰띠를 두르는 이유를 묻자 지고로가 대답했습니다.

"죽음 뒤의 세계는 내가 모르는 곳이다. 처음부터 시작하니 당연히 흰 띠를 매야지."

공자도 제자들에게 사후세계나 귀신에 대한 질문을 받을 땐 "나는 살아있는 세상도 다 모른다"라고 대답했습니다.

오직 예수님을 믿음으로 구원받지 않고서는 죽음 뒤의 일을 알 수도, 준비할 수도 없습니다.

사람의 힘으로는 도저히 해결할 수 없는 죄와 죽음의 문제를 대신 해결해주신 주님의 은혜를 놓치지 마십시오. 아멘!

♡ 주님! 세상이 알 수 없는 지혜가 있음을 알고 주께 돌아오게 하소서.
▨ 나의 무지와 연약함을 전능하신 하나님께 맡깁시다.

누군가 알려야 한다

읽을 말씀 : 고린도전서 9:11-17

● 고전 9:14 이와 같이 주께서도 복음 전하는 자들이 복음으로 말미암아 살리라 명하셨느니라

바이크를 타며 여가를 즐기던 남자가 있었습니다.
신나게 도로를 달리던 중 멀리 떨어진 한 마을에서 검은 연기가 치솟는 모습이 눈에 들어왔습니다. 불안한 예감이 든 남자는 도로를 빠져나와 불길을 향해 달렸습니다. 연기가 나는 곳은 일반 주택가였는데 마당에 제법 큰 불이 난 상태였습니다.

멀리서 봐도 알 정도의 큰 불이 났음에도 불을 끄려는 사람은 주변에 한 명도 없었습니다. 남자는 먼저 소방서에 신고한 뒤 아직 대피하지 못한 사람이 있나 싶어 불이 난 집에 들어갔는데 놀랍게도 마당에서 주인이 불을 구경하고 있었습니다.

주인은 무성한 잔디가 보기 싫어 조금씩 태우다가 큰불이 났다고 말했지만 정작 불을 끄려고는 하지 않았습니다. 보다못한 남자가 불이 번지지 않도록 주변 잔디에 물을 뿌렸고 그 사이 도착한 소방관에 의해 화재는 진압됐습니다.

미국의 보일링 스프링스라는 마을에서 일어난 황당한 이야기입니다.

죄를 짓고도 회개하지 않고, 죄를 짓는 사람을 보고도 아무 말도 하지 않는 그리스도인은 불이 난 집을 보고도 가만히 있는 위 이야기의 사람과 같은 모습이지 않을까요?

인간은 누구나 죄인이라는 사실을, 그 죄인을 위해 예수님이 오셨다는 사실을 기쁘게 알리는 사람이 되십시오. 아멘!

♡ 주님! 길 잃은 영혼을 모른 체 하지 않는 책임감을 주소서.
🎴 죄를 경고하고 구원의 길로 인도할 수 있는 성도가 되십시오.

12월 7일

본질을 즐겨라

읽을 말씀 : 히브리서 10:19-25

● 히 10:23 또 약속하신 이는 미쁘시니 우리가
믿는 도리의 소망을 움직이지 말고 굳게 잡아

메이저리그의 스타 선수였던 마이크 매시니가 부상 후유증으로 은퇴하고 고향으로 돌아왔을 때 자녀를 야구선수로 키우려는 많은 부모님들이 찾아와 가르침을 부탁했습니다.

그는 자신을 찾아온 수 많은 사람들 중에서 '매시니 선언'이라고 불리는 계약서에 서명을 한 부모의 자녀들만 가르쳤습니다.

계약서의 내용은 다음과 같습니다.

1. 관중석에서 어떤 응원도 금지
2. 모든 물품을 자녀 혼자서 챙기고 간수할 것
3. 포지션에 대한 조언 및 강요 금물

부모님의 간섭을 원천 차단한 이유는 "자녀들에게 부담을 주고 스스로 목표를 찾을 수 없게 간섭함으로 야구의 재미를 느끼지 못하게 하기 때문"이었습니다. 아이들이 스스로 성장하게 이끈 매시니의 동네야구팀은 뛰어난 성적을 거뒀습니다.

훗날 메이저리그 감독이 된 매시니는 비슷한 방식을 적용해 부임 첫해 최다승 신기록을 세우며 팀을 1위로 이끌었습니다.

본질에 집중하면 결과는 나오게 되어 있습니다. 좋은 사람, 나은 환경 같은 소소한 것들을 넘어서 오직 영광의 주님에게만 집중하는 것이 바른 신앙생활의 비결입니다.

사람과 세상이 아닌 오직 주님만을 바라보며 예배하십시오. 아멘!

♡ 주님! 예배를 통해 심령을 회복시키시고 참된 기쁨을 내려주소서.
🔲 온전히 하나님을 바라고 기뻐하는 예배를 드립시다.

포기하지 말고 심으라

12월 8일

읽을 말씀 : 데살로니가전서 5:12-22

● 살전 5:14 또 형제들아 너희를 권면하노니 규모 없는 자들을 권계하며 마음이 약한 자들을 안위하고 힘이 없는 자들을 붙들어 주며 모든 사람을 대하여 오래 참으라

중학생인 파엥은 인도에 있는 세계에서 가장 큰 내륙섬인 마줄리섬으로 오랜만에 여행을 갔다가 큰 충격을 받았습니다.

몇 년 전만 해도 수풀이 우거지고 다양한 생물이 살던 섬이 홍수로 나무가 다 쓸려나가 남아있는 동식물들이 햇볕에 말라가며 생태계가 무너졌습니다.

'나무가 없어서 죽는 거라면 나라도 나무를 심어야지.'

어린 시절 보았던 울창한 마줄리 섬을 생각하며 파엥은 매일 섬으로 건너가 나무를 심었습니다.

정부도 포기한 거대한 섬을 40년 동안 매일 나무를 심고 물을 주었습니다.

처음 1년, 2년이 지난 뒤에는 아무런 변화가 없었습니다. 10년이 지나고 20년이 지나자 파엥의 땀의 결실이 무성하게 맺히기 시작했습니다.

파엥이 지금도 나무를 심고 있는 마줄리 섬에는 여의도의 2배가 넘는 숲이 조성되어 있고 멸종 위기종인 호랑이와 코뿔소, 코끼리까지 나타나 전보다 더 풍성한 생태계를 회복했습니다.

부지런히 복음의 씨를 뿌리는 사람은 하나님이 허락하신 때에 그 누구보다 풍성한 수확의 기쁨을 누립니다.

어떤 환경에 처해 있고 어떤 사람을 만나든지 포기하지 말고 복음의 씨앗을 뿌리십시오. 아멘!

♡ 주님! 작은 사명일지라도 불평 없이 최선을 다하게 하소서.
▨ 크게 거두실 주님을 믿고 작은 씨앗이라도 부지런히 뿌리십시오.

중보기도의 능력

읽을 말씀 : 히브리서 13:9-19

● 히 13:18 우리를 위하여 기도하라 우리가 모든 일에 선하게 행하려 하므로 우리에게 선한 양심이 있는 줄을 확신하노니

찰스 피니 목사님이 뉴욕 로체스터 지역을 돌면서 부흥회를 했을 때 수천 명이 하나님께 돌아오는 역사가 일어났습니다.

지역 인구의 10%나 되는 사람들이 회심했다는 놀라운 소식에 일반 매체에서도 취재를 왔습니다.

수 많은 사람들을 하나님께로 돌아오게 만든 비결이 무엇이냐고 묻자 목사님은 '아벨 클레리의 기도'라고 대답했습니다.

훗날 자서전에서 목사님은 아벨이라는 여인에 대해서 다음과 같이 적었습니다.

"아벨 여사는 항상 나의 사역을 위해 기도했습니다. 내가 집회를 하기 전에도, 집회가 끝난 뒤에도 그녀의 기도는 끝나지 않았습니다. 여사는 사람들 앞에는 한 번도 나서지 않았지만 평생 동안 기도를 쉬지 않았습니다."

하나님께 쓰임 받았던 부흥사 뒤에는 항상 중보자가 있었습니다.

전도자 무디 곁에는 중증장애임에도 침대에 누워 하루종일 기도했던 마리안이라는 중보자가 있었고 중국 선교의 등불 조나단 고퍼스에겐 모든 집회에 참석하며 중보했던 이름도 남지 않은 한 여인이 있었습니다.

하나님의 능력은 기도할 때 나타납니다. 하나님의 일을 위해, 하나님의 사람들을 위해 기도를 하루도 쉬지 마십시오. 아멘!

♡ 주님! 기도의 힘을 믿고 부흥을 위해 기도를 쉬지 않게 하소서.

▨ 전도를 위해 헌신하는 사역자들을 기도로 뜨겁게 중보합니다.

바꿀 수 없는 것

읽을 말씀 : 디모데전서 6:11-21

● 딤전 6:12 믿음의 선한 싸움을 싸우라 영생을 취하라 이를 위하여 네가 부르심을 입었고 많은 증인 앞에서 선한 증거를 증거하였도다

13 세기에는 무슬림들에게 복음을 전하는 것 자체가 죽음을 의미했습니다. 선교를 향한 열망이 너무나 뜨거웠던 라몬은 이런 사실을 알면서도 망설임 없이 중동으로 떠났습니다. 가는 곳마다 박해를 당하며 숱한 죽을 위기를 넘기던 라몬은 죽음이 두렵지 않냐는 질문에 다음과 같이 대답했습니다.

"나는 저들을 사랑하기 때문에 떠난 것입니다. 사랑하지 않는 사람은 죽어있는 것이나 마찬가지고, 사랑하는 사람은 예수님으로 인해 살고 있기 때문에 영원히 죽지 않습니다."

하나님의 보호하심으로 중동에서 수십 년간 복음을 전한 라몬은 노년에 들어 돌에 맞아 순교했는데 마지막으로 남긴 말은 '오직 예수'였습니다.

중세시대 네덜란드에서 기독교를 믿는다고 핍박받은 겔린드 물러에게 판사가 질문했습니다.

"목숨은 아깝지 않다 하더라도, 사랑하는 가족과 헤어지는 것이 두렵지 않은가?"

"온 세상을 준다 하더라도 가족과는 바꿀 수가 없을 정도로 소중합니다. 그러나 그런 가족으로도 포기할 수 없는 것이 딱 한 가지 있습니다. 바로 그리스도입니다."

하나님은 독생자이신 예수님을 보내주시면서까지 나를 포기하지 않으셨습니다. 세상 무엇과도 비교할 수 없고, 바꿀 수 없는 그 사랑을 하루도 잊지 말고 살아가십시오. 아멘!

🤍 주님! 어떤 역경에도 끝까지 신앙을 포기하지 않게 하소서.
🖼 끝까지 나를 포기하지 않으신 주님을 나도 온전히 신뢰합시다.

0.1%의 차이

12월 11일

읽을 말씀 : 시편 22:24-31

● 시 22:26 겸손한 자는 먹고 배부를 것이며 여호와를 찾는 자는 그를 찬송할 것이라 너희 마음은 영원히 살찌어다

영국에는 유난히 출입문이 낮은 한 교회가 있습니다. 허리를 많이 숙여야 겨우 들어갈 수 있는 이 문에는 두 가지 의미가 있습니다.

첫째는 교회를 들어갈 때도 겸손해야 하지만 세상으로 나갈 때에도 겸손한 마음을 유지해야 한다는 의미이고 둘째는 허리를 세우면 머리를 부딪히듯이 교만하면 사고가 난다는 의미입니다.

그리스의 철학자 소크라테스는 많은 사람들이 모르는 걸 안다고 생각하기 때문에 오히려 무지한 것이며 자신은 모르는 걸 모른다고 하기에 더 지혜로운 사람이라고 말했습니다.

네덜란드의 마르셀 비엔만 교수에 따르면 학생들의 성적에는 타고난 '아이큐'보다 '메타인지'라는 생각의 구조가 더 중요하다고 합니다. 메타인지는 바로 '알고 있는 것과 모르고 있는 것을 구별하는 능력'입니다. 아이큐는 성적에 20% 정도 영향을 줬지만 '메타인지'는 40%가 넘게 영향을 줬습니다. 우리나라에서도 진행된 연구에 따르면 상위 0.1%에 속하는 학생들은 아이큐가 아닌 메타인지가 다른 학생들보다 월등히 높았습니다.

지혜로운 성도는 알고 있는 일을 열심히 하면서 알 수 없는 일들은 하나님께 맡깁니다. 모르는 일을 맡길 수 있는 믿음이 있기에 아는 일들을 최선을 다해 감당할 수 있습니다. 겸손한 마음으로 하나님이 나에게 주신 일들에 최선을 다하십시오. 아멘!

🤍 주님! 말씀과 기도를 통해 하나님의 큰 뜻을 알아가게 하소서.

🙏 드러나지 않아도 하나님이 맡겨주신 일에 최선을 다합시다.

무한한 은혜

읽을 말씀 : 시편 111:1-10

● 시 111:4 그 기이한 일을 사람으로 기억케 하셨으니 여호와는 은혜로우시고 자비하시도다

프랑스의 한 노인이 전염병에 걸려 쓰러졌습니다.

90세가 넘은 노령인 탓에 산소호흡기를 달고 오랜기간 치료를 받아야 했으나 다행스럽게도 후유증 없이 완치됐습니다.

퇴원 수속을 밟고 병원비 청구서를 받은 노인은 의사 앞에서 갑자기 눈물을 흘렸습니다. 입원해 있는 며칠간 산소치료만 받았는데 '수천만 원'이라는 엄청난 금액이 적혀있었습니다.

눈물을 흘리는 노인을 위로하며 의사가 말했습니다.

"비용이 너무 많다는 건 압니다만 무사히 퇴원하시는 걸 기쁘게 여기셔야 합니다."

노인은 돈은 충분히 있다며 자신이 눈물 흘리는 이유에 대해 말했습니다.

"내가 우는 이유는 며칠 간 단지 산소를 마신 금액이 수천만 원이라는 사실입니다. 90년 동안 매일 산소를 마시면서 저는 한 번도 하나님께 돈을 지불한 적이 없습니다. 그 큰 은혜를 지금껏 모르고 살아온 것이 너무 슬퍼서 우는 것입니다."

노인의 고백을 들은 의사도 하나님의 놀라우신 은혜에 눈물을 흘리지 않을 수 없었습니다.

살면서 누리는 모든 것들은 하나님의 은혜가 아닌 것이 없습니다. 매일 당연하게 누리는 그 어떤 것이라도 하나님의 은혜임을 알고 충만한 감사로 삶을 채우십시오. 아멘!

🤍 주님! 날 사랑하사 베푸신 놀라운 은혜의 소중함을 깨닫게 하소서.

📷 누리는 모든 것이 하나님의 은혜임을 느끼고 감사를 고백합시다.

12월 13일

기도가 살린 도시

읽을 말씀 : 다니엘 9:12-19

● 단 9:17 그러하온즉 우리 하나님이여 지금 주의 종의 기도와 간구를 들으시고 주를 위하여 주의 얼굴 빛을 주의 황폐한 성소에 비취시옵소서

과테말라의 알모롱가는 '죽음의 도시'라고 불립니다.

인구가 2만 명 밖에 안 되는 작은 도시지만 교도소는 4개나 있고 남자들은 대부분 술과 마약에 중독되어 사소한 다툼도 폭력으로 이어져 치안이 유지되지 않았습니다. 아이들은 학교도 다니지 못하고 방치되어 길거리를 떠돌았습니다.

알모롱가 출신으로 역시 술독에 빠져 살던 청년 마리아노는 어느 날 주님을 만나 회심하고 목사님이 됐습니다. 기도 중에 고향으로 돌아가 복음을 전하라는 소명을 받은 목사님은 누구보다 그 거리를 잘 알았기에 두려웠지만 "죽으면 죽으리라"는 마음으로 순종했습니다.

말씀을 듣고 양심에 가책을 느낀 사람들은 목사님을 죽이려고 납치까지 했으나 죽음의 위기에서도 말씀을 전하는 목사님을 하나님은 지켜주셨습니다. 목사님의 기도로 여러 사람의 병이 나았고, 목사님을 향해 쏘는 총은 모두 불발됐습니다.

이런 기적들을 통해 하나님의 살아계심을 목격한 사람들은 회개하기 시작했고 현재 이 지역의 90%는 그리스도인이 됐습니다. 정원이 모자라던 4개의 감옥도 죄수가 없기 때문에 지금은 관청으로 사용되고 있습니다.

하나님은 기도를 통해 사명을 주시고, 기도를 통해 역사하십니다. 나를 위한 하나님의 뜻이 무엇인지 기도하며 하나님의 뜻을 이루기 위한 능력과 지혜를 달라고 기도하십시오. 아멘!

🤍 주님! 주님의 거룩한 도구로 세상에서 쓰임 받게 하소서.
🗿 주님이 나에게 주신 사명을 기도함으로 감당합시다.

위기 때에 구하라

12월 14일

읽을 말씀 : 시편 34:14-22

● 시 34:17 의인이 외치매 여호와께서 들으시고
저희의 모든 환난에서 건지셨도다

친구들과 함께 넓은 배를 타고 넓은 호수로 나간 소녀가 있
었습니다.

노 젓는 것도 잊고 친구들과 수다를 떨다 보니 어느새 육지에서
멀리 떨어진 곳에 도착했습니다. 날이 어두워져 물밖에 보이지
않자 호수는 마치 바다 같았습니다.

열심히 힘을 합해 노를 저었지만 썰물이 오는지 배는 좀처럼
나아가지 않았습니다. 육지로 나갈 방법을 찾지 못해 발만 동동
구르고 있을 때 한 친구가 이런 말을 했습니다.

"두세 사람이 주님께 기도하면 반드시 응답해주신다고 했어.
함께 기도하자."

날은 점점 어두워지고 배는 여전히 나아가지 않았지만 소녀
와 친구들은 기도하며 하나님께 매달렸고 30분 뒤 거짓말처럼
구조선이 소녀들을 찾았습니다. 이때 배에 타고 있던 소녀 한 명
은 '갓 블레스 아메리카'라는 노래로 유명한 가수 케이트 스미스
였습니다. 케이트는 이후 틈이 나는 대로 이 이야기와 함께 다음
과 같은 메시지를 사람들에게 전했습니다.

"어려운 일에 처할 때, 마음이 힘들 때마다 기도하세요.
주님은 반드시 응답하십니다."

하나님보다 나의 어려움을 더 잘 아시는 분은 없습니다.

마음이 힘들고 어려울 때, 도저히 해결할 방법이 보이지 않을
때, 그때 더욱 주님께 나아오십시오. 아멘!

♡ 주님! 기도에 응답하시는 주님이심을 믿고 구하게 하소서.
🖼 환란 가운데서 나를 구원하시는 주님께 부르짖읍시다.

12월 15일

마음이 모인 서점

읽을 말씀 : 로마서 14:16-23

● 롬 14:18 이로써 그리스도를 섬기는 자는 하나님께 기뻐하심을 받으며 사람에게도 칭찬을 받느니라

영국 잉글랜드 사우스 햄튼 지역에는 40년이 넘는 역사를 가진 작은 서점이 있습니다. 환한 미소로 지나가는 마을 사람들의 안부를 묻는 사장님이 있는 서점은 마을의 명소였지만 경영난으로 이사를 하게 됐습니다. 독서율 저하로 인한 매출 감소와 크게 오른 임대료를 감당할 수 없었기 때문입니다. 옮길 책이 너무 많아 이사비용이 모자란 상황이었습니다.

이 안타까운 소식을 듣고 마을 사람들이 직접 책을 옮겨주려 모였는데 무려 250명이나 됐습니다. 그동안 사장님의 도움을 받거나 서점에서 좋은 추억을 쌓은 사람들이었습니다.

주민들이 책을 나르는 모습을 본 다른 사람들도 사정을 알게 되고는 속속 합류했고 나중에는 이사 갈 장소까지 길게 늘어설 정도로 많이 모였습니다.

마을의 소중한 순간들을 함께 했던 서점을 위해 모인 사람들로 2만 권이 넘었던 책들은 하루 만에 무사히 옮겨졌습니다. 시대가 바뀌며 서점의 비중은 줄었지만 사람들에게 베풀었던 사장님의 미소와 배려는 사람들 마음에 남아있었습니다.

교회는 성도들에게도 행복한 곳이어야 하지만 불신자들에게도 기분 좋은 장소가 되어야 합니다. 성도들의 눈높이에 맞춘 교회가 아니라 믿지 않는 사람에게 다가가며 좋은 이미지를 줄 수 있는 지역의 빛으로 교회를 세우십시오. 아멘!

💚 주님! 좋은 추억을 남길 수 있는 우리 교회가 되게 하소서.

🖼 교회에 오는 사람들을 진심으로 환영하고 축복합시다.

시간이 모자라는 이유

읽을 말씀 : 마태복음 11:25-30

● 마 11:28 수고하고 무거운 짐진 자들아 다 내게로 오라 내가 너희를 쉬게 하리라

역사에 큰 족적을 남긴 위인들의 삶을 살펴보면 '휴식'이라는 공통점이 있습니다.

하루 종일 발명을 하고 전략을 연구했던 에디슨과 나폴레옹의 수면시간은 평균 4시간이었지만 2시간의 낮잠은 빼먹지 않았습니다.

세계 최고의 부자 빌 게이츠도 1년에 3주 정도는 인터넷도 되지 않는 외지에서 휴가를 보냅니다.

작가 브리짓 슐트는 편의가 더 발달된 현대사회를 사는 사람들이 과거보다 더 시간적 여유가 없는 '타임 푸어(Time poor)'가 된 이유는 '제대로 쉴 줄을 모르기 때문'이라고 말했습니다.

브리짓의 '시간을 풍족하게 쓰기 위한 5가지 휴식의 원리'입니다.

1. 충분한 잠, 낮잠
2. 명상이나 기도
3. 웹서핑과 이메일 확인 금지
4. 직장에서 철저히 분리되어 혼자만의 시간 갖기
5. 걷기, 욕심 버리기

온전히 쉴 수 있는 사람이 최선을 다해 일할 수 있습니다.

치열했던 세상을 떠나 주일에는 온전히 주님 안에서 참된 쉼을 얻으십시오. 아멘!

🤍 주님! 예배를 통해 주님을 더 알아가게 하소서.
🖼 시간이 없다는 핑계로 믿음 생활을 소홀히 하지 맙시다.

완벽한 사랑은 없다

읽을 말씀 : 요한일서 2:7-17

● 요일 2:15 이 세상이나 세상에 있는 것들을 사랑치 말라 누구든지 세상을 사랑하면 아버지의 사랑이 그 속에 있지 아니하니

어린 시절부터 가족과 친구들에게 사랑받지 못하던 청년이 있었습니다. 꿈에 그리던 연인을 만나 행복한 사랑을 시작했지만 전쟁이 일어나 군에 입대하게 됐습니다. 고향으로 돌아갈 날만 기다리던 청년에게 청천벽력같은 편지가 도착했습니다.

'형편이 어려워 의사와 결혼하기로 했어요. 정말 미안해요.'

청년을 너무나 사랑해 잊을 수 없었던 여인은 결혼을 파기하고 다시 돌아왔지만 진정한 사랑이라면 조금도 흔들리지 않아야 한다고 생각한 청년은 돌아온 옛사랑을 외면했습니다. 사랑이 없어 공허한 청년의 마음은 도무지 채워지지 않았습니다.

수많은 여성을 만나고, 세계적인 작가로 성공해 찬사를 받아도 마음의 공허함은 커져갈 뿐이었습니다.

어느 날 그에게 권총이 도착했습니다. 어려서부터 사이가 나빴던 어머니가 돈을 보내주지 않는다며 아버지가 자살할 때 사용했던 총을 생일선물로 보낸 것입니다.

세상에 진정한 사랑은 존재하지 않는다고 생각한 작가 헤밍웨이는 결국 어머니가 보내준 총으로 자살을 했습니다.

참된 사랑은 사람이 아닌 오직 예수님을 통해서만 누릴 수 있습니다. 날 위해 세상에 오시고 십자가에 달리심으로 놀라운 사랑을 선물해주신 예수님을 바라보며 영혼의 갈증을 채우십시오. 아멘!

♡ 주님! 주님의 참된 사랑을 통해 공허한 마음을 채워주소서.
🖼 예수님이 부어주신 참된 사랑만이 모든 것임을 기억합시다.

신앙의 중심은 예수님

읽을 말씀 : 시편 138:1-8

● 시 138:2 내가 주의 성전을 향하여 경배하며 주의 인자하심과 성실하심을 인하여 주의 이름에 감사하오리니 이는 주께서 주의 말씀을 주의 모든 이름 위에 높게 하셨음이라

'우상을 섬기지 마라'는 십계명의 두 번째 계명으로 그리스도인들에게 가장 중요한 계명 중 하나지만 교회에서도 조심해야 할 우상이 있습니다.

라이프웨이연구소의 에릭 가이거 박사가 말한 '교회 안에 있는 세 가지 우상'입니다.

1. 장소라는 우상입니다.

특정 장소나 교회에서 은혜를 경험했다고 그 장소 자체가 효험이 있는 것은 아닙니다. 하나님은 특정 장소가 아니라 하나님을 믿는 성도들의 마음을 통해 일하십니다.

2. 과거라는 우상입니다.

과거에 놀라운 은혜와 부흥을 경험하게 한 하나님은 오늘날도 동일하십니다. 좋았던 시절을 그리워만 하는 것이 아니라 때에 상관없이 본분을 다하는 것이 참된 성도의 자세입니다.

3. 프로그램이라는 우상입니다.

사람이 만든 프로그램에 의존하게 될 때 하나님의 역사하심을 놓칠 수 있습니다. 아무리 좋은 프로그램이라 하더라도 하나의 도구라는 사실을 기억하십시오.

믿음의 시작과 끝은 오직 예수 그리스도입니다.

신앙의 중심이신 예수님과 진리의 본질인 하나님의 말씀에서 벗어나지 마십시오. 아멘!

♡ 주님! 신앙의 중심인 예수 그리스도만을 예배하게 하소서.

🖼 오직 주님만을 예배하며 주님만을 바라보는 신앙생활을 합시다.

마르지 않는 기쁨

읽을 말씀 : 빌립보서 4:2-9

●빌 4:3 또 참으로 나와 멍에를 같이 한 자 네게 구하노니 복음에 나와 함께 힘쓰던 저 부녀들을 돕고 또한 글레멘드와 그 외에 나의 동역자들을 도우라 그 이름들이 생명책에 있느니라

매주 교회에 갈 때마다 거지에게 만 원씩 주던 남자가 있었습니다.

회사 사정이 어려워 월급을 받지 못한 남자가 하루는 5천 원을 줬는데 돈을 확인한 거지가 화를 냈습니다.

"갑자기 왜 5천 원을 주십니까?"

"제가 요즘 회사 사정이 좋지 않아 월급이 많이 밀렸습니다."

"그러면 저는 굶어 죽으란 말입니까?"

이런 현상을 심리학적으로 '쾌락 적응 효과'라고 합니다.

사람은 반복적으로 호의를 받으면 기쁨이 점점 줄어들고 감사한 마음이 사라지게 되는데 안타깝게도 인생에서 느끼는 즐거움의 대부분은 '쾌락 적응 효과'를 벗어날 수 없다고 합니다.

그런데 미국 심리과학협회의 최신 연구에 따르면 아무리 반복해도 행복감이 줄어들지 않는 유일한 행동이 있다고 합니다.

바로 '남에게 베푸는 것'입니다.

연구에 따르면 기부나 봉사 같은 선행은 같은 행동을 반복해도 행복감이 전혀 줄지 않거나 평생을 해도 유지될 만큼 조금씩 줄었고 오히려 자주 반복할수록 효과는 더 좋았습니다.

예수님의 말씀대로 베풀고 나누는 삶에 집중하는 것이 인생의 허무함을 극복하고 참된 행복을 누리는 유일한 방법입니다. 하나님이 주신 은혜를 말씀대로 나누며 사십시오. 아멘!

🩵 주님! 봉사와 구제로 주님이 주시는 기쁨을 누리게 하소서.

🎨 정기적인 봉사활동과 기부를 생활화합시다.

고통 중에 나아오라

읽을 말씀 : 시편 69:29-36

● 시 69:32 온유한 자가 이를 보고 기뻐하나니 하나님을 찾는 너희들아 너희 마음을 소생케 할 찌어다

자다가 강도에게 공격을 당해 죽음의 위기를 겪은 스티븐 알터는 대수술 끝에 목숨은 건졌지만 심각한 공황상태에 빠졌습니다.

다리 힘줄이 끊어져 제대로 걷지도 못했는데 이보다 두려웠던 것은 또다시 '누가, 갑자기' 집에 쳐들어올지 모른다는 공포감이었습니다. 퇴원 후 집 밖으로 한 걸음도 나갈 수 없었던 스티븐은 몸과 마음이 황폐해지는 것을 느끼던 중 문득 히말라야를 등반하기로 결심했습니다.

선교사였던 아버지를 따라 인도에서 어린 시절을 보내며 매일 바라봤던 히말라야였지만 단 한 번도 올라간 적은 없었습니다. 그런데 지금 히말라야를 올라가야 한다는 생각이 사라지지 않아 결국 떠났습니다.

한 걸음, 한 걸음이 고통이었지만 스티븐은 마침내 히말라야 정상에 올랐고 정신적인 어려움도 극복했습니다. 아무리 고통스러워도 일단 걸음을 떼면 하나님이 인도해주신다는 사실을 깨달은 스티븐은 자신의 경험을 책으로도 출판해 어려움에 처한 사람들이 다시 시작할 수 있도록 큰 위로와 힘을 전해줬습니다.

하나님의 말씀을 믿고 한 걸음만 뗀다면 모든 것은 주님이 인도해주실 것입니다. 인생의 가장 힘든 순간에도 믿음을 잃지 말고 하나님이 보여주시는 땅을 향해 한 발을 떼십시오. 아멘!

♡ 주님! 고난에서 나를 다시 세우실 주님만을 찬양하게 하소서.
🔲 힘들고 괴로워도 주님 앞에 나아가 참된 위로를 받읍시다.

구세주이자 심판자

읽을 말씀 : 베드로전서 4:1-11

● 벧전 4:6 이를 위하여 죽은 자들에게도 복음이 전파되었으니 이는 육체로는 사람처럼 심판을 받으나 영으로는 하나님처럼 살게 하려 함이니라

바다에 놀러 갔다가 물에 빠진 남자가 있었습니다.

수영을 전혀 못 하던 남자는 발 빠르게 출동한 구조대원 덕분에 목숨을 건졌습니다. 십 년 뒤 나쁜 길에 빠져 범죄를 일삼던 남자는 경찰에 체포되어 재판을 받았습니다.

판사는 재판정에 들어선 남자를 보고 깜짝 놀라며 물었습니다.

"혹시 예전에 바다에 빠져 죽을 뻔한 적이 있지 않습니까?"

남자가 "맞습니다"고 하자 판사가 대답했습니다.

"제가 당신을 구해줬던 구조요원입니다.

여기서 볼 줄은 꿈에도 몰랐습니다."

십 년 전 일이 기억 난 남자는 선처를 호소했습니다.

"제 생명을 구해주신 분께 이런 모습을 보여 부끄럽습니다.

그때처럼 한 번만 더 저를 도와주시면 안 될까요?

사람을 구한다 생각하시고 선처를 부탁드립니다."

"그럴 순 없습니다. 그때는 당신을 구해주는 것이 저의 역할이었지만 지금은 당신을 재판하는 것이 저의 역할이기 때문입니다."

예수님은 나의 구원자이기도 하지만 죽음 뒤의 심판자이기도 합니다. 하나님의 심판대 앞에 떳떳하게 설 수 있도록 구원자이신 예수님을 생전에, 지금! 영접하십시오. 아멘!

♥ 주님! 구원자 예수님을 통해 심판의 형벌을 피하게 하소서.

📖 구원 받지 못한 주변의 사람들에게 복음을 전합시다.

모두 드려라

읽을 말씀 : 누가복음 21:1-9

12월 22일

● 눅 21:4 저들은 그 풍족한 중에서 헌금을 넣었거니와 이 과부는 그 구차한 중에서 자기의 있는바 생활비 전부를 넣었느니라 하시니라

미국의 한 시골교회의 주일학교 예배시간이었습니다.

헌금 시간에 한 아이가 눈을 감고 있는 모습을 보고 한 교사가 따로 불러 사정을 물었습니다. 아이는 집이 가난해서 헌금을 내지 못하기 때문에 자신의 삶을 바친다는 기도를 드렸다고 대답했습니다. 아이의 마음에 감동받은 선생님은 5달러짜리 지폐를 건네주었습니다.

"이 돈으로 매주 1달러씩 헌금을 하도록 하렴."

한 달은 헌금할 수 있는 액수였지만 아이는 두 번째 주부터 헌금 대신 다시 기도를 드렸습니다. 예배가 끝난 뒤 선생님이 이유를 물었습니다.

"한 주일 동안 헌금으로 과자를 먹고 싶은 유혹이 너무 커서 모든 돈을 헌금으로 넣고 다시 기도를 드리기로 했어요."

어린 시절부터 자신의 모든 것을 하나님께 드리기로 결심한 아이는 훗날 선교사가 되어 하나님의 뜻을 따라 살았습니다.

아펜젤러와 함께 한국에 도착해 한국의 신학, 의학, 교육에 지대한 공헌을 한 언더우드 선교사의 어린 시절 이야기입니다.

하나님께 나의 모든 것을 드릴 때 하나님께서 나의 삶을 가장 귀하게 사용하십니다. 하나님이 주신 생명을 다시 하나님의 영광을 위해 거룩하게 쓰임 받게 해달라고 기도하며 나의 모든 것을 주님께 맡기십시오. 아멘!

♡ 주님! 모든 것을 이미 주신 주님께 나의 모든 것을 바치게 하소서.
🙏 나의 모든 것을 주님께 아낌없이 드립시다.

12월 23일 **예수님을 모셔라**

읽을 말씀 : 요한복음 20:19-23

● 요 20:21 예수께서 또 가라사대 너희에게 평강
이 있을찌어다 아버지께서 나를 보내신 것 같이
나도 너희를 보내노라

미 국 켄터키에 수년간 앙숙인 두 집안이 있었습니다.
스미스 집안의 가축이 담을 넘어 브라운 집안의 작물을
먹어 치운 것이 사건의 발단이었습니다. 이 광경을 본 브라운 집
안의 사람들은 가축을 막무가내로 쏴 죽였습니다. 참지 못한 스
미스는 브라운에게 결투를 신청했고 브라운이 목숨을 잃으면서
사건은 일단락 됐습니다.

군대에서 비운의 소식을 들은 브라운 가의 장자 빌은 복수를
위해 전역하는 날만 손꼽아 기다렸습니다. 고향으로 돌아온 빌
은 형편이 어려워진 브라운 가를 위해 수년간 몰래 돈과 음식을
보내주는 사람이 있다는 이야기를 어머니로부터 들었습니다. 몇
차례의 잠복 끝에 그 은인이 스미스라는 사실을 알게 된 빌은 아
버지를 죽일 정도로 원수인 가문을 왜 도와줬냐고 물었습니다.

"몇 년 전 크리스마스에 교회에서 예수님이 우리에게 평화를
주러 오셨다는 말씀을 듣고 양심이 찔려 도저히 가만있을 수가
없었지. 원한다면 나를 쏴서 아버지의 복수를 해도 좋단다."

변화된 스미스를 만난 빌 역시 복수의 마음을 버리고 용서를
했고 서로 죽고 죽이던 두 가문은 둘도 없는 이웃이 됐습니다.

예수님은 나를 구원하시고 세상에서 얻을 수 없는 평안과 기
쁨을 주시기 위해 이 땅에 오셨습니다. 예수님을 마음에 구세주
와 주님으로 영접함으로 참된 평안을 누리십시오. 아멘!

🤍 주님! 형제를 용서하고 사랑할 수 있는 마음의 평안을 허락하소서.
🎴 예수님이 주시는 자유와 평안으로 성탄의 기쁨을 누리며 나눕시다.

확실한 증거

읽을 말씀 : 마태복음 2:1-12

● 마 2:2 유대인의 왕으로 나신 이가 어디 계시뇨 우리가 동방에서 그의 별을 보고 그에게 경배하러 왔노라 하니

주일학교에서 들은 동방박사의 이야기에 매료된 소년이 있었습니다. 소년은 자신이 느낀 신비한 감정을 글로 적었고 나중에 작문을 더 공부해 잡지에 투고하려는 꿈을 가졌습니다. 청년이 된 소년은 일을 하러 기차를 타고 가던 도중 생각잖게 매력적인 지식인과 만났습니다. 지식인에게 자신이 어린 시절 썼던 동방박사에 대한 글을 이야기하자 지식인은 논리정연하게 성경이 왜 거짓이고 기독교가 사라져야 하는지 설명했습니다. 청년은 단 한 마디도 반박하지 못했습니다.

기차에서 내린 청년은 자신의 무지함을 깨닫고 철저히 예수님의 삶에 대해 공부하기로 결심했습니다. 그 결과가 거짓이라면 미련 없이 신앙을 버리기로 마음먹었습니다.

몇 년이 지난 후 청년은 '하나님과 예수님의 신성에 대한 절대적인 확신'이 생겼다고 고백했습니다. 그동안 연구한 자료를 바탕으로 역사 소설을 썼는데 이 소설이 불후의 명작 '벤허'입니다. 류 윌리스가 벤허를 쓴 다음에 발표한 소설은 어린 시절에 푹 빠졌던 동방박사와 예수님의 탄생에 대한 소설 '첫 성탄'입니다.

진정한 진리를 탐구하는 사람은 인생의 어느 때에든 반드시 빛으로 오신 주님을 만나게 됩니다. 나를 구원하시고 놀랍게 사용하시기 위해 이 땅에 오신 예수님을 기억하며 거룩한 마음으로 성탄을 준비하십시오. 아멘!

♡ 주님! 날 위해 이 땅에 오신 예수님을 진실로 만나게 하소서.
▨ 구원의 기쁜 소식을 아직 모르는 사람들을 교회로 초대합시다.

성육신의 이유

읽을 말씀 : 요한복음 1:9-18

● 요 1:14 말씀이 육신이 되어 우리 가운데 거하
시매 우리가 그 영광을 보니 아버지의 독생자의
영광이요 은혜와 진리가 충만하더라

'**나**니아 연대기'의 작가 C.S. 루이스는 '전능하신 예수님이
육신을 입고 세상에 내려오셨을 뿐 아니라 십자가에 달
려 돌아가셔야 했던 이유'에 대해서 다음과 같이 말했습니다.

"예수님이 인간 속으로 오셨다는 것은 자신이 창조한 자연의
가장 깊은 바닥, 뿌리까지 내려오셨다는 뜻이기도 합니다. 생명
을 통해 다시 씨를 뿌리는 식물을 생각해보십시오. 아무리 아름
답게 자란 식물이라 하더라도 결국 하찮게 보이는 씨를 뿌려야
합니다. 그렇지 않으면 거기서 생명이 끝나고 맙니다. 동물도 마
찬가지입니다. 가장 어두운 엄마의 뱃속에서 생명이 잉태되어야
세상에 나올 수 있고, 장성함으로 성인이 됩니다.

예수님이 왜 이 땅에 오셔야 했을까요? 우리에게 생명을 주
기 위해선 가장 낮은 곳으로 오셔야 했기 때문입니다. 예수님이
왜 돌아가셔야 했을까요? 우리를 살리기 위해서 대신 죽어야 했
기 때문입니다. 왜 부활하셔야 했을까요? 우리도 다시 태어날
수 있다는 사실을 믿게 하기 위해서였습니다."

예수님은 죄로 인해 하나님 앞에 죽어있는 우리를 살리기 위
해 모든 것을 포기하고 이 땅에 오셨습니다. 주님이 행하신 모든
기적과 희생, 그리고 부활까지도 우리를 향한 놀라운 사랑의 사
명이었습니다. 거듭남과 영생에 대한 본을 보이신 주님을 통해
구원의 확신을 놓치지 말고 그리스도를 본받아 사명을 끝까지
완수하십시오. 아멘!

🖤 주님! 주님의 삶을 통해 사명자의 삶을 배우게 하소서.
🖼 나를 구원하기 위해 오신 예수님을 위해 살아갑시다.

가장 쉬운 일과 어려운 일

읽을 말씀 : 욥기 17:1-9

● 욥 17:9 그러므로 의인은 그 길을 독실히 행하고 손이 깨끗한 자는 점점 힘을 얻느니라

ㄱ 리스의 한 현인에게 제자가 물었습니다.
"세상에서 가장 쉬운 일과 가장 어려운 일을 알려주십시오."

"가장 쉬운 일은 일어나자마자 손을 앞뒤로 10번 흔드는 일이다. 가장 어려운 일은 이 일을 1년 동안 매일 하는 것이다."

제자들은 농담인 줄 알고 웃었지만 스승은 해보면 알 것이라며 "내일 아침부터 일어나서 손을 흔들어보라"고 말했습니다.

일주일이 지나 스승이 "아직도 손을 흔들고 있는 사람이 있느냐?"고 묻자 모든 제자가 손을 들었습니다.

한 달이 지나고 묻자 70%만 손을 들었습니다.

일년이 지난 뒤 여전히 손을 흔들고 있는 제자는 단 한 명이었습니다. 스승이 말했습니다.

"세상에서 가장 쉬운 일은 결심을 하루만 실천하는 일이다.

세상에서 가장 어려운 일은 결심을 끝까지 이어가는 일이다."

이때 손을 든 유일한 제자는 철학자 플라톤이었습니다.

매일 벽돌 한 장을 쌓을 수 있는 사람은 큰 성을 쌓을 수 있는 힘을 가진 사람입니다.

작은 반복의 힘을 무시하지 말고 하루 한 장이라도 말씀을 보고 하루 몇분간이라도 주님과 교제하는 시간을 이어가십시오. 아멘!

♡ 주님! 선한 결심들로 믿음의 습관을 만들어 나가게 하소서.
▨ 지키지 못하는 결심이 있다면 지금이라도 다시 시작합시다.

죽음보다 중요한 것

12월 27일

읽을 말씀 : 시편 11:1-7

● 시 11:7 여호와는 의로우사 의로운 일을 좋아 하시나니 정직한 자는 그 얼굴을 뵈오리로다

도산 안창호 선생이 미국에서 독립운동 자금을 모으던 때의 일입니다.

이동 중에 기차비용이 모자라자 할인을 받을 수 있는 신분증을 일행이 빌려 왔지만, 한시가 급함에도 불구하고 안창호 선생은 며칠 동안 일을 해 기찻값을 마련하고서야 떠났습니다.

안창호 선생이 일본 헌병에게 잡힌 이유도 함께 독립운동을 하던 동료의 딸에게 "생일날 축하하러 오겠다"라는 말을 지키려다가였습니다.

집 근처에 일본 헌병이 대기 중이라는 정보를 입수했지만 안창호 선생은 "그래도 약속은 지켜야 한다"며 동료 딸 생일에 참석한 뒤 붙잡혀 재판을 받았습니다.

"설령 목숨이 걸려 있다 하더라도 정직해야 한다"는 것이 안창호 선생이 모든 사람들에게 한 말이었습니다. 나라를 되찾기 위해선 신뢰가 무엇보다 중요한데 국민들이 정직하지 않으면 신뢰를 얻을 수 없기 때문입니다. 최후까지 정직한 한 사람이 나라와 민족에 대한 신뢰를 만들고 그 신뢰가 되찾을 힘으로까지 이어진다는 것이 안창호 선생의 생각이었습니다.

거짓과 사기가 판치는 세상에서 진리가 무엇인지, 신뢰가 무엇인지를 그리스도인들이 보여줘야 합니다. 하나님 앞에 정직으로 죄와 거짓을 피했던 요셉처럼 항상 정직하십시오. 아멘!

♡ 주님! 신앙을 흔들리게 하는 유혹에 빠지지 않도록 지켜주소서.

▨ 성도로써 양심에 거리끼는 일을 결코 하지 맙시다.

소명이 필요한 이유

읽을 말씀 : 요한계시록 4:1-11

● 계 4:11 우리 주 하나님이여 영광과 존귀와 능력을 받으시는 것이 합당하오니 주께서 만물을 지으신지라 만물이 주의 뜻대로 있었고 또 지으심을 받았나이다 하더라

미국의 저명한 라이프스타일 트레이너이자 작가인 리처드 라이더는 강연 때마다 사람들에게 다음과 같은 질문을 합니다.

"모든 사람의 인생에는 가장 중요한 두 날이 있습니다.
알고 있는 분이 계십니까?"

사람들은 저마다 자신이 중요하다고 생각되는 기념일들을 얘기합니다. 대답을 들은 리처드가 말을 이었습니다.

"가장 중요한 첫 번째 날은 바로 태어난 날입니다. 태어나지 않았다면 우리는 지금 존재할 수 없으니까요. 이후로 정말 많은 일들을 경험합니다. 첫사랑, 첫 직장, 자녀, 첫 승진…. 그러나 어떤 것도 가장 중요한 두 번째 날이 될 수는 없습니다. 인생은 끝나기 전에는 모르는 것이니까요. 그래서 가장 중요한 두 번째 날은 우리가 죽는 날입니다. 그날이 오고 나서야 우리는 세상에 무엇 때문에 태어났고, 무엇 때문에 살았는지를 깨닫게 됩니다. 인생을 하루하루 소중히 여기며 낭비하고 싶지 않다면 지금이라도 무엇을 위해 태어났는지, 무엇을 위해 살아가야 하는지에 대한 질문을 자신에게 해보십시오."

소명이 없는 사람은 표류하는 배와 같습니다.

세상이 제시하는 나침반은 결코 우리를 만족시킬 천국으로 인도하지 않습니다. 말씀이란 나침반을 통해 하나님이 나에게 주신 진짜 소명을 향해 인생을 항해하십시오. 아멘!

♡ 주님! 나를 창조하신 주님의 뜻이 무엇인지 깨닫게 하소서.
🎴 주님이 나에게 주신 소명을 향해 인생을 살아갑시다.

제대로 모르기 때문에

읽을 말씀 : 요한일서 3:1-12

● 요일 3:1 보라 아버지께서 어떠한 사랑을 우리에게 주사 하나님의 자녀라 일컬음을 얻게 하셨는고, 우리가 그러하도다 그러므로 세상이 우리를 알지 못함은 그를 알지 못함이니라

맥도널드에서 신제품인 쿼터파운드 버거를 출시했을 때 미국 전역에 신드롬에 가까운 열풍이 불었습니다.

이름처럼 버거의 '4분의 1'이 고기 패티이면서도 가격이 저렴했기 때문에 맥도날드의 인기는 크게 치솟았습니다. 맥도날드의 경쟁사인 'A&W'는 이에 대응하기 위해 햄버거의 '3분의 1'이 패티인 서드파운드 버거를 출시했습니다.

맥도날드보다 더 좋은 재료를 써서 더 싼 가격에 팔았으며 출시 전 소비자 테스트 결과도 훨씬 좋았습니다. 그런데 이상하게도 신제품의 판매량이 기존 제품보다도 저조했습니다.

도저히 이유를 찾을 수 없었던 A&W는 당시 가장 뛰어난 컨설턴트였던 다니엘 앙켈로비치에게 조사를 의뢰했는데 믿을 수 없는 결과가 나왔습니다.

미국인의 50%가 '3분의 1'이 '4분의 1'보다 작은 것으로 알고 있었기 때문입니다. 이렇게 잘못 생각한 사람들 때문에 A&W의 신제품은 더 싸고, 더 고기가 많고, 더 맛있다고 평가받으면서도 매출이 저조했던 것입니다.

많은 사람들이 기독교와 교회를 오해하는 것은 아직 잘 모르기 때문일 수 있습니다. 잘못된 소문과 단편적인 사실들만 진짜라고 믿는 사람들에게 예수님이 세상에 와서 전파하신 복음이 무엇인지, 그 사실을 믿는 그리스도인은 어떻게 살아가는지 삶으로 알려주십시오. 아멘!

♡ 주님! 저의 모든 것이 주님을 세상에 알리는 도구가 되게 하소서.
❀ 놀라운 주님의 사랑을 아직도 알지 못하는 사람들에게 전합시다.

임마누엘의 축복

읽을 말씀 : 누가복음 11:1-8

● 눅 11:4 우리가 우리에게 죄 지은 모든 사람을 용서하오니 우리 죄도 사하여 주옵시고 우리를 시험에 들게 하지 마옵소서 하라

스탠리는 살인미수로 교도소에 20년이나 수감되었습니다. 교도소 선교를 하는 한 목사님이 스탠리에게 인생에서 가장 후회되는 것이 무엇이냐고 물었을 때 "그 사람을 확실히 죽이지 못한 것이 유일한 한입니다"라고 대답할 정도로 그의 마음은 증오로 가득차 있었습니다.

스탠리의 마음속에는 증오가 가득했지만 말씀과 기도는 거부하지 않았기 때문에 목사님은 말씀을 지속적으로 전하며 그의 마음에 용서의 씨앗이 싹 틀 수 있도록 기도해줬습니다.

20년 동안이나 쌓였던 증오였고, 출소하면 바로 그를 찾아가 죽일 생각만 하고 있던 스탠리였지만 예수님의 사랑은 그런 마음조차 눈처럼 녹여냈습니다.

"나는 할 수 없지만 예수님의 사랑으로는 용서가 가능하다"는 목사님의 가르침으로 새로운 삶을 살게 된 스탠리는 용서를 하고 난 뒤 처음으로 머리가 맑아 편히 잠을 잘 수 있었다고 고백하며 출소를 하면 자기가 죽이려던 사람을 찾아가 용서를 구하겠다고 할 정도로 새로운 사람이 됐습니다.

스탠리를 위해 오신 예수님은 또한 나를 위해 오셨습니다.

올해도, 내년에도 나를 절대로 포기하지 않고 항상 함께 하신다는 '임마누엘의 복음'을 통해 나날이 새롭게 변화되는 축복을 누리십시오. 아멘!

♡ 주님! 나의 부족함과 연약함을 주님께 맡김으로 변화되게 하소서.
▥ 주님의 은혜로 날마다 새롭게 변하는 축복을 구합시다.

끝까지 함께 하신다

읽을 말씀 : 마태복음 28:11-20

● 마 28:20 내가 너희에게 분부한 모든 것을 가
르쳐 지키게 하라 볼찌어다 내가 세상 끝날까지
너희와 항상 함께 있으리라 하시니라

83 세에도 아프리카에서 선교를 하던 '아프리카의 성자' 데이비드 리빙스턴이 영국 글래스고대학교에서 강의를 하고 있었습니다.

모험가로써 빅토리아 폭포를 비롯해 수많은 미지의 영역을 발견한 영웅담을 비롯해 노예사냥의 추악한 실태를 목격하고 바로 잡기 위해 사투를 벌였던 이야기, 아프리카 내륙을 돌며 수많은 위기를 넘기면서도 복음을 전했던 리빙스턴의 경험담을 학생들은 1초도 놓치지 않으려고 집중했습니다. 모든 강연이 끝나자 한 학생이 손을 들고 질문했습니다.

"목숨을 잃을 뻔한 위기가 참으로 많았는데 어떻게 용기를 잃지 않고 계속 도전할 수 있었습니까?"

"다른 문화와 생각을 가진 사람들 속에서 복음을 전하는 것은 생각 이상으로 힘든 일이었습니다. 그런 저를 붙들어주었던 것은 '이 세상 끝날까지 내가 너와 함께 하리라'는 예수님의 말씀 한 구절이었습니다."

선한 목자는 자기 양을 결코 포기하지 않으며 목숨을 걸고서라도 지킵니다.

한 해를 지켜주신 주님께 감사하며 세상의 끝날까지 나를 결코 떠나지 않으실 주님을 믿고, 내년에도 주님과 함께 동행하는 복된 삶을 살아가십시오. 아멘!

♡ 주님! 다사다난한 한 해를 지켜주신 은혜에 감사하게 하소서.

📖 언제나 함께 하실 주님을 신뢰함으로 새로운 한 해를 준비합시다.

암담한 어려움 중에 있는 분들에게
용기와 소망과 위로를 주는
김장환 목사의 **기적 인생 이야기**

섬기며 사는 기쁨 김장환

섬기며 사는 **기쁨**

"목사는 나의 천직이며 나는 다시 태어나도 목사일 것입니다"
김장환

나침반

김장환 목사(극동방송 이사장)와 결혼해
60여 년 동안 한국인으로 사는
트루디 사모의 **무지개 인생 이야기!**

55여 년 동안 한국인으로 사는
트루디 사모의 무지개 인생 이야기!

심겨진 그곳에
꽃 피게 하십시오

트루디 사모의 무지개 인생 이야기

김장환 목사(극동방송 이사장)와 **결혼해**
미스 트루디에서 아내 트루디로,
선교사 트루디로, 사모 트루디로,
엄마 트루디로, 그리고 트루디로,
파이팅 트루디로 아름답게
하나님을 섬기는 7가지 인생 이야기!

나침반

30가지 주제 / 30일간 기도서

무릎 기도문 시리즈 16

주님께 기도하고 / 기다리면 응답합니다

자녀를 위한
무릎 기도문

가족을 위한
무릎 기도문

태아를 위한
무릎 기도문

아가를 위한
무릎 기도문

십대의
무릎 기도문

십대자녀를 위한
무릎 기도문

재난 재해 안전
무릎 기도문〈자녀용〉

재난재해안전
무릎 기도문〈부모용〉

남편을 위한
무릎 기도문

아내를 위한
무릎 기도문

워킹맘의
무릎 기도문

손자/손녀를 위한
무릎 기도문

자녀의 대입합격을 위한
부모의 무릎 기도문

자녀의 대입합격을 위한
수험생 무릎 기도문

태신자를 위한
무릎 기도문

새신자
무릎 기도문

망망한 바다 한가운데서 배 한 척이 침몰하게 되었습니다.
모두들 구명보트에 옮겨 탔지만 한 사람이 보이지 않았습니다.
절박한 표정으로 안절부절 못하던 성난 무리 앞에 급히 달려 나온 그 선원이
꼭 쥐고 있던 손바닥을 펴 보이며 말했습니다.
"모두들 나침반을 잊고 나왔기에… "
분명, 나침반이 없었다면 그들은 끝없이 바다 위를 표류할 수밖에 없을 것입니다.

삶의 바다를 항해하는 모든 이들을 위하여
우리는 그 나침반의 역할을 하고 싶습니다.
우리를 구원하신 위대한 주 예수 그리스도를 널리 전하고 싶습니다.

"하나님은 모든 사람이 구원을 받으며
진리를 아는 데에 이르기를 원하시느니라"
(디모데전서 2장 4절)

여호와께로 돌아가자
김장환 목사와 함께 / 경건생활 365일

발행처 | 나침반출판사
편집인 | 편집팀
발행인 | 김용호

발행일 | 2021년

등 록 | 1980년 3월 18일 / 제 2-32호
주 소 | 157-861 서울 강서구 염창동 240-21
        블루나인 비즈니스센터 B동 1607호
전 화 | 본 사(02)2279-6321
        영업부(031)932-3205
팩 스 | 본 사(02)2275-6003
        영업부(031)932-3207

홈페이지 | www.nabook.net
이 메 일 | nabook365@hanmail.net
일러스트 제공 | 게티이미지뱅크

ISBN 978-89-318-1604-4
책번호 마-1062

※이 책은 김장환 목사님의 설교자료와
  여러 자료를 정리해 만들었습니다.

값은 뒤표지에 있습니다.